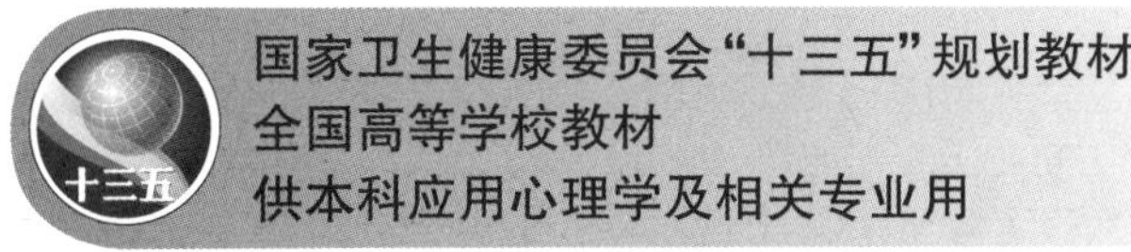

国家卫生健康委员会“十三五”规划教材
全国高等学校教材
供本科应用心理学及相关专业用

教育心理学
Educational Psychology

第2版

主　　编　乔建中
副 主 编　魏　玲
编　　者　(以姓氏笔画为序)
马春玲（黑龙江大学）
王　蓓（南京中医药大学）
乔建中（南京师范大学）
纪春磊（滨州医学院）
杨盼盼（齐齐哈尔医学院）
常　敏（南京工业职业技术学院）
魏　玲（福建医科大学）
学术秘书　马春玲（兼）

人民卫生出版社

图书在版编目(CIP)数据

教育心理学/乔建中主编. —2版. —北京：人民卫生出版社，2018

全国高等学校应用心理学专业第三轮规划教材

ISBN 978-7-117-26194-4

Ⅰ. ①教… Ⅱ. ①乔… Ⅲ. ①教育心理学－高等学校－教材 Ⅳ. ①G44

中国版本图书馆CIP数据核字(2018)第074616号

教育心理学

第2版

主　　编：乔建中
出版发行：人民卫生出版社（中继线 010-59780011）
地　　址：北京市朝阳区潘家园南里19号
邮　　编：100021
E - mail：pmph @ pmph.com
购书热线：010-59787592　010-59787584　010-65264830
印　　刷：三河市尚艺印装有限公司
经　　销：新华书店
开　　本：850×1168　1/16　**印张：**15　**插页：**8
字　　数：402千字
版　　次：2013年3月第1版　2018年8月第2版
2018年8月第2版第1次印刷（总第3次印刷）
标准书号：ISBN 978-7-117-26194-4
定　　价：48.00元
打击盗版举报电话：010-59787491　E-mail：WQ @ pmph.com
（凡属印装质量问题请与本社市场营销中心联系退换）

全国高等学校应用心理学专业第三轮规划教材

修订说明

全国高等学校本科应用心理学专业第一轮规划教材于2007年出版，共19个品种，经过几年的教学实践，得到广大师生的普遍好评，填补了应用心理学专业教材出版的空白。2013年修订出版第二轮教材共25种。这两套教材的出版标志着我国应用心理学专业教学开始规范化和系统化，对我国应用心理学专业学科体系逐渐形成和发展起到促进作用，推动了我国高等院校应用心理学教育的发展。2016年经过两次教材评审委员会研讨，并委托齐齐哈尔医学院对全国应用心理学专业教学情况及教材使用情况做了深入调研，启动第三轮教材修订工作。根据本专业培养目标和教育部对本专业必修课的要求及调研结果，本轮教材将心理学实验教程和认知心理学去掉，增加情绪心理学共24种。

为了适应新的教学目标及与国际心理学发展接轨，教材建设应不断推陈出新，及时更新教学理念，进一步完善教学内容和课程体系建设。本轮教材的编写原则与特色如下：

1. 坚持本科教材的编写原则　教材编写遵循“三基”“五性”“三特定”的编写要求。

2. 坚持必须够用的原则　满足培养能够掌握扎实的心理学基本理论和心理技术，能够具有较强的技术应用能力和实践动手能力，能够具有技术创新和独立解决实际问题的能力，能够不断成长为某一领域的高级应用心理学专门人才的需要。

3. 坚持整体优化的原则　对各门课程内容的边界进行清晰界定，避免遗落和不必要的重复，如果必须重复的内容应注意知识点的一致性，尤其对同一定义尽量使用标准的释义，力争做到统一。同时要注意编写风格接近，体现整套教材的系统性。

4. 坚持教材数字化发展方向　在纸质教材的基础上，编写制作融合教材，其中具有丰富数字化教学内容，帮助学生提高自主学习能力。学生扫描教材二维码即可随时学习数字内容，提升学习兴趣和学习效果。

第三轮规划教材全套共24种，适用于本科应用心理学专业及其他相关专业使用，也可作为心理咨询师及心理治疗师培训教材，将于2018年秋季出版使用。希望全国广大院校在使用过程中提供宝贵意见，为完善教材体系、提高教材质量及第四轮规划教材的修订工作建言献策。

第三届全国高等学校应用心理学专业教材评审委员会

教材目录

序号	书名	主编	副主编
1	心理学基础(第3版)	杜文东	吕　航　杨世昌　李　秀
2	生理心理学(第3版)	杨艳杰	朱熊兆　汪萌芽　廖美玲
3	西方心理学史(第3版)	郭本禹	崔光辉　郑文清　曲海英
4	实验心理学(第3版)	郭秀艳	周　楚　申寻兵　孙红梅
5	心理统计学(第3版)	姚应水	隋　虹　林爱华　宿　庄
6	心理评估(第3版)	姚树桥	刘　畅　李晓敏　邓　伟　许明智
7	心理科学研究方法(第3版)	李功迎	关晓光　唐　宏　赵行宇
8	发展心理学(第3版)	马　莹	刘爱书　杨美荣　吴寒斌
9	变态心理学(第3版)	刘新民　杨甫德	朱金富　张　宁　赵静波
10	行为医学(第3版)	白　波	张作记　唐峥华　杨秀贤
11	心身医学(第3版)	潘　芳　吉　峰	方力群　张　俐　田旭升
12	心理治疗(第3版)	胡佩诚　赵旭东	郭　丽　李　英　李占江
13	咨询心理学(第3版)	杨凤池	张曼华　刘传新　王绍礼
14	健康心理学(第3版)	钱　明	张　颖　赵阿勐　蒋春雷
15	心理健康教育学(第3版)	孙宏伟　冯正直	齐金玲　张丽芳　杜玉凤
16	人格心理学(第3版)	王　伟	方建群　阴山燕　杭荣华
17	社会心理学(第3版)	苑　杰	杨小丽　梁立夫　曹建琴
18	中医心理学(第3版)	庄田畋　王玉花	张丽萍　安春平　席　斌
19	神经心理学(第2版)	何金彩　朱雨岚	谢　鹏　刘破资　吴大兴
20	管理心理学(第2版)	崔光成	庞　宇　张殿君　许传志　付　伟
21	教育心理学(第2版)	乔建中	魏　玲
22	性心理学(第2版)	李荐中	许华山　曾　勇
23	心理援助教程(第2版)	洪　炜	傅文青　牛振海　林贤浩
24	情绪心理学	王福顺	张艳萍　成　敬　姜长青

配套教材目录

序号	书名	主编
1	心理学基础学习指导与习题集（第2版）	杨世昌　吕　航
2	生理心理学学习指导与习题集（第2版）	杨艳杰
3	心理评估学习指导与习题集（第2版）	刘　畅
4	心理学研究方法实践指导与习题集（第2版）	赵静波　李功迎
5	发展心理学学习指导与习题集（第2版）	马　莹
6	变态心理学学习指导与习题集（第2版）	刘新民
7	行为医学学习指导与习题集（第2版）	张作记
8	心身医学学习指导与习题集（第2版）	吉　峰　潘　芳
9	心理治疗学习指导与习题集（第2版）	郭　丽
10	咨询心理学学习指导与习题集（第2版）	高新义　刘传新
11	管理心理学学习指导与习题集（第2版）	付　伟
12	性心理学学习指导与习题集（第2版）	许华山
13	西方心理学史学习指导与习题集	郭本禹

主编简介

乔建中，男，南京师范大学教授，教师教育研究所所长，南京师范大学文科学术委员会委员；主要从事情绪心理学、教育心理学、教师教育心理学、德育心理学和心理健康教育等方面的教学与研究；出版专著9部，主编著作、教材90余部(册)，发表论文百十篇；曾获"全国第二届教育科学优秀成果二等奖""全国师范院校基础教育改革实验研究项目优秀成果一等奖"等十余项科研、教学奖励。

副主编简介

魏玲，女，发展与教育心理学博士，福建医科大学副教授、硕士生导师，福建省心理学会理事；主要从事认知发展与教育方面的研究；讲授“教育心理学”“认知心理学”“医学心理学”等心理学专业课程，先后主持国家社科项目 1 项、主持并参与省厅级课题 7 项，发表专业论文十多篇，参与编译教材 5 部深受学生好评。

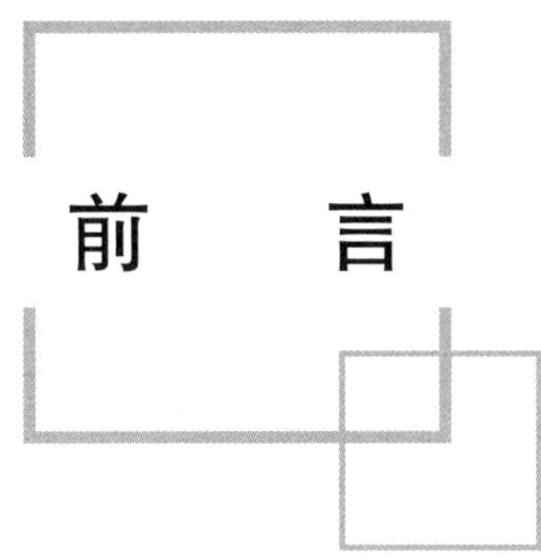

前　言

为了更好地适应学科发展和教育改革的要求，满足应用心理学教学的需要，人民卫生出版社于2016年年底启动“本科应用心理学专业第三轮规划教材”的修订工作。经申报、审核，《教育心理学》（第2版）入选其列。

《教育心理学》（第2版）的修订，依据《教育心理学》（第1版）的教学实践和人民卫生出版社的“三基五性”原则，对60%以上的内容都作了更新性的修改与增删，涉及“目的要求、本章概述、正文、专栏、本章小结、复习思考题、拓展学习、参考资料、推荐书目、研究生考试要点、教师资格考试要点、PPT教学课件和同步练习”等方方面面，并新增了“教学诊断”和“情绪与教学”两章。与“第1版”相比较，《教育心理学》（第2版）理论体系的相对完整性有了明显提高，且与本科应用心理学专业的培养目标和教育心理学的教学目标的契合度有了进一步增强。因此，本书既适用于高校学生、中小学教师学习教育心理学的教科书，又适用于高校教师讲授教育心理学的参考书。

本书各章的修订者依序分别是：乔建中（第一、二、四、五、七、八、九、十一、十二、十四章），马春玲（第三、四、七章），魏玲（第六、十章），常敏、杨盼盼（第十三章），王蓓（第十五章）。本书各章“PPT教学课件”和“同步练习”的编制者依序分别是：乔建中（第一章），杨盼盼（第二、八、十三章），马春玲（第三、四、七章），纪春磊（第五、九、十一、十四章），魏玲（第六、十章），常敏（第十三章），王蓓（第十五章）。本书的统稿由乔建中、马春玲完成；本书的定稿由乔建中完成。

在本书的修订过程中，我们参考了同行和专家的众多著述，并在书中一一列出。在此，一并致以谢忱和敬意。

由于我们能力、学识所限，本书中定有未尽人意且尚未觉察之处，敬请指教。

乔建中

2018年5月

目　录

第一章　绪　论

目的要求

1. 掌握　教育心理学的研究对象、学科性质、研究任务。
2. 了解　教育心理学的研究方法和研究过程。
3. 知晓　现代教育观念。

教育心理学是探讨教师与学生在教育、教学的互动过程中发生的心理现象及其变化规律的科学，其作用是为学生学习其他相关心理学与教育学学科、从事教育与教学实践以及研究教育与教学中的心理学问题，奠定必要的理论基础和方法基础。因此，掌握教育心理学的研究对象、学科性质和研究任务，了解教育心理学研究的常用方法和基本环节，知晓用什么样的教育观念来看待和研究教育心理学问题，是"绪论"的主要任务。

第一节　教育心理学的学科特点

一、教育心理学的研究对象

教育心理学是研究师生互动过程中的心理现象及其一般规律的科学。

与之相应，教育心理学的研究对象是教师与学生在教育、教学的互动过程中发生的心理现象及其变化规律。具体来说，教育心理学的研究对象有以下三个主要特点：

其一，发生在师生互动过程中。所谓师生互动，是指教育、教学过程中教师与学生之间的交互作用。因此，教育心理学的研究对象并非教育、教学过程中的所有心理现象，而是教育、教学过程中的那些因师生交互作用而产生的心理现象。换句话说，教育心理学所研究的心理现象都围绕教师的"教"与学生的"学"之间的交互作用，并主要体现在三个方面：①"教"的有效性——"教"是教师有目的、有计划、有系统地去影响学生心理，进而促进学生身心发展的实践活动，其有效性与教师的教育教学观念、教育教学态度、教育教学能力以及性格特征等有着直接联系，并突出表现为教师能否以学生乐于接受和参与的方式来组织、表述教育教学内容，从而在激发学生积极参与的基础上推动学生的主动建构；②"学"的有效性——"学"是学生在教师指导下主动掌握知识技能和行为规范的活动，其有效性除了"教"的因素外，还与学生的学习意愿、学习能力、学习方法有着直接的关联，并突出表现为学生能否从积极的意义上评价教育教学内容对自己的主体意义，产生积极的情绪体验和学习心向，从而主动利用自己已有的知识经验与教学内容产生积极的相互作用；③"教"与"学"的契合性——"教"与"学"作为教师与学生在教育、教学过程中形成的一种交互主体性的双边活动，本质上是师生双方心理交互作用以达成心理契合的过程，其有效性来源于双方认识上的共识性、情绪上的共鸣性和行为上的合力性。

笔记

其二，反映在形态、特征、联系上。所谓师生互动过程中的心理现象，具体表现在师生双方心理活动在发生、发展、变化过程中所显现出来的形态、特征与联系上。因此，教育心理学对自身研究对象的具体把握主要包括三个方面：①形态的多样性——师生互动过程中的心理现象，其形态是多种多样的，既有感知、记忆、想象、思维等认知形态，又有喜怒、爱恨、好恶、褒贬等情感形态，还有需要、动机、能力、性格等个性形态。②特征的复杂性——有的具有鲜明的动态特性，有的则具有明显的静态特性；有的具有生动的外部表现，有的则只存在于主观体验之中；有的能被人清晰地意识到，有的则常常不为人所觉察；有的主要受生物因素影响，有的则更多受社会因素制约；有的稍纵即逝，有的则相对持久；有的不断变化、发展，有的则相对稳定、不变。③联系的广泛性——师生互动过程中的心理现象尽管形态、特征各异，但是彼此间是一个相互联系的统一整体。在心理活动的发生上，它们互为基础或互为因果，任何一个心理现象的产生，都同时引发或伴随其他心理现象的活动；在心理活动的进行中，它们反映的内容虽然各有其侧重，所起的作用虽然各有所不同，但是它们同时以反馈的方式相互影响或循环往复的相互作用，彼此间相互加强或减弱、相互补充或改变。

其三，凝结在一般规律揭示里。师生互动过程中心理现象的发生不是任意的，也不是主观自决的，而是在一定内外因素的影响下产生的，并受一定的因果规律支配。因此，教育心理学对师生互动过程中心理现象的研究，不能仅限于从质和量上描述和测量其具体表现与事实，还需进一步探究其发生、发展、变化的原因，并揭示其规律。不过，教育心理学所揭示的规律，主要是师生互动过程中心理现象的一般规律，即制约“教”与“学”及其交互作用的普遍性规律，而非各学科心理学所反映的各种具体学科教学的特殊性规律。

二、教育心理学的学科性质

教育心理学是心理学与教育教学研究结合而产生的交叉学科，兼有社会（科学）属性与自然（科学）属性，兼重基础理论研究与实践应用研究。

从研究对象来看，教育心理学兼有社会属性与自然属性。教育心理学的研究对象，由于发生在师生互动的过程之中，本身带有明显的社会属性，即它的产生、发展与变化受特定教育、教学条件和师生之间的社会关系制约——它的具体内容受制于师生所处的教育教学环境，它的表现方式受制于师生所处的社会地位，它的发展水平受制于师生所处的历史时期。但是，师生互动过程中的心理现象也具有自然属性，因为它在产生、发展与变化的同时也受自身生理条件的制约，特别是脑和神经系统的结构和功能的制约。因此，教育心理学不仅要研究师生互动过程中心理现象产生、发展与变化的社会基础，也要研究其产生、发展与变化的生理基础，进而从中把握其规律性。

从研究方法来看，教育心理学兼具社会科学特性与自然科学特性。作为心理科学的一个分支，教育心理学必须秉持科学的原理和法则，按照科学的逻辑和程序，运用科学的手段和方法，进行科学的认识和实践，从而得出科学的结论，以保持科学的理论品格，实现科学的认识功能。因此，教育心理学力求最大限度地运用自然科学的量化研究方法。但是，由于自身研究对象的特殊性及其与政治、经济、文化等诸多社会变量的复杂联系，以及研究手段上的某些限制，教育心理学还必须在相当程度上借助社会科学的质化研究方法，并重视对研究内容的价值判断。因此，教育心理学研究常常综合使用自然科学与社会科学的有关方法，以追求科学性与价值性的统一。

从研究目的来看，教育心理学兼重基础理论研究与实践应用研究。基础理论研究和实践应用研究的关系，好比植物的根叶与果实的关系：根叶茂盛而不开花结果的植物，只有观赏价值而没有食用价值；但是，没有根对水分和养料的吸收，以及叶的光合作用，果实也难

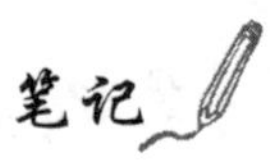

以生长。同样，教育心理学一方面要系统研究师生互动过程中心理现象产生、变化、发展的基本规律，并将之梳理成为彼此有机联系的思想体系，以不断发展和完善自身的理论建构及其科学水平；另一方面，要密切联系教育教学实践，将基础理论研究的成果进一步发展成为可提高实践效率或解决实践问题的方法、策略和模式，以在服务于教育教学实践的同时实现自身的价值。

三、教育心理学的研究任务

第一，描述和测量心理事实。师生互动过程中的心理现象虽纷繁复杂，但都有其质和量的特点。因此，教育心理学研究最基本的任务，就是从质上和量上描述、测量师生互动过程中心理现象的具体事实。例如，在研究学习动机时，首先就要描述学习动机的涵义、结构、类型、作用等，以把握其质的特点；同时要用实证方法测量学习动机的成分、水平、变化、发展等，以把握其量的特点。只有先从现象上把握了师生互动过程中心理活动的质和量的特点，才有可能进而理解其实质和揭示其规律。

第二，探究和揭示心理规律。师生互动过程中心理现象的发生不是任意的，也不是主观自决的，而是在一定内外因素的影响下产生的，并受一定的因果规律支配的。因此，教育心理学研究的重要任务就是探究师生互动过程中心理现象产生、变化、发展的原因，并揭示其规律。具体来说，其研究主要涉及三个方面：①影响因素研究，即研究影响心理的各种因素（一般包括环境、生理和心理三类），以及它们在导致某一心理现象产生或变化中的相互关系、相对重要性等；②因果关系研究，即研究诸影响因素与心理现象产生或变化之间的因果关系，以确定当某种内外因素对人产生影响时，特定的心理现象必然发生或变化；③内在机制研究，即研究某一心理现象产生或变化时，其机体内部生理上的神经生化机理和心理上的信息加工机理。

第三，预测和控制心理活动。教育心理学研究的首要任务在于服务实践，即解决现实教育教学实践中所存在的各种心理问题，以提高或优化“教”与“学”效率与质量，促进师生心理的健康发展。这一任务的完成，有赖于根据心理现象产生、变化、发展的基本规律，对师生互动过程中的心理活动进行预测和控制。所谓预测，就是根据心理活动的规律性，对师生互动过程中心理活动的产生、变化、发展趋势进行事先的推测。例如，了解了某个学生的学习动机，我们就能够较准确地预测其在特定学习情境中会做什么以及怎么做。所谓控制，就是根据影响因素与心理活动之间的因果制约性，采用提供或消除某些影响因素的方式，促使某一心理活动的产生或防止某一心理活动的产生。例如，根据行为结果与行为习惯之间的因果制约性，运用适当的奖惩手段，可以促使学生良好行为的产生或不良行为的改变。在实际的应用过程中，预测和控制是相互关联的，而且控制常常建立在预测的基础上。

第四，发展和完善理论体系。在研究和应用的过程中，教育心理学还要不断发展和完善自身的理论体系及其科学水平。将师生互动过程中的各种心理现象和心理事实梳理成为彼此有机联系的思想体系，并用简洁的方式加以表述，是教育心理学致力追求的目标。但是，由于心理现象本身的错综复杂以及研究方法上的特殊困难，教育心理学的现状距离这一目标还相差很远。例如，在许多基本理论问题的认识上还缺乏统一的见解，对许多心理现象的研究还缺乏实证的手段，对诸多现实心理问题的解决还缺乏有效的方法，在自身理论体系的建构上还缺乏有机的联系。然而，随着时代的变化，社会对教育改革与发展的需要越来越强烈，教育心理学在教育教学中的重要性越来越受到人们的普遍重视。我们相信，教育心理学作为一门专门研究师生互动过程中的心理现象及其一般规律的学科，一定会在服务于教育教学实践的过程中，不断发展和完善自身的科学水平和理论体系。

笔记

第二节　教育心理学的研究方法

一、教育心理学研究的基本原则

（一）客观性原则

客观性原则是指研究者要尊重客观事实，按照事物的本来面貌来反映事物。对教育心理学研究来说，就是要从心理活动产生所依存的客观条件，以及人与客观事物相互作用的关系上来揭示心理活动发生、发展的规律性；要在对研究所得的全部事实材料和数据，甚至包括相互矛盾的事实进行全面分析的基础上，得出应有的结论。具体来说，为了更好地贯彻客观性原则，研究者应着重注意以下几点：第一，在搜集资料时，必须如实、详尽地记录作用于个体的外部刺激及其行为反应，切不可用自己的主观体验、主观感受来代替观察到的客观事实，更不能将自己的主观倾向或臆测附加在客观事实之中；第二，在资料的处理、结果的分析整理时，应尽可能运用某种既定的客观尺度来加以评定，防止主观偏见的影响；第三，在作结论时，要严格依据所得的客观事实，实事求是，既不能作过分的推论，更不能人为地肯定或否定某种结论。

（二）系统性原则

系统性原则是指研究者要用系统论的方法，把人的心理作为一个整体的、有序的、开放的系统来加以考察。对教育心理学研究来说，贯彻系统性原则应着重注意以下三点：第一是整体性，即师生互动过程中的心理现象是一个相互联系的统一整体，尽管各种心理现象在形态特征、反映内容和现实作用等方面有所不同，但是它们彼此间互为基础或互为因果，并且循环往复的相互作用；第二是层次性，即师生互动过程中的心理现象是一个有组织结构的系统，具有多方面的层次性或多等级的子系统，因此在把握心理现象的相互关系时，既要注意它们之间同层次的横向联系，又要注意它们之间不同层次的纵向联系；第三是动态适应性，即师生互动过程中的心理现象是一个开放的系统，始终与外界环境产生相互作用，既受环境的影响，又对环境具有能动的反作用，因此要从反映机能和调节机能相互统一的角度去把握其心理现象的本质。

（三）发展性原则

发展性原则是指研究者要把师生互动过程中的心理活动看作一个动态的变化发展过程来加以考察。作为人脑对客观事物的反映，师生互动过程中的心理活动不是静止的、固定的，而是处于不断的运动和变化发展之中。与之相应，在教育心理学研究中，一方面要从质量互变的角度把握心理发展的一般规律，即师生互动过程中心理现象的变化和发展是一个由量变到质变进而呈现出不同阶段的过程，而不同阶段的心理特点或心理特征的形成，又具体表现为新的心理结构取代旧的心理结构；另一方面要从矛盾运动的角度把握心理发展的基本动力，即师生互动过程中心理现象的变化和发展是新的社会要求与人已有的心理水平之间矛盾运动的结果，反映了人不断适应新的社会要求以使自己不断社会化的心理历程。

二、教育心理学研究的主要方法

在教育心理学研究中，通常按照研究对象是“质”还是“量”，把研究分为两大类，即“质化研究”和“量化研究”。

（一）质化研究方法

质化研究（qualitative research），又称为质的研究或定性研究，是“以研究者本人为研究工具，在自然情境下采用多种资料收集方法对社会现象进行整体性探究，使用归纳法分析

资料和形成理论，通过与研究对象互动对其行为和意义建构获得解释性理解的一种活动”（陈向明，2000）。质化研究的特性主要表现在五个方面：①自然性——强调对研究情境不进行操纵或干预，因为现场发生的每一件事情、每一个细节对于广泛了解所研究的对象都可能是重要的线索；②描述性——以收集到的丰富资料来描述心理现象和过程，诸如现场记录、访谈记录、官方文件、私人文件、照片、录音带、录像带等；③解释性——以解释为己任，努力从当事人的视角理解他们行为的意义和他们对事物的看法，而不作任何价值判断；④互动性——不回避研究者与被研究者之间不可避免的心理互动，并且主动地将研究者本人作为重要的研究工具，认为研究者的个人特征不仅会对研究产生一定影响，而且可以为其他研究者提供丰富的信息，以对研究的可靠性作出判断；⑤动态性——研究过程是开放、变化的，其研究步骤在形式上虽然与量化研究相似，但其运行顺序、所含内容、操作手段等都不尽相同，即在实质上是不完全规则、不可标准化的。

在教育心理学研究中，质化研究方法主要有观察法、访谈法、个案法等。

1. **观察法**　观察法是指研究者根据一定的研究目的、研究提纲或观察表，用自己的感官和辅助工具去直接观察被研究对象，以了解其心理活动及其变化、发展规律的研究方法。观察有多种形式。从观察者和被观察者之间的关系来看，观察可分为参与观察和非参与观察两种形式。参与观察是指观察者作为被观察者活动中的一个正式成员，在其双重身份不为其他参与者知晓情况下进行观察；非参与观察则是观察者不参与被观察者的活动，单纯地进行观察。从观察的时间特点来看，观察又可分为长期观察和定期观察两种形式。长期观察是指在相当长的时期内有计划地进行系统性观察；定期观察是指在某一特定的时间或期限里进行观察。

为了保证观察的有效性，在运用观察法进行教育心理学研究时应注意：①观察必须有明确的研究目的，并对所拟观察的心理现象及其行为特征有明确的界定；②不要让被观察者知晓自己处于被观察的情形中，以免影响其心理和行为的自然状态；③观察必须有系统、有计划，以防随意或遗漏；④观察时要如实做好记录。

2. **访谈法**　访谈法也称口头调查法，是研究者根据研究课题的需要，根据预先拟定好的问题逐一向被调查者进行询问，并通过记录其回答以研究其心理倾向和心理特征的调查方法。访谈法虽然易于施行，但是要想获得应有的效果，还要注意掌握技巧：①营造坦率和信任的访谈气氛，使被访谈者知无不言；②根据计划有效把握访谈进程，避免漫无边际的交谈，以在既定时间内完成访谈任务；③始终保持客观的访谈态度，以避免对被访谈者产生暗示性影响；④善于洞察被访者的心理变化，灵活多样地使用发问技术，以便尽可能多地收集有价值的材料；⑤如实、准确记录访谈资料，避免曲解被访谈者的回答。

3. **个案法**　个案法也称个案研究法，是研究者以某一个体或群体组织为研究对象，在较长时间内（几个月、几年乃至更长时间）连续进行调查、了解、收集全面的资料，从而研究其心理发展变化的全过程的方法。例如，研究者以某个“学困生”为研究对象，通过较长时间的调查研究，全面掌握该生的学习成绩、兴趣、爱好、特长、家庭情况、身体状况等资料，进而分析其现存问题的症结，并有针对性地运用有关教育理论和教育方法，对其实施有目的、有计划的教育干预，最后根据教育干预的结果和该生的变化，整理出能反映该生发展特点以及有效教育建议的详细材料，即个案。在教育教学实践中，个案研究的内容是多种多样的，既可以源于某一师生个体，也可以源于某一师生群体；既可以针对优秀生，也可以针对后进生；既可以取之于某一节课的课堂教学，也可以取之于某一个偶发事件的处理过程；既可以发生在校内，也可以发生在校外。

（二）量化研究方法

量化研究（quantitative research）是与质化研究相对的概念，也称量的研究或定量研究，

笔记

是将问题与现象用数量来表示，进而去分析、考验、解释，最终确定事物某方面量的规定性的科学研究。相比较而言，量化研究与质化研究主要有三点不同：①研究目标上，量化研究重视预测控制，而质化研究重视对意义的理解；②研究对象上，量化研究强调事实的客观实在性，而质化研究强调对象的主观意向性；③研究方法上，量化研究注重经验证实，而质化研究注重解释建构。

在教育心理学研究中，量化研究方法主要有问卷法、实验法、测验法等。

1. **问卷法** 问卷法也称问卷调查法或书面调查法，是研究者根据研究课题的需要，预先拟定出问题表格（问卷），让被调查者按一定要求用书面形式回答，以收集研究其心理和行为表现的资料和数据的调查方法。问卷法的调查效果，在很大程度上取决于问卷的设计。一般来说，问卷的设计应考虑以下五个方面：

第一，问卷量表的构思与目的。不同的研究目的和理论依据，决定了问卷项目的总体安排和内容构成。例如，是采用开放式问卷还是采用闭合式问卷？或是将两种方式结合起来，以便收集到更多的信息。

第二，问卷的具体形式或格式。例如，应该采用文字式问卷还是图解式问卷？问卷的因变量采用多少等级？是用奇数等级还是偶数等级？

第三，问卷的语句。应注意避免复杂语句或带有引导性的问题，还要避免与社会规范有关或有情绪压力的问题，即所谓"高负荷问题"。语句层次上特别重要的是使项目用语明确、具体，尽可能避免多重含义或隐含某种假设。

第四，问卷的用词。总的要求是避免过于抽象、一般的词语，防止反应定势。在一些可能明显受社会要求和规范影响的问卷项目上，应设法掩盖研究的目的，采用投射式的提问方法。例如，在有关情绪体验和行为产生原因的研究中，不直接问被试的动机或想法，而是让被试以"第三者"的方式对"其他人"的动机或想法进行归因和作出评定。被试常常会将自己的看法"投射"到"其他人"身上，作出真实的反应。

第五，问卷的检验。问卷材料的选择要严格和客观，一般要通过预测进行信度与效度的检验。

2. **实验法** 实验法是在人为控制的情境下，有目的地操纵某种刺激变量，以引起被试的某种特定反应，进而从中探查相应心理现象的成因与规律的研究方法。实验法的运用涉及三种变量：①自变量——由实验者操纵的刺激变量，也称实验变量；②因变量——因为刺激变量的作用所导致的反应变量，它是实验者预定要观察、记录并加以研究的对象；③控制变量——与实验目的无关但可能会对实验结果产生影响，因而需要加以控制的变量（通常采用设立实验组和对照组，并使两个组在主体变量方面大致相同的方法，以达到控制无关变量的效果）。由此也可知，采用实验法进行心理学研究的目的，是在人为控制的情境下，探究自变量与因变量之间的内在关系。

实验法可分为自然实验法和实验室实验法。自然实验法是指在实际生活情境中，对实验条件作适当控制以进行实验的方法。例如，在学校的某一班级（作为实验组）中，采用某种新的教学方法进行教学实验，经过一定时间后将该班学生的学习表现与学习结果，与仍然采用原有教学方法的某一平行班级（作为对照组）进行比较，可以得出关于新的教学方法与学生学习心理、学习方式及学习成绩之间的内在关系的研究结果。实验室实验法是指在严格控制的实验条件下，借助于专门的实验仪器以进行实验的方法。与自然实验法相比较，实验室实验法具有自变量的操纵较为精确、因变量的记录较为准确、无关变量的控制较为严格等优越性，但也存在被试容易因实验室情境而感到不自在或紧张，并可能因此影响实验结果的局限性。

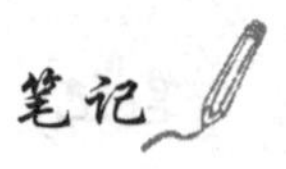

3. **测验法** 测验法是指用标准化的量表对被试的心理特征或心理倾向进行测量的研

究方法。测验法通常可以用于确定被试的某些心理特征或心理倾向的性质与水平，可以用于了解被试群体在某些心理特征或心理倾向上存在的个别差异，也可以用于研究被试的两种（多种）心理特征或心理倾向之间的相互关系。当然，测验法的使用也有一些注意事项：①选用的量表必须适合于研究目的和研究对象；②严格按量表使用手册上规定的程序实施测验；③严格按量表使用手册上规定的方法统计结果；④对测验结果的解释应有一定的科学依据。

三、教育心理学研究的基本环节

教育心理学研究是一项系统性很强的工作，其中包括一系列必不可少的基本环节。

（一）确定课题

任何教育心理学研究都是为了解决某个特定的问题，因而提出值得研究的教育心理学问题，进而确定研究的课题，是教育心理学研究的第一个环节。尽管从理论的角度讲，教育心理学研究的问题来源广泛，凡是有教育教学活动的地方就会有教育心理学研究的问题存在；但是从实践的角度说，要提出一个具有科学研究价值的教育心理学问题，不是一件容易的事，需要经过一番研究性的探索。一般来说，值得进行教育心理学研究的问题，要么具有理论研究价值，即对解决学术争论、完善学科体系、创新学术观点、开拓研究领域等具有促进作用，要么具有实践服务价值，即对解答教学疑惑、增进学习能力、提高教学质量、提供决策参考等具有促进作用。当然，兼而有之则更好。

（二）搜集资料

研究的课题确定之后，就必须对相关的文献资料进行系统而全面的了解和分析，如细致查阅与课题有关的著作、论文和研究报告等，从中搜集有参考价值的、与课题研究有密切联系的资料并加以综合和整理。在此基础上，一方面对课题研究形成文献综述，具体反映该课题研究的历史、现状和趋势，明确现存的问题或争论及其关键所在，从而确定自身研究的目的和意义，以及具体研究的突破口和侧重点；另一方面，汲取前人在此类研究中的经验和教训，避免失误，提高水平，使自身的课题研究在内容上和方法上有所开拓、有所发展。

（三）设计方案

进行一项研究，应设计或制订出完整的、详细的研究方案。一般来说，一个研究方案应包括课题研究的目的和意义、国内外相关研究的综述、研究设计、结果的预测与解释、对推广和应用范围的要求等。其中，拟订研究的具体设计，是研究方案的核心部分，它涉及的内容主要有以下几个方面（以实验室研究为例）。

第一，自变量问题。研究中的自变量是什么？需要几个自变量？每个自变量各有多少个等级（或水平）？分别使用什么单位作为指标？选定的自变量是否可操纵？使用何种手段和方法予以实施？

第二，因变量问题。研究中的因变量是什么？有几个因变量？分别用什么指标和手段获得因变量？

第三，控制变量问题。需要控制的无关因素主要有哪些？采取什么措施予以控制？控制程度或效果如何？

第四，被试取样问题。被试的取样采用何种方法？怎样做到取样随机化？所得样本是否具有总体的代表性？实验中如何将被试分配到各个实验组和对照组中去？研究过程对被试的身心有无不良影响？

第五，实施方式问题。以什么方式和程序将确定的自变量作用于被试，即如何操纵自变量的出现和怎样安排实验进行的步骤？指导语的内容和文本写作是否完备？实验日程、时间和被试的安排计划是否合理、可行？

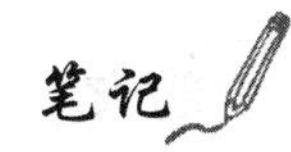

（四）分析数据

通过记录被试的反应，就可以获得研究所需的数据。因研究条件和研究方法的不同，研究所获得的数据主要有以下四种类型。

第一，类别型数据。这类数据是根据研究的要求，按照一定的标准把因变量归入某种类别中去而获得的。如“是”或“否”、“有”或“无”、“合格”或“不合格”、“男性”或“女性”、“成人”或“儿童”等，均属此类。在类别型数据中，每种类别只有性质上的不同区别，而没有程度上的量的测定。类别型数据经过整理，可以用比例、百分数、比率三种指标加以表达。

第二，顺序型数据。这类数据是根据研究的要求和确定的标准，对被试的反应在不同等级上予以划分而获得的。例如，要求被试对四种不同的颜色进行比较，并按照自己的喜好程度排列先后顺序。顺序型数据是一种半计量数据，因为它只能确定被试反应的先后与大小顺序，而无法确定各个顺序之间的数量关系。顺序型数据通常用等级排列法和对偶比较法获得。

第三，等距型数据。这类数据是在顺序型数据的基础上，通过将各个等级进行标准化的处理，使之成为差异相等或等距的量，进而对被试的反应在不同的等距等级上予以划分而获得。等距型数据的主要特点是具有相等的计量单位，但无绝对零点而只有相对零点。

第四，比例型数据。在对人的主观心理量进行测定的过程中，先向被试呈现一个标准刺激物，然后让被试将其他同类刺激物逐一与标准刺激物进行比较，以确定它们在主观感觉上是标准刺激物的几倍或几分之几，从而获得比例型数据。比例型数据的特点是既具有相等的计量单位，又具有绝对零点。

对于具体的教育心理学研究来说，上述数据只是原始资料，还必须进行统计学的分析、处理，使之系统化和简约化，才能描述和概括研究结果，并从中得出结论。

（五）获得结论

研究的结论，是在对研究数据进行全面分析和深入讨论的基础上获得的。从方法论的角度来说，研究结论的获得实际上就是对研究的假设进行检验的过程。这个过程的难易程度不一。在单因素设计等较简单的研究中，往往可以根据对研究结果的分析讨论，并依据统计检验的判断，作出接受或拒绝初始假设的结论。在多因素设计等较复杂的研究中，则要对每个因素或每个水平之间，以及对各种因素之间的交互影响，进行部分的和整体的分析。这时有可能全部接受原来的假设；也可能只有一部分能够接受假设，而有的部分则拒绝原来的假设；还可能是全部推翻原来的假设。对于各种情况，在分析和讨论时都应详细地予以说明和论证。在这个过程中，需要对本研究的全部程序和实施情况作出客观而具体的评价，对研究结果的数据资料在可靠性和精确性程度等方面作审查，还需要将研究的结果与同类型的其他研究结果进行对照和比较，根据现有的理论和学说对研究的结果进行剖析和解释，找到能说明和证实研究结果的理论依据或立论根据。所以，在对一个研究下结论之前，必须以客观、细致、谨慎和认真的态度，依据有关的理论和文献资料对研究的结果予以全面的分析和严密的论证。切忌草率马虎和主观臆断，在没有充分的根据和理由时匆忙下结论。

在一项研究的结论中，除了要说明它所得到的结果及其意义之外，还需要指出它的适用范围。对此，研究者既不可予以夸大也不应予以低估，而必须根据分析和讨论的内容，审慎而客观地作出推论。特别是在未加严格控制的准实验研究和非实验研究中，由于许多无关因素的干扰和影响，有可能给研究结果带来意想不到的误差，以致将研究得到的某种因果关系的解释予以推广或应用时产生不良后果。这是应该引起研究者高度注意的一个问题。

第三节　教育心理研究与教育观念更新

观念是行动的先导。我国教育发展历程证明，对教育观念的审视是教育改革与发展在更深层次上突破的必要条件。要推进我国教育现代化的发展进程，就必须坚持解放思想、实事求是的思想路线，对现存的教育观念进行审视与反思，清理教育实践中存在的认识误区和行为偏差，从根本上改进学校教育办学的价值取向，以推进学校教育的健康发展。因此，近年来学校教育教学理论与实践的探索和发展过程，就是一个观念不断更新的过程。与之相应，用什么样的教育观念来看待师生互动中的心理现象，以及用什么样的教育观念来研究师生互动中的心理问题，也是教育心理学应当研究的重要课题。

一、教育改革与教育观念变革

教育观念指按一定时代的政治、经济、文化发展的要求，反映一定社会群体的意愿，对教育功能、教育对象、人才培养模式、教育体制、教育结构、教育内容、教育过程及方法等根本问题的认识和看法。教育观念的变革是根本的变革，世界各国在推进教育现代化进程中均将教育观念的变革作为一个具有战略性意义的问题进行思考和探讨。一个国家确立什么样的主导教育观念，从一个侧面反映了一个国家教育改革与发展的水平。当今世界，随着知识经济和信息时代的来临，科学技术日新月异，国际竞争日趋激烈。这既给中华民族重新跃进世界先进之前列带来了新的契机，也给我国教育事业的改革与发展提出了如何适应新形势、迎接新挑战，以培养适应当今世界现代化发展的高素质人才的严峻任务。教育改革与发展的出路在于教育创新，而教育创新的前提是切实更新教育观念。为使教育的改革与发展取得实质性突破，让 21 世纪的中国教育真正焕发出前所未有的生机与活力，转变教育思想、更新教育观念的问题，已经成为教育领域中的重要话题与迫切任务，成为我国各级教育行政部门和学校必须始终抓好的一项任务。

那么，当前教育观念变革的主题是什么呢？是人的发展。具体来说，帮助学生“学会发展”，使每个学生生动、活泼、主动地发展，是当今世界教育改革的潮流，也是每个教育工作者应确立的基本观念。与之相应，教育观念的变革的内涵主要体现在以下三个方面。

第一，教育价值观。教育价值观是指人们对教育的价值、功能、地位、作用及其意义的基本观点，它对教育的目的、内容、形式和方法有导向作用，并直接影响着教育的规划、结构、布局和体制。教育价值观的变革，涉及两个相互关联的方面：一是变革长期以来只片面强调教育为社会发展服务的观念，确立促进社会发展与学生发展相统一的价值取向，强调教育要为学生的终身发展服务，为学生的个性健全、潜能开发、社会适应、终身学习等打好基础；二是变革学校教育面向少数、造就精英的价值偏向，确立面向全体、为了全体、造就全体的价值取向，将每个学生都看成有独立人格的个体，平等地为每个学生提供表现、创造和成功的机会，使每个学生在原有基础上都得到生动活泼、主动和谐的发展。

第二，人才观。人才观是指关于人才的本质及其发展成长规律的基本观点。其中，突出的问题就是“什么是人才”。较长时期以来，不少教师对这一问题的认识是片面的，似乎只有考上了大学，成了学者、专家或有了特殊的贡献，才是人才，以致在日常教育教学工作中，将时间、精力多放在少数“尖子”生上，忽视一般生与后进生，甚至歧视所谓“差生”。在我国教育事业改革与发展的新形势下，人才观的变革涉及三个方面：一是“行行出状元”的人才观——经济建设和社会发展对人才的需求是多样化的，既需要数以千万计的各种专门人才，又需要数以亿计的高素质的劳动者，这两者都是人才；二是“生生能成才”的人才观——尽管每个学生存在着差异，有着不同的个性，但是“天生我材必有用”，只要有报效祖

笔记

国、服务人民的志向，认真学习、刻苦钻研，干一行、爱一行、钻一行，充分发挥自己的聪明才智，就一定能够成长为有用之才；三是"终身学习"的人才观——随着终身教育体系的逐步发育，学习机会越来越多，"一试定终生"的局面正在打破，何况学校教育并非教育的全部，随着科学技术日新月异，人才的成长最终要在社会的工作实践和自身的不断努力中来实现。

第三，教育质量观。教育质量观是关于学校办学质量和学生质量及其评价标准的基本观点。以往，由于受片面的教育价值观和人才观的影响，相当数量的教育工作者对于学校办学质量和学生质量的认识及其评价，有形无形地局限于学生的考试成绩与学校的升学比率，以致将教育教学的重心放在应试能力和逐层选拔之上，并派生出"重考试分数，轻平时表现""重横向比较，轻纵向对照""重尖子生，轻后进生""重共性，轻个性"等问题。教育质量观的变革，就是要确立"全面发展"的教育质量观。"全面发展"是我国的教育方针，体现了"使自然人变为社会人"的教育育人本质，它要求从脑力与体力、做事与做人、继承与创新、学习与实践等诸方面是否得到正常、和谐的发展，来衡量学校的办学质量和学生的培养质量。确立"全面发展"的教育质量观，绝非排斥、忽视学生的学习成绩与应试能力，而是强调学生在求知过程中的独立思考、分析判断、灵活运用、创新发展等学习能力同样不可偏废。

现代教育价值观、人才观、质量观的确立，将有助于学生观、教学观、课程观、教师观、管理观、家教观等观念的重新定位，进而有助于我国教育事业真正实现从"学会生存""学会关心"到"学会发展"的跨世纪超越。

二、素质教育与教育观念更新

走向素质教育，是当前基础教育改革的紧迫任务。对于教育工作者来说，素质教育既是一个教育实践改革过程，又是一个教育观念更新过程。具体来说，素质教育与教育观念更新的关系，主要表现在对以下几对问题的理性思考上。

第一，被动与主动。尽管几十年来我们一直提倡"教师为主导，学生为主体"，可是在相当数量的教师实践中，学生依然被有形无形地当作被动接受现成观念和知识的容器，依然承受着灌输、死记与恫吓的教育方式；特别是当教师的"主导"面临更高的实践要求，或学生的"主体"与教师的"主导"发生具体冲突的时候，教师常常会为了"图省事"而一切变为由自己"主宰"。素质教育正是力图改变这种不良现状。素质教育强调把学生真正看作能动的主体，要求教师以学生的发展为本位，关注学生的特点和需要，重视学生是不是学得主动、学得愉快。素质教育要求创造这样一种境界：学生好学、喜学、乐学，教师喜教、爱教、乐教；学生学习的压力主要是学习内部的压力，而不是分数的压力、升学的压力、升学指标的压力；师生关系是平等的、朋友式的关系，是互通有无的关系，而不是"警察与小偷"式的紧张对立的关系。

第二，少数与全体。是面向少数学生，还是面向全体学生？是仅仅为少数学生服务，还是为全体学生服务？是办成选拔教育（也可以说是淘汰教育），还是办成普及教育？是搞英才教育，还是搞国民素质教育？这是事关社会主义教育制度本质的重大问题。现行的"应试教育"因为只能照顾到一部分人，甚至是很少一部分人的发展，在很多情况下是其他多数人成了陪衬。这不仅违背教育平等的基本理念，而且从教育的效益来说也是极大的浪费。毫无疑问，振兴中华需要许多高层次的人才，但只靠天才、英才，肯定是不行的。许多事例证明，在现代社会中，一个国家、一个民族要求温饱，求发展，求繁荣富强，离开对国民实施普遍的基础教育，离开普遍提高国民的文化科学水平和道德素质是根本不可能的。因此，为了保证基础教育对每一个适龄儿童少年的普遍实施，国家颁布了《义务教育法》，并以法律手段强制推行。要真正依法治教，就必须真正由"应试教育"转向素质教育。

第三，片面与全面。全面发展一直是我们的教育方针，这是因为人的生命本身蕴涵了多方面发展的潜能，全面发展是人的发展的自身的要求；社会生活的丰富多样性也要求人的全面发展，社会发展的程度越高，对人的全面发展的要求也就越高。然而，现行的“应试教育”由于受考试的指挥棒遥控，往往直接或间接地滑向让学生片面发展的片面知识教育。教师是考什么教什么，不考就少教甚至不教；学生则是考什么学什么，不考即少学或不学。素质教育要改变这种状况，倡导在教育中使每个学生都得到比较充分和全面的发展，把片面的知识教育变成全面发展的教育，即不仅重视智育，还要重视德、体、美、劳各育，全面贯彻教育方针，全面提高教育质量。

第四，共性与个性。素质教育强调学生个性的发展，并认为学生的个性发展是学生自身发展的落脚点和最终体现。现在人们经常把共性与个性作为一对矛盾相提并论，担心过多强调个性的发展会妨碍基本知识、基本道德的形成。其实这里面有一种误解。如果一个学生只是有一些个人的特点，在某一两个方面比较突出，而在其他很多方面都比较欠缺，那是说不上有个性的发展的。素质教育倡导的是在教育中使每个学生富有个性的发展。尽可能充分和全面地发展是共性，是对所有学生的共同要求；但每个学生都有其个别性，不同的认知特征、不同的兴趣爱好、不同的欲望要求、不同的价值取向、不同的创造潜能，铸成了千差万别的每一个独特的学生。素质教育就是要求全面发展与个人特性发展的较好结合，既充分重视学生共性的发展，坚持统一标准，重视基础性，又有不同的评价方案，重视多样性。

第五，阶段与终身。20世纪60年代后期形成的终身教育概念，现今已成为一种被普遍接受的教育观念。同样，素质教育重视教育的发展性，以及学生发展的可持续性。为此，素质教育要求教师不仅关心学生学什么和想什么，更关心他们怎样学和怎样想；不仅关心他们当下的学习成绩和发展水平，更关心他们未来的学习能力和发展可能性。而且，素质教育重视在深化教育改革的同时，构建适应终身学习需要的教育体系。

三、课程改革与教育观念更新

随着第八轮基础教育课程改革的普遍实施，我国基础教育在课程基本理念、课程教学方式、教材编写要求、课程评价侧重等方面出现了许多不同于以往的变化，并促进了教育观念的相应转变。

第一，从有利于“教”向有利于“学”转变。传统的教学理论将教学视为认识过程来把握，强调教学的知识传递功能，以致教学活动自觉或不自觉地遵从倡导“教师权威”、坚持“知识本位”和宣扬“精英主义”的价值取向，直接或间接地否定了教学在于沟通与合作的本质，剥夺了学生作为学习主体的地位和权利。新的教学理论则将教学作为社会过程来理解，强调教与学是教师与学生在社会交往中形成的一种沟通与合作的交互主体性关系，其中“对话”是教学活动的重要特点。美国学者波尔更是强调，学校应当是教师和学生这两类主体交互作用形成的学习共同体，它通过人人参与、平等对话、真诚沟通、彼此信赖来发展合作精神，激发道德勇气，共享经验知识，实现自我超越。因此，新教学理论强调教学方式应当从有利于“教”向有利于“学”转变，应当促成一种既有平等沟通又有自我表达，既有相互合作又有个人探索的教学互动关系。其突出地体现在以下三个方面：①把学生当作学习的主体，以学生的视角和学生的“生活事件”来呈现教学内容，通过教师的引导，使“教材中的学生”和“教室中的学生”形成一种“我 - 你”之间的对话关系，共同探讨、解决学习中的问题和烦恼，并在这种对话中促使学生反思自己的生活经验，自主建构与教学主旨相吻合的知识体系、能力体系和价值观念；②以学生乐于接受和参与的方式来组织、表述教学内容，并以符合学生学习规律和身心发展规律的方式来建构教学的过程和过渡环节，激发学生的主动参与，推动学生的自主建构，从而将教学内容的目标要求转化为学生发展的内在需求

笔记

和自主选择，使教学真正成为促进学生身心发展的重要平台；③为学生表达思想和感情，进行创造活动留出空间，提供方便，使学生真正拥有对话的主动权，产生自主学习的愿望，敢于、乐于敞开心扉表达、交流自己的所思所想、所感所惑、所欲所求，并在交流中不断反思、探索，进而产生情感共鸣，形成思想共识。

第二，从静态建构向动态建构转变。以往的基础教育课程，在建构上大多囿于各学科内容自身的体系，各部分或各年级学习内容既缺乏彼此间的内在联系，又难以适应学生的成长需要和学习规律。例如，以往初中德育课程的建构，按初一是心理健康教育、初二是法律常识、初三是社会发展史和国情来安排，这种安排虽然便于教材的编写，但是这种静态的建构方式人为地割裂了人与社会及其道德规范的联系，不仅在知识范围上难以满足各年级初中生思想品德发展对心理、道德、法律和国情等教育内容的综合需要，而且在知识深度和广度上难以适应各年级初中生的成长实际和年龄特征。因此，为了适应学生的成长需要和学习规律，当前基础教育课程的建构强调由静态向动态的转变，明确提出课程的建构应当基于学生逐步扩展的生活范围和社会化要求之上，应当按照学生生活范围扩展的逻辑和思想品德发展的规律去综合组织课程体系，通过增强课程内容的动态综合性和螺旋上升性，提高课程教学的针对性和实效性。

第三，从重知轻情向知情交融转变。尽管以往学校教育也一直强调既要“晓之以理”又要“动之以情”，但是在知与情之关系的具体研究和实践中，往往重知轻情。其突出表现在两个方面：一是普遍把道德认识视为道德发展的主要引导因素，而把道德情感置于道德认识的从属地位，以至简单地以为只要晓之以理就能动之以情；二是更多地关注道德认识对道德情感的影响，而较少关注道德情感对道德认识的影响。其结果是，以往的学校教育带有明显的唯理性倾向，重理性知识传授，轻感性体验内化；重外在理智控制，轻内在情感调节。在基础教育课程改革中，随着情感、态度和价值观目标的确立，情感在教育、教学中的重要性得到普遍重视，知情交融已成为课程建构的普遍要求。其主要体现在三个方面：①强调教育过程是一个认知因素与情感因素互相作用的复杂心理过程，其中情感因素是教育过程中不可缺少的支柱，它不仅对于激发学生的学习热情、调动学生的学习主动性有着不可忽视的作用，而且对于促进学生对课程内容的教育思想的接受、感悟和掌握有着至关重要的影响；②强调发掘课程内容的情感内涵，充分利用课程内容的文字表现力和形象感染力，让学生产生相应的情感“共鸣”，使课程内容对于学生具有主观意义，并使学生受到思想上的感染、感情上的陶冶，进而使课程内容中蕴含的教育思想真正“渗透”人心；③强调通过改进教学方法、加强教学合作来激发与培养学生的积极情感与态度，使之由己及人或反求诸己，主动参与教学意义的建构，切实感悟和理解课程内容的涵义和价值，进而促进知识能力与情感态度的协调发展和学生素质的整体提高。

第四，从侧重甄别向侧重发展转变。以往的学校课程评价，由于受有限的教育资源和传统的教育理念的影响，注重结果，侧重甄别和评优，其积极作用只能体现在少数学生身上，而其消极作用则由大多数学生承受，难以实现促进全体学生共同发展的目的。在基础教育课程改革中，随着“立足过程，促进发展”的新课程评价理念的确立，学校课程在评价的目的、内容、方法、手段和实施等方面出现了相应革新：①强调评价目的的发展性，提倡在评价中使用鼓励性语言，客观、全面地描述学生的学习状况，充分肯定学生的进步和发展，更多地关注学生已经掌握了什么，获得了哪些进步，具备了什么能力，在哪些方面具有潜能，并帮助学生明确自己的不足和努力方向，使评价有利于树立学习的自信心，提高学习的兴趣，促进学生的进一步发展；②强调评价内容的综合性，既要关注学生知识与技能的理解和掌握，又要关注他们情感、态度与价值观的形成和发展，既要关注学生学习的结果，更要关注他们在学习过程中的变化和发展；③强调评价主体的互动性，改变单一评价主体的

现状，提倡自评、他评、互评相互结合，并强调评价过程中主体间双向选择、沟通和协商，使评价成为教师、管理者、学生等共同参与的交互活动，进而使评价本身成为一种独特的教育过程，有助于学生形成民主、平等、合作等积极的情感、态度与价值观念；④强调评价方式的多样性，并提倡多用开放式的质性评价方法，如行为观察、情境测验、学习日记、成长记录等，以便全面、真实、深入评价学生在情感态度与价值观方面的发展特点和趋势。

本章小结

1. 教育心理学是研究师生互动过程中的心理现象及其一般规律的科学。与之相应，教师与学生在教育、教学的互动过程中发生的心理现象及其变化规律，是教育心理学的研究对象。

2. 教育心理学的研究对象有三个主要特点：发生在师生互动过程中，反映在形态、特征、联系上，凝结在一般规律揭示里。

3. 教育心理学是心理学与教育教学研究结合而产生的交叉学科，兼有社会（科学）属性与自然（科学）属性，兼重基础理论研究与实践应用研究。

4. 教育心理学的研究任务有四：描述和测量心理事实，探究和揭示心理规律，预测和控制心理活动，发展和完善理论体系。

5. 教育心理学研究要遵循客观性原则、系统性原则、发展性原则。在教育心理学研究中，通常按照研究对象是“质”还是“量”，把研究分为两大类，即“质化研究”和“量化研究”。质化研究方法主要有观察法、访谈法、个案法等，量化研究方法主要有问卷法、实验法、测验法等。

6. 教育心理学研究的基本环节包括确定课题、搜集资料、设计方案、分析数据、获得结论。

7. 用什么样的教育观念来看待师生互动中的心理现象，以及用什么样的教育观念来研究师生互动中的心理问题，也是教育心理学应当研究的重要课题。现代教育观念主要体现在教育价值观、人才观、教育质量观三个方面。当前我国广泛实施的素质教育与课程改革，从不同方面促进了人们教育观念的相应转变或更新。

复习思考题

1. 名词解释：教育心理学；质化研究；量化研究；教育观念；观察法；访谈法；个案法；问卷法；实验法；测验法；自变量；因变量；控制变量；教育价值观；人才观；教育质量观。
2. 论述教育心理学的研究对象。
3. 试述教育心理学的学科性质。
4. 教育心理学的研究任务是什么？
5. 试述教育心理学研究的系统性原则。
6. 量化研究与质化研究的主要区别何在？
7. 试述教育心理学研究的基本环节。
8. 当今教育观念变革的内涵主要体现在哪三个方面？
9. 素质教育与教育观念更新的关系，主要体现在哪些问题上？

拓展学习

雅斯贝尔斯的《什么是教育》

卡尔·雅斯贝尔斯（1883—1969），德国哲学家，现代存在主义哲学主要代表之一。

二十世纪六七十年代，随着科技的飞速发展，人们开始对“什么是教育”这个基本问题

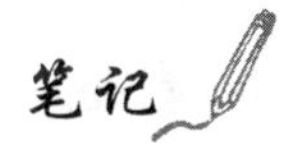

进行了新一轮的探讨。有人主张“爱是真正的教育”“保护是真正的教育”“树人是真正的教育”，也有人认为“启智是真正的教育”“传道是真正的教育”“育才是真正的教育”，众说纷纭，莫衷一是。与之相应，人们对教育与环境的关系、教育的类型、学校的目的、教育的现在与未来、教育的必要性等问题理解也不尽相同。为此，雅斯贝尔斯于1977年出版了《什么是教育》一书，就上述问题阐述了自己的观点。该书共19章，围绕“什么是教育”这一基本问题，分别论述了人类必需的文化环境、教育的基本类型、教育的意义和任务、可能性与界限、教育的必要性、教育的权威、教育与语言和文化的关系、大学的观念和任务等问题。其主要观点涉及如下方面。

第一，教育与人类所必需的文化环境。雅斯贝尔斯认为，在人的存在和生成中，教育环境不可或缺，因为这种环境能影响一个人一生的价值定向和爱的方式的生成。雅斯贝尔斯将教育视为人与人的主体之间灵肉交流的活动，包括知识内容的传授、生命内涵的领悟、意志行为的规范以及通过文化传递功能将文化教给年轻一代，使他们自由的生成，并启迪其自由天性。

第二，教育的基本类型。雅斯贝尔斯将教育的基本类型分为三类：经院式教育，即基于理性传统，仅仅限于传授知识；师徒式教育，即完全以教师为中心，学生对教师绝对服从；苏格拉底式教育，即教师和学生处于平等的地位，教师把学生的注意力转移到学生自身，以使师生共同寻求真理。

第三，学校的目的。雅斯贝尔斯认为，教育过程首先是一个精神成长的过程，然后才成为科学地获得知识的过程的一部分。学校应为个人创建智力和精神的基础。创建学校的目的，是将历史上人类的精神内涵转化为当今生气勃勃的精神，并通过这一精神引导所有学生掌握知识和技术。

第四，教育的过去、现在与未来。雅斯贝尔斯认为，过去和未来都在现在之中，人要达到现在的深度，就必须装备历史的传承和学会如何记忆。

第五，教育的精神。雅斯贝尔斯认为，精神命运必然决定教育的内涵。教育的统一性是社会统一性所给定的，因此，当社会发生根本变革时，教育也要随之而变，而变革的尝试首先是对教育本质问题的追问。教育须有信仰，没有信仰就不能称之为教育，而只是教学的技术而已。教育是极其严肃的伟大事业，它的任务是通过培养，不断地将新的一代带入人类优秀文化精神之中，让他们在完整的精神中生活、工作和交往。

第六，教育的意义和任务。在雅斯贝尔斯看来，一个民族的将来如何，全在于父母教育、学校教育和自我教育。

第七，教育的必要性。雅斯贝尔斯强调，只有教育才是立国之本。国家的道德、政治和精神的未来，以及历史上作为民族存在的价值，掌握在人民自己手中。因此，国家所能做的一切，以及将来仍然最具有政治意义的事，还是教育。

第八，大学的观念与任务。雅斯贝尔斯认为，大学是研究和传授科学的殿堂，是教育新人成长的世界，是个体之间富有生命的交往。他提出了大学的两个基本原则：一是研究与教学的统一，二是教育与培养过程的统一。雅斯贝尔斯认为，对一切人文的或社会的职业来说，大学教育奠定了两个基础：一是种下了未来发展中思考、求知的科学幼苗，二是在求知时会关注一切可知的对象。

参考文献

[1] 陈琦，刘儒德. 当代教育心理学. 2版. 北京：北京师范大学出版社，2007.

[2] 皮连生. 学与教的心理学. 5版. 上海：华东师范大学出版社，2009.

[3] 莫雷. 教育心理学. 广州：广东高等教育出版社，2002.

[4] 皮连生. 教育心理学. 上海：上海教育出版社，2004.
[5] 岑国桢. 教育心理学. 北京：中国人民大学出版社，2006.
[6] 冯忠良. 教育心理学. 北京：人民教育出版社，2010.
[7] 张大均. 教育心理学. 北京：人民教育出版社，2005.
[8] 乔建中. 班级德育理论与操作. 南京：南京师大出版社，2007.
[9] 教育部编写组. 素质教育观念学习提要. 北京：生活•读书•新知三联书店，2001.
[10] 钟启泉，崔允漷，张华. 基础教育课程改革纲要（试行）解读. 上海：华东师范大学出版社，2001.
[11] 田宝，戴天刚，赵志航. 教育心理学. 北京：首都师范大学出版社，2010.
[12] 乔建中. 中外教育经典名著速读. 合肥：安徽人民出版社，2009.

推荐书目

[1] 陈琦，刘儒德. 当代教育心理学. 2版. 北京：北京师范大学出版社，2011.
[2] 皮连生. 学与教的心理学. 5版. 上海：华东师范大学出版社，2009.
[3] 教育部编写组. 素质教育观念学习提要. 北京：生活•读书•新知三联书店，2001.

研究生考试要点

教育心理学的研究对象
教育心理学的研究任务
教育心理学研究的基本原则
教育心理学研究的常用方法
教育心理学研究的基本环节

教师资格考试要点

当前教育观念变革的主题
教育价值观
人才观
教育质量观
素质教育与教育观念更新
基础教育课程改革的新要求

（乔建中）

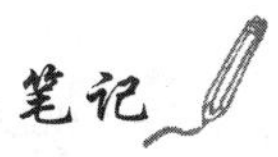

第二章　教育心理学简史

目的要求

1. 掌握　教育心理学的诞生标志。
2. 了解　教育心理学的发展与成熟；我国教育心理学的新近发展趋势。
3. 知晓　近代教育心理学思想。

作为一门学科，教育心理学的历史可谓短暂，但是作为一种思想，教育心理学的历史可谓久远。百余年来，教育心理学的发展历经起落，正逐步走向成熟。

第一节　教育心理学的萌芽与初创

一、古代教育心理学思想

早在两千多年前，尽管不存在教育心理学的学科体系，但是中国的学者已经开始提出并论述教育心理学问题，其中既包含较为完善的教与学的心理理念，同时也注重在教育教学中，对知、情、意、行等心理过程的关注、引导和培养，尤其以孔子、孟子和荀子为代表的儒家学派，其教育心理学思想论述颇丰。例如，“学而不思则罔，思而不学则殆”“学而时习之”“温故而知新”“学而不厌，诲人不倦”等是孔子对教与学的心理的思考、总结；孔子的“敏而好学，不耻下问”“多闻阙疑”“多见阙殆”突出了感知心理过程在学习中的重要性。又如孔子的“知之者不如好之者，好之者不如乐之者”，将情绪情感因素对学习的影响体现得活灵活现；孟子的“天将降大任于斯人也，必先苦其心志，劳其筋骨，饿其体肤，空乏其身，行拂乱其所为，所以动心忍性，曾益其所不能”，表达了注重锻炼意志品质的重要性；荀子的“不闻不若闻之、闻之不若见之、见之不若知之、知之不若行之”，突出了教育中知行结合的实践价值。这些久远的教育心理学哲学思想，恰恰与现代教育心理学强调知、情、意、行四者并重的全人教育理念相吻合，体现出我国古代学者对教育心理学问题的深刻洞察。同时，中国古代教育家在长期的教育实践中，也积累了一套卓有成效的教育原则和教学方法，例如《论语》中提到的因材施教、启发诱导、循序渐进、教学相长、温故知新、好学乐学、学思结合、学行一致、克己自省、以身作则、改过迁善、扬善抑恶、闻过则喜、既往不咎等。这些教育原则和教学方法不仅具有唯物论和辩证法的色彩，而且许多与教育的客观规律相暗合。

古代西方的教育心理学思想可追溯至古希腊时期，主要代表人物是柏拉图和亚里士多德。柏拉图高度估价教育的作用，认为教育是改造人性，陶冶德性，实现理想国的唯一手段。他认为，人的灵魂在理念世界中所获得的理性和美德，由于降生时和肉体结合受到剧烈刺激，出生后又为情欲所蒙蔽，因而失去了效用，只有通过教育才能使先天的理性和德性发展起来。柏拉图把教育的重要性提高到关系国家兴衰存亡的高度，强调教育必须掌握在

国家手中，由国家严格控制，由国家选派德高望重、理性发达的人担任教育首长，领导一切教育事宜，其他任何人不得干预，只有这样，才能保持教育的一致性和不变性。因此，柏拉图对当时雅典由私人开办学校、随意处理教育问题的现象极为不满，认为那会导致祸乱，给国家带来不幸，因而必须予以纠正。与之相应，柏拉图要求政府对面向儿童的教育读物（故事）予以严格审查，审查的标准“以不慢神为第一义”，凡描写天神之间钩心斗角、相互倾轧、妒忌、说谎等的故事，一律删去，而那些描述智慧、勇敢、友善的故事，则应列在目录上，劝导母亲和保姆们讲给孩子们听，以之陶冶他们的心灵，培养良好的道德品质。在他看来，“一切事都是开头最重要，尤其是对于幼年的……因为在幼年的时候，性格正在形成，任何印象都留下深刻的影响”“我们应该尽量使孩子们开始听到的一些故事必定是有道德影响的最好一课”，因为“在那个年龄深入于心的一切意见，最容易看出是不容易磨灭和不容易改变的”。作为柏拉图的学生，亚里士多德的教育心理学思想既有与柏拉图相近的内容，也有其自身独特的内容。例如，亚里士多德根据人是由身体（肉体）和心灵两个不可分割的部分所组成的理论，在西方教育史上第一个从理论上论述论证了身心和谐发展的教育问题。亚里士多德把灵魂分为三个部分：一是表现在身体的生理方面的植物灵魂，如营养、繁殖，这是灵魂的低级部分，为一切生物所共有；二是非理性灵魂，即动物灵魂，也称意志灵魂，表现为感觉与欲望，是灵魂的中级部分，为动物和人所共有；三是理性灵魂，表现为理智与沉思，为灵魂的高级部分，是人类所特有。这三种灵魂是自然赋予人类的活动能力的萌芽，具有发展的倾向，但它们的实现全赖教育。因此，他提出与三部分灵魂相适应的三种教育，即发展植物灵魂的体育，发展动物灵魂的德育和发展理性灵魂的智育。再如，亚里士多德是最早依据儿童身心发展特点来划分教育年龄时期的思想家。他把教育年龄分为三个时期，即从出生到7岁为第一个时期，7岁至14岁为第二个时期，14岁至21岁为第三个时期；同时，还详细论述了各个时期教育的具体内容。此外，亚里士多德还提出了教学的三原则：配合个体年龄发展的自然原则、培养个体良好习惯的习惯原则、启迪个体智慧的启智原则。

二、近代教育心理学思想

西方近代教育心理学思想的主要代表人物有裴斯泰洛齐（J.H.Pestalozzi，1746—1827）、赫尔巴特（J.F.Herbart，1776—1841）、福禄贝尔（F.Froebel，1782—1852）和乌申斯基（1823—1870）。他们共同关注的是，如何利用心理学的原理和观点来更好地教育下一代。

裴斯泰洛齐是近代瑞士著名的教育理论家和教育实践家，他在《葛笃德如何教育她的子女》一书中指出，人的天性即心理有其自身的发展规律，教育应当以此为出发点，与其相适应、相协调；教育过程要从一些最简单的、为儿童所理解和接受的“要素”开始，逐步过渡到复杂的“要素”，促使儿童各种天赋能力全面和谐地发展。《葛笃德如何教育她的子女》以及裴斯泰洛齐的要素教育思想，对19世纪欧美国家初等教育的发展曾产生过广泛而深刻的影响，众多国家纷纷采用裴斯泰洛齐的方法来改革教学实践活动，以致出现了所谓“裴斯泰洛齐运动”。法国著名教育文学家孔佩雷在其著作《裴斯泰洛齐与初等教育》中这样形容当时的情形：“整个欧洲，无论南北，几乎没有一个地方不受到裴斯泰洛齐的影响。”有学者认为，该书以要素教育理论为基础的初等学校各科教学法，为近现代的初等教育实践和理论的完善奠定了基础。因此，《葛笃德如何教育她的子女》一书也被人们看作是19世纪初等教育的“圣经”。

赫尔巴特是近代德国著名的教育家和心理学家，科学教育学的奠基人。他基于自己的教育实践经验，尤为重视心理学对于教育学的价值。他在《普通教育学》一书中明确提出，教育理论体系有两个理论基础，即伦理学和心理学。其中，伦理学说明教育的目的——道德是人类的最高目的，也是教育的最高目的；心理学决定教育的方法——要想达到教育的最高目的，需要研究受教育者的心理活动及其规律，以便找到合理而有效的教育方法。这

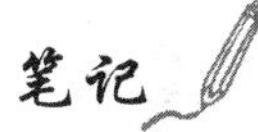

在教育心理学的发展史上具有重要意义——赫尔巴特是第一个明确提出教育学应该以心理学为理论基础，应该充分运用心理学去论证和解决教育学上的各种实际问题的人。同时，赫尔巴特还强调“多方面兴趣”的重要性，认为在教学过程中，“多方面兴趣”是学生意识活动的“内在动力”，学生如果有多方面的兴趣，就会主动地去追求知识，一心钻研课业，达到教学的目的。赫尔巴特及其《普通教育学》在教育学和教育心理学的发展史上具有重要意义——第一个明确提出教育学应该以心理学为理论基础，应该充分运用心理学去论证和解决教育学上的各种实际问题，从而使教育学开始走上科学的道路。

福禄贝尔是近代德国学前教育家、教育理论家，被称作“幼儿教育之父”。他以自己的办学经验为基础，系统阐述了关于儿童发展和教育的理论，写成了《人的教育》一书。其中，福禄贝尔强调，虽然儿童的成长是一个整体的发展过程，包含婴儿期、童年期和少年期三个阶段，但是早期教育非常重要，特别是母爱和家庭教育环境在儿童发展中起着奠基的作用。为此，他主张以组织家庭联盟的办法建立“幼儿园”，以便对儿童进行良好的早期教育。与之相应，福禄贝尔认为，人的发展法则和自然的发展法则是相同的，因此教育的目的就是指导儿童发展自由的人格。至于发展的形态，则是遵照既定的形态设计而发展，犹如种子之于植物。种子虽小，却是整个植物的完美形态的缩影，植物日后的发展，都要遵循此种子所存在的内蕴而茁壮成长。福禄贝尔关于幼儿教育的一系列思想和方法，对世界各国幼儿教育的发展起到了直接的推动作用，他也因此被世人誉为“幼儿教育之父”。

乌申斯基是近代俄国著名的教育家和教育实践家，俄国教育学的奠基人。乌申斯基认为，“如果教育学希望从一切方面去教育人，那么就必须首先也从一切方面去了解人”。他力图打破那种囿于教育本位、以教育论教育的陈陋状况，从人类历史发展高度全方位考察教育与人的发展的关系，即从所有“人类科学”（凡是能为教育学提供依据的科学统称为“人类科学”，其中包括人体解剖学、生理学、病理学、心理学、哲学、统计学、文学史等）的角度，促进传统教育的更新和现代教育的进化。他强调，只有建立和发展一种立足于这些“人类科学”基础之上的教育科学，才能使教育在改造人和社会事业中发挥好的作用。为此，他撰写了《人是教育的对象》（该书原名《教育人类学初探》，译成中文时改为《人是教育的对象》）。该书的第二卷主要论述了教育中的心理学。乌申斯基认为，如果教育工作者想支配一些心理现象，就得研究这些心理现象的规律，就得凭着对这些规律及其应用的实际情况的深思熟虑去实践。为此，该书在心理篇中结合儿童的认识、情感、意志和年龄特征，详细分析了教育过程中的各种常见心理现象及其规律，进而探讨了相应的教育问题。例如，在教学过程中，应该尽可能考虑儿童的兴趣，但完全从兴趣出发不能培养儿童的意志；教学中既要发展学生的主动注意，又要培养学生的被动注意；在游戏中培养学生的想象力；教育者不应仅仅关心学生智慧的发展，而且应该把学生正当的情感的形成作为自己的主要目的；疑惑应与信心互为补充，因为疑惑有正反两方面的作用，疑惑与信心联系可为科学开辟道路，但单独的疑惑会很快使心灵空虚起来。《人是教育的对象》从朴素的唯物主义认识论出发，力图运用当时的生理学和心理学的研究成果、将教育学建立在科学的基础之上的理论观点，对十月革命后苏联的教育理论和实践的发展产生过很大的影响，对世界教育科学的发展也有不容忽视的贡献。各国学者对《人是教育的对象》给予极高的评价，认为它“奠定了俄国教育科学的科学研究基础”，是“俄国古典教育学的王冠”，是教育心理学史上的里程碑式著作之一。乌申斯基也被苏联心理学界认为是“俄罗斯教育心理学的奠基人”。

三、教育心理学诞生标志

教育心理学作为一门独立学科，其诞生要追溯到桑代克。

桑代克（Edward Lee Thorndike，1874—1949）是美国著名心理学家、教育家，一生著述

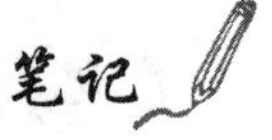

甚多，达 500 多项，其中许多是巨著。其代表作有：《动物的智慧：动物联想过程的实验研究》(1898)、《教育心理学》(1903)、《心理学纲要》(1905)、《动物的智慧》(1911)、《教育行政》(1913)、《教育心理学》(3 卷本，1913—1914)、《教育心理学概论》(1914)、《成人的学习》(1928)、《人类的学习》(1931)、《学习要义》(1932)、《有关奖励的实验研究》(1933)、《比较心理学》(1934)、《心理需要，兴趣和态度》(1935)、《成人的兴趣》(1935)、《人性与社会秩序》(1939)、《联结主义心理文献选》(1949) 等。

1903 年桑代克出版了《教育心理学》，1913 年间桑代克将其扩充为三卷本的《教育心理学》：《人类的本性》《学习心理学》《工作与疲劳以及个性的分别》。1914 年，为了给当时大学低年级学生和师范学校学生编写教育心理学教科书，桑代克将三卷本的《教育心理学》缩编为一册，即《教育心理学概论》。

《教育心理学概论》除序言外，由 3 卷 27 章组成。第一卷为“人类的本性”(1～9 章)，阐述了人类天赋的本性，认为人的天赋本性乃是一切教育的起点，教育的作用就是对本性中好的趋向加以利导、对那些不好的趋向加以消除。第二卷为“学习心理学”(10～20 章)，论述了动物与人类的学习规律，并且指出尽管人类的学习远较动物的学习复杂，但从动物的实验研究所揭示的种种规律也同样适用于人类的学习。第三卷为“个性的分别及其原因”(21～27 章)，对个性的差异及造成差异的原因进行了探讨。其中，桑代克关于学习心理学的论述主要集中在以下三个方面。

第一，尝试错误说。桑代克研发了迷路圈、迷箱和迷笼等实验工具，用以研究动物学习的特点与规律（专栏 2-1）。根据实验，桑代克认为动物的学习并不具有推理演绎的思维，并不具有任何观念的作用；动物的学习方式是尝试错误式的，即动物是通过反复尝试错误而获得经验的。这种学习的实质就是在刺激和反应之间形成联结，即“感应结”。因此学习即联结的形成与巩固。而且，桑代克认为，尽管人的学习可塑性要比动物大得多，行为也更复杂，但是也是基于本能，以刺激反应的联结为准则。

第二，学习律。在实验的基础上，桑代克提出了三条学习定律：①准备律——学习不是消极地接受，而是一种主动的活动，学习者必须要有某种主观意愿和能力准备。②练习律——某个已形成的可变联结，若加以应用，就会变强；反之则会变弱。③效果律——学习者对反应结果的感受将决定个体学习的效果，即如可变联结形成之后伴随着一种满足的状况，这种联结就会增强，反之就会减弱。

第三，学习迁移的“共同要素说”。在关于一种学习对另一种学习的影响的学习迁移问题上，桑代克反对以官能心理学为基础的形式训练说，代之以共同要素迁移说。他认为，学习迁移的产生是由于两个学习情境之间具有相同要素的结果。相同要素也即相同联结，因此学习的迁移也即相同联结的转移。

《教育心理学概论》是桑代克的联结主义心理学理论在教育中的具体运用，也是历史上第一部教育心理学的系统著作。它的出版标志着教育心理学作为一门新的独立学科的正式问世——虽然早在 1877 年卡普杰列夫就曾出版过一本《教育心理学》[1]，但心理学家们依然喜欢将桑代克 1914 年出版的《教育心理学概论》视为历史上第一部教育心理学的系统著作，并把桑代克视为教育心理学的鼻祖。

专栏 2-1

迷笼实验

在桑代克的动物实验中有一个著名的“饿猫逃出迷笼实验”。桑代克设计了“桑代克迷

1 俄国教育家卡普捷列夫于 1877 年发表了《教育心理学》一书，是最早正式以教育心理学命名的一部教育心理学著作。但是，由于它并没有提供一个独立的学科内容体系，因此，并不被心理学界视为教育心理学作为一个独立学科的标志

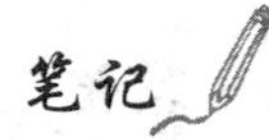

笼”，将一只饥饿的猫关入此笼中，笼外放一条鱼。饿猫急于冲出笼门去吃笼外的鱼，但是要想打开笼门，饿猫必须一气完成三个分离的动作：首先要提起两个门闩，然后是按压一块带有铰链的台板，最后是把横于门口的板条拨至垂直的位置。经观察，刚放入笼中的饿猫以抓、咬、钻、挤等各种方式想逃出迷笼，在这些努力和尝试中，它可能无意中一下子抓到门闩或踩到台板或触及横条，结果使门打开，多次实验后，饿猫的无效动作越来越少，最后只要进入迷笼就会立即以一种正确的方式去触及机关打开笼门。

桑代克把猫在迷笼中不断地尝试、不断地排除错误最终学会开门出来取食的过程称为尝试错误学习，并提出了学习的“尝试-错误”理论。他认为，动物在每次尝试的过程中，都建立起一种“刺激-反应”型联系，那些能够导致成功的反应被保留，而那些无效的反应则会逐渐被排除，所以，动物学习就是从各种“刺激-反应”中挑选那些导致成功的“刺激-反应”类型。桑代克又把这种“刺激-反应”类型称作“联结”，认为学习的实质就在于形成刺激与反应之间的联结，并根据其动物心理实验研究的发现，提出了有关人类学习的三条主要规律。

第二节　教育心理学的发展与成熟

一、声誉低落期

随着教育心理学的初创，学界将这种“内容来自于教育问题，方法来自于心理科学”的新兴学科视为教育方面的主导科学，对其寄予厚望，美国教育心理学界还掀起了以桑代克思想为中心的教育科学运动。但是，自20世纪20年代至20世纪50年代末，教育心理学研究与应用在理论体系、研究领域、应用价值等各方面都未见起色，相反突显出如下问题。

第一，内容观点庞杂，未成有机体系。1956年有人统计了6本流行的教育心理学教科书，发现各书之间的相关程度很低，仅有学习这一课题各书均有讲述，其他可谓“百花齐放百家争鸣”；而且，各书的主要内容不同程度取自基础心理学、儿童心理学、动物学习理论、人格心理学、心理卫生、心理统计与测量以及各学科心理学，内容庞杂、观点纷呈、编排随意、难以兼容。

第二，研究领域狭窄，学术视角扭曲。有关教学的研究领域被局限在学习理论这单一方面，尽管涌现了不少的学习理论，如联结理论、强化理论，格式塔理论、顿悟理论、符号理论，但是由于研究范式过分强调“量化”和“客观”，多数学习理论的学术研究视角都存在不同程度的扭曲，即将复杂的人类学习行为简化为各种等级的反应，试图像研究动物学习行为那样，用一组相对有限的特征去寻求对人类学习的理解。以至于当时就有学者感叹，此时的教育心理学研究已经沦落到了非人、非心的地步。

第三，游离现实教学，实践效用不大。由于受行为主义心理学的影响，偏好借用动物和儿童的比较简单的心理过程去推测人类高级的学习过程，而对学校情境中的学习缺乏应有的研究，其所“揭示”的学习本质很难说明学生学习的深层机制，其所“概括”的学习理论多数被学校教师视为华而不实。

因此，随着厚望的破灭，代之而起的是深深的失望。人们纷纷指责教育心理学理论体系粗糙、单薄且不系统，不仅质疑其是否是研究教育的心理学，甚至质疑其能否算是一门独立的心理学科。

二、声望恢复期

20世纪60—70年代，随着认知作为一个新的变量广泛介入教育心理学研究的各个方面，并逐渐构成了教学研究的主流，教育心理学的理论研究与应用研究出现了一些新变化。

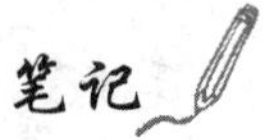

其一，重视理论体系建构。从20世纪60年代开始，西方教育心理学教科书的内容与体系大都围绕高效的教与学而组织，教学与发展的关系、学习心理、教学心理、教学评定与测量、学生个别差异、课堂管理和教师心理等成为公认的内容。

其二，注重联系教学实际。为了克服以往游离教学实际、华而不实的缺陷，此时期的教育心理学研究普遍重视联系学校教育教学的实际，注重为学校的教育教学实践服务。其突出表现是从以前局限于学习问题转向对教学问题的极大关注，如20世纪70年代的教育心理学教科书中普遍出现了教学策略、教学设计、教学模式、教学评价等方面的内容，甚至在教育心理学研究领域出现了专门的教育心理学分支。教育心理学研究的发展为改变教育心理学的面貌提供了新的活力与动力，同时也调动了广大学校教师参与教育心理学研究的积极性。

其三，实践指导作用增强。20世纪60年代至70年代，出现了几个很有影响的教育心理学理论：①布鲁纳的发现学习说——学习的本质不是被动地形成“刺激 - 反应”的联结，而是主动地形成认知结构或表征系统的过程，即学习是学习者利用已有的认知结构，对新的知识经验进行加工改造并形成新的认知结构的过程；②加涅的信息加工说——每个学习阶段都不会自发地产生，除非具备了一定的条件或教学事件，教学就是由教师安排和控制这些外部条件构成的，而教学的艺术就在于学习阶段与教学事件的完全吻合；③奥苏伯尔的有意义学习说——用认知心理学的观点系统阐述了有意义学习的实质、条件及运作过程，成为教育心理学中认知派的集大成者。这些理论把认知心理学的研究成果用于解释教学规律及其机制，使教育心理学研究对教学实践的指导作用明显增强。

其四，学术观点倾向融合。以往，教育心理学研究者总喜欢把自己同界限分明的思想学派联系在一起，对教育问题（特别是学习问题）的解释基本上可以归结为行为主义、认知主义和人本主义等几个主要学派，以至于常常表现出激进的思想倾向。随着整个心理学界开始出现兼收并蓄的新气象，教育心理学研究者也逐渐清醒地意识到，各学派在一些问题上的长期争论，本身就说明彼此都有缺陷。因此，教育心理学研究的主流逐渐被理论上的折衷倾向所取代。尽管其结果并不一定产生性质相同的思潮，但如何合理地兼收并蓄，如何有机地兼顾不同学派的理论观点和研究成果，已成为教育心理学研究者考虑的主要问题之一。

伴随着这些新的变化，教育心理学的声望得到明显恢复。

三、走向成熟期

进入20世纪80年代以后，教育心理学继续保持良好的发展势头，学科理论体系进一步完善，与教育实践的结合更加紧密，研究领域已开始从学校教育走向生活教育和职业教育，研究队伍逐步壮大，学术成果日益丰富，科研水平不断提高。其中，有两件事可以作为教育心理学逐步走向成熟的标志。

其一，建构主义理论的兴起。在教育心理学研究中，建构主义理论有着深刻的思想渊源，它将维果斯基、杜威、皮亚杰、布鲁纳等多种教育心理学思想融合为一体，形成了一种迥异于传统学习理论和教学思想的新型教学理论。具体来说，建构主义理论与传统教育心理学理论相比较，在知识观、学习观、学生观、师生角色的定位及其作用、学习环境和教学原则等方面，都有明显不同。例如，在知识观方面，建构主义理论认为，知识不是对现实的纯粹客观的反映，任何一种传载知识的符号系统也不是绝对真实的表征；它只不过是人们对客观世界的一种解释、假设或假说，它不是问题的最终答案，它必将随着人们认识程度的深入而不断地变革、升华和改写，出现新的解释和假设。在学习观方面，建构主义理论强调，学习不是由教师把知识简单地传递给学生，而是由学生自己建构知识的过程；知识意义的建构来源于新旧知识经验之间的同化和顺应，伴随着原有知识经验及其认知结构的调整和改变，因而学习不是简单的知识经验积累。在学生观方面，建构主义理论强调，学习者并不是

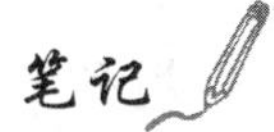

空着脑袋进入学习情境的，他们在日常生活和以往各种形式的学习中，已经形成了有关的知识经验，他们对任何事情都有自己的看法；教学不能无视学习者的已有知识经验，简单强硬地从外部对学习者实施知识的"填灌"，而是应当把学习者原有的知识经验作为新知识的生长点，引导学习者从原有的知识经验中，生长新的知识经验。总之，建构主义理论对传统教学观念提出的尖锐批评，以及对学习和教学作出的崭新解释，使之很快成为一种广受青睐的教育心理学理论，不仅对当代教育心理学的研究取向产生了直接的影响，而且对许多国家的基础教育改革和课堂教学改革产生了广泛的影响。

其二，教育心理学的独立性发展。教育心理学发展之初是作为心理学的一个应用分支而产生的，在发展的前几十年间表现为偏重于研究学习、研究认知的狭窄发展趋势。随着近百年发展历程的演进，教育心理学已逐渐摆脱了在学科性质上的这种片面性认识，已不再是心理学在教育领域的简单应用，开始拥有自身独立的研究对象、研究方法和研究领域，呈现出独立性发展特征。其具体体现在研究视野的拓展和分支性研究的涌现两个方面。就研究视野的拓展而言，教育心理学研究在广度和深度上均突破了传统研究领域的局限，例如，认识到学习是一种伴随生命全程的活动过程，对学习的研究应从学校教育拓展至家庭教育、职业教育、终身教育；认识到教育心理问题受历史、文化、社会等多元生态环境的影响，对教育心理学规律的探讨既要重视跨文化层面的研究，也要重视本土化层面的研究；认识到个别差异的研究不能只"见树木不见森林"，应注重元认知、学习风格、性别差异、语言差异等宏观问题的研究。就分支性研究的涌现来看，随着研究视野的拓展，教育心理学研究中不断派生出多种专门的分支学科，例如，将教育心理与社会心理相结合的教育社会心理学，将教育心理研究与不同层次学校教育相结合的高等教育心理学、中学教育心理学、小学教育心理学等，将教育心理研究与不同学科教学相结合的语文教育心理学、历史教育心理学、音乐教育心理学等，将教育心理研究与教师专业发展相结合的教师心理学、教师教育心理学。这些分支学科的不断涌现，进一步丰富了教育心理学的学科体系，进一步密切了教育心理学研究与教育实践的联系，进一步深化了教育心理学的研究内容和研究水平。

第三节　中国教育心理学的发展与完善

一、初创时期

20 世纪 20 年代初，我国逐渐开始引入西方的教育心理学理论，主要表现为翻译国外教育心理学相关著作、开设教育心理学相关课程、介绍并修订教育心理学相关心理测验量表等。就译著来看，1908 年出版了房宗嶽所翻译的日本学者小泉撰写的《教育实用心理学》，1926 年出版了由陆志韦翻译的桑代克的《教育心理学概论》，1934 年出版了由胡毅翻译的桑代克的《人类的学习》，1936 年出版了由宋桂煌翻译的盖茨的《教育心理学》，1945 出版了由艾伟编译的《教育心理学大观》。就课程来说，我国学者廖世承于 20 世纪 20 年代初，借鉴西方教育心理学课程内容及体系，在南京高等师范学校讲授教育心理学课程。就心理测验量表而言，早期引进的量表有陆志韦和吴天敏修订的比内 - 西蒙智力量表、萧孝嵘修订的墨跋量表，还有一些学科测验量表。此外，也出版了一些由我国心理学工作者编著的教育心理学书籍，例如，廖世承于 1924 年出版的《教育心理学》教科书、艾伟于 1945 年出版的《教育心理学》一书。但这些编著作品的特色主要在于述及西方教育心理学的理论、方法、鲜见创新。因此，在这一时期，我国教育心理学的发展尚处于起步阶段。

随着中华人民共和国的建立，在马克思主义思想的指导下，我国心理学工作者开始以批判和改造的视角重新认识西方教育心理学的理论和技术，意欲确立我国教育心理学的发

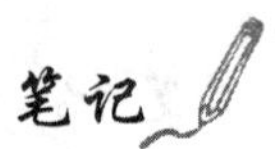

展方向、建构我国教育心理学理论体系，从而更好地为社会主义教育事业服务。

20世纪50—60年代，我国教育心理学出现了一个蓬勃发展期。1962年，中国心理学会召开了教育心理专业会议，通过了教育心理专业委员会组织条例，并成立了由潘菽等人组成的教育心理专业委员会，具体领导教育心理学研究工作，由此确立了教育心理学的学科地位。在此会议召开前后的几年间内，教育心理学在课程建设、教材建设、人才建设等方面呈现出全面发展的局面。1961年，在全国高等学校教材会议上，确定了编写教育心理学教科书的事项；1963年，潘菽主编的《教育心理学》出版。此外，一些教育心理学的学习材料也相继出版，例如，《课堂教学心理分析》《怎样了解学生个性心理特征》等。在教材建设的带动下，全国各师范院校相继恢复开设了教育心理学课程，促进了教育心理学人才的培养。

与此同时，我国也开展了很多教育心理学的相关课题研究。1959年，中国科学院心理研究所与全国各地区20所高等师范院校合作，对教育心理学中的一些实际问题开展研究，例如以改革中学、小学教学为主的相关心理学问题研究；至1962年，全国范围教育学心理学领域课题研究的开展已达200项左右，研究范围涵盖学习心理、学科心理、德育和智育心理、个别差异、入学适龄问题等方面。这些研究为教育心理学的学科体系建设提供了可以借鉴的实证依据，为我国教育心理学的理论体系的初步构建奠定了良好的基础。

二、本土化发展时期

20世纪80年代以后，我国教育心理学研究者植根于我国传统教育心理学思想之上，对比中国文化和西方文化的差异，立足于我国的实际状况，借鉴国外的教育心理学研究成果，进行了许多有创新意义本土化的研究。

注重德育是我国传统教育心理学思想中的一大特色，在教育心理学的本土化研究中品德心理研究也成为一个重要的研究领域，研究对象以儿童和中小学生为主，研究主题集中于道德认知发展、道德行为表现的心理结构和教育的关系、品德形成的情绪作用等，研究的特色在于探索我国实际的社会情境下，尤其是多民族的跨文化情境下，儿童及学生在道德认知发展、道德行为表现、品德形成等方面的独有特征及差异。在学科教学心理方面，结合学生的认知发展特点和学生在学习语文、数学等不同学科过程中的心理规律，开展了一系列的教学性实验研究，提出了符合中国实际的、有创建的自学辅导方式、语文阅读及汉字学习的有效模式等研究成果。差异心理研究的本土化创新主要表现在对超常儿童心理发展的研究、对智力落后儿童心理发展的研究以及对儿童智力性别差异的研究，为教育过程中适时、适当地提供因材施教、教育干预等措施提供了有效的心理学依据，有利于教学质量的提高。在教学改革研究方面，注重用心理规律来指导教学实践，开展了以“心理能力发展与培养”“愉快教育”“成功教育”为主题的教学实验研究，促进了我国教育心理学的理论发展。

我国教育心理学除了在理论研究中取得了较大进步之外，在研究方法上也有显著的发展，表现为教育心理学研究的方法论得到了不断深入的探讨，并且研究方法的应用也在深入发展。教育心理学研究中采用的主要方法有实验法、调查法和理论分析法，其中有关测量的方法发展较快，应用较为广泛；统计方法的普及和发展也较快，推断统计的应用越来越普遍，同时使用多元统计的增长趋势明显。

三、新近发展趋势

进入21世纪，我国教育心理学的发展呈现出如下趋势。

第一，传统教育心理学研究主题的深化。教育心理学历来关注认知过程和个体差异的研究，在着重强调教学有效性这一实际问题的前提下，学习者在学习过程中的认知策略和元认知问题应该引起高度重视。个体的认知策略和元认知同个体认知过程的有效性密切相

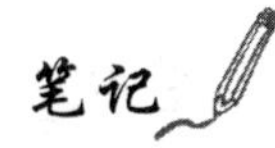

关，但是认知策略和元认知却存在个体差异，每一个体在认知策略和元认知上的独特表现以及这种独特表现与认知过程相结合之后在认知有效性问题上的差异性反应，对认知过程研究和个体差异研究而言，都具有深刻的意义，研究结果能够为教学效果的提升提供可靠的实证依据，因此教育心理学的这两个传统主题值得深入研究。

第二，强调并推动全人教育心理理念的发展。个体心理既包括认知成分也包括认知之外的情绪、意志、人格等成分，从教育促进个体发展的功能而言，只有当教育能够促进个体认知及其他心理成分的共同发展，确保个体作为一个有机整体在知、情、意、行各方面的全面成长，才能够真正体现教育心理学理论和技术对教育功能的引导价值。因此在教育心理学的深入研究中，除了加强认知过程研究之外，还应该着力推动对学习者的动机、情绪、品德、意志等主题的研究，同时也要关注这些研究主题受社会环境因素、社会心理因素的影响状况，从而更好地促进全人教育心理理念的发展。

第三，加强多学科交融的现代教育心理学的发展。现代教育心理学已不再局限于通过教师、黑板、粉笔、语言等传统的信息传播渠道来促进教和学的过程，多媒体辅助教学技术的运用扩展了信息接收和处理的空间，在信息表达的形式上更加多元化、更加生动逼真，能够在教学过程中更好地符合学习者的主体性需求，加深学习者对所接收信息的理解程度、提高教学效果，同时也使得个别化教学成为可能。认知神经科学的研究进展能够加强我们对学习等认知活动的脑机制的本质认识，能够在基于脑科学的前提下，合理地规划教育教学过程，提升教育质量。新兴学科融入教育心理学、优化教育心理学的发展符合现代科学的发展趋势。

第四，进一步建构并完善中国特色的教育心理学体系。中国特色的教育心理学体系应该具有多元化发展的特征，在研究内容上要全面关注学习者的学习问题和教学者的教学问题，从教和学有机互动的整体出发，探究适合我国实际状况的教学规律；在研究视野上要以我国教育心理学的本土化研究为根本，同时兼顾国际教育心理学研究的发展趋势，着眼于解决我国各民族、各地区教育教学中的实际问题，开展并推进教育心理学的本土化研究，同时，以批判借鉴的态度了解国际教育心理学领域的前沿理念，拓宽本土化研究思路，从而建构并完善中国特色的教育心理学体系，更好地为中国教育事业的发展服务。

本章小结

1. 作为一门学科，教育心理学的历史可谓短暂，但是作为一种思想，教育心理学的历史可谓久远。

2. 西方近代教育心理学思想的主要代表人物有裴斯泰洛齐、赫尔巴特、福禄贝尔和乌申斯基。他们共同关注的是，如何利用心理学的原理和观点来更好地教育下一代。

3. 教育心理学作为一门新的独立学科，其元年以1914年桑代克《教育心理学概论》的出版为标志。

4.（西方）教育心理学的发展与成熟，经历了声誉低落期、声望恢复期和走向成熟期。

5. 我国教育心理学的发展分为两个时期：第一个时期（20世纪20—70年代）主要在于引进和借鉴国外教育心理学的理论及相关实践研究，促进科学教育心理学思想在我国的传播，从而初步建构起我国的教育心理学理论体系；第二个时期（20世纪80年代以后）主要是结合我国教育教学的实际情况，开始走向独立的、本土化研究的道路，并且取得了较为丰硕的成果。

复习思考题

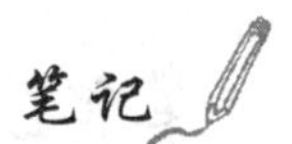

1. 简述西方近代教育心理学思想的主要代表人物及其主要理论观点。

2. 教育心理学作为一门新的独立学科的标志是什么？
3. 简述桑代克提出的三条学习定律。
4. 导致（西方）教育心理学发展处于"声誉低落期"的主要原因有哪些？
5. 简述我国教育心理学的新近发展趋势。

拓展学习

《学记》——最早的教育论著

《学记》是中国古代最早的一篇专门论述教育教学问题的论著，也是迄今我们所知道的世界教育史上最早的系统论述教育理论的著作。

《学记》出自何人之手，历史上没有明确的记载，史学界也没有定论。但大部分学者把《学记》定为思孟学派的著作。思孟学派是儒家学派的一支。儒家在先秦诸子中是最大的学派，后来因各人发展方向的不同，产生了许多不同的儒家学派，如子思一派、颜氏一派、孟氏一派等。后人因为子思与孟子有师承关系，他们的思想和学说也有很相近的地方，因而把他们合并为思孟学派。

《学记》全文不过1200多字，但内容却极为丰富，它全面系统地总结概括了我国先秦儒家学派的教育经验和基本理论，全面阐述了教育的地位和作用、教育制度和学校管理、教育教学原则和方法等方面的问题。在教育的地位和作用上，《学记》承袭了先秦儒家的一贯思想，把教育视为政治的最佳手段；在教育制度和学校管理上，《学记》肯定了我国的传统学制，把学习年限定为九年，并认为要按学年规划教育的重点和要求，派人定期视学与考查；在教育内容上，强调学诗、学礼、学乐，重视"六艺"教育；在教育教学原则和方法方面，《学记》总结历史经验，对教育教学成功与失败的规律作了深刻的分析，提出了一些能取得良好教学效果的原则和方法，它还着力强调了教师的作用并对教师提出了一些要求。具体来说，《学记》的主要贡献体现在以下方面。

1. 教学相长　教学相长是《学记》在教育史上首先提出的重要教育思想。《学记》中说："学然后知不足，教然后知困。知不足，然后能自反也；知困，然后能自强也。故曰：教学相长也。"这句话的本意是说教师通过学习才知道自己知识的不足，通过教人才知道教学的困难。知道不足，才能勉励自己不断进步，知道困难，才能督促自己认真学习研究。这是对教师自身提高提出的一条重要规律。但是，后人在注释"教学相长"时作了引申，将其定义为教学过程中教师、学生双方的互相促进、共同提高的过程。不管是什么意思，"教学相长"都揭示了教与学的相互促进的作用。

2. "豫""时""孙""摩"的原则　强调教学和教育工作要禁于未发，预防可能出现的问题；要抓住最佳年龄和适当时机进行学习；要循序渐进，注意学生的接受能力；要互相观摩，交流经验。这要求教育工作者必须懂得教育理论。

3. 启发诱导原则。《学记》中反复强调"喻"，"喻"就是启发诱导。《学记》指出："君子之教，喻也。"怎样才能"善喻"呢？第一，"道而弗牵"，要积极引导，而不要牵着学生鼻子走；第二，"开而弗达"，要开启门径，而不要代替学生作结论；第三，"强而弗抑"，要热情鼓励学生进取，而不要强推学生前进。

4. "藏息相辅"原则　《学记》提出学习包括有计划的正课学习与课外活动和自习。只有做到有张有弛，让学生感到学习的乐趣，感受到老师和同学的可亲可爱，才能使学习成为学生的一种内在需要。

5. "长善救失"原则　《学记》指出学生学习中存在四种缺点，即贪多务得，片面专精，浮躁轻心，畏难不前。这四种缺点是由个体的心理差异造成的，因此，教师要掌握学生的心理差异，帮助学生发扬优点，克服缺点。

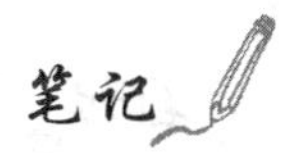

6. 讲解问答的教学方法　关于教师如何进行讲解,《学记》提出了三项准则:“必也其听语乎;力不能问,然后语之;语之而不知,虽舍之可也。”一是“听语”,即在教学中学生提出各种问题后,教师可根据这些提问进行讲解;二是“语之”,就是在学生想要提出问题而又恐说不清楚的时候,教师马上讲解进行启发;三是“舍之”,当进行启发讲解而学生还不能理解时,教师就暂时放一下,等找到原因再另想办法。《学记》还对教师的语言表达提出了明确的要求。要求教师必须讲述简练而精善,分析举例不繁琐,说理微妙而透彻,富有启发而又恰到好处。教师的提问应先易后难,应循着问题的内在逻辑;而回答则应随所问,有针对性,恰如其分,适可而止。

7. 选择教师和尊重教师的意义　《学记》认为选择教师必须慎重,因为教师是教人学习为政的,他必须懂得治国安民的道理。从这个意义上说,能够当教师才能当长官,能够当长官才能当君王。《学记》认为尊师才能重道,重道才能使人重视学习。

参考文献

[1] 董刚,陈良. 百年教育心理学发展历程的回顾与反思. 重庆理工大学学报:社会科学版. 2010,24(7):126-130.

[2] 段蕙芬,张声远,吴增强. 我国教育心理学的发展与趋势. 教育研究,1994(1):41-46.

[3] 高岚,李资渝,张莉. 当代教育心理学的研究和发展. 心理学探新,2001(1):38-42.

[4] 冯忠良. 教育心理学的发展概况. 心理学报,1982(3):342-350.

[5] 田澜,郑庆文. 从西方教育心理学发展史看教育心理学学科地位的进展. 宜春学院学报,2001,23(1):24-29.

[6] 孙萍. 中国教育心理学的历史及其发展趋势. 发展,2011(4):112-113.

[7] 王洪礼,吴红. 教育心理学发展概况新析. 心理科学,2000,23(6):748-749.

[8] 王力娟,张大均. 当代教育心理学研究的多元取向及发展趋势. 中国教育学刊,2007(2):11-14.

[9] 赵兴奎,王映学. 教育心理学发展的五个阶段. 当代教育论坛,2006(18):73-75.

[10] 张爱卿. 20世纪我国教育心理学发展的回顾与展望. 华东师范大学学报:教育科学版. 1998(3):66-72.

[11] 张春兴. 从思想演变看教育心理学发展宜采的取向. 北京大学教育评论,2005,3(1):87-93.

[12] 乔建中. 中外教育经典名著速读. 合肥:安徽人民出版社,2009.

推荐书目

[1] 董刚,陈良. 百年教育心理学发展历程的回顾与反思. 重庆理工大学学报:社会科学版. 2010,24(7):126-130.

[2] 乔建中. 中外教育经典名著速读. 合肥:安徽人民出版社,2009.

研究生考试要点

教育心理学的起源

西方近代教育心理学思想的主要代表人物及其主要理论观点

教育心理学的发展过程

教师资格考试要点

中国古代最早的教育论著

教育心理学作为一门独立学科的标志

桑代克的三条学习定律

(乔建中)

第三章 学习概述

目的要求

1. 掌握　学习的本质；学习的类型。
2. 了解　学习的过程。
3. 知晓　学习的条件。

学习虽然是人们毕生都在从事的活动，但是人们对于学习的实质往往知之甚少，诸如它该如何定义、它有哪些类型、它需要哪些条件、它的具体进程等等。本章就将围绕这些问题展开探讨。

第一节　学习的本质

一、学习的涵义

（一）学习的实质

人的一生中充满了学习活动。人类对学习活动的研究，始于艾宾浩斯（Hermann Ebbinghaus，1850—1909）的记忆研究。此后，新的研究不断涌现，各种观点层出不穷，因而也带来了许多派别之争。行为主义心理学家对学习的定义是："由练习或经验引起的行为的相对持久的变化"。鲍尔（Gordon H Bower，1932—）和希尔加德（Ernest R Hilgard，1904—2001）的学习定义是："学习是个体在特定情境下由于练习或反复经验而产生的行为或行为潜能的比较持久的变化。"当代美国著名的学习和教育心理学家加涅（Robert Mills Gagnè，1916—2002）的学习定义是："学习是人的倾向（disposition）或能力（capability）的变化，这种变化能够保持且不能单纯归因于生长过程"。我国学者的学习定义是："学习是指学习者因经验而引起的行为、能力和心理倾向的比较持久的变化。这些变化不是因成熟、疾病或药物引起的，而且也不一定表现出外显的行为。"

我们不难看出，以上诸多定义都强调学习是一种"变化"，差别在于学者们对导致变化的原因的认识不同，对这些定义分析之后可以对学习的本质得出以下三点理解。

其一，学习是主体对环境的一种适应活动。所谓"主体"，指有认识能力和实践能力的有机体，包括人类和动物、个体和群体。所谓环境，指影响有机体生存与发展的所有外部条件。所谓适应，指有机体通过身心的某种调节与改变，顺应环境的改变。主体对环境的适应活动，是作为主体的有机体与作为客体的环境之间相互作用的过程，是两者之间的原有平衡被破坏，又在新的基础上建立新的平衡的动态变化过程。对于人类而言，社会生活环境总是在不断变化，因而需要"活到老，学到老"。

其二，学习表现为因获得经验而导致的行为变化。所谓经验，指从多次实践中得到的

笔记

知识、技能与体验。所谓行为，指受心理活动支配而表现出来的行动举止。主体对环境的适应活动，是一种实践性的活动，因而主体可以从中获得一定的知识、技能与体验，并导致自身心理活动的内容及其结构发生相应的变化或重组；这种变化或重组势必对主体今后的心理活动产生影响，并通过受心理活动支配的行动举止而表现出来。从这个意义上，心理学家亦强调，学习是主体以心理变化适应环境变化的过程。

其三，学习不能简单地等同于行为变化。在早期的学习研究历程中，一些行为主义心理学家曾将学习定义为行为变化的过程，并一度为不少学者所接受。其实，这种认识是简单化的，也是不科学的。行为变化受多种因素影响，其中有的与学习有关，即因为经验的获得所导致；有的则与学习无关，即不是经验的获得所导致，诸如生理的成熟与衰老、运动的疲劳与创伤、药物的刺激与作用等。而且，由学习导致的行为变化与非由学习导致的行为变化具有不同的特点。例如，生理成熟与衰老所导致的行为变化非常缓慢，而学习所导致的行为变化则相对迅速；运动疲劳与创伤所导致的行为变化表现为水平降低，而学习所导致的行为变化则表现为水平提高；药物刺激与作用所导致的行为变化持续时间较短，而学习所导致的行为变化则持续时间较长。

（二）学生学习的特点

学生在学校中的学习，与人们在工作和生活中的学习不尽相同。其具有如下特点：

第一，间接性。学生的学习是以掌握人类的实践经验为主要任务的一种学习活动，它与成人在认识和改造客观世界的社会实践中所进行的学习有所不同，即不是以直接方式和途径去亲身经验，而是主要通过有目的、有组织的教学活动，以间接的方式和途径接受前人的经验。当然，为了更好地理解、巩固和运用所学知识，学生有时也需要通过一定的实践去获取某些直接经验，但是学生的实践是服从于特定学习目的的辅助性活动，与科学家探究客观真理的实践活动有着本质的区别。

第二，高效性。为了在有限的时间内完成社会所规定的学习任务，学生的学习必须是一种有系统、有指导的科学性活动。从学习的内容来看，学生的学习有专家精心设计和编排的教材，其知识体系具有相互关联、前后连续、循序渐进的系统性；从学习的进行来看，学生的学习有教师的专门讲授与指导，其方式方法讲求符合学生的身心发展的规律和现有的认识水平。因此，学生的学习是一个排除了盲目尝试、避免了误入歧途的高速高效过程。

第三，发展性。学生的学习受制于教育的目标，即成为社会所需要的合格人才。因此，学生的学习带有明显的发展性，是一个从自然人变为社会人，并使社会和文化得以延续的过程。具体来说，学生在学习书本知识的同时，要掌握符合社会道德要求的行为规范与行为方式，要养成适应社会主流价值的思想观念与人格特质，要具备适应社会未来发展的基础知识和基本能力。

二、学习的作用

第一，适应环境。从学习者自身维度来讲，学习是人类适应环境、保障生存所必需的条件与手段。与动物相比，人类的先天适应能力很差，生理条件在许多方面也不如动物。但是，人类之所以能够成为“万物之灵”，主要是因为人类有着动物不可比拟的学习能力，可以通过学习迅速而广泛地适应环境。通过学习，人类学会了种植谷物、烹饪食品，从而养活自己；通过学习，人类学会了智胜天敌、医治疾病，从而保护自己；通过学习，人类学会了使用工具、制造工具，从而发展自己。

第二，促进成熟。从个体生理维度看，学习促进个体成熟。尽管随着年龄的增长，人的生理和心理会逐渐成熟，但是成熟并不是纯自然的过程，而是自然因素与社会因素共同作用的结果。其中，学习对成熟的进程具有显著的促进作用。例如，心理学研究表明，经过学

习训练的婴儿，平均在3.5个月时便能举手抓取到面前的物体，其眼手协调的程度相当于未经训练的5个月的婴儿的水平。还有研究证明，在婴儿出生后的四五年里，除了营养条件外，缺乏适当的学习训练或教育不当，也会给脑的发展带来不利的影响。以致心理学家和教育学家普遍认为，必须通过学习与训练来促进儿童的成熟。

第三，延续文明。从社会文化维度看，学习能够延续文明。美国著名民族学家、社会历史学家摩尔根（Lewis Henry Morgan，1818—1881）认为，人类社会的历史可概括为三个时代，即蒙昧时代，野蛮时代和文明时代。在蒙昧时代，人类世代相沿地生活在热带或亚热带的森林中，以野生果实、植物根茎为食，还有少部分栖居在树上。随着地壳的变化，气候的改变，人类不得不从树上移居地面，学会了食用鱼类、使用火、打制石器、使用弓箭、磨制石器等生存的本领，并世代相袭。到了野蛮时代，人类又学会了制陶术、动物的驯养繁殖和植物的种植。这一时代的后期，还学会了铁矿的冶炼，并发明了文字，从而使人类历史过渡到文明时代。显而易见，人类文明的延续和发展，就如同一场规模宏大而旷日持久的接力赛：前代人通过劳动和生活获得维持生存和发展的经验，通过不断总结、不断积累、不断提高，形成知识和技能，然后传给后人；后辈人在学习前人经验的基础上，进行进一步丰富和提高，以适应时代与环境的变迁。如此代代传递，便形成了一部人类文明延续发展的历史。特别是在现今这个信息时代，我们在惊诧于科学技术给现实生活带来巨大变化的同时，不能不心悦诚服地承认学习对我们人类的文明与进步的重要作用。

三、学习的分类

学习分类研究的思想起源于第二次世界大战期间。当时许多心理学家被征调入伍，从事军事人员训练。他们利用那时建立起来的行为主义学习理论来指导军事人员训练，结果许多训练计划的效果都不理想。因此，许多心理学家开始认识到，人类的学习是极其复杂的，在一定条件下心理学家研究的学习，只是十分复杂的学习现象的某个侧面或某个局部，决不能以偏概全，用这些局限的理论来解释一切学习现象。由于学习现象本身是非常复杂的，其中涉及不同的学习对象、内容、形式、水平等，与此同时人们依据分类的标准也有所不同，因而存在着各种不同类型的学习，并且各种学习的过程及其所需要的条件各有差异。若用单一的模式来解释不同的学习类型，显然是不恰当的。因此如何科学地对学习进行分类是对指导学习者有针对性地选择正确的学习方法和提高效率有着不容忽视的作用。对学习进行科学地分类，不仅有利于探讨和把握不同类型学习特点和特殊规律，更便于教师合理地组织教学和指导学生学习。

研究者们从不同的学习理论观点和不同的角度出发，划分了各种类型的学习。下面列举几种较有代表性的学习类型。

（一）学习的内容性分类

根据学习的内容进行分类，学习可以分为知识的学习、技能的学习和行为规范的学习。

1. **知识的学习** 所谓知识的学习就是以人类经验的总结和概括为内容的学习。追求符号的意义是知识的学习区别于技能学习的根本标志。一般来说，知识具有几种基本特性：它能够用言语交流，其基本单位是意义，它的单位结构存在多样性，其记忆呈现非独立的网络性，知识的迁移具有叠加与扩充的性质。这些特性决定了知识的学习是一个从积累到贯通，再到积累与贯通相结合的过程。

2. **技能的学习** 所谓技能的学习就是以从事某种活动的技术、技巧或手艺为内容的学习。技能即动作方式，或者说，就是在特定目标指示下的操作顺序。如果说知识学习的本质就是获得事实的意义，那么技能学习的本质就是获得方法的步骤。如果按其自动化的程度看，可以有非自动化动作方式与自动化动作方式两类。前者为技能（狭义的），是由一个

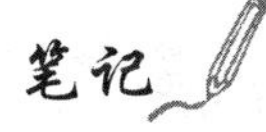

动作、一个动作单个地完成的；后者为技巧，是由一个动作、一个动作连锁地完成的。技能是形成技巧的基础；由技能发展为技巧的过程，也就是从试练演进到熟练的过程。如果按动作方式的表现情况看，又可以有外部动作方式和内部动作方式两种：前者为动作技能，也叫运动技能，其学习就是一系列“刺激 - 反应”的连锁；后者为智力技能，也叫心智技能，其学习就是一系列“条件 - 行动”的程序。因此，从这种意义上说，技能学习包括动作技能和智力技能的学习。动作技能是通过学习而形成的合乎法则的程序化、自动化和完善化的操作活动方式，具有客观性、外显性和展开性的特点。智力技能是一种借助于内部力量调节、控制心智活动的经验，是通过学习而形成的合乎法则的心智活动方式，其特点是：对象具有观念性、执行具有内潜性、结构具有简缩性。

3. **行为规范的学习**　所谓行为规范的学习也称社会规范的学习，就是以群体或个人在参与社会活动中所遵循的规则、准则为内容的学习。其学习既包括社会规范的认识问题，又包括规范执行及情感体验的问题，因此这类学习是比知识、技能更为复杂的学习。行为规范是用以调节人际交往、实现社会控制、维持社会秩序的思想工具，它来自于主体和客体相互作用的交往经验。这种经验的习得是以一定的价值观为中介，并通过态度的形成与改变来培养学生的品德。学生有了这种交往经验，就可以协调个体与他人、集体之间的关系，从而在实际生活中更好地为个体的社会行为进行定向和调控。

（二）学习的方式性分类

学习方式是指学生在完成学习任务过程时基本的行为和认知取向。由于历史的原因，我国长期以来呈现的是重教轻学的局面，教育理论研究的多是“教”的方式，而对“学”的研究则是长期冷落，重视不够；随着教育改革的深入，研究开始从教师的“教”转向学生的“学”。依据学习内容的呈现形式（定论或问题），可分为发现学习和接受学习两大类别；依据学生学习时的联合方式，可以将学习分为自主学习和合作学习两大类别；依据学生学习时的活动方式，可以将学习分为体验式学习和研究性学习两大层次。

1. **发现学习与接受学习**　发现学习是指由学习者自己从学习材料中发现其意义的学习方式。例如，两岁半到三岁的幼儿可以掌握“你、我、他”这三个人称代词的含义。这个词的含义不能通过告诉的方式习得。如告诉幼儿“我”表示自己，“你”表示谈话的对方，“他”表示第三方，幼儿是不能理解这些话的含义的。但在与成人交往中，幼儿逐步能正确运用“你、我、他”这三个代词，表明他在言语实践中发现了这三个代词的含义。所谓接受学习，指人类个体经验的获得，来源于主体对他人经验的接受，把别人发现的经验经过其掌握、占有或吸收，转化成自己的经验的学习方式。接受学习区别于发现学习之处，在于这种学习中，主体所得到的经验是来自经验传递系统中他人对此经验的传授，并非来自他自己的发现与创造。

2. **自主学习和合作学习**　自主学习是以学生作为学习的主体，通过学生独立地分析、探索、实践、质疑、创造等方式来实现学习目标的一种学习方式。其适用条件是学习内容可以由学生自行掌握。自主学习强调培育学生强烈的学习动机和浓厚的学习兴趣，从而进行能动地学习，即主动地自觉自愿地学习，而不是被动地或不情愿地学习。因此，“自主学习”这一范畴本身就昭示着学习主体自己的事情，体现着“主体”所具有的“能动”品质；学习是“自主”的学习，“自主”是学习的本质，“自主性”是学习的本质属性。学习的“自主性”具体表现为“自立”“自为”“自律”三个特性，这三个特性构成了“自主学习”的三大支柱及所显示出的基本特征。

合作学习就是在教学中运用学习小组，使学生为了完成共同的学习任务而相互配合、彼此互助的一种学习方式。合作学习是一种结构化的、系统的学习策略，一般由2～6名能力各异的学生组成一个小组，以合作和互助的方式从事学习活动，共同完成小组学习目标，

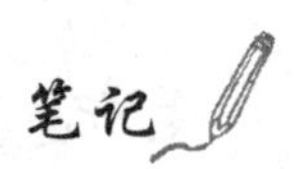

在促进每个人的学习水平的前提下，提高整体成绩，获取小组奖励。合作目标结构创设了学生之间积极的同伴关系，而这种积极的同伴关系对学生的学习又产生了积极而且意义深远的影响。

3. **体验式学习与研究性学习** 体验式学习是指学生作为学习的主体，亲自参与或置身某种情景或场合，以任何可用感官作为媒介，用全部的心智去感受、关注、欣赏、评价某一事件、人物、环境、思想和情感等，从而获得某种知识、技能、情感，或加深对原有知识、技能、情感的认识的一种学习方式。体验式学习像生活中其他任何一种体验一样，是内在的，是基于个体认知图式而形成的学习过程，是个人通过一定的知识、技能和方法等方面的参与而获得的形体、情绪、情感、知识上的体验。体验式学习是知情合一的学习，在体验式学习中，学生有所感受，并对此留下了难忘的印象。体验式学习又包括认知体验式学习、情感体验式学习和行为体验式学习。

研究性学习是一种以问题为载体、以主动探究为特征的学习方式，是学生在教师的指导下在学习和社会生活中自主地发现问题、探究问题、获得结论的过程；作为一种学习方式，研究性学习是对发现学习的另一个角度的表述，因此是与接受性学习相对的一个概念。研究性学习是一种实践性较强的教育教学活动。和现有的学科教学不同，研究性学习不再局限于对学生进行纯粹的书本知识的传授，而是让学生参加实践活动，在实践中学会学习和获得各种能力。当然，这里的“实践”的含义不仅是指社会调查，收集资料，它还包括选题，制订研究计划，到大学、科研机构请教专家学者，撰写研究报告等一系列的过程。研究性学习强调知识的联系和运用。研究性学习和以往的兴趣小组、奥赛训练不同，它不仅是某一学科知识的综合运用，更是各个学科知识的融会贯通，如“节水洁具的设计”就至少需要数学、物理两个学科的知识。学生通过研究性学习，不但知道如何运用学过的知识，还会很自然地在已经学过的知识之间建立一定的联系，而且，为了解决问题学生还会主动地去学习新的知识。研究性学习能充分调动学生学习兴趣和积极性。“研究”这个词本身就具有挑战性，而学生选的课题往往是平时自己最感兴趣的，这样就能充分调动学生的学习积极性。当然，基础教育阶段的研究性学习和大学、科研机构的“研究”在内涵和要求上有着根本的区别。它仍然是一种学习，只不过是“像科学家一样”的学习。它形式上是“研究”，实质上是学习，一种综合性的学习。

（三）学习水平性分类

1. **奥苏贝尔的三水平学习** 奥苏贝尔根据知识在头脑内形成的不同复杂程度及水平，把学习由低到高依次分为符号学习、概念学习和命题学习。①符号学习——又称表征学习，指学习单个符号或一组符号的意义，或者说学习它们代表什么这一水平的学习。包括对历史事件、历史人物、地理信息、词汇、图标等的学习。②概念学习——把具有共同属性的事物集合在一起并冠以一个名称，把不具有此类属性的事物排除出去的水平的学习。影响概念学习的因素主要有：概念的定义性特征；原型；讲授概念的方式；概念间的联系；学生在年龄、性别、智力、动机、情绪、经验、民族、语言能力、价值观以及使用学习策略上的个体差异等自身的因素。③命题学习——指学习由若干概念组成的句子的复合意义，即学习若干概念之间的关系的水平的学习。命题是在概念的基础上形成的，因此，学习命题必须先了解组成命题的有关概念意义，才能获得命题的意义。例如，学习“圆的直径是它的半径的两倍”这一命题时，如果没有获得“圆”“直径”和“半径”等概念，便不能获得这一命题的意义。可见，命题学习不但要以概念学习为前提，也以符号学习为基础，旨在反映事物之间的关系，这是一种更加复杂的学习。

2. **加涅的八水平学习** 加涅按照学习的水平从简单到复杂，从低到高把学习分为八种不同水平。其依次是：①信号学习——学习对某种信号作出某种反应的水平，相当于经

典性条件反射的水平，包括不随意反应和情绪学习。主要是指学习者对某种信号作出一般性的和弥散性的反应。这种反应可能是由单一事例引起，也可能是由唤起个人情结反应的某个刺激的若干次重复而引起。②刺激 - 反应学习——指学习使一定的情境或刺激与一定的反应相结合，并得到加强或学会以某种反应获得某种结果的水平，相当于操作性条件作用或工具性条件作用的水平。刺激 - 反应学习也是一种信号学习，然而又高于信号学习。信号学习是不随意的学习，而刺激 - 反应学习则是随意的并与机体反应的效应器相联系。③连锁学习——指学习联结两个或两个以上的刺激 - 反应动作，以形成一系列刺激 - 反应联结水平的学习。在第二类层次的学习中，即在刺激 - 反应学习中，可能涉及词语的和非词语的刺激所引起的肌肉等效应器官的反应。但加涅提出的连锁学习，则主要指非词语的刺激 - 反应行为的联结序列。④言语联想学习——是一种形成一系列的语言单位的连锁学习水平。它是以学习联结词的组合作为刺激，而用其他的词作为反应。上述这四类又被称为学习的基本形式，是进行高级学习的最基本条件。⑤辨别学习——指学习辨别一系列相类似的刺激，并对每种刺激作出适当的反应的学习水平。如当书写时，学会辩明同音异义词的适当形式。辨别学习有两种，即单一辨别与多重辨别。⑥概念学习——指学生认识一类事物的共同性质，并对同类事物的抽象特征作出反应的学习水平。概念学习，必须要形成刺激 - 反应学习和适当的词语联想。⑦规则学习——亦称原理学习，指学习概念的联合，即形成多个概念连锁水平的学习。通过规则学习或理解原理，可使学习者有能力去识别某种规则或原理在特殊情况下的应用，或者有能力应用原理去解决具体问题。⑧解决问题的学习——亦称高级规则的学习，这是指学会在不同条件下运用原理或规则解决问题，以达到最终学习的目的的学习水平。解决问题的学习，是比第七类规则学习更高一级或更为复杂的学习类型。规则的获得，是解决问题必须具备的，但问题解决则意味着多种规则的选择与联结，建立起新的或更高级的规则集合。

专栏 3-1

本能漂移

毫无疑问，你一定在电视或马戏团里见过动物表演的各种把戏。有的动物会打棒球或乒乓球，有的动物会开微型跑车。许多年来，凯勒•布里兰（Keller Breland）和马瑞恩•布里兰（Marrion Breland）运用操作性条件作用技术训练了数以千计不同种类的动物表演一系列非凡的动作。他们相信，以任何反应类型或奖赏进行的实验室研究所得出的一般性原则，都能直接用于控制实验室以外的动物行为。

尽管训练后的某些时候，一些动物开始“行为不端”。例如，我们训练浣熊拾起一枚硬币，把它放入玩具储钱罐中，就可以得到一个好吃的东西。可是，浣熊在拾起硬币后并不立即把它放到储钱罐里。更糟糕的是，当需要投放两枚硬币时，条件反射作用会彻底无效——浣熊根本不会放硬币。相反，它将硬币放在一起揉搓，把硬币插入储钱罐，随后再拔出来。不过，这种现象真的很奇怪吗？当浣熊将自己喜爱的食物——小龙虾的外壳去掉时，它们通常都表现出揉搓和冲洗动作。类似的，当给小猪一项任务，让它把自己辛辛苦苦得到的硬币放进一个猪形储钱罐时，它们不但不这么做，反而将硬币扔到地上，用嘴去拱（戳）它们，并把它们抛到空中。同样，你觉得这很奇怪吗？猪拱食或搅食是它们通过遗传而获得摄食行为的一个自然组成部分。

这些经验使布里兰夫妇确信，即使动物学会了进行完美的操作反应，随着时间的推移，“习得的行为也会向着本能行为漂移”。他们称这种倾向为“本能漂移（instinctual drift）”。虽然上述动物的行为无法用普通的操作性条件作用原则来解释，但是，如果我们考虑到遗传基因所决定的特定物种的行为倾向，这些行为就可以理解了。这些行为倾向淹没了操作性

条件作用所带来的行为改变。

关于动物学习的传统研究大部分集中对唾手可得的刺激物的随意选择反应上。布里兰理论及其本能漂移的实例说明了，并非学习的所有方面都受实验者的强化物控制。作为动物在环境中正常的、遗传编排中的反应，行为或者更易被改变，或者更难被改变。当目标反应与生物相关因素相一致时，反射作用就会非常有效。例如，要让猪把硬币放到储钱罐里，你应作出如何改变呢？对于一头口渴的猪来说，若将硬币与水相匹配，猪就不会像拱食物那样拱硬币了，而会把它作为贵重物品投到储钱罐里——我们敢说水不是液态的资产吗？

第二节　学习的条件

一、学习的客观条件

学习的客观条件是独立于学生之外存在的，也就是俗称的学习环境。影响学习的客观条件很多，如教师心理素质、教学设计、教学方法、课堂学习管理、文化因素和家庭环境等，我们可以把其分为三类，即文化因素、家庭因素和学校因素。

（一）文化因素

文化因素会对人的学习产生深刻影响。其一，文化通过影响人的思维方式进而影响人的学习。不同的文化生成不同的人心，其中最重要的是会影响人的思维方式。其二，文化通过影响人的学习策略进而影响人的学习。文化会影响人的学习策略。中国人在童年时期就学会了“尊敬长者”“背诵课文”和“练习技能”这样一些特定行为准则，这使得中国学生在需要记忆和练习的课程方面比西方学生表现得更出色。同时，也是更重要的一点，由于遵循“背诵课文”这一准则，比起西方人来说，中国人在童年时更早就要求边记忆边复述，并且要求培养更多的有效的记忆策略。由于奉行“练习技能”准则，中国儿童不仅要求在语文课而且在科学和数学课方面胜过他人，因为在中国学生看来，成绩测验取决于解决科学和数学问题的技能。其三，文化通过影响人的行为方式进而影响人的学习。文化会影响人的行为方式，进而影响人对学习的态度以及学习的内容与方式。如在中国，受文化因素的影响，一般认为男主外、女主内，男性要勇敢、有才干，女性要温柔、善体贴人。受这种文化因素的影响，中国人在学习中普遍存在这样一种值得深思的现象，即在求学时代，女生普遍与男生一样好学，但是，一旦成家后，多数男性往往仍在自己的专业领域不断地学习，而多数女性则放弃学业，转而安心“退居二线”，这或许是造成许多专业领域成名人士往往是男性而不是女性的原因之一。

（二）家庭因素

家庭因素对人的学习影响主要体现在三个方面。其一，家庭经济水平。家庭经济的好坏与高低，会通过影响学生的心理进而对学生的学习产生积极或消极的影响。学生家庭经济困难，可能会使学生更加努力学习，因为他们往往相信“知识可以改变命运”；也可能会给学生带来一些负面影响，如贫困大学生中有些人会自卑等。家庭经济宽裕甚至富裕，可能会使学生养成不用功的习惯，也可能会使学生因良好的经济环境而能更有效地学习。其二，家庭文化氛围。许多事实表明，家庭文化氛围是影响学习的重要因素。学生的发展很大程度上取决于家长的兴趣如何，家长在谈什么、想什么，以及他们本身的文化修养如何。一些家长目光短浅，只看到眼前利益，而对学生的学业不重视。在这种环境中长大的孩子自然也认识不到学习的重要性，对学习不感兴趣，学习没有主动性和积极性而成为学业不良学生。因此，父母和父母的朋友圈子都有爱好、有文化品位和追求，子女就比较能够发展起上进心；每个家庭成员都树立终身学习的意识，都从事学习活动，相互影响，相互交流，营造

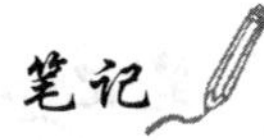

一个家长与孩子共同求知识求发展的家庭学习氛围，对孩子的学习是有积极的促进作用的。其三，家庭教养方式。研究表明，在生活中存在着五种典型的家庭教养方式：专制型、宽容型、威信型、放任型、严慈结合型，它们对学生学习产生不同的影响。一般认为，对于中国学生而言，最有助于学生进行有效学习的家庭教养方式是严慈结合型。其四，亲子关系。一般地说，在亲子关系不好的家庭中，孩子一般都表现出较差的思维能力。这里，异性间的不良亲子关系影响尤其巨大。例如，父亲与女儿的关系不好，或母亲与儿子的关系不佳，则对这个女孩或男孩的思维能力有极大的影响。同时，积极的父母态度有利于孩子能力的发展，而消极的父母态度会阻碍孩子能力的发展。

（三）学校因素

影响学生学习的学校因素有很多，可以分成两类来论述，硬件环境和软件条件。学校硬件环境的好与坏，对学生是有一定影响的。例如，如果卫生不好，学生座位拥挤，各种用品陈旧老化，教学设备不完善。这些问题会使学生在情绪方面、精神方面受到压抑，造成学生注意力涣散，学习分心。再如在学校里，操场上体育课的喧闹声、窗外有人走动、某个学生迟到、教室有些学生随便说话等都会引起学生的无意注意，影响学生学习。软件条件中最重要的是教师的教育方式得当与否。如心理学研究表明，小学生的注意特点是无意注意向有意注意发展，逐渐发展到有意注意占主导地位，而且注意带有明显的情绪色彩。如果教师教学方法呆板，不善于处理教材，批评方式不当，就会造成学生对学科的偏差，以至于注意力无法集中。

二、学习的主观条件

影响学习的主观条件或因素众多，主要有学习者的准备状态、学习动机和学习策略等方面。

（一）学习的准备状态

在论及影响学习的主观条件时，往往会涉及“学习的准备”一词。学习的准备，也叫学习的准备状态，指学生学习新知识时，那些促进或阻碍学习的个人生理、心理发展的水平和特点，它由多种影响学习的内部因素组成，包括个体生理的成熟、个体心理的发展水平、已有的知识经验和学习主动性等。这里，我们着重探讨学生已有的知识经验对学习的影响。

学生已有的知识经验是影响学习新知的重要主观条件，正如中国古代教育家所说：“以其所知，喻其不知，使其知之”。特别是学习的认知理论和建构理论兴起以后，学生已有的知识经验在其学习新知中所起的重要作用更是为学者所公认。例如，加涅认为，引起学习的主观条件是指学生在开始学习某一任务时已有的知识和能力，包括对目前的学习有利的和不利的因素，以及它们对即将进行的学习需要哪些外部条件起作用等。学生的主观条件不同，要求学生掌握的知识不同，客观条件也应作相应的改变。奥苏贝尔等人则强调，学生已有的知识经验是习得新知识的固着点，这样，在给学生呈现新知识之前，假若先采取有效措施激活学生长时记忆中相关的原有知识经验，势必将大大提高教学效率与学习效率。

（二）学习动机

外因必须通过内因而起作用。学生在学习过程中是否主动加工新知识，也是影响学习新知的重要主观条件。即便有了适当的客观条件与相应的知识基础，但是如若学生缺乏主动加工新知的积极性，有效的学习仍然不能发生。有了动机，学习者自然会更加努力和集中注意力。学习动机是指引发与维持学生的学习行为，并使之指向一定学业目标的一种动力倾向。学习动机可解释引发、定向与维持学习行为的原因。动机的引发作用是指当学生对于某些知识或技能产生迫切的学习需要时，就会引发学习内驱力，唤起内部的激动状态，产生焦急渴求等心理体验，并激发起一定的学习行为。动机的定向作用则指学习动机以学习需要和学习期待为出发点，使学生的学习行为在初始状态时就指向一定的学习目标，并

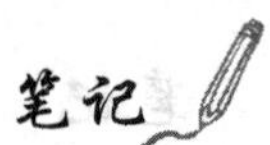

推动学生为达到这一目标而努力学习。学习动机促使学生能在长时间的学习活动中保持认真的态度，有坚持把学习任务顺利完成的毅力，这就是动机的保持作用。这三方面的作用相互关联、相互增强。

（三）学习策略

学习策略主要指在学习活动中，为达到一定的学习目标而应掌握的学习规则、方法和技巧，即学生能够自觉地用来提高学习成效的谋略，是一种在学习活动中思考问题的操作过程，因此学习策略对学习过程的影响极为重要。比如常见的重复策略。学习过程中必要的重复，这是对信息反复加工的过程，只有经过重复、复述的信息才能进入长时记忆，俗话说，书读百遍，其义自见。当然重复的方法也要讲究策略，而不是一味地死记硬背，可通过课前预习，课堂做笔记，课后复习，列表、作图、同学间相互测试、做练习、写总结、通过试卷测评等手段来巩固这一知识点，达到长久保持的作用。再如学习的精加工策略。学习者要善于把新知识和已有的知识通过联系很好地糅合在一起，增加新知识的意义，促进新知识的理解和记忆，与重复加工策略相比，精加工过程是一种更高水平的学习策略，研究发现，学习者对知识的加工越细致，越深入，他们对知识的掌握就越牢固。

第三节　学习的过程

所谓过程，就是以行动和互动联系而成的系列，或者说，过程是在一定时间内开展的行动与互动序列之间的联结。人的学习过程的结构，就其一般意义上说，是一种环状结构。它由以下三个基本阶段组成：输入阶段、输出阶段、反馈阶段。各阶段又可以细分为一些具体的环节。

一、输入阶段

输入阶段的活动开始于外界环境的刺激作用，其中包括主体的感觉器官和中枢的一系列反应动作。这些动作的结果起到揭示刺激本身的特性及其意义与作用，达到认知新的环境，建立调节行为定向映像，解决行动的定向问题。这一阶段对于刺激和行为之间的联系来说，起着中介作用，它在学习过程中占有主导地位。这一阶段从信息加工论的角度又可以分为以下三个环节：

（一）领会环节

首先必须接受刺激，即必须注意与学习有关的刺激。最初的注意往往是因刺激的突然变化引起的，因此，教师可以采用许多手段来引起学生的注意。如一个学生在老师使用幻灯片进行讲授时思想开了小差，忽然听到老师说："考试会考这个术语"。那么这个学生可以在1秒内转移注意力，摄取到信息。当学生把所注意的刺激特征从其他刺激中分化出来时，这些刺激特征就被进行知觉编码，贮存在短时记忆中。这一环节是感觉接收器把来自环境的信息传输到中枢神经系统。信息在感觉登记器中暂时登记，然后转换成可识别的模式，进入短时记忆。这一环节出现的信息转换被称为选择性知觉或特征知觉。以视觉方式呈现的书本上的符号，当它们被储存在短时记忆中时，便成了a、b等。一组特殊的角、拐角、水平线和垂线便成了矩形。感觉登记是最低级的，它用于存储那些我们还未理解也还未分类的信息。

（二）习得环节

习得环节涉及对新获得的刺激进行知觉编码后贮存在短时记忆中，然后再把它们进一步编码加工后转入长时记忆中。短时记忆中存储的信息保持时间相对短暂，如果没有复述，保持时间不超过20秒。记忆电话号码是大家熟悉的例子，拨7位数字就足够长了。一旦拨

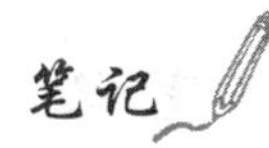

号完毕，号码便从短时记忆中消失。如果要保持更长时间，则必须进行复述。事实上，复述是人们把信息由短时记忆转向长时记忆所使用的最主要的方法。复述看似是一个天然的、天生的过程，但实际上它是经学习得来的。年龄大小不同的儿童在学习上的一个重要的差别就是策略使用不同，学习心理学家已经区分了两种复述策略：保持性复述和精细复述。保持性复述指单纯地重复要记的信息，如果只是把少量信息在短时记忆中保持较短的时间，这种方法还是有效的，但如果想要存入长时记忆，这种方法就不是那么有用。精细复述包括将新信息与已知的其他信息建立联系或在新知识之间建立其联系。如果想要把知识在长时记忆中保持较长一段时间，使用这种复述策略将更有用。

短时记忆对于学习的一个重要的方面是其容量有限。人们一次只能在"内心"保持很少的几个孤立的项目，也许只有4～7个项目。由于短时存储是学习的一个阶段，因而其容量的限制能强烈地影响学习任务的难度。例如，心算29×3，要求两个中间运算（30×3，90－3）在短时记忆中进行。这使得这一任务的学习显著难于40×3之类的只要求一次中间运算的任务。

（三）保持环节

学生习得的信息经过编码过程后，即进入长时记忆的保持环节。第一，贮存在长时记忆中的信息其强度并不因时间递增而减弱。第二，有些信息因长期失用而逐渐消退。第三，记忆贮存可能会受干扰的影响。心理表征是知识在记忆中保持的存储方式。这些表征保存着关于现实世界中物体和事件的信息，以及我们对它们的解释，而且这些表征可以得到多种心理过程的加工。概念可以以多种形式进行表征，这将有助于之后的提取。因此，如果教师能把信息以多种方式呈现，如口头的、视觉的方式，那将是有益处的。

信息在长时记忆中保持并非只以一种形式，实际上心理学家认为可以以三种形式保持。第一种是陈述性保持，包括存储于语义和情景记忆中的事实，如猫属于动物等。记忆研究指出，陈述性保持可分为语义和情景的两种，每种记忆都包括一些不同种类的信息。语义记忆指对一般知识的长时保持，情景记忆指保存个人经历或一些情节的长时记忆。陈述性保持在记忆中有两种表征方式：类比表征和符号表征。类比表征指保留了作为原始刺激物的物体或事件的大部分特征的陈述性保持。最典型的类比表征是心理表象，即在头脑中形成的关于曾见到的物体或事件的心理图画。符号表征是指依赖于人的主观符号的陈述性保持，这些主观符号与被表征的对象并没有明显的关系。例如"狗"这个词在外形上与狗并不相似，但内容所指是狗。第二种是程序性保持，是关于如何做某件事的保持，例如如何根据太阳的位置来判断时间。程序性保持似乎是以产生式或条件-行动序列的形式保持的。这种存储形式可以表达为"如果这样，则那样（做）"。产生式是通过产生式系统被整合的，所谓产生式系统是产生式的序列。在一个产生式系统中，将在一个系列中依次进行"如果，那么"的检查，当发现"如果"的条件可以满足时，就会采取相应的行动，然后再退回到这一系列的开始。第三种是条件性保持，类似于元记忆，指我们的长时记忆中还要存储何时以及如何利用前两种保持。这些信息作为认知策略或陈述性和程序性知识的使用条件被存储起来。

二、输出阶段

输出阶段是紧接输入阶段的动作而来的，它是在定向映像的调节支配下发生的。输出阶段的作用主要是把新环境的定向付诸实施，对动作的对象施加影响。因此，有人称它为动作的"工作部分"。

（一）提取环节

学生习得的信息要通过作业、考试等形式表现出来，信息的提取是其中必需的一环。这一环节为检索过程，也就是寻找储存的知识，使其复活的过程。通过从长时记忆中提取，

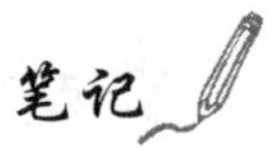

信息可以又回到短时记忆，而且这些被提取出来的项目也可以与其他项目相联合而导致新的学习类型。当出现这样的功能时，短时记忆通常也被称为工作记忆。在提取环节，信息既可以来自工作记忆，又可以来自长时记忆。在评价学生的学习时，提取环节是极其重要的，因为教师一般都根据学生提取的好坏来判断其学习如何。

（二）动机环节

任何人都无法复演所学过的知识，因此，习得和表现是不同的，人们并不是把学到的每件事都表现出来，表现是由动机变量控制的。是否表现出来取决于观察者对行为结果的预期，预期结果好，他就会愿意表现出来；如果预期将会受到惩罚，就不会将学习的结果表现出来。也就是说，学习者对他们的学习完成以后将能做什么有一定预期，这一预期又会影响外部情境如何被知觉，如何被编码到记忆中，如何被转化为行为。

（三）迁移环节

这一环节是指把已经获得的知识和技能应用于新的情境中。知识是互相关联的，做到融会贯通、由此及彼、举一反三、跨越时间和空间、跨越知识领域，把知识关联起来，不但可以很快地掌握新的知识，而且可以更深刻地理解知识的内涵，以至于创造出新的知识。学习知识上的触类旁通能力绝不是轻易获得的一种能力，但它是对教育者和受教育者的更高要求，因为只有做到这一环节，才能让所学的知识真正在实践中发挥作用。

（四）操作环节

在此环节，教学的大部分是提供应用知识的时机，使学生显示出学习的效果，并且同时为下一阶段的反馈做好准备。这一环节，信息传送到反应器转化为行为。这种信息激活效应器，便生成了在学习者的环境中可以观察到的行为。这种行为使外部观察者能够指出：原先的刺激已经产生了预期的效果。这种信息已经过所有上述方式加工，而学习者已经实际习得这些信息。

三、反馈阶段

反馈阶段指的是执行环节动作结果的回归式内导系统。这种回归式内导系统的作用在于对行动结果进行检验、调节和认可。所以，反馈阶段的功能主要是校正行动。在实际学习过程中，往往有两种反馈信息：一种是来自有机体的效应器官活动所发生的动觉刺激，这可以称为内反馈信息；另一种是来自效应器官活动所引起的种种现实变化，这可以称为外反馈信息。无论是内反馈信息或是外反馈信息，对行动都可以起检验、核对和调节的作用。研究学习活动的结构不能忽视这种作用。

（一）强化环节

强化包括外部强化、替代强化和自我强化。首先，如果去行动会导致有价值的结果，而不会导致无奖励或惩罚的后果，人们倾向于表现所学的知识。这是一种外部强化。其次，观察到别人表现知识的后果，与自己直接体验到的后果是以同样的方式影响学习者的表现的，即学习者的表现是受替代强化影响的。事实上，在通过观察而习得的无数反应中，看到他人获得积极效果的行为，比看到他人得到消极结果的行为，更容易表现出来。最后，人们对自己的行为所产生的评价反应，也会调节他们将表现出哪些习得的知识和行为。他们倾向于做出自我满意的行为，拒绝那些个人厌恶的东西，这即是自我强化。自我强化实质上是指人们能够自发地预测自己行为的结果，并依靠信息反馈进行自我评价和调节。

（二）调整环节

任何的学习都是一个不断变动的过程，学习者需要监控目标是否达成，然后不断进行调整。这一环节主要调整认知策略的使用，认知策略又决定进入长时记忆的信息怎样编码，或提取过程怎样进行等。学习者监控和调整的过程中信息的传递方式可以称为反馈回路。

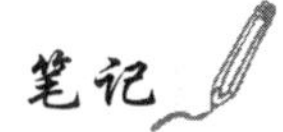

反馈回路是一种循环机制，其目的是改变、校正并最终控制学习目标的达成。这种反馈的信息可能是消极的，也可能是积极的，据此可以把反馈分为两种类型：正反馈和负反馈。负反馈是指学习者始终维持一种稳态，正反馈是相反的作用，是通过扩大或加速原来的偏离而导致进一步的变化。学习者既需要负反馈也需要正反馈，正是在两者共同作用下螺旋前进。

本章小结

学习是指学习者因经验而引起的行为、能力和心理倾向的比较持久的变化。这些变化不是因成熟、疾病或药物引起的，而且也不一定表现出外显的行为。学生学习具有间接性、高效性和发展性的特点。学习可以根据内容、方法、活动和水平进行分类。影响学习的条件既包括文化、家庭和学校等客观条件又包括学习的准备条件、动机和策略等主观条件。学习可以分为输入、输出和反馈三个阶段。

复习思考题

1. 解释概念：学习，知识的学习，技能的学习，行为规范的学习，发现学习，接受学习，自主学习，合作学习，体验式学习，研究性学习，符号学习，概念学习，命题学习。
2. 对学习本质的认识应注意哪三点？
3. 简述学生学习的特点。
4. 举例说明学习的作用。
5. 简述加涅的学习分类。
6. 试述影响学习的主客观条件。
7. 简述学习的过程。

拓展学习

脑：学习的必由路径

要理解人脑运行的特点，我们要试着进一步深入脑这座迷宫。虽然在外行人看来这件事十分枯燥，但只有经过这一步，我们才能纠正许多教育上的错误。

在构成人脑的物质（即所谓的“灰质”，因为在肉眼看来，脑皮层是灰色的）中，我们会找到些什么呢？是水！构成我们思维来源的基本物质中，水分占86%！这种珍贵的液体建立了我们人脑的结构并为其提供补给。当我们进入脑壳，我们将为这个如此有限的空间所呈现出的结构多样性而感到惊讶。实际上，我们应该把脑看作一个多重器官，或是由不计其数的相互交织的器官构成的器官。

位于贝塞斯达（美国马里兰州）的美国国家心理健康研究院的生理学家麦克林提出了一个简化模式，值得我们借鉴。我们并不是全盘照搬，但为了描述方便，我们认为可以把人脑分为四个层面。最基础的层面是“基本脑”，包含了脑干的脑桥和延髓部位，下接脊髓，所有接收到的信息或发往身体的信息在这里交汇。这个区域负责协调与维持个体生命有关的重要生理功能，影响心跳、血压、呼吸等。它的中心部分（即网状结构）使个体维持清醒状态。脑的这个部分解决和物种生存有关的紧要问题，它主要根据储存在生命基因中的非条件反射自动运行，很难应对新的情境。这个部分的后面是小脑，这是个非常活跃但不为人们所了解的区域，它负责对姿势和平衡方面的运动进行协调。

第二个层面即中脑（或者叫作边缘系统），它包含一系列灰质块，其中最著名的是杏仁核、隔区、尾状核和海马。这个区域对情绪、记忆和个人活动的实现发挥着重要作用。按照当今的看法，它其实是一个中继站，大多数感觉信息通过这个“台阶”进行中转，它与上层大脑和内部器官都有着直接联系。

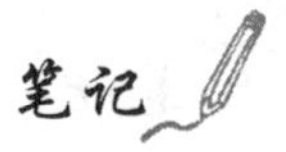

第三个层面是丘脑，它的运作模式有点像“电话交换机”，连接着脊髓、延髓和大脑半球（即大脑皮层，第四个层面）。在记忆问题上，海马似乎发挥着与它相同的作用。在丘脑的前下方是下丘脑，这是另一个调节基本功能的区域，它协调着身体的物质平衡（水、矿物盐等）和温度，在内分泌活动方面发挥着重要作用。这些区域有着紧密联系，它们联合起来，根据外部信息或其他器官的要求来影响内脏。它们构成了一种感性记忆，往往无意识地将愉悦或不愉悦的印象记录下来。所有这些区域都彼此迅速（几毫秒的时间）交换着大量来自外部和体内的信息。此外，这个部分的主体包括白质，表示这里有传送信息的神经纤维。

人脑完全不是以一种纵向模式从上往下运作的。边缘系统的结构不是服务于所谓“高级中枢”的简单工具。它们发挥着战略作用，能够阻止或促进下行或上行的信息传递（一切取决于身体状况或环境），如果环境具有威胁性，它们还会引发进攻性行为。它们提供了与其他结构的联系，参与了对信息的阐释，并根据身体的感受赋予事物不同的重要性。到达皮层的由视觉通道传送的信息中，只有 1% 来自眼睛，其余 99% 来自脑的其他区域。在这个层面上，外来信息被过滤或放大。同时，这些区域参与动机形成，并控制着情绪，它们在学习中发挥着举足轻重的作用。不过这些脑结构并不通过言语方式表现，它们不是根据一种认知模式运行的。因此，用一大堆论据说服人们产生某种情绪是徒劳无益的，用一种理性的言论永远无法激起人们的激情。

前三个“脑”（基本脑、中脑、丘脑）都被一种解剖结构所覆盖，通常被称作“皮层”，它的运作主要取决于它的表面——只有 1～5mm 厚的一个薄层，那里集中了大部分的神经细胞。在显微镜下可以看到，这一个结构非常复杂的区域，至少有六个细胞层，相互之间的连接非常精细。人体的这一区域非常发达，以至于不得不蜷曲起来才能完全装进脑壳。如果把皮层展开，它覆盖的面积会增加 31 倍，约 $2m^2$，相当于一块小地毯！在由蜷曲造成的褶皱中，有一些较深的沟将大脑各部分（或脑叶）隔开。颞叶主管听觉和嗅觉，顶叶主管触觉和味觉，枕叶主管视觉，额叶主管运动。协调语言的“中心”就集中在左脑的脑叶中。皮层是处理外部信息的主要场所。

额叶前部可以称得上是“第五个脑”。这个区域参与调解思维活动，管理着退后审视和对活动的评估，促进想象（借助于来自不同结构的信息间建立联系）和预测。有了这个部分，我们就不会总是只作出即时反应，而是可以做我们想做的事并联想到后果。换句话说，这个区域在我们对事物的意识中发挥着决定性作用，因此也在学习中发挥着决定性作用。不过它的作用不限于此，它还使我们建立自我认知，意识到自己的身份。同时，它还与以边缘系统为基础的易感性相联系。是它“让”我们放弃、厌恶、欣赏、疯狂地爱。

实际上，人脑最大的特点在于它的互动和调节。每一种结构的运作都依赖于与它相邻的结构，因此：记忆不能在没有边缘系统支持的情况下运行；前额叶协调着人的意向性；情绪是化学物质的释放所带来的感受，这些化学物质即神经递质。神经递质在人脑各部分的互动（包括学习活动中），发挥着根本性作用，它们使我们的脑和计算机有了天壤之别。多巴胺是这些化学物质中的一种，它由基本脑和边缘系统分泌，会引发欲望和对知识的渴望。它通过刺激额叶、杏仁核和海马，激发起探索环境的强烈兴趣。反之，缺乏多巴胺会导致抑郁。乙酰胆碱和抗利尿激素的分泌会起兴奋作用，而其他神经递质的分泌则会起抑制作用，如 5- 羟色胺、去甲肾上腺素、γ- 氨基丁酸、催产素。至于紧张（暂时性的紧张对学习是有利的），它来自肾上腺素的“推动”。要真正了解这些物质的作用，我们还需要更多地深入细节层面：脑的不同结构是如何被激活的？脑的运行是以什么为基础的？

参考文献

[1] 易小文，陈杰. 教育心理学. 北京：北京工业大学出版社，2006.

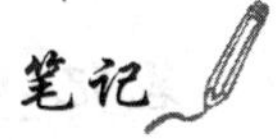

[2] 汪凤炎，燕良轼. 教育心理学新编. 3版. 广州：暨南大学出版社，2011.
[3] 冯忠良. 教育心理学. 2版. 北京：人民教育出版社，2010.
[4] 董奇，边玉芳. 教育心理学. 杭州：浙江教育出版社，2009.
[5] 李伯黍，燕国材. 教育心理学. 3版. 上海：华东师范大学出版社，2010.
[6] [美]理查德•格里格，菲利普•津巴多. 王垒，王甦等译. 心理学与生活. 北京：人民邮电出版社，2003.
[7] [法]安德烈•焦而当. 杭零译. 学习的本质. 华东师范大学出版社，2015.

推荐书目

[1] 洪显利. 学习分类理论在教育教学中的应用. 见：教育心理学的经典理论及其应用. 北京：北京大学出版社，2011：284-298.
[2] 冯忠良. 教育心理学. 2版. 北京：人民教育出版社，2010.

研究生考试要点

学习的本质
学习的作用
学习的分类
学生学习的特点

教师资格考试要点

学习的本质
学生学习的特点
学习的分类（知识的学习，技能的学习，行为规范的学习；发现学习，接受学习；自主学习，合作学习；体验式学习，研究性学习；符号学习，概念学习，命题学习）

（马春玲）

笔记

第四章 学 习 理 论

目的要求

1. 掌握　学习的行为理论；学习的认知理论。
2. 了解　学习的建构理论。
3. 知晓　学习的人本理论。

学习理论泛指系统研究学习本质、学习类型、学习过程、学习方式和学习条件的理论学说。在教育心理学的发展历程中，有关学习的理论层出不穷。本章主要介绍其中一些有代表性的学说。

第一节　学习的行为理论

一、经典条件作用说

巴甫洛夫（1849—1936）是俄国著名生理学家，曾因消化腺方面的研究所取得的突出贡献而获得1904年的诺贝尔奖。

巴甫洛夫在研究消化现象时，观察了狗的唾液分泌，即对食物的一种反应特征。实验刚开始，只有食物可以诱发狗的唾液分泌反应，食物是无条件刺激，由食物引起的唾液分泌反应被称为无条件反射，这是自动、本能的反应。实验开始后，研究人员先向狗呈现铃声刺激，间隔半分钟后再给予食物，当铃声与食物多次匹配呈现之后，单独呈现铃声而不呈现食物时，狗也会产生唾液分泌反应。一个原是中性的刺激（实验中的铃声）与一个原来就能引起某种反应的刺激（食物）相结合，而使动物学会对那个中性刺激作出反应，这就是经典性条件反射的基本内容。

后来，巴甫洛夫进一步探讨了条件反射的泛化、分化和消退以及神经活动机制等问题，从而完善其经典条件作用理论。所谓泛化，是指对一个条件刺激形成的条件反应，可以由类似的刺激引起。如狗对某种铃声刺激产生唾液分泌反应后，对类似的不同节奏或不同音调的铃声刺激也会产生唾液分泌反应。俗话说的“一朝被蛇咬，十年怕井绳”，也是泛化的表现。所谓分化，是与泛化相对的过程。在泛化发生后，继续进行条件作用训练，但只对特定条件刺激予以强化，对类似刺激不予强化，会导致有机体抑制泛化反应，只对特定条件刺激发生反应，这就是分化。分化意味着有机体逐渐能够分辨刺激物之间的性质差异。所谓消退，是指在已形成的条件反射如果不再受到强化，其强度趋于减弱乃至不再出现。

尽管巴甫洛夫本人并没有从他的研究中进一步概括有关学习的规律（事实上他不愿意别人把他看作是一位心理学家），但是，心理学家发现巴甫洛夫的“条件反射”理论可以解释更加多样的学习行为，并从他的实验中概括出了习得律、消退律、泛化律、辨别律等有关学习

的规律。于是，巴甫洛夫的“条件反射”理论亦被心理学界称之为“经典条件作用学习理论”。

专栏 4-1

望梅止渴的典故

魏武行役失汲道，军皆渴，乃令曰：“前有大梅林，饶子，甘酸可以解渴。”士卒闻之，口皆出水，乘此得及前源。

典故译文：魏武帝（曹操）行军途中，找不到水源，士兵们都渴得厉害，于是他传令道：“前边有一片梅子林，果实丰富，酸甜可以解渴。”士兵听说后，嘴里都流出了口水。魏武帝利用这个办法把部队带到前方，找到了水源。

其实，前面根本没有梅林，只不过聪明的曹操，他知道如何去激励他的士兵继续前进。为什么当士兵们听到有梅子吃就会流口水？就是因为在以前他们吃过梅子，酸的梅子给他们留有深刻的印象，这种反应就是经典条件作用。

（源自：南朝宋•刘义庆. 世说新语•假谲）

二、操作条件作用说

美国著名心理学家斯金纳（Burrbus Frederick Skinner，1904—1990）在巴甫洛夫的经典性条件作用说的基础上，提出了操作性条件作用说。斯金纳认为，行为分为两种：①应答性行为——由特定刺激引起的，是不随意的反射性行为；②操作性行为——不与任何特定刺激相联系，是有机体自发作出的随意反应，又称为自发反应。在斯金纳看来，巴甫洛夫所研究的反应其实是一种应答性行为，即由已知刺激物引起的反应，而他感兴趣的则是操作性行为，即有机体在没有已知的刺激条件下自发出现的反应。

为了研究操作性条件作用，斯金纳在桑代克迷笼实验的基础上设计了“斯金纳箱”：箱内有一杠杆式的横杆，下面有一个食物盘，只要压下横杆就会有食物滚出；一只饥饿的白鼠被关进去，它在不安地乱跑过程中偶然碰到横杆时，便有一个食团掉入横杆下方的食盘中；白鼠经过若干次尝试，发现了横杆与食物之间的“关系”，便不断按压横杆让食团掉入食盘中，直到吃饱为止。斯金纳从中发现规律：①如果一个操作性行为发生后，接着呈现一个强化刺激，则这个操作性行为的强度（反应发生的概率）就增加；②在行为形成过程中，起重要作用的不是反应前出现何种刺激，而是反应后得到何种强化；③学习实质上是一种反应概率的变化，而强化是增强反应概率的手段。斯金纳将之推广到人类学习和行为上，认为人类学习和行为虽然比动物学习和行为复杂得多，但本质上也是一种操作性条件作用，同样依赖于操作与强化两个要素。

斯金纳首先将自己的理论应用于人类的行为塑造。在行为塑造的实验过程中，研究者首先观察被试的全部行为反应，然后对其中的部分行为反应进行奖励，同时对那些研究者不希望保留的行为反应进行惩罚，结果重新塑造了被试的行为方式。据此，斯金纳认为，在人们的各种行为中，哪些行为会得以保持，哪些行为最终会消失，都取决于这些行为的后果，即取决于人们作出这些行为之后是受到了奖励还是惩罚；因此，培养人们的行为习惯只需要不断地应用奖励和惩罚来进行控制就足够了。斯金纳的行为塑造理论，对后来的心理治疗和行为矫正产生了广泛影响。

斯金纳还将自己的理论应用于改革人类的传统教学。他通过调查研究，对传统教学提出了诸多批评：①传统教学在控制学生行为的手段上是消极的，多为负强化，如发脾气、惩罚、训斥等；②行为和强化之间的时间间隔太长；③缺乏连续的强化程序；④传统教学的最主要缺点就是强化太少，即一个教师要对一个班几十名学生提供足够数量的强化机会是做不到的。因此，斯金纳强力主张改变传统的班级教学，实行程序教学，即根据操作性条件作

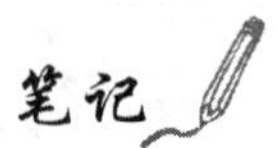

用的原理，把学习的内容编制成程序教材，按一定顺序呈现给学生。为此，斯金纳还专门提出了编制程序教材的五条基本原理（原则）：①小步子原则——把学习内容分解成难度逐渐增加的序列，使学生循序渐进地学习；②积极反应原则——要使学生对所学内容作出积极的反应；③及时强化（反馈）原则——对学生的反应要及时强化，使其获得反馈信息；④自定步调原则——学生根据自己的学习情况，自己确定学习的进度；⑤低的错误率——使学生尽可能每次都作出正确的反应，将错误率降到最低限度。在斯金纳看来，程序教学有如下优点：①循序渐进；②学习速度与学习能力一致；③及时纠正学生的错误，加速学习；④有利于提高学生学习的积极性；⑤有利于培养学生的自学能力和习惯。

斯金纳的程序教学思想和方法为后来的计算机辅助教学（CAI）奠定了基础。但其策略上的过于刻板，也招致诸多非议：使学生学习比较刻板的知识，难于培养学生的智力；把教材分解得支离破碎，破坏了知识的连贯性和完整性；着重于灌输知识，缺乏师生间的交流和学生间的探讨，不利于创造思维能力的培养；缺少班集体中的人际交往，不利于儿童社会化；忽视了教师的作用；仅适用于以掌握知识为目标的个体化学习方式。

专栏 4-2

操作条件作用说对 ADHD 治疗研究的启发

斯金纳是心理学界最有影响的人物之一，他在很多方面对科研领域产生了深远而重要的影响。他 1948 年发表的关于迷信行为的文章每年被无数的研究所引用，例如，一篇发人深省的文章引用了斯金纳 1948 年的研究，这篇文章检验了强化对注意缺陷性障碍 / 多动症（ADHD）的作用。研究者请患 ADHD 的男孩和不患这种病的男孩共同参与一项活动，在游戏中给他们硬币或小玩具作为奖励。虽然强化固定为每 30 秒出现一次（非关联性强化），但所有男孩都产生了他们认为与奖励有关的行为。换句话说，他们以与斯金纳的鸽子相同的方式产生了迷信。在下一阶段的研究中，不再出现强化，研究者希望以此减少和停止各种条件反射行为（消退）。这种结果在没有 ADHD 的男孩身上确实出现了。但经过一个短暂的停顿后，ADHD 男孩却变得更加活跃，并且开始以一种突发冲动的方式作出反应，好像强化又再次出现了。作者指出，这种过度活跃和冲动意味着 ADHD 男孩与对照组男孩相比，应对强化延迟的能力明显不足。这些研究结果对我们深入认识和有效治疗 ADHD 是非常重要的。

三、观察学习说

20 世纪 70 年代，随着以认知理论为基础的新的认知学习研究在美国迅速发展，班杜拉（Albert Bandura，1925—）对以经典条件反射学说和操作条件反射学说为代表的古典学习理论提出了批评，强调不能把从直接经验学习研究中得出的规律生搬硬套地用于主要是间接经验学习的课堂教学；也不能用直接经验学习的理论，解释学生的间接经验的学习。他认为，在间接经验学习上，人们可以不依赖强化，仅通过观察榜样的行为就可获得学习。他通过大量研究，创立了一个新颖的学习理论——“观察学习说”，亦称“社会学习说”（social learning theory）。其基本内容涉及以下两个方面。

（一）行为习得的两种过程

班杜拉认为，行为的习得有两种不同的过程：一种是通过直接经验获得行为反应模式的过程，称为“通过反应的结果所进行的学习”，即我们所说的直接经验的学习；另一种是通过观察示范者的行为而习得行为的过程，称为“通过示范所进行的学习”，即我们所说的间接经验的学习。班杜拉的学习理论所强调的正是这种观察学习。

观察学习又称模仿学习或替代学习，不同于桑代克的试误学习和斯金纳的强化学习。

笔记

它通过对学习对象的行为及其结果的观察，获取信息，而后经过学习主体的大脑进行加工、辨析、内化，再将习得的行为在自己的行为、观念中反映出来。在班杜拉看来，由于人有通过语言和非语言形式获得信息以及自我调节的能力，使得个体通过观察他人（榜样）所表现的行为及其结果，不必事事经过亲身体验，就能学到复杂的行为反应。也就是说在观察学习中，学习者不必直接作出反应，也无需亲身体验强化，只要通过观察他人在一定环境中的行为，并观察他人接受一定的强化便可完成学习。人能通过观察他人的行为得到某种认知表象，并以之指导自己以后的行为，这样就使得他减少了不必要的尝试错误。

（二）观察学习的类型与过程

班杜拉根据观察学习的不同水平，把观察学习划分为三种类型：①直接的观察学习，即学习者对示范行为的简单模仿；②抽象性的观察学习，即学习者从示范者的行为中获得一定的行为规则或原理；③创造性观察学习，即学习者从不同示范行为中抽取出不同的行为特点，并形成了一种新的行为方式。与之相应，班杜拉将观察学习的对象称之为榜样或示范者。榜样既可以具体形式存在(如活生生的人)，也可以符号形式存在(如语言或影视图像)。

班杜拉认为，观察学习过程包括四个子过程，分别是注意过程、保持过程、运动再现过程和动机过程。

第一，注意过程。观察学习起始于学习者对示范者（榜样）行为的注意。如果学习者对示范行为的重要特征不予注意，或不正确地予以知觉，就无法通过观察进行学习。因此，注意过程是观察学习的起始环节。班杜拉认为，注意过程的诸多因素影响着学习的效果。其中，榜样的示范作用及其与观察学习者之间的关系至关重要的。在班杜拉看来，理想的榜样应具备五个条件：①榜样的示范应特点突出、生动鲜明，才能引起学习者的注意；②榜样的示范应符合学习者的年龄特征；③榜样的行为对于学习者来讲应具有可行性，即学习者能够做得到，这是最基本的条件；④榜样的行为应具有可信任性，即相信榜样做出某种行为是出自自身的要求，而不是具有另外的目的；⑤榜样的行为应感人，使学习者产生心理上的共鸣，学习者才会表现出相类似的行为。

第二，保持过程。在该阶段，学习者需要用言语和形象两种形式把所获得的信息转换成适当的表象，并保存起来。显然，如果学习者不能记住示范行为，观察就失去了意义。观察学习对示范行为的保持依存于两个储存系统：①表象系统——把示范行为以表象的形式储存在记忆中，这样在以后的某些场合，即使客观事物不存在，事物的表象仍可以被唤起。尤其对于表象系统已经与言语编码系统建立了联系的学习者而言，只要听到某一事物的言语信号刺激，就能唤起该事物的表象。②言语编码系统——该系统在观察学习过程中的作用尤为重要，因为只有将示范行为的特征转换成言语编码的形式，才能更准确地保持和再现。

第三，运动再现过程。学习者将储存在表象系统和言语编码系统中的学习结果，付诸外部行动表现出来。由于这一过程涉及运动再现的认知组织和根据信息反馈对行为的调整等一系列认知和行为的操作，班杜拉将这个过程又分解为：反应的认知组织、反应的启动、反应的监察和依靠信息反馈对反应进行改进和调整等几个环节。事实上，示范行为能否再现取决于学习者记忆中示范行为各部分是否完整以及学习者是否具备再现这些行为的技能，而学习者的监控和信息反馈能力则决定着示范行为的精确性。

第四，动机过程。学习者能够再现示范行为之后，是否还能够经常表现出示范行为，受到行为结果因素的影响。班杜拉认为，有三方面的因素影响着学习者再现示范行为，它们分别是：①外部强化——他人对示范行为的评价；②自我强化——学习者本人对自己再现行为能力的评估；③替代性强化——他人对示范者的评价。这三种强化都是制约示范行为再现的重要驱动力量，因此被班杜拉看作是学习者再现示范行为的动机力量。

班杜拉强调，观察学习的这四个子过程是紧密相连、不能完全分离的。观察学习者如果不能复现示范行为，其原因有多种可能：没有注意有关活动、记忆表象中对示范行为进行了不适当的编码、所学的东西不能在记忆中保持、自身缺乏操作的能力、没有足够的动机驱动。

班杜拉的观察学习说把强化理论和认知加工观点有机地结合起来，突破了传统行为主义学习理论的局限，既强调行为的操作过程，又重视行为获得过程中的内部活动，对学习理论乃至人类行为理论的发展，产生了重要的变革作用。

专栏 4-3

班杜拉的经典实验

班杜拉的观察学习理论是建立在他及其合作者所进行的大量实验研究的基础之上的。在早期的一项研究中，实验者首先让儿童观察成人榜样对一个充气娃娃拳打脚踢，然后把儿童带到一个放有充气娃娃的实验室，让其自由活动，并观察他们的行为表现。结果发现，儿童在实验室里对充气娃娃也会拳打脚踢。这说明，成人榜样对儿童行为有明显影响，儿童可以通过观察成人榜样的行为而习得新行为。

在稍后的另一项实验中，他们对上述研究作了进一步的延伸，目的是要了解两个问题：①榜样攻击行为的奖惩后果是否影响儿童攻击行为的表现；②儿童是否能不管榜样攻击行为的奖惩后果而习得攻击行为。在实验中，把儿童分为三组，首先让儿童看到电影中的成年男子的攻击行为。在影片结束后，第一组儿童看到成人榜样被表扬，第二组儿童看到成人榜样受批评，第三组儿童看到成人榜样的行为既不受奖也不受罚。然后，把三组儿童都带到一间游戏室，里面有成人榜样攻击过的对象。结果发现，榜样受奖组儿童的攻击行为最多，榜样受罚组儿童的攻击行为最少，控制组居中。这说明，榜样攻击行为所导致的后果是儿童是否自发模仿这种行为的决定因素。

但这是否意味着榜样受奖组的儿童比榜样受罚组的儿童习得了更多的攻击行为呢？为了回答这个问题，他们在上述三组儿童看完电影回到游戏室时，以提供糖果作为奖励，要求儿童尽可能地回忆榜样行为并付诸行动。结果发现，三组儿童的攻击行为水平几乎一致。这说明，榜样行为所导致的后果只是影响儿童攻击行为的表现，而对攻击行为的学习几乎没有影响。

第二节　学习的认知理论

一、完形顿悟说

完形顿悟说是德国著名的心理学家、格式塔心理学的创始人之一苛勒（Wolfgang Kohler，1887—1967）提出的。苛勒在对黑猩猩进行的一系列问题解决实验研究中发现，黑猩猩在初次解决问题不成功后，并未表现出盲目的尝试——错误的紊乱动作，而是坐下来观察整个问题的情境，后来突然显示出了领悟的样子，并随即采取行动，顺利解决了问题。苛勒认为，这就是黑猩猩有了认知上的顿悟，其实质是在内部构建了一种解决问题的心理完形。这个认知重组过程即所谓的顿悟，而顿悟学习的实质是在主体内部构建一种心理完形（问题情境的整体特征）。在此基础上，苛勒提出了完形顿悟学习理论。其主要观点有三：

第一，学习是通过顿悟过程实现的。对于学习过程的看法，苛勒与桑代克及早期行为主义学习理论的观点截然相反，认为学习是个体利用本身的智慧与理解力对情境及情境与自身关系的顿悟，而不是动作的累积或盲目地尝试。顿悟虽然常常出现在若干尝试与错误

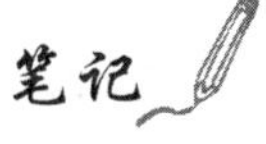

的学习之后，但不是桑代克所说的那种盲目地、胡乱地冲撞，而是在作出反应之前先在头脑中进行一番类似于“验证假说”的思索。动物解决问题的过程似乎是在提出一些“假说”，然后检验一些“假说”，并抛弃一些错误的“假说”。动物只有在清楚地认识到整个问题情境中各种成分之间的关系时，顿悟才会出现。

第二，学习的实质是在主体内部构造完形。完形是一种心理结构，是在机能上相互联系和相互作用的整体结构，是对事物关系的认知。完形顿悟说认为，学习过程中问题的解决，都是由于对情境中事物关系的理解而构成一种完形来实现的。这种完形倾向具有一种组织功能，能填补缺口或缺陷，使有机体不断发生组织和再组织，不断出现一个又一个完形。学习的过程就是一个不断地构建完形的过程。

第三，刺激与反应之间的联结不是直接的，而需要以意识为中介。由刺激直接引起的反应，乃是一种心理的或知觉方面的过程，动作直接接受知觉及其组织作用的支配。它既不是由刺激直接引起的，也不是由预定的联结所决定的，即学习是学习者主动地去构造一种完形，学习者的主动构造作用在学习过程中起到了重要作用。

专栏 4-4

苛勒对黑猩猩进行的实验研究

苛勒的实验研究主要包括箱子实验和棒子实验两个系列。

在箱子系列实验中，苛勒把黑猩猩置于放有箱子的笼内，笼顶悬挂香蕉。简单的问题情境只需要黑猩猩运用一个箱子便可够到香蕉，复杂的问题情境则需要黑猩猩将几个箱子叠起方可够到香蕉。在复杂问题情境的实验中，有两个可利用的箱子。当黑猩猩看到笼顶上的香蕉时，它最初的反应是用手去够，但够不着，只得坐在箱子上休息，但毫无利用箱子的意思；后来，当黑猩猩从原来躺卧的箱子上走开时，黑猩猩看到了这只箱子，并把这只箱子移到香蕉底下，站在箱子上伸手去取香蕉，但由于不够高，仍够不着，它只得又坐在箱子上休息；突然间，黑猩猩跃起，搬起自己曾坐过的箱子，并将它叠放在另一只箱子上，然后迅速地登箱而取得了香蕉。三天后，苛勒稍微改变了实验情境，但黑猩猩仍能用旧经验解决新问题。

在棒子系列实验中，笼外放有食物，食物与笼子之间放有木棒。对于简单的棒子问题，黑猩猩只要使用一根木棒便可获取食物，复杂的棒子问题则需要黑猩猩将两根木棒接在一起（一根木棒可以插入另一根木棒），方能获取食物。在复杂的棒子问题情境中，最初只见黑猩猩一会儿用小竹竿，一会儿用大竹竿来回试着拨香蕉，但怎么也拨不着。不得已，它只得拿着两根竹竿飞舞着，突然，它无意地把小竹竿的末端插入了大竹竿，使两根竹竿连成了一根长竹竿，并马上用它拨到了香蕉。黑猩猩为自己的这一“创造发明”而高兴，并不断地重复这一接棒拨香蕉的动作。在第二天重复这一实验时，苛勒发现黑猩猩很快就能把两根竹竿连起来取得香蕉，而没有漫无目的地尝试。

完形顿悟学说作为一个认知性学习理论，肯定了主体的能动作用，强调心理具有一种组织的功能，把学习视为个体主动构造完形的过程，强调观察、顿悟和理解等认知功能在学习中的重要作用，这对反对当时行为主义学习论的机械性和片面性具有重要意义。但是，苛勒的完形顿悟学习与桑代克的尝试错误学习也并不是互相排斥和绝对对立的。尝试错误往往是顿悟的前奏，顿悟则是练习到某种程度时出现的结果。尝试错误和顿悟在人类学习中均极为常见，它们是两种不同方式、不同阶段或不同水平的学习类型。一般说来，简单的、主体已有经验可循的问题解决，往往不需要进行反复的尝试错误；而对于复杂的、创造性的问题解决，大多需要经过尝试错误的过程，方能产生顿悟。

二、发现学习说

发现学习说是美国著名的心理学家和教育学家布鲁纳（Jerome Seymour Bruner，1915—2016）提出的。布鲁纳是致力于将心理学原理实践于教育的典型代表，其教学思想对美国20世纪60年代以来的科学教育改革实践产生了深刻影响，被誉为杜威之后对美国教育影响最大的人。布鲁纳反对以强化为主的程序教学，认为引导学生一步一步地学习只能导致学生的呆读死记，而不能保证学生在另一种情境中举一反三地运用这些知识。他主张学习的目的在于以发现学习的方式，使学科的基本结构转变为学生头脑中的认知结构。因此，他的理论常被称为认知发现学习说或认知结构教学论。其理论观点主要体现在以下三个方面。

（一）认知结构观

布鲁纳认为，学习的本质不是被动地形成“刺激 - 反应”的联结，而是主动地形成认知结构或表征系统的过程，即学习是学习者利用已有的认知结构，对新的知识经验进行加工改造并形成新的认知结构的过程。这个学习过程不是被动地接受知识，而是主动地获取知识，并通过把新获得的知识和已有的认知结构联系起来，积极地建构其知识体系。他认为，知识的学习包括三种几乎同时发生的过程即新知识的获得、知识的转化和知识的评价三个过程。通过这三个过程，学生会建立更完善、更系统的认知结构。因此，教师首先应明确所要构建的学生的认知结构包含哪些组成要素，并最好能给出各组成要素的编码系统的图解。在此基础上，教师应采取有效措施来帮助学生获得、转化和评价知识，使学科的知识结构转化为学生的认知结构，使书本的死的知识变为学生自己的活的知识。

（二）结构教学观

由于布鲁纳强调学习的主动性和认知结构的重要性，所以他主张教学的目标是促进学生对学科基本结构的理解。因此，布鲁纳把学科的基本结构放在设计课程和编写教材的中心地位。他认为，学生理解了学科的基本结构，就容易掌握整个学科的具体内容，就容易记忆学科知识，就能够促进学习迁移、提高学习兴趣，并可促进其智力和创造力的发展。根据布鲁纳的结构教学观及其教学原则，为了促进学生良好认知结构的发展，教师首先必须全面深入地分析教学内容，明确学科本身所包含的基本概念、基本原理以及它们之间的相互关系，只有这样，才有可能引导学生加深对教学内容结构的理解。

（三）发现学习法

布鲁纳认为，发现不只限于寻求人类尚未知晓的事物的行为，确切地说，它包括用自己的头脑亲自获得知识的一切形式。学生所获得的知识，尽管都是人类已知晓的事物，但如果这些知识是依靠学生自己的力量引发出来的，那么对学生来说仍然是一种“发现”。为此，教学不应当使学生处于被动地接受知识的状态，而应当让学生自己把事物整理就绪，使自己成为发现者。

一般来说，发现学习法大致包括以下几个步骤：①提出和明确使学生感兴趣的问题；②使学生对问题体验到某种程度的不确定性，以激发探究的欲望；③提供解决问题的各种假设；④协助学生搜集和组织可用于作结论的资料；⑤组织学生审查有关资料，得出应有的结论；⑥引导学生运用分析思维去验证结论，最终使问题得到解决。总之，在整个过程中，教师要向学生提供材料，让学生亲自发现应得的结论或规律，使学生成为发现者。

布鲁纳的发现学习说对当今世界各国的教育教学改革产生了广泛影响，特别对改变传统教育中忽视学生学习能力培养及灌输式的教学方式起到了重要作用。研究表明，发现学习有利于激发学生的好奇心及探索未知事物的兴趣，有利于调动学生的内部动机和学习的积极性，有利于学生批判性、创造性思维的发展，为学生提供自由回旋的余地。但是，布鲁纳倡导的发现学习说也存在着一系列的局限性。例如，过于夸大发现学习的作用，忽视接

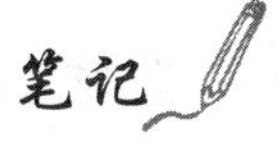

受学习及其在学生学习中的必要性；没有全面考虑科学研究的发现过程与学生学习的发现过程的重大差别，以致对在中小学教学实施发现学习法所出现的困难估计不足（如比较浪费时间，不能保证学习水平）。许多研究者指出，发现学习应根据教材性质和学生的特点来灵活安排，扬长避短，才可能达到良好的教学效果。

三、信息加工说

信息加工说是美国著名教育心理学家加涅（Robert Mills Gagne，1916—2002）提出的。作为20世纪最有影响的教育心理学家之一，加涅认为学习是一个有始有终的过程，这一过程可分成若干阶段，每一阶段需进行不同的信息加工；在各个信息加工阶段发生的事件，称为学习事件；学习事件是学生内部加工的过程，它形成了学习的信息加工理论的基本结构。与此相应，教学过程既要根据学生的内部加工过程，又要影响这一过程。因而，教学阶段与学习阶段是完全对应的。在每一教学阶段发生的事情，即教学事件，这是学习的外部条件。教学就是由教师安排和控制这些外部条件构成的，而教学的艺术就在于学习阶段与教学阶段的完全吻合。具体来说，加涅关于学习的理论观点主要体现在以下三个方面。

（一）学习是一个累积的过程

加涅关于学习的基本论点是：学习任何一种新的知识技能，都是以已经习得的、从属于它们的知识技能为基础的；学生心理发展的过程，除基本的生长因素外，主要是各类能力的获得过程和累积过程。加涅根据学习的心理机制的不同，将学习的类型划分为八个由低到高的层次：①信号的学习；②刺激-反应的学习；③动作连锁的学习；④语言联合的学习；⑤辨别的学习；⑥概念的学习；⑦规则的学习；⑧问题解决或高级规则的学习。其意在于说明：学习具有累积的效果，必须从低层级的学习升向高层级的学习；学习在水平上呈层级排列，每一后继形式实质上都是前一形式的更复杂的表现，即每一类较高层级的学习要以前一类学习为前提。

（二）学习的信息加工阶段

加涅依据电子计算机工作的原理，并结合人类信息加工的特点，将学习的信息加工划分为八个阶段：①注意——决定着输入信息的接收程度和性质；②选择性知觉——对经过感觉登记并被注意到的信息进行模式识别，并把它们转换成某种形式，使之进入短时记忆贮存；③短时记忆和复述——经过知觉选择的信息以视觉和听觉的编码形式存储于短时记忆中，短时记忆中的信息经过不断地复述，可以进入长时记忆贮存；④语义编码和长时记忆——在短时记忆中具有一定知觉特性的信息转变成概念的或有意义的形式，贮存于长时记忆之中；⑤搜寻与提取——贮存于长时记忆中的信息经过搜寻和提取可回到短时记忆之中，与新习得材料相配合，以推动反应发生器；⑥反应组织——决定反应的基本形式，即操作是否包括语言、肌肉运动，以及操作中运动的序列和时间等等；⑦操作——激活效应器，导致可观察到的活动，表明业已习得的能力和倾向；⑧反馈和强化——使学习者看到他的操作效果；虽然反馈常常要求外在的控制，但其主要结果是内在的，它用来巩固学习，使学会的能力或倾向持久地运用，这种现象就是所谓的强化。

（三）学习阶段及教学事件

加涅认为，每个学习阶段都不会自发地产生，除非具备了一定的条件或教学事件。据此，他从教学设计的角度，将教学事件划分为与学习阶段相对应的八个阶段（图4-1）：①动机阶段——有效的学习必须要有学习动机，且需要借助学生的心理期望而建立；②领会阶段——必须注意与学习有关的刺激，并将之从其他刺激中分化出来；③习得阶段——将新获得的刺激进行知觉编码后，储存在短时记忆中，然后再把它们进一步编码加工后转入长时记忆中；④保持阶段——对经过编码贮存的知识加以巩固、增强，从而提高保持程度；⑤回忆阶

段——利用各种方式获得提取线索，增强信息回忆量；⑥概括阶段——概括和掌握所学知识的原理和原则，把所学知识运用于各种类似的情境中去，以达到举一反三的目的；⑦作业阶段——通过作业了解学生是否已习得了所学内容，并使学生了解自己的学习结果；⑧反馈阶段——让学生及时知道自己的作业是否正确，从而强化其学习动机。总之，加涅认为一个完整的教学过程是由上述八个阶段组成的；在整个过程中，教师既是教学活动的设计者和管理者，也是学生学习效果的评定者。

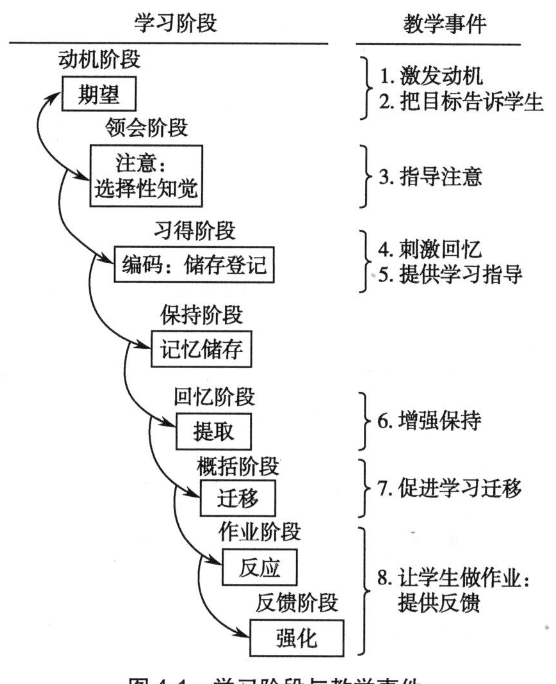

图 4-1　学习阶段与教学事件

四、有意义学习说

有意义学习说是美国著名教育心理学家奥苏贝尔（David Paul Ausubel，1918—2008）创立的。奥苏贝尔在对学习类型进行深入研究的基础上，从两个维度对学习做了分类：从学生学习的方式上将学习分为接受学习与发现学习，从学习内容与学习者认知结构的关系上将学习分为有意义学习与机械学习。奥苏贝尔认为学生的学习主要是接受学习，而不是发现学习。他认为，接受学习既可以是有意义的，也可以是机械的，同样，发现学习既可以是有意义的学习，也可以是机械学习。因此，学校中的学习应该是有意义的接受学习和有意义的发现学习。但他更强调有意义的接受学习，认为这样可以在短时间内使学生获得大量的系统知识。

所谓有意义学习，其实质就是以符号代表的新观念与学习者认知结构中原有的适当观念建立起非人为性的、实质性的联系过程。换句话说，有意义学习有两个标准：①非人为性的联系，即新知识与学习者认知结构中有关观念的联系不是任意的，而是建立在某种合理的或逻辑的基础上的；②实质性的联系，即新知识与学习者认知结构中有关观念的联系不是字面上的相同，而是在观念上的等值。具体来说，奥苏贝尔关于有意义学习的观点主要体现在以下四个方面：

（一）有意义学习的条件

奥苏贝尔强调，有意义学习的目的是使符号代表的知识获得心理意义。因此，有意义学习的产生必须同时具备主客观两方面的条件。

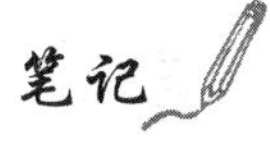

第一，客观条件。从客观条件来说，有意义学习的材料，本身必须具备逻辑意义，即学习材料本身与人类学习能力范围内的有关观念可以建立非人为性和实质性的联系。但是，有意义学习绝不等于有意义的材料的学习。因为，有意义的材料尽管具有逻辑性，但对学生来说，可能并没有实际意义，或者只有潜在意义；而且，在不良的教学条件下，学生可能并未理解由符号所代表的知识，仅仅记住了某些符号的组合或词句。

第二，主观条件。要产生真正的有意义学习，还必须使学生具备相应的主观条件：①学生必须具有有意义学习的心向，即积极主动地把符号所代表的新知识与自身认知结构中原有的适当知识加以联系的倾向性；②学生认知结构中必须具有适当的知识，以便与新知识进行联系；如果学习材料本身具有逻辑意义，学生认知结构中又具备适当的知识基础，那么，这种学习材料对于学生就构成了潜在意义；③学生必须积极主动地使这种具有潜在意义的新知识与自身知识结构中有关的旧知识发生相互作用；结果，旧知识得到改造，新知识就获得了实际意义，即心理意义。

（二）有意义学习的类型

奥苏贝尔认为，根据学习任务的复杂程度，可将有意义学习的类型分为三种：①代表学习或表征学习——学习单个符号或一组符号的意义，即它们所指代的物理世界、社会世界和观念世界的对象、情境、概念等。代表学习的主要内容是词汇学习，即学习某个词代表什么。代表学习的心理机制是符号和它们所代表的事物或观念在学生认知结构中建立了相应的等值关系。②概念学习——掌握同类事物的共同的关键特征。概念学习也需要有代表学习，但比代表学习更为复杂。同类事物的关键特征可以由学生从大量的同类事物的不同例证中独立发现，这种获得概念的形式叫概念形成。也可以用定义的方式直接向学生呈现，学生利用认知结构中原有的有关概念理解新概念，这种获得概念的方式叫概念同化（概念形成是发现学习的特征，概念同化是接受学习的要义）。由于概念的存在和应用，使人们可以对复杂的现实世界作出简化的、概括的或分类的反应。概念学习是人类学习的核心。③命题学习——学习几个概念联合所构成的复合意义。命题是由几个概念联合组成的表示判断的语言形式，因此，命题学习必须以概念学习为前提。

（三）“先行组织者”策略

学生在学习中，有时认知结构中缺乏与新知识建立联系的适当观念，或是虽有适当的观念，但是由于它不稳定、不清晰，难以成为新知识的固定点。在这种情况下，新旧知识的同化就会受到阻碍，这个时候学生往往采用死记硬背的方式进行新知识的学习。为了避免这种机械学习的出现，奥苏贝尔提出在学习新知识前，教师可以先向学生介绍一些抽象概括水平普遍高于新知识、但又是学生容易接受的引导性材料。通过这种人为的措施，将最能与新知识建立联系的高度概括的观念“移植”进学生的认知结构中去，使学生在学习新知识时，能顺利地利用这些观念来掌握新知识，确保新旧知识间建立实质性的、非人为的联系。由于这种引导性材料呈现在正式学习之前，并能帮助学生组织和把新知识纳入认知结构中，所以被称为“先行组织者”。“先行组织者”具有教学定向的作用，能够给予学生一个要领或概括的框架，并将学习的内容、观点、概念和事实，以一种有组织的方式放入结构框架之中，为学生接受新知识打下基础。“先行组织者”策略的实施主要涉及两个方面：一是了解学生已有的知识经验，提出“先行组织者”；二是选择与确定“先行组织者”，包括：根据“先行组织者”的分类选择恰当的呈现形式，根据“先行组织者”的包容性和概括性将之分成上位组织者、下位组织者和并列组织者。

（四）关于“发现”与“接受”

曾有一段时间，人们将发现式教学与接受式教学视为截然对立的，并认为就学生学习而言，前者是主动的、有意义的，后者是被动的、机械的。对此，奥苏贝尔明确指出，接受学

习不一定是机械的，如果教师能将有潜在意义的学习材料同学生已有的认知结构联系起来，使之融会贯通，而且学生能采取和保持相应的心向来进行学习，那么这种接受学习就是有意义的；接受学习也不一定是被动的，如果学生在学习的过程中，不是简单地将新学内容在自己的认知结构中“登记”一下了事，而是有针对性地进行加工处理，如对新旧知识的“切合性”作出判断，调节彼此间的分歧或矛盾，或将新知识加以转化、重组，使之与自身认知结构融为一体，那么，这种接受学习便是积极主动的。同时，奥苏贝尔还对发现学习作了中肯的分析：①发现学习就其内容而言，不一定是有意义的，有时可能是机械的。学生解决问题时，有时不用理解所涉及的基本原理、原则，他们只按记住的问题类型和操作符号指示的程序来完成任务，这纯属机械的和被动的。②一切真知未必都需自我发现。学生获得的真正知识中，有许多是借助有意义方式传授的、别人发现出来的真知灼见。③解决问题的能力并非是教育的首要目标。科学家的目标与学习科学的学生的目标不应混同。学生应当将较多的时间用于有意义的接受学习，较少的时间用于探究科学方法的技术上。如果学生不花足够的时间去掌握一门学科的内容，那么不论他们怎样“善于”解决问题，仍将解决不了涉及运用这些内容的重要课题。④发现学习并非传授学科内容的首要方法。考虑到时间的花费问题，如果不是在某种特殊情况下（如任务困难而学生处在认知发展的具体阶段，或虽然学生处在认知发展的抽象阶段，但缺乏有关学科领域相应的知识基础），发现学习不应作为课堂教学的首要方法。

第三节　学习的人本理论

人本主义心理学被称为是行为主义和精神分析之后的现代心理学的第三势力，强调人的成长源于个体自我实现的需要，因而在学习和教育问题上也有自己独特的视角和主张。本节主要介绍人本主义心理学的代表人物罗杰斯（Carl Ransom Rogers，1902—1987）的学习理论。

一、知情统一的目标观

罗杰斯认为，情感和认知是人类精神世界中两个不可分割的有机组成部分，彼此是融为一体的，学习不能脱离学生的情绪感受而孤立地进行。然而，在绝大多数的传统教学理论和学习理论当中，常把学习只看成是认知的活动，只是半边脑的活动。即便布卢姆在其著名的教育目标分类学中，将教育目标分为认知、情感和动作技能三类，但在教学实践中，人们似乎只对第一领域中的知识、理解、应用、分析、综合和评价感兴趣，而对于其他两个领域以及三个领域的协同作用研究甚少。如此，学习只是没有情感参与的学习，只是一种信息的接收和加工的过程，是一个冷冰冰的没有生命意义的世界。因此，罗杰斯的教育理想就是要培养既用认知的方式也用情感的方式行事的知情合一的人——罗杰斯称之为“功能完善者”（fully functioning person）。为了实现这一教育理想，罗杰斯认为教学的目标应该是“促进变化和学习，培养能够适应变化和知道如何学习的人”。在他看来，只有学会如何学习和学会如何适应变化的人，只有意识到没有任何可靠的知识，只有寻求知识的过程才是可靠的人，才是真正有教养的人。

与之相应，罗杰斯强调，学习过程是学生与教师两个完整的精神世界的互相沟通、理解的过程，教学内容要与学生的情感世界、生活经验相联系，要对学生的生活态度、人生观和人格修养产生积极作用。如果仅仅把学习视为学生接受知识的过程，只教会他们基本的生存技巧，实际上就是忽视了未来世界将会是怎样一个瞬间变化万端的复杂世界，忽略了学生的内心世界是怎样地由感觉、想象、关怀和体验等多层面内容所组成的复杂世界。这种

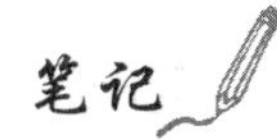

知情分离学习的结果，将导致学生人生意义的不和谐、成长的不健全。在罗杰斯看来，要使整个学习活动生机盎然，就得深入学生内在情感世界，以师生之间全方位的互动来达到教育的目的，否则，学习活动仅是一个训练的过程。

二、有意义的学习观

罗杰斯认为，学生学习主要有两种类型，即认知学习和经验学习。其中，认知学习的很大一部分内容对学生自己是没有个人意义的，它只涉及心智，而不涉及感情或个人意义，因而与“功能完善者”无关，是一种无意义学习；而经验学习以学生的经验生长为中心，以学生的自发性和主动性为学习动力，把学习与学生的愿望、兴趣和需要有机地结合起来，因而经验学习必然是有意义的学习，必能有效地促进个体的发展。与之相应，罗杰斯将学生的学习方式也分为两种，即无意义学习和有意义学习，并强调有意义学习的重要性。所谓有意义学习，不仅仅是一种增长知识的学习，而且是一种与每个人各部分经验都融合在一起的学习，是一种个体的行为、态度、个性以及在未来选择行动方针时发生重大变化的学习。

具体来说，罗杰斯认为有意义学习主要具有四个特征：①全神贯注——整个人的认知和情感均投入到学习活动之中；②自动自发——学习者由于内在的愿望主动去探索、发现和了解事件的意义；③全面发展——学习者的行为、态度、人格等获得全面发展；④自我评估——学习者自己评估自己的学习需求、学习目标是否完成等。因此，学习能对学习者产生意义，并能纳入学习者的经验系统之中。

那么，怎样才能使学习变得生动活泼且有意义呢？罗杰斯认为，要想使学习生动活泼且有意义，就应该让学生自由地学习。在他看来，具有自由性的有意义学习是以下列 10 条学习原则为基础的：①人类生来具有学习的潜能，只要条件适当，这种潜能就会释放出来；②当学生觉察到学习内容有意义，并且与其学习目的之间有关系时，有意义学习便会产生；③学生倾向于拒绝那些引起自我组织变化的学习，尤其是当这种改变带有明显的外部威胁；④当外部威胁逐渐降低时，学生比较容易觉察和同化那些引起自我组织改变的学习内容；⑤当外部环境对自我的威胁相当微弱时，学生倾向于以辨别的方式来知觉经验，有意义学习就能顺利进行；⑥大多数有意义学习的方式是“做中学”，“做中学”是改进学习的最有效的方法；⑦当学生负责任地参与学习过程时，有意义学习就能得到促进；⑧学生的情感和理智全部投入的学习是自动发起的学习，也是最持久、最深刻的学习；⑨当学生以自我评价作为学习的主要依据时，其独立性、创造性和自主性就会得到发展；⑩对经验持续开放，并将自己与变化的过程相结合，是现代社会最有效的学习。以此为基础，学生就能自由学习，从而身心可望得到全面发展。

三、学生中心的教学观

罗杰斯从人本主义的学习观出发，认为凡是可以教给别人的知识，相对来说都是无用的；能够影响个体行为的知识，只能是他自己发现并加以同化的知识。因此，教学的结果，如果不是毫无意义的，那就可能是有害的。教师的任务不是教学生学习知识（这是行为主义者所强调的），也不是教学生如何学习（这是认知主义者所重视的），而是为学生提供各种学习的资源，提供一种促进学习的气氛，让学生自己决定如何学习。为此，罗杰斯对传统教育模式进行了猛烈地批判。他认为在传统教育中，“教师是知识的拥有者，而学生只是被动的接受者；教师可以通过讲演、考试甚至嘲弄等方式来支配学生的学习，而学生无所适从；教师是权力的拥有者，而学生只是服从者”。因此，罗杰斯主张废除“教师（teacher）”这一角色，代之以“学习的促进者（facilitator）”。而且，罗杰斯认为，促进学生学习的关键不在于教师的教学技巧、专业知识、课程计划、视听辅导材料、演示和讲解、丰富的书籍等（虽然其中

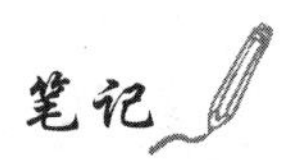

的每个因素有时候均可作为重要的教学资料），而在于决定“促进者”与“学习者”之间互动关系的特定心理氛围：①真实或真诚——学习的促进者表现真我，没有任何矫饰、虚伪和防御；②尊重、关注和接纳——学习的促进者尊重学习者的情感和意见，关心学习者的方方面面，接纳作为个体的学习者的价值观念和情感表现；③移情性理解——学习的促进者能了解学习者的内在反应，了解学生的学习过程。在这样一种心理气氛下进行的学习，是以学生为中心的，“教师”只是学习的促进者、协作者或者说伙伴、朋友，“学生”才是学习的关键。

罗杰斯的人本主义学习说有许多可取之处，如：突出情感在教学活动中的地位和作用，重视对学生的尊重和爱护，充分发挥学生主动性和创造力，主张教学工作要注意创设良好的人际关系和课堂气氛，使学生身心健康地成长以适应时代的变化和社会的要求。当然，它也有其本身固有的缺陷，如：片面强调学生中心而忽视了教师的指导作用，从根本上排斥了学校教育对学生应该实施的有系统、有目的的影响，把教育的功能贬低到了最低限度；其理论直接来源于心理治疗的理论和实践，是以“当事人中心”为基础提出“学生中心”的，进而把教学与治疗、学生与当事人、教师与治疗者等同，从而忽视了学校教育过程固有的特殊性。

第四节　学习的建构理论

建构主义（constructivism）也译作结构主义，其学习理论内容丰富且庞杂，但其核心是：强调以学生为中心，强调学生对知识的主动探索、主动发现，以及对所学知识意义的主动建构。

一、建构主义的学习观念

建构主义关于学习的基本观念，主要体现在“什么是学习”“如何进行学习”和“如何创设学习情境”等方面。

（一）关于“什么是学习”

建构主义认为，学习不是由教师把知识简单地传递给学生的过程，而是由学生自己建构知识的过程。在学习过程中，学生不是简单被动地接收信息，而是根据自己的经验背景，对外部信息进行主动地选择、加工和处理，从而建构起知识的意义。所要建构的意义，是指事物的性质、规律以及事物之间的内在联系。在学习过程中帮助学生建构意义，就是要帮助学生对当前学习内容所反映的事物的性质、规律以及该事物与其他事物之间的内在联系，产生较深刻的理解。因此，在建构主义看来，学习的质量是学生建构意义能力的函数，而不是学生重现教师思维过程能力的函数。亦即，获得知识的多少，取决于学生根据自身经验去建构知识意义的能力，而不取决于学生记忆和背诵教师讲授内容的能力。

由于将知识意义的建构视为学习过程的最终目标，建构主义对于“什么是学习”的认识与传统学习理论相比较，有两点明显不同。其一，强调知识意义的建构必须由学生自己进行，他人不可代替，因而学习必须是主动的。其二，强调知识意义的建构来源于新旧知识经验之间的同化和顺应，伴随着原有知识经验及其认知结构的调整和改变，因而学习不是简单的知识经验积累。

（二）关于“如何进行学习”

建构主义倡导在教师指导下的、以学习者为中心的学习方式。因此，其在“如何进行学习”的问题上，对教师和学生之间的角色定位及其作用发挥，有明确的要求。

其一，学生的主体作用。学生是学习的主体、是知识意义的主动建构者，而不是外部刺激的被动接受者和知识的被灌输对象。在学习过程中，学生要成为真正的主动建构者，必须从以下几个方面发挥主体作用：①要用探索法、发现法去建构知识的意义；②在建构意义

笔记

的过程中，要主动去搜集和分析有关的信息资料，对所学的问题提出各种假设并努力加以验证；③要善于把当前学习内容尽量与自己已有的知识经验联系起来，并对这种联系加以认真思考。其中，“联系”与“思考”是意义构建的关键。如果能把联系与思考的过程与协作学习中的协商过程（即交流、讨论的过程）结合起来，则建构意义的效率会更高、质量会更好。

其二，教师的指导作用。在教学过程中，教师的角色是学生建构知识的帮助者、引导者，而不是知识的传授者与灌输者，因此应当从以下几个方面发挥指导作用：①应当激发学生的学习兴趣，引发和保持学生的学习动机；②通过创设符合教学内容要求的情境和提示新旧知识之间联系的线索，帮助学生建构当前所学知识的意义；③为使学生的意义建构更为有效，教师应尽可能组织协作学习，展开讨论和交流，并对协作学习过程进行引导，使之朝有利于意义建构的方向发展。

（三）关于“如何创设学习情境”

建构主义认为，知识的获得是在一定情境下，借助于他人的帮助，通过意义的建构而实现的。因此，教师必须创设一种良好的学习情境，使学生可以通过探究、合作等方式来开展他们的学习。理想的学习环境应当包括情境、协作、交流和意义建构四个部分：①情境——学习环境中的情境必须有利于学生对所学内容的意义建构；②协作——教师与学生之间、学生与学生之间的协作，应该贯穿于整个学习活动过程中，它对学习资料的收集与分析、假设的提出与验证、学习进程的自我反馈、学习结果的评价以及意义的最终建构，都有十分重要的作用；③交流——协作学习的过程就是交流的过程，在这个过程中，每个学习者的想法和做法，都应为整个学习群体所共享；④意义建构——帮助学生对所学内容反映的事物性质、规律以及该事物与其他事物之间的内在联系达到较深刻的理解，是教学过程的最终目标。

二、建构主义的教学设计

与学习观念相应，建构主义对教学设计提出了如下六项原则要求。

第一，强调以学生为中心。明确“以学生为中心”，这一点对于教学设计有至关重要的指导意义，因为从“以学生为中心”出发还是从“以教师为中心”出发将得出两种全然不同的设计结果。至于如何体现以学生为中心，建构主义认为可以从三个方面努力：①要在学习过程中充分发挥学生的主动性，要能体现出学生的首创精神；②要让学生有多种机会在不同的情境下去应用他们所学的知识（将知识“外化”）；③要让学生能根据自身行动的反馈信息来形成对客观事物的认识和解决实际问题的方案（实现自我反馈）。以上三点，亦是体现以“学生为中心”的三个要素。

第二，强调“情境”对意义建构的重要作用。建构主义认为，学习总是与一定的社会文化背景即“情境”相联系的，在实际情境下进行学习，可以使学习者能利用自己原有认知结构中的有关经验去同化和顺应当前学习到的新知识，从而赋予新知识以某种意义；如果原有经验不能同化新知识，则要引起“顺应”过程，即对原有认知结构进行改造与重组。总之，通过“同化”与“顺应”才能达到对新知识意义的建构。在传统的课堂讲授中，由于不能提供实际情境所具有的生动性、丰富性，因而将使学习者对知识的意义建构发生困难。

第三，强调“协作学习”对意义建构的关键作用。建构主义认为，学习者与周围环境的交互作用，对于学习内容的理解（即对知识意义的建构）起着关键性的作用。这是建构主义的核心概念之一。学生在教师的组织和引导下一起讨论和交流，共同建立起学习群体并成为其中的一员。在这样的群体中，共同批判地考察各种理论、观点、信仰和假说；进行协商和辩论，先内部协商（即和自身争辩到底哪一种观点正确），然后再相互协商（即对当前问题摆出各自的看法、论据及有关材料并对别人的观点作出分析和评论）。通过这样的协作学习环境，学习者群体（包括教师和每位学生）的思维与智慧就可以被整个群体所共享，即整个学

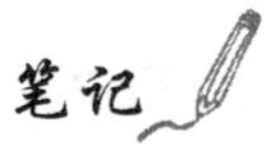

习群体共同完成对所学知识的意义建构，而不是其中的某一位或某几位学生完成意义建构。

第四，强调对学习环境（而非教学环境）的设计。建构主义认为，学习环境是学习者可以在其中进行自由探索和自主学习的场所。在此环境中学生可以利用各种工具和信息资源（如文字材料、书籍、音像资料、CAI与多媒体课件以及互联网上的信息等）来达到自己的学习目标。在这一过程中学生不仅能得到教师的帮助与支持，而且学生之间也可以相互协作和支持。学习应当被促进和支持而不应受到严格的控制与支配；学习环境则是一个支持和促进学习的场所。在建构主义学习理论指导下的教学设计应是针对学习环境的设计而非教学环境的设计。因为，教学意味着更多的控制与支配，而学习则意味着更多的主动与自由。

第五，强调利用各种信息资源来支持“学”（而非支持“教”）。为了支持学习者的主动探索和完成意义建构，在学习过程中要为学习者提供各种信息资源（包括各种类型的教学媒体和教学资料）。这些媒体和资料并非用于辅助教师的讲解和演示，而是用于支持学生的自主学习和协作式探索。对于信息资源应如何获取、从哪里获取，以及如何有效地加以利用等问题，是主动探索过程中迫切需要教师提供帮助的内容。

第六，强调学习过程的最终目的是完成意义建构（而非完成教学目标）。在建构主义学习环境中，强调学生是认知主体、是意义的主动建构者，所以是把学生对知识的意义建构作为整个学习过程的最终目的。教学设计通常不是从分析教学目标开始，而是从如何创设有利于学生意义建构的情境开始，整个教学设计过程紧紧围绕“意义建构”这个中心而展开，不论是学生的独立探索、协作学习还是教师辅导，总之，学习过程中的一切活动都要从属于这一中心，都要有利于完成和深化对所学知识的意义建构。

三、建构主义的教学方法

以建构主义学习理论为指导的教学方法众多，其中，相对成熟有支架式教学、抛锚式教学和随机通达式教学。

（一）支架式教学

所谓支架，原本是指建筑行业中使用的脚手架，这里用来比喻对学生解决问题和建构意义起辅助作用的一种教学方式——学生被视为一座建筑，学生的“学”是在不断地、积极地建构自身的过程；而教师的“教”则是一个必要的脚手架，支持学生不断地建构自己。所谓支架式教学，就是指通过支架（教师或有能力的同伴）的协助，把管理学习的任务逐渐由教师转移给学生自己，最后撤去支架。

支架式教学是以前苏联著名心理学家维果斯基的“最近发展区”理论为依据的。维果斯基认为，在测定儿童智力发展时，应至少确定儿童的两种发展水平：一种是儿童现有的发展水平，一种是潜在的发展水平，这两种水平之间的区域称为“最近发展区”。教学应从儿童潜在的发展水平开始，不断创造新的“最近发展区”。支架教学中的“支架”应根据学生的“最近发展区”来建立，通过支架作用不停地将学生的智力从一个水平引导到另一个更高的水平。

在实际的教学过程中，支架式教学一般包含五个基本环节：第一，搭脚手架。围绕当前学习主题，按“最近发展区”的要求建立概念框架。第二，进入情境。将学生引入一定的问题情境，并提供解决问题的必要工具。教师要做好三方面工作：①要帮助学生确立目标，为学生探索问题情境提供方向；②要围绕当前的学习内容，为学生提供探索该学习内容所需要的概念框架，该概念框架应置于学习者的“最近发展区”；③可以通过演示、提供问题解决的原型、为学生的问题解决过程提供反馈等引导学生探索问题情境。其间，教师的引导应随着学生解决问题能力的增强而逐步减少。第三，独立探索。教师放手让学生自己决定探索问题的方向，选择自己的方法，独立进行探索。这时，不同的学生可能会探索不同的问

题。第四，协作学习。通过学生与学生之间、学生与教师之间的协商讨论，共享独立探索的成就，共同解决独立探索过程中所遇到的问题。在共享集体思维成果的基础上，达到对当前所学知识的比较全面、正确的理解，最终完成对所学知识的意义建构。第五，效果评价。对学习效果的评价包括学生个人的自我评价和学习小组对个人的学习评价。这种评价依然是与问题探索过程融为一体的，不能仅用脱离问题解决过程的所谓客观性测验（标准化测验）来评价这种教学的效果。评价内容包括：①自主学习能力；②对小组协作学习所作出的贡献；③是否完成对所学知识的意义建构。

（二）抛锚式教学

建构主义认为，学习者要想完成对所学知识的意义建构，即达到对该知识所反映事物的性质、规律以及该事物与其他事物之间联系的深刻理解，最好的办法是让学习者到现实世界的真实环境中去感受、去体验（即通过获取直接经验来学习），而不是仅仅聆听别人（例如教师）关于这种经验的介绍和讲解。在此基础上形成的抛锚式教学，要求将教学建立在有感染力的真实事件或真实问题的基础上。确定这类真实事件或问题被形象地比喻为“抛锚”，因为一旦这类事件或问题被确定了，整个教学内容和教学进程也就被确定了（就像轮船被锚所固定那样）。由于抛锚式教学要以真实事例或问题为基础（作为“锚”），所以有时也被称为“实例式教学”“基于问题的教学”或“情境性教学”。

抛锚式教学一般由这样五个环节组成：第一，创设情境。使学习能在和现实情况基本一致或相类似的情境中发生。第二，确定问题。在上述情境下，选择出与当前学习主题密切相关的真实性事件或问题作为学习的中心内容。选出的事件或问题就是“锚”，这一环节的作用就是“抛锚”。第三，自主学习。不是由教师直接告诉学生应当如何去解决面临的问题，而是由教师向学生提供解决该问题的有关线索，并特别注意发展学生的“自主学习”能力。第四，协作学习。讨论、交流，通过不同观点的交锋，补充、修正、加深每个学生对当前问题的理解。第五，效果评价。由于抛锚式教学的学习过程就是解决问题的过程，由该过程可以直接反映出学生的学习效果，因此对这种教学效果的评价不需要进行独立于教学过程的专门测验，只需在学习过程中随时观察并记录学生的表现即可。

（三）随机通达式教学

随机通达式教学（random access instruction；有些文献中译为“随机进入教学”）的基本思想源自建构主义学习理论的一个分支——“弹性认知理论”（cognitive flexibility theory）。该理论者在研究如何提高学习者的理解能力和灵活运用所学知识的能力时发现，现实生活中有许多问题，由于问题条件的不确定性、涉及许多知识的相互作用、问题的解决在规则和答案上有多种性和开放性、不能简单套用现成知识加以解决等，学习者在学习时难以达到真正理解和意义建构。因此，在教学中对于该类教学内容的呈现，就要注意不同的时间、不同的情境下、为不同的教学目的、用不同的方式。

他们运用了这样一个类比：在日常生活中，当我们在不同的时间、不同的场合，带着不同的目的观看某一风景时，我们会对这一风景产生不同的感受和认识。同理，对难以真正理解和意义建构的教学内容，要引导学习者在不同的时间、重新安排的情境中，带着不同目的、从不同的角度进行多次交叉反复的学习，以此把握知识的复杂性并促进迁移。这种多次“通达”同一教学内容的过程，绝非为了巩固知识、技能而进行的简单重复，而是为了获得对该教学内容的真正理解和意义建构，因为每次的学习情境中存在着互不重合的方面，可使学习者获得对知识的全面而深刻的理解。

随机通达式教学的具体过程包括五个环节。其一，呈现基本情境。向学生呈现与当前学习主题的基本内容相关的情境。其二，随机通达学习。取决于学生“随机通达”学习所选择的内容，而呈现与当前学习主题的不同侧面特性相关联的情境。在此过程中教师应注意

发展学生的自主学习能力，使学生逐步学会自己学习。其三，思维发展训练。由于随机通达学习的内容通常比较复杂，所研究的问题往往涉及许多方面，因此在这类学习中，教师还应特别注意发展学生的思维能力。其方法是：①教师与学生之间的交互作用应在“元认知级”进行（即教师向学生提出的问题，应有利于促进学生认知能力的发展而非纯知识性提问）；②要注意建立学生的思维模型，即要了解学生思维的特点（例如，教师可通过这样一些问题来建立学生的思维模型：“你的意思是指”“你怎么知道这是正确的”“这是为什么”等等）；③注意培养学生的发散性思维（这可通过提出这样一些问题来达到：“还有没有其他的含义”“请对 A 与 B 之间作出比较”“请评价某种观点”等等）。其四，小组协作学习。围绕呈现不同侧面的情境所获得的认识展开小组讨论。在讨论中，每个学生的观点在和其他学生以及教师一起建立的社会协商环境中受到考察、评论，同时每个学生也对别人的观点、看法进行思考并作出反应。其五，学习效果评价。包括自我评价与小组评价，评价内容包括：①自主学习能力；②对小组协作学习所作出的贡献；③是否完成对所学知识的意义建构。

本章小结

1. 学习理论泛指系统研究学习本质、学习类型、学习过程、学习方式和学习条件的理论学说。

2. 学习的行为理论将学习看作是刺激与反应之间的某种联结，其有代表性的学说包括巴甫洛夫的经典条件作用说、斯金纳的操作条件作用说、班杜拉的观察学习说。

3. 学习的认知理论认为学习的本质不是被动地形成“刺激 - 反应”的联结，而是主动地形成认知结构或表征系统的过程，即学习是学习者利用已有的认知结构，对新的知识经验进行加工改造并形成新的认知结构的过程。其有代表性的学说包括苛勒的完形顿悟说、布鲁纳的发现学习说、加涅的信息加工说、奥苏贝尔的有意义学习说。

4. 学习的人本理论强调，学习过程是学生与教师两个完整的精神世界的互相沟通、理解的过程，教学内容要与学生的情感世界、生活经验相联系，要对学生的生活态度、人生观和人格修养产生积极作用。

5. 学习的建构理论认为，学习不是由教师把知识简单地传递给学生的过程，而是由学生自己建构知识的过程，因而其倡导在教师指导下的、以学习者为中心的学习方式。

复习思考题

1. 名词解释：学习理论，尝试错误，操作性行为，完形顿悟，发现学习法，有意义学习，先行组织者，支架式教学，抛锚式教学。
2. 简述班杜拉观察学习的过程。
3. 加涅关于学习的理论观点主要体现在哪三个方面？
4. 举例说明有意义学习所必须具备的主客观条件。
5. 谈谈你对发现学习和接受学习及其相互关系的见解。
6. 试比较罗杰斯的有意义学习与奥苏贝尔的有意义学习。
7. 简述建构主义的学习观念。

拓展学习

韩愈的《师说》

韩愈（768—824），字退之，中国唐朝著名的思想家、文学家和教育家。在文学上，韩愈是唐代“古文运动”的倡导者，强调“文以载道”，被后人尊为唐宋八大家之首。在教育上，韩愈继承并发扬了儒家重视教育的传统，提出了恢复儒家正统思想和师道尊严等一系列主张。

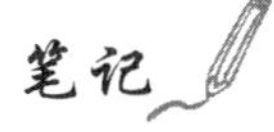

“安史之乱”后，唐朝国势由强盛转为衰败，学校教育也随之衰落。学校教育的衰落使儒家教育失去了宣传阵地，加之佛、道宗教势力的膨胀，儒家的师道观更是日趋淡化。人们竞相显示自己的独创性，不以师传为荣，反以求师为耻，甚至为了虚名而不承认这种师生关系。唐德宗贞元十八年(公元802年)，韩愈刚进国子监当四门博士，面对社会上存在的这种“耻学于师”的风气，挺身而出，对当时的学校教育提出了批评，并作《师说》一文，倡导尊师重道，指出成才之道。

韩愈的《师说》含有丰富的教育思想，主要体现在以下四个方面：

1. 教师的作用　《师说》开宗明义：“古之学者必有师”。韩愈从历史的经验中得出一个结论，即自古以来任何一个人的知识学问，都是从老师那里学来的。也就是说，任何一个人如果没有老师的教诲和指导，都不能成为有才智的人。他认为生而知之者是不存在的，因此“孰能无惑”；如“惑而不从师，其为惑也终不解矣”，这样的人是一辈子也不能聪明起来的。基于这种认识，他对当时社会上轻视教师、不尊重教师、耻于从师的不良风气进行了尖锐地批判。

2. 教师的任务　《师说》明确指出：“师者，所以传道、授业、解惑也。”仅仅11个字，就把教师的任务概括得很全面，至今看来仍十分准确。“传道’，即传授封建主义的政治伦理道德；“授业”，即讲授《诗》《书》《礼》《易》《春秋》等儒家的经典学说；“解惑”，即解答学生在学习“道”与“业”过程中所提出的疑难问题。教师这三项职责，用今天的话说，就是要对学生进行思想道德教育、文化知识教育，并发展学生的智力。上述三项职责虽有主次，但又相互联系，缺一不可——传道为主，授业与解惑是为传道服务的；只说传道，没有授业，道亦不存；如不解惑，则道不明。

3. 择师的标准　《师说》发扬了儒家“德无常师，主善为师”的思想，把“道”作为衡量和选择教师的根本标准。韩愈认为，可以为师者，不在于其年龄的大小和地位的高低，而在于其懂得“道”比自己早或比自己多，即所谓“道之所存，师之所存也”。韩愈还强调，由于“道”必须通过授业、解惑来完成，因而教师要能更好地传道，就必须善于授业和解惑。用今天的话来说，韩愈实际上对教师提出了政治思想、文化素质和专业水平三方面的要求。

4. 师生关系　韩愈在将“道”与“业”作为择师标准的同时，还提出了相互为师的新型师生关系，即“圣人无常师”的观点。在韩愈看来，连孔夫子都认为“三人行必有吾师”，那么我们现今的师生关系更不必拘泥于“贵贱、长少”，而应随着各自在某方面的“道”“业”发展情况而变化，即所谓“弟子不必不如师，师不必贤于弟子，闻道有先后，术业有专攻”。

韩愈的《师说》虽然只有456个字，但却是我国教育史上第一篇较为全面地从理论上论述师道的文章，它精湛的思想一直影响着历代教育工作者，是我国古代教育史中珍贵的教育文献。韩愈在阐述教师问题时，认识到了“道与师”“道与业”“师与生”之间既矛盾又统一的关系，含有朴素的唯物辩证法的因素；提出了教师既应忠于理想，传播真理，又要学有专长，认真授业；提出了既要教师起主导作用，又要学生以能者为师，提倡教学相长，这些卓越的见解，不但丰富了我国古代教育理论，而且对我们今天正确理解教师职责、政治与业务、教书与育人、教师与学生之间的关系，均具有启发意义。

参考文献

[1] 冯忠良，伍新春，姚梅林，等. 教育心理学. 第2版. 北京：人民教育出版社，2010.

[2] 黄希庭. 心理学导论. 北京：人民教育出版社，1991.

[3] 付建中. 教育心理学. 北京：清华大学出版社，2010.

[4] 乔建中. 中外教育经典论著速读. 合肥：安徽人民出版社，2009.

[5] 彭聃龄. 普通心理学. 北京：北京师范大学出版社，2001.

[6] 王有智. 学习心理学. 北京：中国社会科学出版社，2010.
[7] 桑青松. 学习心理研究. 合肥：安徽人民出版社，2010.
[8] （美）Hock RR. 改变心理学的40项研究. 白学军，译. 北京：中国轻工业出版社，2004.

推荐书目

[1] 冯忠良，伍新春，姚梅林，等. 教育心理学. 2版. 北京：人民教育出版社，2010.
[2] （美）Hock RR. 改变心理学的40项研究. 白学军，译. 北京：中国轻工业出版社，2004.

研究生考试要点

学习的行为理论
学习的认知理论
学习的建构理论
学习的人本理论

教师资格考试要点

名词解释：学习理论，操作性行为，完形顿悟，发现学习法，有意义学习，先行组织者，支架式教学，抛锚式教学。

班杜拉观察学习的过程。

加涅关于学习的理论观点。

有意义学习的主客观条件。

发现学习和接受学习及其相互关系。

比较罗杰斯的有意义学习与奥苏贝尔的有意义学习。

建构主义的学习观念。

（乔建中　马春玲）

第五章　学 习 动 机

目的要求

1. 掌握　学习动机的概念与类型；学习动机与学习效果的关系。
2. 了解　学习动机的理论。
3. 知晓　激发学习动机的方法。

学习动机对人的学习活动具有引发、指向和维持功能，一直是教育心理学研究的重要内容，先后产生了“结果强化”“需要层次”“自我效能”“成就动机”“行为归因”等多种的理论学说。与之相应，合理运用奖惩、有效满足需要、提高自我效能、增强成功体验、引导积极归因等，是激发和培养学习动机的常用方法。

第一节　学习动机的概述

一、学习动机的概念

学习动机是推动人进行学习的原因或动力。

学习动机的产生是内因和外因相互作用的结果。其中，内因是人的各种学习需要，外因是那些能够满足学习需要的事物。从内因来看，人的任何学习动机都是在学习需要基础上产生的，都是为了直接或间接地满足某种学习需要；从外因来看，单有学习需要还不足以产生学习动机，只有当学习需要和能够满足需要的事物同时存在时，人才会产生学习动机并付诸行动。

那些能够满足学习需要的事物，因为常常能诱发学习动机，又被称为学习诱因或诱因。学习诱因可以分为正诱因和负诱因：那些使人趋向之或接受之而获得某种满足者，称为正诱因，那些使人逃离之或躲避之而获得某种满足者，称为负诱因。例如，对于学生来说，教师的表扬、奖励是正诱因，教师的批评、惩罚是负诱因。

从学习动机的产生条件可见，人的任何学习动机都是为了满足某种学习需要或实现某种学习目的。因此，学习动机对人的学习活动主要有三种调控功能：①引发功能，即引发或发动某种学习活动；②指引功能，即使学习活动指向特定的学习目标；③维持功能，即对学习活动起维持和加强的作用。

专栏 5-1

教师如何把握学生的动机状况

（1）学生是否注意教师？

（2）课堂上是否主动回答问题？

(3) 能否迅速开始某项活动?
(4) 注意力能否维持到任务最后完成?
(5) 能否坚持自己解决问题,不轻易放弃看上去较难的问题?
(6) 能否自觉地学习?
(7) 当确实需要他人帮助时,他提出这种要求了吗?
(8) 能否按时交作业?
(9) 能否顺利完成任务?
(10) 允许选择时,即使有失败的可能,他能否选择具有挑战性的任务?
(11) 能否接受学习新东西时难免产生错误之类的观点?
(12) 从事不同的学习任务但需要相似的学习能力时,他是否有相似的表现?
(13) 他的考试成绩与平时成绩是否一致?
(14) 他是否参与课外的一些学习活动?
(15) 学习时是否显得快乐、自豪、热情和投入?
(16) 能否跟得上教师的教学与辅导?
(17) 即使成绩很好,他是否仍很努力地去改善?
(18) 能否主动地选择具有挑战性的学习活动?
(19) 在没有奖励或评定时,他能否努力地去学习?

二、学习动机的类型

学习动机的表现形式是多种多样的,而且因学生的年龄、性别、学科以及个性特征的不同而错综复杂(专栏 5-2)。相比较而言,在课堂教学过程中,以下五种类型的学习动机较为常见,美国心理学家奥苏贝尔提出学校情境中的成就动机包括认知内驱力,自我提高内驱力和附属内驱力,分别对应求知性学习动机、荣誉性学习动机和亲和性学习动机。

(一) 情绪性学习动机

情绪性学习动机是一种为追求情绪愉悦而产生的学习动机。情绪心理学研究表明,人具有一种先天性的行为倾向,即趋向积极的情绪体验而回避消极的情绪体验;尤其是当适应性行为能力成熟时,人会努力学着以各种可能的方式去行动,以便得到尽可能多的积极情绪体验或尽可能少的消极情绪体验。这里,相应的情绪体验本身,似乎已成为人所追求的目标,并构成其学习活动的直接动因。因而,人们对于那些能给自己带来积极情绪体验的事物或活动必然表现出兴趣和热情,趋近并加以接纳;而对于那些不能给自己带来积极情绪体验的事物或活动必然表现出冷漠和厌倦,回避并加以排斥。同样,在课堂教学实践及其动机研究过程中,我们也发现,学生的学习动机和学习行为也在很大程度上受情绪性学习动机的影响。例如,在课堂教学过程中,对学生的学习行为起主导作用的常常不是与学习目标或教师要求相联系的终极性动机,而往往是与“趋乐避苦”相联系的情境性动机。而且,由于情绪在发生上总是处于心理活动的前沿,因而学生对教学内容与自身关系的认识总是受到相应情绪体验的“折射”,进而形成自己的学习意愿或学习态度,并决定自己的行为选择和动机水平。

(二) 求知性学习动机

求知性学习动机是学生为满足获得知识和解决问题的需要而产生的学习动机,如掌握自己感兴趣的知识,试图阐明和解决自己感兴趣的问题等。求知型学习动机属于内部动机,因为它直接指向学习本身,即以求知解惑为目的。该动机是在学习过程中逐渐形成的,其具体形成机制是:由于多次获得成功或满足的愉悦体验,使最初带有好奇性质的求知欲望逐渐发展为求知的乐趣,从而形成一种较稳定的学习动机。因此,在教学过程中,通过知识

的内在价值和阶段性的学习成果来激发学生对于知识本身的兴趣，是培养求知性学习动机的基本条件。

（三）荣誉性学习动机

荣誉动机是一种为满足赢得地位和荣誉的需要而产生的学习动机。该动机会促使学生努力在学习上获得好成绩或在学业上获得成就。因为一个学生的学习成绩或学业成就总是与他在班级和学校的地位相联系的，而且在学生心目中，学业成就越大，其相应的地位越高，反之，则越低。但是，荣誉性学习动机属于外部动机，因为它并非直接指向学习或学业成就本身，而是指向学业成就背后的地位和荣誉，即把学习当作获得地位和荣誉的手段。

（四）亲和性学习动机

亲和性学习动机是指为满足与长者（如家长、教师等等）亲近、获得长者赞许或认可的需要而产生的学习动机。学生在感情上对长者具有天然的依附性，他们期望与长者亲近，希望获得长者的赞许或认可。而且，长者的赞许或认可可以使他们获得某种非学业成就所能决定的地位，即派生的地位。因此，那些享受到这种派生地位的学生，会努力使行为符合长者的期望，以不断地获得赞许，巩固既得的派生地位。同样，那些尚未享受到这种派生地位的学生，也会努力使行为符合长者期望，以赢得赞许并获得这种派生地位。显然，亲和性学习动机也属于外部动机。

（五）成就性学习动机

成就性学习动机是一种旨在通过追求学业成功以提升自我价值感的动机。学业上成功往往是努力克服困难的结果，而克服困难则需要相当的能力。因此，获得成功的学生会对自己能力产生较高的评价，并进而产生自我价值感。这样，能力、成功、自我价值感三者之间就形成了前因后果的连锁关系：有能力的人容易成功，成功经验导致自我价值感。经多次这样的经历之后，对自我价值感的追求也就成为学习的主要动机之一。对某些学生来说，之所以努力学习，追求学业成功，正是为了从学习的成功经验中证明自我的价值或提升自我的价值。

专栏 5-2

学习动机的常见分类

1. 内部的学习动机与外部的学习动机　根据起源，可以将学习动机分为内部学习动机和外部学习动机。内部的学习动机起源于自身内部的因素，如求知的欲望、探究的兴趣、发展的需求等，亦称内在学习动机。外部的学习动机起源于自身外部的因素，如父母的奖励、教师的表扬、竞争的名次等，亦称外在学习动机。

2. 直接的学习动机与间接的学习动机　根据指向，可以将学习动机分为直接的学习动机和间接的学习动机。直接的学习动机指向学习本身，表现为对学习过程及其内容感兴趣。间接的学习动机指向学习结果，表现为对学习所带来的结果（考试成绩）感兴趣。

3. 主导性学习动机与从属性学习动机　根据所起作用或所属地位，可以将学习动机分为主导性学习动机和从属性学习动机。所谓主导性学习动机，指在引发学习活动的多种学习动机中起主导作用或占主导地位的学习动机。所谓从属性学习动机，指在引发学习活动的多种学习动机中起辅助作用或居从属地位的学习动机。

4. 近景性学习动机与远景性学习动机　根据行为与目标的远近关系，可以将学习动机分为近景性学习动机和远景性学习动机。所谓近景性学习动机，指所引发的学习行为与实现近期或短期的学习目标相联系的学习动机，亦称短期性学习动机。所谓远景性学习动机，指所引发的学习行为与实现长期或远期的学习目标相联系的学习动机，亦称长期性学习动机。

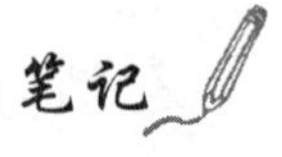

三、学习动机与学习效果

学习动机与学习效果的关系并不是直接的，它们之间往往以学习行为作为中介，而学习行为又不单纯只受学习动机的影响，它还要受一系列主客观因素，如学习基础、教师指导、学习方法、学习习惯、智力水平、个性特点、健康状况等的制约。学习动机固然是重要的，但学习行为是决定学习效果更重要的因素。

此外，学习动机与学习效果之间的关系还受强度因素制约。尽管在一般情况下，动机强度增加，学习效果也会提高。但是，动机强度也并不是越高越好，即当动机强度超过一定限度时，学习效果反而会降低。美国心理学家耶克斯（R.M. Yerkes）和多德森（J.D.Dodson）认为，中等强度的动机水平最有利于学习效果的提高。同时，他们还发现，最佳动机强度的水平与作业难度密切相关：任务较容易，最佳动机强度的水平较高；任务难度中等，最佳动机强度的水平适中；任务越困难，最佳动机强度的水平越低。这便是有名的耶克斯 - 多德森定律（简称倒U字形曲线），如图 5-1 所示。

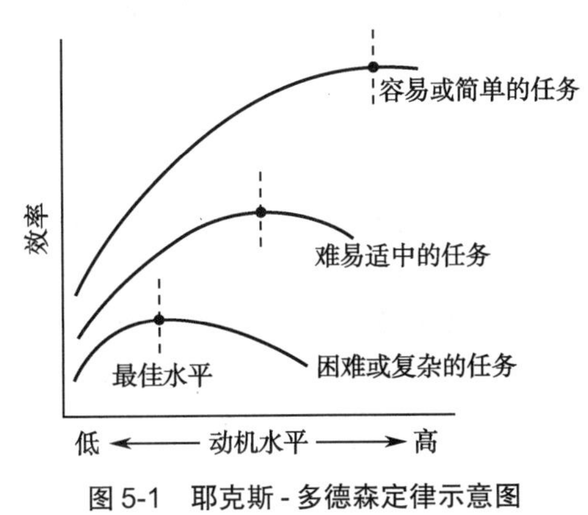

图 5-1　耶克斯 - 多德森定律示意图

第二节　学习动机的理论

一、结果强化说

学习动机的结果强化说是由联结主义心理学家提出来的——他们不仅用强化来解释学习的发生，而且用它来解释动机的产生。其代表人物斯金纳认为，人为了达到某种目的，会采取某种行为作用于环境；当该行为的结果对他有利时，该行为以后出现的概率就会增加；而当该行为的结果对他不利时，该行为以后出现的概率就会减少甚至消失。这种对某种行为施以积极或消极的结果（奖励或惩罚）并影响该行为将来出现概率的过程，就是强化。

强化之所以能影响某种行为产生的概率，是因为强化对行为者身心的积极或消极作用，直接影响其保持和继续该行为的动机。因此，强化根据性质和目的的不同，可分为正强化和负强化。所谓正强化，是指对某种符合期望或要求的行为施以奖励性的积极结果，从而增强行为者保持和继续该行为的动机的过程；所谓负强化，是指对某种不符合期望或要求的行为施以惩罚性的消极结果，从而削弱行为者保持和继续该行为的动机的过程。在斯金纳看来，强化可以对人的行为予以导向，并加以规范、修正、限制和改造。因而，结果强化说有时也被称之为行为塑造理论。

与之相应，联结主义心理学家将结果强化说运用于学习动机研究。在他们看来，任何学习行为都是为了获得某种报偿，因此，教师在教学活动中可综合采用奖励性和惩罚性的

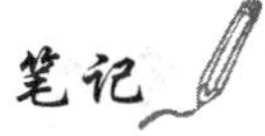

强化手段，以激发、增强学生的学习动机，引起、保持符合期望与要求的学习行为。不过，结果强化说片面强调外部强化的作用，忽视内部强化（学生的自我强化）的重要性，存有较大局限性。

二、需要层次说

学习动机的需要层次说是马斯洛需要层次理论在动机领域中的体现。马斯洛认为，人的基本需要可以由低到高依次排列成五个层次：①生理的需要，如对食物、水、空气、睡眠、性等的需要；②安全的需要，如对稳定、秩序、安全感和可预见性等的需要；③归属和爱的需要，如与他人建立感情联系、结交朋友、追求爱情等的需要；④尊重的需要，如要求获得声望、地位、荣誉、赏识、威信等（他尊），以及期望获得信心、本领、实力、成就、独立和自由等（自尊）；⑤自我实现的需要，即使自己成为自己理想的人、把自己的潜能全部变成现实的需要。其中，前四种需要属于缺失性需要，其强度随着满足程度的增加而降低；而自我实现需要则属于成长需要，其强度不但不会随着满足程度的增加而降低，相反会因满足程度的增强而不断提高，因为人所追求的成长性目的物是无限的、永无止境的。正是由于自我实现需要的永不满足性，需要层次说将之视为学习的一种重要动机，即人们之所以进行学习，就是为了使自己的价值、个性、潜能得到充分而完备的发挥、发展和实现。

需要层次说也可以在某种程度上解释学生学习动机不足的问题，即学生之所以学习动机不足或缺乏学习动机，可能是由于某种缺失性需要没有得到充分满足而引起的。如家境清贫使得温饱得不到满足；父母离异使得归属与爱的需要得不到满足；教师过于严厉和苛刻，动辄训斥和批评学生，使得安全需要和尊重需要得不到满足等。而正是这些因素，会成为学生学习和自我实现的主要障碍。所以，教师不仅要关心学生的学习，也应该关心学生的生活和情感，以激发其学习动机。

三、自我效能说

自我效能说是班杜拉社会学习理论在学习动机领域的体现，它克服了传统心理学重行轻欲、重知轻情的倾向，具有较大的科学价值。

班杜拉认为，人的行为受行为的结果因素和先行因素的影响。所谓行为的结果因素就是强化，包括直接强化、替代强化和自我强化，其作用在于激发和维持学生的学习行为；所谓行为的先行因素就是期待，包括结果期待和效能期待。班杜拉指出，传统动机理论的研究仅局限于强化及其结果期待上，而对效能期待的重要性缺乏应有的重视。研究表明，能取得好成绩（结果期待）固然是每个学生的理想所在，但力不从心之感（效能期待）会使学生对学习望而生畏。这是因为，效能期待是学生对自己能否实施某种学习行为的能力判断，它意味着学生是否确信自己能够成功地进行带来某一结果的学习行为。只有当学生确信自己有能力进行某一学习活动时，他才会产生积极的自我效能感，并实际实施学习活动。

自我效能感的作用主要体现在三个方面：①影响学习活动的行为选择，以及进行该活动的坚持性。在学校生活中，学生时时处处都不得不作出决定，怎样学习以及持续多长时间。由于对自我效能的判断，学生倾向于承担并执行那些他们认为自己能够干的事情，并倾向于回避那些他们认为超过其能力所及的任务和情境，即使不得不为之，也缺乏坚持性。②影响学生面对难题的态度。那些自我效能感强的学生，通常会将学习中遇到的难题看作是一种有益的挑战，看作是一种促使自己不断发展、不断提高的契机，因而他们会以跃跃欲试的心态对待它，并以克服它为乐事；而那些自我效能感弱的学生，通常会将学习中遇到的难题视为一种痛苦、难受的差使和负担，甚至视为对自尊心和安全感的障碍和威胁，因而会

明显表现出退缩、厌倦甚至抵触的倾向，至多尽义务式地应付一下。③影响活动时的思维和情感反应模式。与自我效能感强的学生相比，那些自我效能感弱的学生在面对新的学习任务和要求时，会过多地想到个人不足和可能失败的后果，将潜在的困难看得比实际上更严重，并因而产生种种不必要的思想压力和情绪焦虑，以致难以唤起必要的意志努力。

影响自我效能感的因素主要有：①学习成功与失败的经验。学生的直接经验对其自我效能信念的建立影响很大。一般来说，成功的学习经验会提高学生的自我效能感；相反，失败的学习经验则会降低学生的自我效能感。不过，成败经验对自我效能感的影响还要取决于个体对成败的归因方式。如果个体把成功归因为外部的不可控的因素，就不会增强效能感；反之，如把失败归因为外部的不可控的因素，就不会降低效能感。②替代性经验。一个人的自我效能感是个人在与环境互动过程中形成的。当学生看见替代者（与自己相似的人）成功时，就会增强自我效能感；相反，则会降低自我效能感。替代者对自我效能感的影响主要受自我与替代者之间相似程度的影响，相似性越大，替代者成败的经验越具有说服力。③言语劝说。用语言说服学生相信自己具有完成给定任务的能力，会使学生在遇到困难时付出更大的努力。④情绪唤醒。通过调整学生的情绪状态，减轻紧张和消极的情绪倾向，可以起到改变自我效能感的作用。

四、成就动机说

成就动机说源于默里（H.A. Murray）有关“成就需要”的研究，后经麦克利兰（D.C. McClelland）和阿特金森（J.W. Atkinson）的发展，成为一种关于学习动机的理论。

成就动机是在人的成就需要的基础上产生的，它是激励人去从事自己认为重要的或有价值的工作，并力求获得成功的一种内在动力。当然，对于不同年龄阶段的人来说，成就动机的表现具有多样性：对于学前儿童，成就动机主要表现为努力做好生活自理、言语学习、游戏等事情；对于少年，成就动机主要表现为努力取得优良的学习成绩；到了青年时期，成就动机逐渐复杂化，除了仍追求好的学习成绩外，还追求文娱、体育、团体活动上的成功；至于成年人和老年人，成就动机主要表现为追求劳动、工作、学术等方面有所成就。

在成就动机的具体阐述上，麦克利兰主要围绕成就需要与成就动机的关系。他发现，高成就需要者有三个主要特点：①喜欢设立具有适度挑战性的目标，不喜欢凭运气获得的成功，不喜欢接受那些在他们看来特别容易或特别困难的工作任务；②在选择目标时，喜欢中等难度的目标——对他们而言，当成败可能性均等时，才是一种能从自身的奋斗中体验成功的喜悦与满足的最佳机会；③喜欢能立即给予反馈的任务，即希望得到有关工作绩效的及时明确的反馈信息，从而了解自己是否有所进步。总之，在麦克利兰看来，具有强烈成就需要的人，渴望将事情做得更为完美、提高工作效率、获得更大的成功，他们追求的是在争取成功的过程中克服困难、解决难题、努力奋斗的乐趣，以及成功之后的个人的成就感，他们并不看重成功所带来的物质奖励。

阿特金森将麦克利兰的理论作了进一步深化，提出了影响深远的“期望 - 价值”理论。他认为，成就动机的强度由成就需要、期望水平、诱因价值三个因素综合决定，用公式表示即为：动机强度（T）= f（需要 × 期望 × 诱因）。其中，成就需要是个体稳定地追求成就的倾向（M）；期望是个体在某一任务上获得成功的可能性（P）；诱因是个体成功地完成某一任务所带来的价值和满足感（I）。对成功的期待和成功的诱因值之间具有互补的关系，即成功可能性越小，这时成功带来的满意感越强，即 $I = 1 - P$。因此，个体的成就动机可以表现为两种倾向：其一，力求成功的动机倾向（Ts）——由力求成功的需要（Ms）、成功的可能性（Ps）、成功的积极诱因值（Is）三者综合决定，用公式可表示为：$Ts = Ms \times Ps \times Is$；其二，避免失败的动机倾向（Tf）——由避免失败的需要（Mf）、失败的可能性（Pf）、失败的消极诱因值（If）三

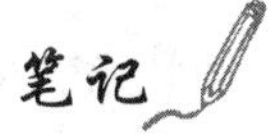

者综合决定，用公式可表示为：$Tf=Mf\times Pf\times If$。其中，成功的可能性与失败的可能性相加为1，因此$Pf=1-Ps$。

个体追求某一目标的总动机强度T就是由Ts和Tf共同决定的，用公式表示为：$T=Ts-Tf=(Ms\times Ps\times Is)-(Mf\times Pf\times If)$因为$Is=1-Ps$，$Pf=1-Ps$，$If=Ps$，那么，上述公式可简化为$T=Ms\times Ps\times(1-Ps)-Mf\times(1-Ps)\times Ps=(Ms-Mf)\cdot[Ps\times(1-Ps)]$。从上述公式可见，如果$Ms>Mf$，则T为正值，而且当$Ps=0.5$时，动机强度最大；如果$Ms<Mf$，则T为负值，而且当$Pf=0.5$时，动机强度最小。如果$Ms=Mf$，则T为0，此时不会出现追求目标的行为。这样，根据这两类动机在个体的动机系统中所占的强度，可以将个体分为力求成功者和避免失败者。力求成功者通常会选择有所成就的任务，特别是成功概率为50%的任务，因为这种任务能给他们提供最大的现实挑战，有助于他们通过努力来提高自尊心和获得心理上的满足；当他们面对完全不可能成功或稳操胜券的任务时，动机水平反而会下降。相反，避免失败者则倾向于选择非常容易或非常困难的任务，如果成功概率大约是50%时，他们会回避这项任务，以防止自尊心受损和产生心理烦恼。这是因为，选择容易的任务可以保证成功，使自己免遭失败；选择极其困难的任务，即使失败，也可以找到适当的借口，得到自己和他人的原谅，从而减少失败感。

五、行为归因说

行为归因是指人对自己或他人行为的原因进行解释和推测的认知活动。

在日常生活中，人们对自己或他人行为及其结果（特别是事关重要的行为及其结果，如成功或失败）常常会产生探究其原因的需要，并自发地寻找答案，如它为什么会发生，为什么会产生这样的结果等。这是因为，人的行为总是有一定原因的，或决定于外部的情境因素，或决定于内部的心理因素。探究行为的原因，一是有助于了解行为的性质和责任所在，以便确定自己的行为反应和应付对策；二是有助于把握行为者的个性特征和行为模式，以便预测其行为在类似情形下再次发生的可能性；三是还有助于从中吸取成功的经验和失败的教训，以便确定自己今后的行为目标和行为方式。正因为如此，人们在日常工作、学习、交往中，总是不断地对自己或他人的行为及其结果进行原因探究，如“他这几天为什么对我不理不睬”“他们的关系为什么会这样亲密”“我为什么学习成绩老是不如他”“我为什么总是遭某些人嫉妒”，等等。行为归因说据此假设，这种对自己或他人行为及其结果之归因的基本动因，反映了人类理解环境，进而预测和控制环境的需要，构成人类行为的基本动因。

归因可以分为两个类型：一是外部归因，二是内部归因。外部归因又称情境归因，即将一个人的行为的原因归为外部情境，如社会制度、工作难度、他人影响、气候条件等。内部归因又称个人归因，即将一个人行为的原因归为个人自身的特征或品质，如生理条件、道德品质、能力水平、努力程度等。归因分类是归因活动中的重要环节，它不仅关系到人们对自己或他人的看法，而且关系到人们的后继心理活动和行为。例如，一个姑娘若将男友的失约归因于其内部原因，它就会认为他并不看重自己或觉得自己被轻视，进而可能考虑终止与他的交往；如果她将男友的失约归因于外部原因，如交通堵塞或单位临时加班，那她的心里就会觉得释然。此外，归因分类也是预测行为的基础。当人们将行为者的行为归因于其内部原因或个人原因时，就会增加人们预测其行为在类似情况下再次出现的可能性；而当人们将行为者的行为归因于外部原因或情境原因时，则难以预料其行为在类似情况下是否会再次出现。

关于归因的依据，心理学家凯利（H.H. Kelley）认为，人们进行归因时，常常依据三个因素或线索作出判断。这三个因素分别是：①共同性——指在相同情况下是否大多数人都有同样的行为表现。如果大多数都有同样的行为表现，人们往往会做情境归因；而如果仅有

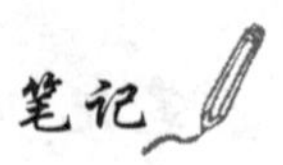

少数人有此行为表现，人们就会做个人归因。例如，在一次考试中，班上的大多数学生成绩都很差，那么人们往往会从外部寻找原因，如考题太难或老师教得不好等；但如果仅有少数学生成绩差，那么人们就会从内部寻找原因，如基础太差或努力不够等。②一贯性——指一个人的某种行为是否频繁出现。如果一个人的某种行为频繁出现，就会被人们归结于个人原因；如果一个人的某种行为偶尔出现，就会被人们归结于情境原因。例如，一个一向认真严谨、一丝不苟的人，今天却丢三落四，人们多半会认为是外因使然；但如果这样的事情发生在一个一向马马虎虎、粗心大意的人身上，人们则认为肯定是内因使然。③特殊性——指行为是否与其他刺激引起的反应有所区别。如果一个人对某人或某事的行为与对他人或他事的行为不同，那么人们对此可能会做他人或情境归因；但如果一个人对某人或某事的行为与对他人或他事的行为相同，人们就会做个人归因。例如，在聚会中，一个姑娘对某男士很冷淡，而对其他男士都很热情，那么人们就会从那个男士身上找原因；但如果这位姑娘对所有男士都很冷淡，那么人们就会从这位姑娘自身找原因。

关于原因的结构，心理学家韦纳（B.Weiner）指出，人们在对自己或他人的行为及其成功或失败结果进行归因时，尽管可以列举出无数种形形色色的原因，而且表述形式也可能各不相同，但是其中依然存在内在联系及共同的分类特性。他在总结前人研究的基础上，将原因的结构按三个维度进行区分（表 5-1），它们是：①原因源——指原因的来源，即原因是来自于内部的个人因素，还是来自于外部的他人或情境因素。原因源是人们归因的基本维度。②稳定性——指原因的可变程度。无论是内部原因还是外部原因，有些具有相对稳定的特性，而有些则具有可变动的特性。例如，在内部原因中，能力具有相对稳定性，而努力则具有可变性；在外部原因中，特定任务的难易程度是相对不变的，而机遇、运气则是经常变化的。③控制性——指原因是否受行为者的意志或意愿所控制。无论是内部原因还是外部原因，无论是稳定的原因还是不稳定的原因，其中有些受行为者的意志或意愿所控制，如努力的程度，而有些则不受行为者的意志或意愿所控制，如疲劳、运气。

表 5-1　成败归因的三维结构图

原因源	可控制		不可控制	
	稳定	不稳定	稳定	不稳定
内部	持久努力	一时努力	能力	心境、疲劳 技能发挥
外部	他人持久努力 他人偏见	他人一时努力 他人帮助	他人能力 任务难度	他人心境 运气、机遇

第三节　学习动机的激发

一、合理运用奖惩

奖励和惩罚是教师在学校情境中经常运用的强化手段，也是塑造行为的有效方法，但是其运用必须合理、得当，否则会削弱学生的内部动机，甚至适得其反。如何科学合理地把握奖惩的方式、对象与时机，最大限度地激发和调动学生的学习积极性，有许多方面值得我们思考和关注。

第一，重视奖励效果。摩根（C. Morgan）认为，奖励对于学生的意义直接影响奖励的效果——当学生把奖励视为目标，而把学习任务仅视为达到目标的手段时，内部动机就会受损；只有当学生把奖励看作是提供有关成功或自我效能的信息时，内部动机才会增强。布

笔记

罗菲（Jere Edward Brophy，1940—2009）在总结有关表扬文献的基础上，提出了怎样使表扬具有增强内部动机效果的建议：①表扬应针对学生的良性行为；②教师应明确学生的何种行为值得表扬，应强调导致表扬的那种行为；③表扬应真诚，体现教师对学生成就的关心；④表扬应具有这样的意义，即如果学生投入适当的努力，则将来还有可能成功；⑤表扬应传递这样的信息，即学生努力并受到表扬，是因为他们喜欢这项任务，并想发展相应的能力。

第二，关注奖励对象。那些年龄较小的学生，一般比较喜欢获得奖励，特别把老师的奖励看得非常重要，因此，在鼓励和支持他们学习时，可适当多用奖励。对于那些学习有一定困难的学生，教师要善于发现他们身上的点滴进步，即当预期行为接近目标行为时就要及时的给予一定的积极强化。对于那些在竞争中处于劣势的学生，教师应给予更多的关注与鼓励，设置情境使其有成功的体验，以免产生自暴自弃的心理。

第三，把握奖励时机。研究表明，当学生完成的是常规任务而非新奇的任务，有具体意图的任务而非偶发性的任务，或者是刚开始一项新的学习任务时，运用奖励效果会更好；对于那些机械式的任务，学生在完成的过程中可能不会有太多的兴趣，激发学生的动机资源比较匮乏，在这种情况下运用奖励效果就比较好；对于那些学生很容易投入的学习任务，学生原来的兴趣比较浓烈，再提供奖赏来激励学生就不太明智；对于值得赞赏与鼓励的学习行为，如果延迟很长时间才给予奖励，通常不利于学生良好学习行为的建立与保持。

第四，谨慎使用惩罚。惩罚作为一种教育的手段，从古到今一直存在，有其合理之处。但是必须注意，惩罚不是使学生丧失自尊，更不能是体罚，其方式主要是让学生作出改进行为、失去某些优惠（如自由时间）等，其目的在于降低消极行为在将来发生的概率。尽管惩罚对于调整学生的学习行为与学习动机具有一定的作用，但作用大小、持久程度受多种因素的制约，如惩罚的对象、惩罚的方式和惩罚的执行者等。有研究表明，惩罚有可能减少不希望发生的行为，但效果不会持久，并且不能从根本上解决问题；教师对学生的惩罚，虽然可能暂时抑制学生某一负性学习行为的发生，但一段时间后学生又出现了反复；对于某些学生来说，恰当的惩罚可以调动学生的学习积极性，如对于那些自尊心比较强的学生，老师的一句批评可能激励他或她去努力学习，但对于某些学生来说，惩罚只能暂时抑制不好的行为，而且对学生过多的实施惩罚，学生会产生挫折感，效果适得其反。因此，惩罚的使用必须慎重，惩罚一种不良行为应与强化一种良好行为结合起来，才有可能取得预期效果。

二、有效满足需要

马斯洛认为，人对低级需要的追求是有限的，一旦得以满足便不再成为人的行为的积极推动力。人对高级需要的满足是无限的，对高级需要的追求将对人的行为产生持久的激发作用和巨大的推动力。需要是组成学生学习活动的内在动力，是学生学习积极性的源泉。教师要了解学生的需要，要培养学生的学习需要，激励学生学习的积极性，启发他们满足自己的高级需要，为追求自己的理想的实现努力学习。

第一，让学生认识到自己的学习缺乏。只有自己认识到学习缺乏时才能产生内在动力。教师在设计课堂学习活动、布置学习任务、安排讨论问题时，需要考虑班级学生的整体水平和能力，有计划地进行选择和设置，任务的难度水平要适中，难易程度略高于学生现有的能力。若活动难度太高，则会让学生产生焦虑、退缩等反应；若活动太容易，则会缺乏动力参与其中。

第二，关注并满足学生的归属需要。归属需要对于学生而言具有重要意义。和谐的关系是学习者接受他人信念或价值并实现动机内化的必要条件。对于学生而言，良好的师生关系是学生实现动机内化的必要条件。教师的积极支持能使学生产生一种积极的情感和动机状态，即使学生的成绩不理想，只要他们能感受到老师的关心，仍然会保持学习的积极性，

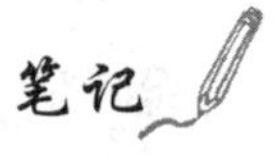

并付出努力。那些情感上受到忽略、自尊心受到打击的学生，很难对学习活动产生兴趣。

第三，激发学生的求知欲和好奇心。学业不良学生并非没有求知的欲望和好奇心，一些学生对学习是有兴趣的，也有些学生虽然对课堂学习缺乏兴趣，但他们可能对其他课外活动有着浓厚的兴趣。教师在了解学生需要的同时，还可以通过各种途径和方法来激发学生的学习动机和好奇心。教师可以巧妙利用学生对各种活动的兴趣来进行学习动机迁移，也可以结合各课程特点，尽可能采用学生喜闻乐见的形式和方法，使学习任务有趣，同时要帮助学生认识到学习任务在当前或未来的应用价值。

三、提高自我效能

自我效能感是一种主观的心理感受，这种主观感受影响任务选择、努力程度、坚持性以及学习态度等。当学生获得了相应的知识、技能后，自我效能感就成为学习行为的决定因素。具有高自我效能感的学生，倾向于选择具有挑战性的任务，且遇到困难时仍能坚持，较少害怕和焦虑；自我效能感低的学生，则害怕选择具有挑战性的任务，遇到困难时容易放弃，或采取拖延、试图回避的方式来处理困难任务。在对待学习活动的态度方面，自我效能感高的学生具有自信心，敢于面对困难，面对即将学习的较难的学业内容，根据自己以往的学习经验，会认为自己通过努力能够完成学习活动；自我效能感低的学生，则对完成任务没有自信，认为努力、练习无济于事，因而容易退缩。因此，在教学中通过一定的方法改变和提高学生的自我效能感，是激发学习动机的一条有效途径。其具体可采取以下措施。

第一，选择适中任务。难易适中的任务可以让学生不断地获得成功体验，进而提高自我效能感。学业成绩不良的学生常常过分夸大学习中的困难，过低估计自己的能力，这就需要教师为这些学生创设更多成功的机会，让他们在学习活动中，通过成功完成学习任务、解决困难来体验和认识自己的能力。每个学生都有自己的专长与潜能，教师要善于发现，并让学生有展示的机会和成功的体验，以激发他们的学习动机，提高他们的自信心。

第二，树立适宜榜样。让学生观察那些学习能力与自己差不多的同学取得成功的学习行为，通过获得替代性经验和强化来提高他们的自我效能感，使他们确信自己也有能力完成相应的学习任务，由此产生积极学习的动力。当一个人看到与自己水平接近的同学学习成功时，就会增强他的自我效能感，激发其学习动机。需要注意的是，在现实学习中，教师常常把那些学习成绩优异的学生树立为他人学习的榜样，这虽然对某些学生来说具有积极的示范作用，但是对那些自我效能感较低的学生来讲，消极作用可能更大。

第三，正确面对失败。引导学生坦然面对失败，从失败中找出可以改进的因素，进而提高自己的学习技能，增强获得成功的自信。学业不良学生常常表现出厌学倾向，这是在失败的情境下产生的心理反应。如前所述，对失败的不适当归因，会使学生产生无助感，诱发消极的心理防御。有的学生为了避免再失败对自己自尊心的打击，干脆采取退避行为。因此，让学生正确对待失败与鼓励学生取得成功同样重要。在学生学习受到挫折时，要引导他们改变对自己学习能力的错误判断，形成正确的自我效能评价，提高取得学习成功的信心。

四、增强成功体验

成功体验是一个人的心理财富，具备这种财富的人会自信而坚毅。对学生来说，成功的快乐是一种巨大的鼓励力量，成功的积极体验会增强学生的学习动机，激发学生再尝试的欲望。许多学生在出现一个明显的转折点后，常常是各方面突飞猛进，一发而不可收。就是因为成功体验的强化作用，使他们走上了战胜困难、超越自我的良性循环。家长和教师是学生获得成功体验的推进者。

第一，帮助学生确立合理的学习目标。制订合理的学习目标并努力实现这个目标的过

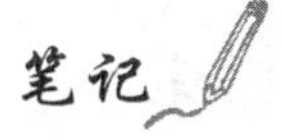

程是积累成功经验的过程，制订的目标必须符合自己的特点，在短期内是可以实现的；目标必须是明确的、清晰的、具体的；目标必须是循序渐进的且具有挑战性的，教师对学生目标的达成情况要予以反馈并鼓励学生学会自我监控，并根据自己的情况进行监控。

第二，帮助学生掌握有效的学习策略。在学习的不同环节都有有效的学习策略，有些学习策略是适用于所有学科的，也有针对不同学科特点、不同知识结构制定的特定策略。

第三，帮助学生确立多元化的评价标准。学业发展只是学生长远发展中的一个重要方面，并非学生成长的全部内容。如果采用单一的评价体系、唯分数的原则，会使学生很少获得成功体验。可以让教师引导学生学会和自己比较，看到自己的进步，拥有自豪感和成就感。也可以采取多种考核方式，这就需要教师用心去发现每个学生的优势，在不同场合给予学生展示能力的机会并及时奖赏学生。这种多元化的评价方式，给每个学生都创造了成功的机会，增强他们的成功体验。

五、引导积极归因

在日常的学习生活中，尽管行为结果的原因是客观存在、不可改变的，但是对它的知觉和解释却是主观的、可以改变的，即影响个体归因的是主观知觉而不是原因本身。消极的归因方式容易导致情绪低落、学习动机减弱和自信心的下降，而积极的归因方式则会导致情绪高涨、学习动机增强和自信心的提高。大量研究表明，既然不同的归因方式会影响主体今后的行为，那么也可以通过改变主体的归因方式来改变主体今后的行为。这对于学校教育工作是有实际意义的。在学生完成某一学习任务后，教师应指导学生进行成败归因。一方面，要引导学生找出成功或失败的真正原因，即进行正确归因；另一方面，更重要的是，教师可以从有利于今后学习的角度，引导学生进行积极归因，哪怕这时的归因并不真实。在引导积极归因的问题上，以下四个方面值得关注。

第一，对成功与失败的期望。如果将行为结果归因为稳定因素，那么会预期下次还有同样的结果；如果归因为不稳定的因素，就会预期下次会有不同的结果。在学习任务情境基本相同的情况下，如果学生将成功归因为个人的能力和任务难度等稳定因素，那么对随后成功的期望会更高；若将成功归因为运气等不稳定因素，那么对随后成功的期望会更小。同样如果学生将个人的失败归因于能力和任务难度等稳定因素，那么对随后成功的期望会降低，甚至担心下一次还会失败；若将失败归因于努力不够和运气不足等这些不稳定的因素，那么随后成功的期望可能会更高一些。

第二，对成功与失败的情感反应。尽管学生面对成功时都会感到高兴，但是只有当他们将成功归因于内部因素时，才会感到自豪与满意；如果学生认为成功是源于他人或外部力量，则他们的情感反应是感激而不是自豪。相反，如果将失败归因于内部因素，如不努力或无能，则会感到自责、内疚或羞愧；如果将失败归因于外部因素，则会感到生气或愤怒。

第三，所投入的努力。如果学生认为失败是由于不努力造成的，即如果自己努力学习，确实有能力取得成功，则他们在以后有可能更加努力，遇到困难也能坚持。若将失败归因于缺少能力，也就是说即使努力也不能成功，则他们很容易放弃，尽管有些任务是他们以前成功地完成过的。研究表明，后一类学生很容易产生习得性无助感（learned helplessness）。

第四，积极归因训练。积极归因训练对于学习困难的学生（以下简称“学困生”）具有重要意义。由于学困生往往把失败归因于能力不足，导致产生习得无助感，造成学习积极性降低，因此有必要通过一定的归因训练，使他们学会将失败的原因归结为努力，从失望的状态中解脱出来。在对学困生进行归因训练时，往往是使他们多次体验学习的成败，同时引导学困生将成败归因于努力与否。如维纳归因模式所述，努力这一内部因素是可以控制的，是可以有意增加或减少的。因此，只要相信努力会带来成功，那么人们就会在今后的学

习过程中坚持不懈地努力，并极有可能导致最终的成功。例如，德维克（C.S. Dweck）曾对一些数学成绩差又缺乏自信的学生所进行的归因训练。在训练中，让他们解答一些数学题。当他们取得成功时，告诉他们这是努力的结果；当他们失败时，告诉他们这是因为努力还不够。经过一段训练后，学生不仅形成了努力归因，而且增强了学习的信心，提高了学习成绩。再如，舒思克（D.H. Schunk）的研究表明，在归因训练过程中，一方面使学生感觉到自己的努力不够，把失败的原因归结为努力因素，另一方面也应对学生努力的结果给予反馈，告诉他们努力获得了相应的结果，使他们不断感到自己的努力是有效的。这样，他们才能真正从无助感中解脱出来，从而不断努力去取得成就。

本章小结

1. 学习动机是推动人进行学习的原因或动力，对学习活动具有引发、指向和维持功能。

2. 学习动机的产生是内因和外因相互作用的结果。其中，内因是人的各种学习需要，外因是那些能够满足学习需要的事物。

3. 学习动机的表现形式是多种多样的，有内部的和外部的，直接的和间接的，主导的和从属的，近景的和远景的。

4. 学习动机与学习效果之间的关系，既受学习行为的制约，又受动机强度的影响。

5. 关于学习动机的理论有多种。结果强化说不仅用强化来解释学习的发生，而且用它来解释动机的产生，认为任何学习行为都是为了获得某种报偿；需要层次说认为，需要的满足与否直接影响学生的学习动机；自我效能说强调，学习过程的成败经历所导致的自我效能感，直接影响学生的学习动机和学习状况；成就动机说指出，成就动机是激励人去从事自己认为重要的或有价值的工作，并力求获得成功的一种内在动力，其强度由成就需要、期望水平、诱因价值三个因素综合决定；行为归因说，学生对自己学习成功或失败的原因解释，具有动机后效，即影响其后继学习的动机状况。

6. 本章所论述的激发或培养学习动机的方法，均以前述学习动机的理论为依据，计有合理运用奖惩、有效满足需要、提高自我效能、增强成功体验、引导积极归因。

复习思考题

1. 名词解释：学习动机，学习诱因，情绪性学习动机，求知性学习动机，荣誉性学习动机，亲和性学习动机，成就性学习动机，认知内驱力，自我提高内驱力，附属内驱力，内部的学习动机与外部的学习动机，直接的学习动机与间接的学习动机，主导性学习动机与从属性学习动机，近景性学习动机与远景性学习动机。

2. 试述学习动机与学习效果的关系。

3. 试述“耶克斯 - 多德森定律”。

4. 自我效能感的作用主要体现在哪三个方面？

5. 解释公式：动机强度（T）= f（需要 × 期望 × 诱因）。

6. 简述韦纳的成败归因的三维结构图。

7. 请结合自己的经验，谈谈激发学生学习动机的有效方法。

拓展学习

内在动机与情绪

人类行为的重要特点之一，就是能在没有任何生理内驱力作用的情况下，主动地去寻找刺激，以进行某种活动。那么，“无驱力”寻找刺激的行为是如何产生的呢？经过心理学家多年的探讨，在动机心理学中导出了一个区别于生理动机的新概念——内在动机。

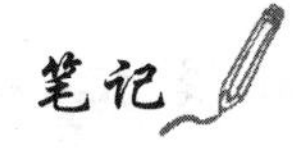

内在动机在人类动机体系中的重要地位，已获得心理学家的普遍承认。但是，关于内在动机的心理结构，还存在不同的看法。孟昭兰等情绪心理学家认为，内在动机主要由三种因素构成：①刺激因素：刺激的新异性和变化性；②认知因素：认知的不一致性和不确定性；③情绪因素：情绪激活所产生的享乐色调。具体来说，当刺激的新异性和变化性使人的认知活动产生不一致性和不确定性时，就会唤醒脑的激活状态并与特定情绪相整合，从而引起特定行为。这也就意味着人被"内在地"激活了。在这个过程中，由刺激和认知因素产生的生理激活，为行为提供了能量；而与生理激活相联系的情绪因素，则构成了行为的动因。因此，在某种意义上可以说，内在动机产生于人的情绪。下面以兴趣为例，谈谈情绪的内在动机作用。

兴趣是人类的基本情绪之一，是由低等动物的趋避行为逐渐内化成的一种脑的状态。尽管在普通心理学中兴趣常因其内容而被列入个性倾向性的范畴，但情绪心理学家仍把兴趣视为基本情绪。这有两方面的根据：第一，兴趣具有情绪所必备的三种基本成分：独特的主观体验、独特的外显表情和神经生理学基础；第二，兴趣具备基本情绪的性能，即具有适应性价值和动机性品质，具体表征为对有机体的选择性知觉和注意的支配，以及对有机体进行有益于自身的行动的调节。

兴趣的产生原因来自刺激的新异性和变化性，以及认知评价中的不一致性和不确定性。在兴趣状态中，人有一种被刺激物所捕捉、占据和自身被卷入、被吸引于一种有活力的积极状态的体验，并能感受到一种淡泊而清澈的享乐色调。因而，兴趣能在没有外在强化的条件下，内在地驱使人去从事喜好的、有趣的、创新的活动，激发钻研、探索、追求和成功的欲望。同时，由于兴趣伴随着中等强度水平的生理激活，并常能派生出快乐、安逸、舒畅和满意等主观体验，因此，兴趣不仅能内在地驱动人的活动，而且能将这种活动维持在优势状态。也正是因为如此，现代情绪心理学家普遍把兴趣这种情绪和由兴趣引起的兴奋状态，看作是构成人类活动的最一般的和普遍存在的内在动机条件。

除了兴趣之外，像快乐、热爱、恐惧、愤怒，以及惊奇、期待、焦虑、嫉妒等等情绪，也都可以在缺乏外在强化的条件下内在地驱使人去进行某种活动。

参考文献

[1] 乔建中. 知情交融：教学模式新探. 合肥：安徽人民出版社，2010.

[2] (美)唐娜•泰尔斯顿. 让学生都爱学习：激发学习动机的策略. 宋玲，译. 北京：中国轻工业出版社，2012.

[3] (美)约翰•霍斯顿. 动机心理学. 孟继群，侯积良，等. 译. 沈阳：辽宁人民出版社，1990.

[4] (美)伯纳德•韦纳. 动机和情绪的归因理论. 林钟敏，译. 福州：福建教育出版社，1989.

[5] 孙煜明. 动机心理学. 南京：南京大学出版社，1993.

[6] 郭德俊. 动机心理学：理论与实践. 北京：人民教育出版社，2005.

[7] 赵丽琴. 怎样让学生爱学习：激发学习动机的7种策略. 上海：华东师范大学出版社，2010.

[8] 叶浩生. 心理学理论精粹. 福州：福建教育出版社，1999.

[9] 孟昭兰. 情绪心理学. 北京：北京大学出版社，2005.

[10] 马斯洛. 动机与人格. 北京：中国人民大学出版社，2007.

[11] 燕国材，马加乐. 非智力因素与学校教育. 西安：陕西人民出版社，1992.

[12] 冯忠良等. 教育心理学(第2版). 北京：人民教育出版社，2010.

[13] 乔建中. 情绪与动机——情绪心理学家的动机理论. 南京师大学报(社科版). 1993(3).

推荐书目

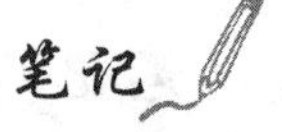

[1] 赵丽琴. 怎样让学生爱学习——激发学习动机的7种策略. 上海：华东师范大学出版社，2010.

[2] 郭德俊. 动机心理学：理论与实践. 北京：人民教育出版社，2005.
[3] 孟昭兰. 情绪心理学. 北京：北京大学出版社，2005.

研究生考试要点

学习动机的含义与功能
学习动机的类型
学校情境中的成就动机
耶克斯 - 多德森定律
学习动机的主要理论
学习动机的培养与激发

教师资格考试要点

学习动机的含义与功能

学习动机的类型（内部的学习动机与外部的学习动机、直接的学习动机与间接的学习动机、主导性学习动机与从属性学习动机、近景性学习动机与远景性学习动机）

学校情境中的成就动机（认知内驱力、自我提高内驱力、附属内驱力）

耶克斯 - 多德森定律

学习动机的主要理论

学习动机的激发与培养

（乔建中）

笔记

第六章　学习策略

目的要求

1. 掌握　学习策略的类型。
2. 了解　学习策略的概念、结构与特点。
3. 知晓　学习策略的教学原则与教学方法。

联合国教科文组织在《学会生存》一书中指出:“未来的文盲不再是不识字的人,而是没有学会怎样学习的人”。教育的目的不仅是传授学生所需的知识,更重要的是让学生学会学习,成为“独立、自主、高效”的学习者。因此,学习策略的相关研究及教学指导已成为教育心理学关注的重要领域之一。本章在概述学习策略的概念、结构和性质的基础上,对各种类型的学习策略进行论述,并对学习策略教学的原则、方式和要求进行阐释。

第一节　学习策略的概述

一、学习策略的概念

关于什么是学习策略,学界至今尚无统一的认识。学者们从不同的研究角度、用不同的研究方法,提出了多种不同的看法。其中,有一定代表性的观点如下:

其一,把学习策略看作是学习或信息加工的过程和步骤。例如,奈斯比特(J. Nisbet)和舒克史密斯(J. Shucksmith,1986)认为,学习策略是选择、整合和应用学习技巧的一套操作过程;丹塞罗(D.F. Dansereau,1985)认为,学习策略是能够促进知识的获得和贮存以及信息利用的一系列过程或步骤。

其二,把学习策略看作是学习活动中采用的方法或活动。例如,梅耶(R.E. Mayer,1988)认为,学习策略是人在学习过程中用以提高学习效率的任何活动,包括记忆术、划线法、做笔记、复述等方法的使用;胡斌武(1996)认为,学习策略是指学习者为达到一定的学习目的,在元认知的作用下根据学习情境的特点调控整个学习活动的内部方式的方法的总和。

其三,把学习策略看作是学习计划。例如,德瑞(S.J. Derry,1986)认为,学习策略是学习者为了完成学习目标而制订的复杂的计划;刘儒德(2005)认为,学习策略是学习者为了提高学习的效果和效率,有目的、有意识地制订的有关学习过程的复杂的方案,由规则和技能构成,每一次学习都有相应的计划。

其四,把学习策略看作是一种学习能力或技能。例如,温斯坦(C.E. Weinstein,1985)认为,学习策略是对有效地学习和保持信息有帮助的,并且是必需的各种不同能力;斯腾伯格(R.J. Sternberg,1983)认为,学习中的策略(也称为“智力技能”)是由执行的技能和非执行的技能整合而成。

其五，强调用综合性的方式界定学习策略。例如，刘电芝（2002）认为，学习策略是学习者在学习活动中有效学习的规则、方法、技巧及调控；林崇德（1999）认为，学习策略主要是指学习活动中，为达到一定的学习目标而学会学习规则、方法和技巧，是一种在学习活动中思考问题的操作过程，同时也是认知策略在学生学习中的一种表现形式。

综合国内外学者的研究与观点，本书对学习策略作如下界定：

学习策略是为了实现学习目标、提高学习效率，对学习过程所涉及的内容、时序、方法、规则、计划、方案、资源等的总体考虑或要求。

具体来说，对学习策略的理解，需要把握以下几点：①学习策略不能等同于具体的学习方法、学习规则、学习计划、学习方案、学习技巧、学习能力，而是对学习过程所涉及的内容、途径、步骤、手段、方法等诸多因素的总体考虑或要求，反映学习过程的总体性指导思想和原则性操作方法；换句话说，不能简单地将任何有助于实现学习目标、提高学习效率的方案、规则、方法、技巧或方式等，都归入学习策略的范畴。②学习策略在不同的学习活动中既有层次、水平之分，也有外显、内隐之别。③科学的学习策略是影响学习效果的重要因素之一，也是判断学习者是否“学会学习”的标志。④学习策略既可以通过实践加以习得和熟练，又可以通过专门的教学来加以传授和优化。

二、学习策略的结构

基于学习策略界定的多样性，学者们对于学习策略的结构构成也存在多种见解。其中，有代表性的见解主要有如下四种：

其一，从包含成分看结构。麦克卡（W.H. Mckeachie，1990）等研究者依据学习策略所包含的成分，将学习策略划分为认知策略、元认知策略和资源管理策略三部分（图 6-1）。

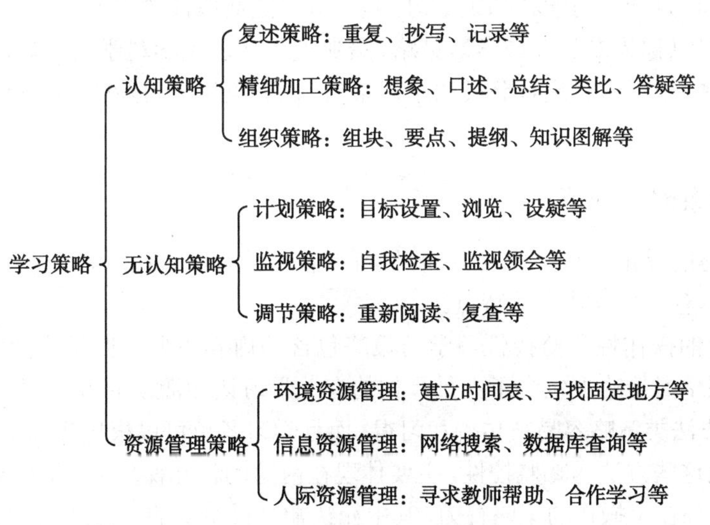

图 6-1　麦克卡等关于学习策略的分类

（源自：Mckeachie W H，Pintrich P R，Lin Yi-Guang，Simth D A，Sharma R. Teaching and learning in college classroom：A review of the research literature；2nd Ed. National Center for Research in Postsecondary Teaching and Learning. Ann Arbor：University of Michigan，1990）

其二，从执行过程看结构。奈斯比特和舒克史密斯根据学习策略的执行过程来探讨学习策略的结构，认为学习策略主要由以下六个步骤构成：①提出问题——其功能是提出假设、制订任务的目标和项目参量，寻求反馈以及练习任务等；②制订计划——其功能是决定策略及其实施一览表，精简项目或对问题进行分类，以及界定各项任务的性质和所需的操作或心智技能；③调控——其功能是在完成任务的过程中，不断将现状和最初的计划进行

笔记

比较，看执行情况是否与计划一致；④审核——其功能是当活动进行至某个阶段时，对活动结果作出初步的评估；⑤矫正——其功能是根据初步评估结果作出反应，必要时进行再设计，甚至是重新修订目标；⑥自检——其功能是对活动和项目作最后的整体评价。

其三，从信息加工看结构。加涅根据学习的信息加工过程的阶段，将学习策略的结构分为：①选择性知觉策略，包括集中注意、划线、先行组织者、附加问题、列提纲等；②复述策略，包括解释意义、做笔记、运用表象，形成组块等；③语义编码策略，包括概念图示法、类比法、规则 / 产生式、图示等；④提取策略，包括记忆术、运用表象等；⑤执行控制，包括元认知策略。国内也有不少学者采用类似的方法对学习策略进行分类。例如，史耀芳（1994）认为，学习策略由注意策略、组织策略、联想策略、情境策略、动机和情绪策略、元认知策略等构成；皮连生（1997）将学习策略分为：选择性注意的策略、短时记忆的策略、新信息内在联系的策略、新旧知识联系的策略以及新知识长期保存的策略。

其四，从作用发挥看结构。不少学者依据学习策略的实际作用来探讨其结构。例如，丹塞罗认为学习策略包括两个组成部分：①基本策略——直接用于操作的策略，包括理解和存储信息的策略，以及提取和利用信息的策略；②辅助性策略，包括计划、专心管理和监控三个子策略（其中，专心管理策略涉及情绪调节和情绪维持策略等，被用来帮助学习者维持合适的心理状态，间接促进学习效果提高）。又如，奥克斯福德（R.L. Oxford，1990）认为学习策略涉及两个方面：①直接策略，包括记忆策略、认知策略和补偿策略；②间接策略，包含元认知策略、情感策略和社交策略。再如，温斯坦认为学习策略包括认知信息加工策略、积极学习策略、辅助性策略和元认知策略。

以上对于学习策略的结构解析都是从学习过程的环节或所涉及的诸方面如方法、步骤、手段及组织等提出来的。这些学习策略也可以统称为通用学习策略或一般学习策略，是跨越学科领域的，适合于各门学科知识学习，是具有广泛适应性的学习策略。除此之外，还有部分学习策略可以称为专门领域学习策略，最典型的代表是学科学习策略。它是指和特定学科知识相联系，根据学科进行分类的学习策略，例如英语学习策略、数学学习策略和物理学习策略等。

三、学习策略的特点

从学习策略的界定和结构构成中，我们可以看出学习策略在内容、适用领域、运用过程和效果等方面具有其自身特有的特点。

第一，内容的操作性和监控性。学习策略包含的内容主要可归结为两大特点：①操作性，主要体现在学习策略中包含了大量具体的有关学习认知活动的方法，如记忆法、时间管理法等。这些方法类策略容易被传授和习得，而且学习者也可以根据实际学习任务的需求，因时、因地变通这些方法。②监控性，主要体现在内隐的认知操作之中，对学习活动实施监控，支配和调节外在可操作的策略行为，其中元认知是最主要的动力系统。

第二，适用的普遍性和特定性。针对不同的学习活动和信息加工过程，学习者可以采用不同的学习策略，有些学习策略具有高度的普遍性，独立于学习内容，可广泛应用于多种学习活动或过程中，例如资源管理策略可适用于多种学习活动中。但是也有的学习策略具有高度特定性，是针对某种特定领域的知识学习或某个特定加工过程而提出的，依赖于具体的学习内容，例如字根联想策略就只适用于英语单词的学习。

第三，运用的主动性和自动性。学习策略的运用，可以是有意识的，需要意志努力的；也可以是自动化的，无需意志努力的。一般学习者采用学习策略都是有意识的心理过程。学习时，学习者先要分析学习任务和自己的特点，然后根据这些条件，制订适当的学习计划。对于较新的学习任务，学习者总是在有意识、有目的地思考着学习过程的计划。但是当某一种

条件下的学习策略得到反复使用时，学习者对该策略的使用可能会达到自动化的水平。

第四，效果的直接性和间接性。由于学习任务和策略类型的影响，学习策略对学习效果的促进作用既可能是直接的，也可能是间接的。即，有的学习策略使用之后立即使学习效果提高，如复述策略对陈述性知识学习的影响；而有的学习策略先作用于某种学习行为，再通过对某种学习行为的调节进而促进学习效果的提高，例如时间管理策略。

第二节　学习策略的类型

在实际的学习活动中，学习者掌握和使用的学习策略是多种多样的。这些策略可以通过教学活动获得，也可以通过学习者自主学习获得，对学习能够起到有效的促进作用。在本节中，主要从认知策略、元认知策略、资源管理策略三个方面予以说明。

一、认知策略

认知策略主要是指在信息加工过程中，为了更好地获得、储存、提取和运用信息，对所采用的各种方法和技术的总体考虑或要求。通过获得并使用它们，学习者能更好地完成以下信息加工过程：①选择性注意；②对获得的信息进行编码和存储；③提取；④问题解决。根据加涅的观点，提取的过程受到记忆和表象的支持，提取的策略可以归入编码策略中。

（一）选择性注意策略

有一个记忆力超群的人，宣称能快速地进行心算，一位数学老师与之打赌，数学教师说："一辆公交车，里面有 12 个人，路过一站，上来 10 个人，下去 3 个人。"记忆超群的人面含微笑，不语。数学教师再说"又路过一站，上来 5 个人，下去 9 个人。"记忆超群的人轻蔑地笑了笑，数学教师又说："又路过一站，上来 9 个人，下去 15 个人。"……如此进行很久后，记忆超群的人始终不语，面含微笑，最后，数学教师问了一个问题，他却无法回答。数学老师问的是"这辆公交车一共经过了几站？"

这个例子告诉我们记忆的产生要以注意为基础。不仅如此，注意是整个信息加工的门户，严格过滤和筛选进入大脑的信息。如何确保注意力集中指向学习活动中的重要信息，这就需要学习者能准确地使用选择性注意策略。选择性注意策略是指学习者在学习情境中激活与维持学习心理状态，将注意集中于有关学习信息或重要信息上，对学习材料保持高度的觉察状态的学习策略。常用的选择性注意策略有以下几种：

1. **标记策略**　标记策略是指在重要的文字下面划线或者是标上着重号，以增强对重要信息的敏感性，集中注意于重要信息。这种方式把目标信息从无关信息中突显出来，有利于在再注意过程或之后的进一步加工中对信息的快速注意捕获，以提高学习效率。标记必须简洁、清晰、准确，而不是觉得什么都重要，大篇幅的标记，否则就失去了意义。对于不同性质的信息，可以采用不同的记号，也可以对同一信息同时采用多种标记方式，例如，将划线与眉批、脚注结合起来。

2. **笔记策略**　已有研究结果表明，在学习活动中注意维持时间越长，学习成绩越高。做笔记是控制和维持选择性注意的有效途径。做笔记的形式有多种：可以是"完全式"笔记，即尽可能对所有学习内容进行记录；也可以是"摘要式"笔记，即只对学习内容中的重点内容进行记录或概括；还可以是"标题式"笔记，即给学习材料加上标题，以最简洁的词汇对核心内容进行概括。不论是哪种形式的笔记，在做笔记的过程中，学习者都必须保持对听觉或视觉上可获得信息内容的警觉。

3. **提问题策略**　在学习活动进行时，学习者可以向自己提出有关学习目的和学习内容的重点、难点问题，带着这些问题进行学习，能有意识地提高注意的自觉性，引导学习过程

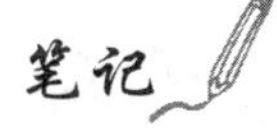

中对重要信息的集中和指向。弗拉塞（L.T. Frase，1967）等人曾就提问题对选择性注意的影响进行了实证研究。他们以高中生为被试，在相同的阅读内容中设置两类提问，一组学生看到的问题是有关文中涉及的数量或专有名称，另一组学生看到的提问是涉及常用词汇或技术性术语。阅读完毕后，对所有学生进行这两类问题的测试。结果发现，看到有关数量和专有名称提问的学生，对有关数量和专有名称的信息保持较好；看到有关常用词汇或技术性术语提问的学生，对有关常用词汇或技术性术语信息的保持则较好。该研究有效地证明提问能激活对特定内容的注意，有选择地觉察所阅读的信息。

4. 多感官参与策略 多感官学习策略最早在1943年由美国学者傅娜（Grace Fernald）提出，旨在通过视觉、听觉、触觉和动觉等多通道获取学习的信息。大量的心理学研究表明，多通道的信息输入有助于强化学习者的注意力和专注力，增进对抽象概念的理解，提升记忆效果。认知神经科学研究也发现，多感官参与认知活动，能更大程度地刺激大脑皮层，增加神经突触间的暂时性联系。目前，多感官参与策略不仅被广泛应用于英语、语文、生物等学科学习中，更被应用于对特殊儿童的教学中。

（二）编码和存储策略

在学习活动中，当信息获得后，只有进行有效的编码，组成一定的系统才能存储到长时记忆中长久地保持，否则学习效果将得不到体现。常见的编码和存储策略可以归为以下三个类型。

1. 复述策略 复述策略是一种通过重复来保持信息的方法，能提高对学习任务的熟悉性，有助于信息从工作记忆进入长时记忆。最简单的复述策略就是机械重复，适用于简单的学习任务。对于复杂的学习任务，复述策略更注重对干扰信息、复述时间和复述形式的掌控，常用的有以下几种。

（1）避免前摄抑制和倒摄抑制：信息由工作记忆进入长时记忆必须有复述，如果复述受到干扰，则会影响信息的编码和存储。有研究将被试分为两组，实验组被试识记一组字母串之后进行减法干扰任务，控制组只需识记字母串，结果发现实验组的回忆成绩显著低于控制组。不仅如此，研究者还发现当信息之间存在一定程度的相似性，先学习的信息会干扰后学习的信息，出现前摄抑制；而后学习的信息也会对前面学习的内容产生干扰，出现倒摄抑制；识记相似的材料比识记差异较大的材料产生的抑制更大；相似程度越高产生的抑制越大。因此，在复述的过程中，应尽可能避免前、后摄抑制的发生，尤其是对相似信息的复习时，应该注意时间的间隔，避免相互干扰。对于重要的或难度大的信息可以选择临睡前或早起后进行复习，可以较好地避免信息之间的干扰。

（2）及时复习和分散复习：根据艾宾浩斯的记忆遗忘曲线，记忆的遗忘规律是先快后慢。因此第一次复习应该在24小时内进行，能最大限度地确保信息的保持量。同时也因为遗忘在不断地发生，仅有的一次复习是不够的，必须进行反复、多次的记忆。研究表明，分散复习的效果比集中复习好。在采取分散复习时，每次复习的间隔不宜过短，也不能间隔过长，否则就会加大遗忘量，每复习一次都近似于从头开始。在识记之后应随时间推移，复习间隔时间逐步加大，单次复习时间逐步减少。

（3）过度学习：过度学习是指在对识记材料达到完全正确再现后继续进行学习。适量的过度学习有利于加深记忆痕迹，能阻止遗忘的进程。该理论最早由艾宾浩斯提出，他主张一个人要掌握所学的知识，一定要经常提醒自己通过反复地练习进行巩固。其后，不少学者开展过这方面的研究。例如，克鲁格以法文词汇为学习材料，对过度学习与记忆效果的关系进行实验研究，结果发现过度学习的程度与材料的回忆成绩成正比。但是，过度学习也不是无休止地增加学习量。例如，张春兴曾对小学一年级学生开展研究，他将学生分为A、B、C、D四个组，共同学习6个生词，练习5遍之后四组学生都能记住；接着A组学生

停止继续学习，B组学生加练5遍，C组加练20遍，D组加练25遍；7天后和48天后分别进行测验，结果发现两次测验结果一致，A组的成绩最差，B组的成绩最好，C、D组成绩居中。该结果表明，一味地加量可能会因学习疲劳而发生“报酬递减”现象，对记忆效果产生消极效应。因此，运用过度学习策略时，应该把握过度学习的分寸，适可而止，普遍研究结果认为最适宜的过度学习是150%；同时也需要思维活动的积极参与，对识记材料充分理解，避免机械重复和死记硬背。

2. **精细加工策略** 精细加工策略是在编码过程中对信息进行详尽、扩展式加工，从而增加新信息的意义的深层加工策略。精细加工策略的作用主要体现在两个方面：①通过在新知识和原有知识之间建立有效的联系，使新知识固定在原有知识点上，从而提高新知识保持的稳定性；②通过将新知识和原有知识进行分化性的比较，增加其记忆编码的独特性，以利于有效提取和运用。精细加工的策略有许多种，比较常用的有：

(1) 联想法：通过将新信息与其他信息建立某种联系，赋予新材料更多的意义。这种联系可以是语义的，即找出新旧学习材料之间的逻辑关系，帮助新知识的记忆。例如，当向学生讲解“民主”概念时，如果让学生想到一些与民主有关的事件，对该概念的记忆会更好。联系也可以是语音的，即谐音联想法，利用相似的声音线索帮助记忆。例如珠穆朗玛峰的海拔8848米时，可以把8848用谐音编码为“爬爬试吧”。联系还可以是视觉的，即通过视觉想象帮助对有联系的事物的记忆，想象越是奇特、合理，越有助于记忆，记得也越牢固。

(2) 举例：是对信息进行精细加工的理想方式，尤其是自我参照的举例，即学习者将所学内容和自身经历相联系，使信息变得更有意义，从而能更好地记忆。

(3) 位置记忆法：学习者在头脑中创建自己所熟悉的场景、地点，在其中确定一条明确的线路，在这个线路上确定一些特定的点，然后将所有要记忆的事项全部视觉化，按照顺序把这条线路上的各个点联系起来。回忆时，按照这条线路上的各个点作为线索提取出所要记住的内容。利用这种方法对有顺序的材料进行编码，使信息变得更加生动。

(4) 简化法：提取学习材料中每个关键词的一个字组合成一个缩写，简化记忆的内容，还可以进一步编辑成歌诀，将缩写的材料融入韵律化的文字材料中，帮助记忆。例如，我们都熟悉的《二十四节气歌》：春雨惊春清谷天，夏满芒夏暑相连，秋处露秋寒霜降，冬雪雪冬小大寒。短短四句话代表了二十四个节气，朗朗上口，非常利于记忆。

3. **组织策略** 组织策略是对信息进行编码和存储的过程中，按照信息的特征、类别进行整理、归类，是整合所学新信息之间、新旧信息之间的内在联系，形成新的信息结构的策略。常见的组织策略有：

(1) 归类法：也称作聚类法，指将所学的新信息进行归类整理，形成内在的结构组织方法。根据归类的维度不同，它具体包括了相似归类、对比归类、从属归类、递进归类等方式。研究表明，对含有不同类型且随意排列的词组，先“归类”，然后按类别来回忆，可以提高记忆效果。例如：按照序列逐个背诵全国省、自治区、直辖市以及港、澳、台的名称，比较费时费力，可以按照地理区域将名称组织归类——东北、西北、西南、中南、东南、华东、华北。

(2) 列提纲：这是一种以摒弃细节、提取要义的方式组织信息的方法。列提纲时首先要对材料进行分析、归纳，只有理解了材料内容才能准确地反映什么是主要观点、什么是次要观点以及各种观点之间的关系；其次，确定主要思想，如找出关键的词句，省略不重要的信息，删除多余信息；最后，用简要的语词写下材料中的主要观点、次要观点，以金字塔的形式呈现材料的要点及其各种观点之间的关系，从而对材料进行整合。

(3) 做示意图：以图示的形式对信息内容进行组织编码，根据具体的内容可以采用多种形式的示意图。①流程图可用来表现步骤、事件和阶段的顺序，一般是以时间或事件的先后为参照的。画流程图时，一般是从左向右展开，用箭头把各步连接起来。②模式图是

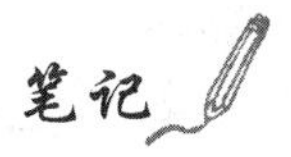

利用图解的方式来说明在某个过程中各要素之间是如何相互联系的。它不一定以时间为参照，重点在于说明在一个过程中各要素或环节之间的关系。③网络关系图可用于表示事物或事件的多种关系，如时间关系、空间关系、发展关系、因果关系和种属关系等。做网络关系图时，首先找出主要观点；然后找出次要的观点或支持主要观点的部分；接着标出这些部分，并将次要的观点和主要的观点联系起来。在网络关系图中，主要观点位于图正中，支持性的观点位于主要观点的周围。

(4) 利用表格：在学习活动中通过画各种表格对学习内容进行编码。常用的表格包括一览表和双向表。在画一览表时，首先要对材料进行全面的综合分析，然后抽取主要信息，并从某一角度出发，将这些信息全部陈列出来，力求反映材料的整体面貌。例如，学习中国历史时，可以时间为轴，将朝代、主要历史人物、历史事件全部展现出来，制成一幅中国历史发展一览图。双向表是从纵横两个维度罗列材料中的主要信息。

(三)问题解决策略

学习者学习的目的，归根结底在于运用获得的知识去解决各种问题。问题解决的过程可以分为理解与表征问题、解答问题、总结和反思问题三个阶段。不同阶段有不同的策略。

1. **理解与表征问题阶段** 在理解和表征问题阶段，首要任务是对题意进行准确地理解和分析。可以采用以下策略：首先，准确理解问题中的字词、语句，不用匆忙作答。尤其是要把握关系句，因为它往往是理解题意的重点句，需要仔细阅读，反复琢磨。对于无关的细节可以忽略，避免其对关键信息的干扰。其次，从整体上把握问题中各种条件之间的关系，可以通过图示来分析整体关系。最后，在理解整体意义的基础上对问题的类型进行判断，一旦确定了问题类型，即可将当前的问题和已经习得的此类问题的解法建立联系，可以有效地运用已有的解题经验。

2. **解答问题阶段** 在解答问题阶段主要存在两大类策略：算法式和启发式。

(1) 算法式：算法是指解题的一套规则，或解题所要采取的步骤。算法式就是把规则指明的所有可能达到目标的步骤全部列出，逐个地尝试所有可能步骤，以求得到解决的一种解题策略。如果一个问题有算法，那么只要按照其规则进行，就能解答问题。但是不同问题的解题规则不一定都是简单易行的，有时可能需要系统进行所有可能的尝试。例如有一道密码算题，有 10 个不同的字母，每个字母分别代表 0 到 9 中的一个数字，已知 D=5，要求找出每个字母所代表的数字，使以下等式成立。

$$\begin{array}{r} \text{DONALD} \\ +\text{GERALD} \\ \hline \text{ROBERT} \end{array}$$

对于这道题，按照算法来解，就需要将每个不同的数字分别代入不同的字母中，逐个进行尝试。采用算法式策略比较费时费力，但如果选择了正确的算法，并且每个步骤都保持正确，就能保证问题得到解决。

(2) 启发式：启发式是一种普遍的问题解决策略，指学习者根据目标的指引，利用已有的经验，有选择地对问题空间进行搜索，试图将问题状态转换成与目标状态相近的状态，较快地解决问题。例如，在解答数学题（1+2+3+……+1000=?）时，可以根据题目特点，将其转化为（1+1000）×（1000÷2）进行解答。此法较为方便、省时，能缩小寻找正确答案的范围。在此介绍三项基本的启发式策略：①手段-目的分析，即从当前状态中分离出一系列差别，把减少每一种差别作为一个独立的子目标，尽量缩小当前状态和目标状态的距离；②逆向工作策略，即解题时从最终目标开始，向后逆推以便识别达到目标所需的步骤，这种方法特别适合于数学问题的解决；③类推思考，利用和当前问题具有类比关系的问题的解题经验，去寻找解决当前问题的办法。

3. **总结和反思阶段** 在问题解决之后，需要对解题经验进行总结和巩固，尤其是对有些问题采用了新解法，更需要贮存在大脑中。可以从以下三方面对解题的思路进行总结和反思：第一，思考自己是否已经掌握了问题涉及的基本知识，达到了学习目的；第二，回顾自己的解题思路和步骤，是否存在什么不足；第三，除了已经采用的解题方法和步骤外，是否还有其他的更为便捷、有效的解题策略。

专栏6-1

PQ4R学习系统

PQ4R方法是由托马斯（Thomas）和罗宾逊（Robinson）(1972)提出来的，能有效地帮助学习者进行理解和记忆的学习系统。PQ4R分别代表预览（preview），设问（question）、阅读（read）、反思（reflect）、背诵（recite）和回顾（review），具体使用步骤如下：

1. 预习 让学生快速浏览材料，了解书中观点的整体结构。让学生务必阅读标题，以了解将要涉及的主题和次主题。

2. 提问 鼓励学生在阅读时就学习材料进行自我提问。根据标题用“谁”“什么”“为什么”“哪儿”“怎样”等疑问词提问。

3. 阅读 鼓励学生成为积极主动的阅读者。沉浸到所阅读的内容中，并努力领会作者的意思。注意在阅读过程时应避免心不在焉，不要泛泛地做笔记，可以试图回答自己提出的问题。

4. 思考 通过以下途径试图理解信息并使信息有意义：①把信息和已知的事物联系起来；②把课本中的副标题和主要概念及原理联系起来；③试图消除对呈现的信息的分心；④试图用这些材料去解决联想到的类似的问题。

5. 背诵 即进行自我测试，以了解是否能够记住所学的内容，是否能够复述出来。还可以通过大声陈述和一问一答，反复练习记住这些信息。

6. 复习 积极地复习学习内容并评估已经掌握和没有掌握的内容，对尚未掌握的内容进行重新学习和理解。

PQ4R程序的进行可使学生集中注意于有意义地组织信息，使用其他有效的策略，诸如产生疑问、精细加工、过一段时间后复习等。

二、元认知策略

在学习的信息加工系统中，还存在着一个对信息加工过程的监控和调节过程，主要负责监视和指导认知活动的进行。这种执行控制功能的基础是元认知。

（一）元认知的概念和结构

1976年，美国心理学家弗拉维尔（J.H. Flavell）在他的著作《认知发展》中首次提出了元认知（meta-cognition）的概念。他指出元认知是对认知的认知，是对认知活动的自我意识和自我调节。其实质是一个根据认知活动要求，选择适宜的策略，监控认知活动的进程，不断反馈和分析信息，对认知过程进行及时调整的过程。

元认知由元认知知识、元认知体验和元认知监控等三个成分构成。

其一，元认知知识。元认知知识是有关认知的知识，即学习者对于自己和他人认知活动的过程、结果以及影响因素的一般性的知识。它主要存储在长时记忆中，具有较好的稳定性。元认知知识主要包括：①有关认知主体的知识，即对个体内部认知水平和个性特征、个体之间差异和各种主体因素对认知活动的影响的认识；②有关认知任务的知识，即学习者对于认知任务的目的、材料、执行过程的认识；③有关学习策略及其应用的知识，即学习者对学习策略的类别、属性、优缺点以及使用的条件与范围的认识。

笔记

其二，元认知体验。元认知体验是指伴随着学习者的认知活动产生的认知体验或情感体验。它可以在认知活动的每一个阶段中产生，也可能发生在认知活动之前或之后；体验持续时间有长有短，体验到的内容可简单也可复杂；可以是对“知”的体验，也可以是对“不知”的体验；可以是学习者意识到的，也可以是没有意识到的。具体产生什么样的体验，还与学习者在认知活动中所处的位置、已取得的进展和取得进展的可能性有直接关系。

其三，元认知监控。元认知监控是指学习者积极自觉地对认知行为的管理和控制。它是元认知的核心成分，在工作记忆中进行操作，主要涉及制订计划、实时监控和有效调节三个环节。通常，在认知活动的初期，元认知监控是需要意识指导的，但是当学习者对该项认知活动达到熟练甚至自动化的程度时，对元认知监控的运用就可能不需要意识的努力。

专栏 6-2

元认知问卷

该问卷的测量，最好在一个“智力情景”后进行，例如，完成了一次考试后。根据自己在刚刚结束的智力活动中的状态来回答。对每个题目从“从不会这样”到“总是这样”，分四级计分，即1～4分。

1. 在刚才的解题过程中，我能够意识到自己的思维。
2. 我边做题边检查自己的题做得对不对。
3. 我努力发现考题的重要思想。
4. 我力图弄清测题的目的之后再去答题。
5. 我能意识到什么时候用什么样的思维方法。
6. 我自己检查错误。
7. 我问自己，眼前的题和已知的知识有什么样的联系。
8. 我努力弄清楚测验的要求是什么。
9. 我能意识到需要对自己的思考过程进行筹划。
10. 我几乎总是能知道自己的解答和完全正确有多大距离。
11. 我总是把题目的意思彻底想清楚了才开始答题。
12. 我确信我理解了应该做什么和应该怎样做。
13. 我能意识到我正在进行的思维过程。
14. 我“跟踪”自己的思维过程，必要时我会修改自己的思考方法。
15. 我用了多种思维方法来解决问题。
16. 我自己慎重思考后才自己作出如何去解题的决定。
17. 我意识到自己在完成一个题目之前总是试图弄懂它。
18. 我一边做题，一边检查自己的准确性。
19. 我在解答题目时，注意选择和组织有关的信息。
20. 在解题时，我力图理解这个题。

此问卷由O'Neil和Abedi（1996）编制。问卷分为计划（4、8、12、16、20题）、监视（2、6、10、14、18题）、认知策略（3、7、11、15、19题）、自我意识（1、5、9、17题）四个因子。要求被试进行自我评价，依据被试得分高低，可分别测查被试的元认知状态，得分越高表示元认知水平越高。

（二）元认知发展及其影响因素

元认知能力不是与生俱来的，而是在长期的学习活动中逐步发展起来的。元认知具有普遍的发展规律：第一，随年龄的增长，元认知能力也呈现出不断增长的趋势。元认知能力

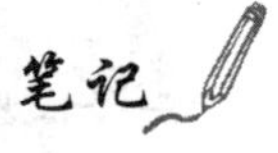
笔记

从5～7岁开始发展，在整个中小学期间持续上升。第二，从外控逐渐转向内控。根据皮亚杰的儿童发展理论，婴儿和学前儿童分别处于感知运动和前运算阶段，这两个阶段均以动作发展为基础，依赖具体形象思维。这两个时期的儿童尚未形成元认知能力，需要依靠外界的限制对自己的活动进行控制和调节。小学生的认知发展到具体运算阶段，个体的元认知能力也逐渐发展，可以在成人指导下对自己的认知活动有一定的认知，可以进行推理判断和反思。但此时的元认知能力还处于比较低级、简单的阶段。到形式运算阶段，学习者具备了逻辑推理能力，个体的元认知能力也获得初步成熟，外界的指导和控制只作为辅助手段。第三，从无意识到有意识再到自动化。在儿童早期，对元认知知识的缺乏，导致此时的元认知监控往往是无意识的或不自觉的。随着练习和实践的增加，逐步从无意识转化为有意识。随着有意识的经常运用，最后达到几乎不再需要有意识的选择和努力或仅需少量注意就能自然而然地操作，达到自动化的程度。第四，从局部监控扩展到整体监控。儿童早期对学习活动的自我观察与监控，最初可能只是针对学习活动中的某一个环节或某一部分。但随着元认知知识与体验的增加，自我监控扩展到学习的整个过程，并迁移到更广泛的学科内容上。

元认知的发展水平受到个体生理、心理、环境等因素的影响。

1. **生理因素** 神经生理方面的缺陷会阻碍元认知的发展。研究发现，智力发育迟缓的儿童在计划、监控等元认知策略的实施上存在困难；自闭症谱系障碍儿童的神经生理损伤影响了他们理解自我和他人想法的能力。近来，科学家还通过fMRI技术对猴子大脑研究发现，在猴子大脑中存在两个分别对远期和近期记忆进行主观评价的区域，如果抑制这两个脑区的活动，猴子对于远期和近期的记忆的自信度就会下降。

2. **心理因素** 个体复杂的心理因素往往决定着个体对元认知策略的使用。其一，动机水平。研究发现，动机变量对元认知活动具有“供能”作用；对学习有更大兴趣、更高成就动机的个体更愿意采用元认知策略进行学习时间分配和安排。其二，自我效能感。研究发现，自我效能感高的个体在元认知水平上显著高于自我效能感低的个体；成就归因方式越稳定的个体，其元认知水平越高；成功的经验也会激发个体更多使用元认知策略；在网络学习环境中，大学生的动机调节在自我效能感和元认知调节之间起完全中介作用。其三，人格因素。认知活动与行为表现之间，是以稳定的人格特质为基础的，元认知易受到人格特质内在导向。研究发现，人格特质中的精神病态与元认知各维度显著负相关；大五人格各特质在元认知与学习适应行为的关系间起到中介作用，严谨性的解释力度最大，其次是神经质与宜人性。

3. **家庭因素** 认知能力的发展受先天和后天环境的共同影响，元认知作为后天与教养环境互动中内化并建立起来的基本策略，受到家庭环境的影响更大。一方面，良好的亲子互动能促进元认知知识的获取和策略的选择。研究发现儿童会通过与家庭成员交谈、亲子活动习得元认知知识，女孩受到的影响比男孩更大，因为父母更倾向与女儿表达自己的想法。另一方面，不良的教养环境可能会影响元认知水平的发展。例如，单亲家庭的大学生认知控制能力水平低于完整家庭学生；上层社会家庭的儿童比处于中层和低层的儿童有着更高的元认知能力，能更好地描述思维及解释想法；流动儿童的元认知能力显著低于非流动儿童，这与流动儿童的家庭经济地位和父母教养方式有显著相关；低家庭社会经济地位的儿童在家庭物质方面较差，他们通常有着更少的电脑使用时间、书籍、更差的学前教育，其父母对孩子的教育期望也较低；对孩子教育期望较高的父母会更加重视儿童的自我反思能力，有利于儿童元认知的发展。

（三）元认知策略

元认知策略是一种典型的学习策略，指学习者对自己整个学习过程进行有效监视及控

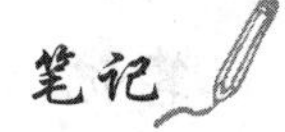

制的策略。例如，学生在阅读某篇文章的过程中，可能会对于某句话出现理解困难，此时，他要对文章内容进行重新阅读，或者借助文中的图表帮助理解，还可能请教老师或同学。这些都属元认知策略。具体来说，元认知策略主要涉及计划策略、监控与调节策略两个方面。

1. **计划策略** 计划策略是指学习者根据对学习内外条件的分析，提出在未来一定时期内要达到的学习目标以及实现目标的方案、途径的元认知策略。具体来说，计划策略主要涉及三个方面：①学习者应充分分析学习活动中的各种因素，例如学习者自身的学习能力、认知特点、已有的知识储备，学习活动的内容、目的、要求、所需的时间，本次活动中可以利用的资源，自己可能选择的策略，具体的策略和任务之间的匹配程度等等；②学习者应该在充分考虑学习活动各种因素的基础上对学习活动进行细致的安排，包括时间分配、学习策略的选择、学习效果评价等各个环节；③学习者应该严格按照计划实施学习活动，否则之前的计划制订等于无效。当然，计划既可以是针对长期学习目的而定的，也可以是针对短期或是当前学习任务而定；既可以是书面写出来的，也可以是只在学习者头脑内部的生成。

2. **监控与调节策略** 监控与调节策略是指在认知活动进行的过程中，根据认知目标对活动进程进行及时评价，并对监控过程中发现的问题、偏差、错误等进行及时调整，使认知活动符合要求或标准的元认知策略。其常见形式有二：

其一，自我提问。自我提问策略就是在整个认知活动过程中通过问自己一系列问题，促进对活动过程的即时监控、评价。它是一种有利于促进学习者自我反省，培养良好思维习惯，提高学习和问题解决能力的元认知策略。有研究发现许多学生学习不好的原因往往是因为缺乏良好的思维习惯。例如，在解答应用题时，没有弄清题目的问题就开始答题，结果思考半天无法解题，然后才发现自己对问题理解错了，浪费了许多宝贵的时间。在实际学习活动中，通常可以通过制订“问题单”来实施自我提问策略。根据学习活动的步骤，在“问题单”中列出对不同阶段制订的问题。

其二，领会监控。这种策略最常在阅读活动中使用。熟练的读者在头脑里有一个领会的目标，例如找出文章的中心思想，于是，带着这个目标进行阅读。随着这一策略的执行，如果抓住文章的中心要点，熟练的读者会因达到目标而体验到一种满意感。但是如果领会监控最终显示目标没有达到，就会采取补救措施，比如重新阅读，并且更仔细地阅读。熟练的读者在阅读时自始至终都持续着这一过程，但仍有很大一部分学习者缺乏这种技能。有研究者提出四项用来提高领会监控策略的方法：①变化阅读的速度——为了适应学习者课文领会能力的差异，对于比较容易的章节读快点，抓住作者的整体观点，对于较难的章节，则要放慢速度；②中止判断——如果某些事不太明白，继续读下去，作者可能会在后面填补这一空隙、增加更多的信息、或在后文中会有明确说明；③猜测——当所读的某些事不明白时，养成猜测的习惯，即猜测其中不清楚段落的含义，并且读下去，看看自己的猜测是否正确；④重读较难的段落——重新阅读较难的段落，尤其是当信息仿佛自相矛盾或模棱两可时。

专栏6-3

自我监控问题单

理解问题阶段：

这个问题是哪方面的问题？

该问题要求我们干什么？

题目中哪些是有用的、关键的信息，哪些是无关紧要的信息？

拟定计划阶段：

过去见过这种题吗？若见过，是否它以稍许不同的方式出现？

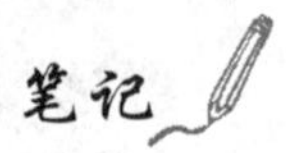

从已知条件中产生什么有用的东西？
是否能确立一个容易达到的中间目标：从结果反推回去又怎样？
还有其他的办法吗？
如果……，将会怎样；下一步又做什么？
执行计划阶段：
正按计划接近目标吗？
每一步都是对的吗？
有必要修改或重新制订计划和策略吗？
回顾阶段：
结果是否正确？有无矛盾之处？
拟定的措施中，哪些起了作用而哪些没有？
有没有尚需改进的地方或更好的方法？
能运用这个结果或方法于其他问题吗？

元认知策略总是和认知策略共同起作用的。学习者不仅要懂得使用许多不同的认知策略，还要知道利用元认知策略来帮助他们决定在哪种情况下使用哪种策略或改变策略，这样才能成为一位成功的学习者。

三、资源管理策略

资源管理策略泛指辅助学生管理各种资源的策略。在学习过程中，有各种可资利用的学习资源，如时间资源、信息资源和人际资源等。通过学习和掌握资源管理的策略，可以科学合理、充分有效地利用各种资源，避免滥用和误用。

（一）时间资源管理策略

对于学习而言，时间是一个重要的环境资源。因而，采用何种方法来合理安排与利用时间，即所谓时间资源的管理策略。其通常有如下要求：

第一，遵循人体的生理规律。时间是有限的，但是将有限的时间尽可能多地用来学习，并不意味着学习到的东西越多，学习效果越好。人脑活动的效率在一天内是有规律的，不同的时间具有不同的效能，要善于利用一天中思维能力、活动能力最旺盛的时间。大多数人在上午8～10点，大脑的思考能力最强；下午3～6点思维最为敏捷；晚上8～10点记忆力最强；而中午1点左右则是脑力和体力最低，也是学习效率最低的时间段。除了遵循普遍的大脑活动规律外，学习者还应该根据个体自身具有的生物钟对学习活动进行时间安排。例如，有人属于“百灵鸟型”，早晨头脑清醒，学习效果最好；也有人属于“夜猫子型”，习惯晚起晚睡，夜晚的学习状态反而更好。根据个人的生物钟模式，这样能有效提高单位时间的利用率，收到最佳的学习效果。

第二，分辨任务的轻重缓急。相同的时间，可以用来背诵课文，也可以用来制作课外手工。如何将时间进行最有效地分配，可以根据重要程度和紧急程度两个维度将任务分为四类：重要紧急型、重要不紧急型、紧急不重要型、不重要不紧急型。一个善于管理时间的学习者往往将精力最好或是最长的时间分配给前两种类型的任务，例如完成当天的课后作业或是第二天考试的复习；而不善于管理时间的学习者，则往往在后两种类型任务上耗费了精力最好的时间或是过多的时间，导致变相的学习时间拖延。因此，根据学习任务的轻重缓急，合理分配学习时间是高效率学习者的共同特点之一。

第三，制订学习计划。时间管理能力强的学习者通常是事先做好较长一段时间（例如，一个学期）的学习计划，对学习任务的时间进行统筹安排。一个完整的学习计划需要包含

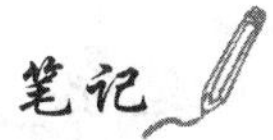

三方面的内容：首先，学习者根据教学要求和自身完成能力，制订“金字塔”式的目标体系。即将长远目标作为金字塔的顶端；在此之下列出到达顶端的中期目标；在中期目标中又尽可能多列出短期目标，尽量做到适当、明确、具体。其次，对具体学习内容的学习时间进行合理安排。需要兼顾生理规律和学习内容的特性，保证最佳的、足够的时间用在所要掌握的学习内容上；对不同的学习内容在时间的安排上要具体、有针对性，不可平均用力；一次学习时间不宜太长，要注意劳逸结合，张弛有度；可采取交叉安排的方式，避免学习内容上的相互干扰。最后，学习计划制订以后，要严格按照计划去执行，不要朝令夕改，随意改变计划，在执行计划过程中确实需要改变计划的话，也应该是在充分考虑的基础上，有目的、有针对性地进行修改。

（二）信息资源管理策略

当前是一个信息化时代，各种参考资料、工具书、图书馆、广播电视以及互联网等为学习活动提供了丰富的信息资源。对各种信息资源的合理利用，既是一种资源管理策略，也是现代社会对每一个学习者的基本要求。选择和利用不同类型信息资源时，要充分考虑不同类型信息资源的特点。

参考资料和工具书等辅助学习的材料可以扩宽学习者的知识面，活跃思维，学习者在选择和利用时应注意：①遵循宜少不宜多，宜精不宜杂的规则；②尽量选择由权威机构出版或知名专家编著的；③内容上是对书本内容的深化与补充，既适合自己已有的知识和接受水平，又具有启发作用，有助于提升当前水平；④不要过分依赖参考资料。

广播电视类节目信息量大，形式活泼，内容生动，容易记忆，但是其提供的信息中很大一部分并不能直接促进学业提升。例如，重复播出的广告、剧情跌宕的电视剧等可能使学习者在无意中耗费大量宝贵的时间和精力。因此，对于广播电视类信息资源的利用，应该有所选择、有所节制，多收听或观看新闻、科技、文化等方面的节目，并限定收听或观看的时间。

互联网能提供最为广泛、快速和便捷的信息资源。学习者通过互联网可以进行信息查找和收集，获取大量的知识；还可以与他人进行学习内容的交流、讨论。但网络信息也具有虚假、不一致性、缺乏科学性等特点。因此，在使用网络信息资源的同时要特别注意其科学性和真实性，尽量选择官方网站的信息；要懂得控制自己的娱乐欲望，不要沉迷于网络游戏、小说等，避免学习工具演变成不良的学习诱惑。

（三）人际资源管理策略

“三人行，必有我师”。学习活动不仅是学习者个人的活动，而且涉及教师、同学，常常需要他人给予有效指导、合作和帮助的过程。学习中人际资源的管理就是在学习中善于寻求老师、同学的帮助，或者通过小组中同学间的合作与讨论来促进自己的学习，加深对学习内容的理解、记忆。大胆地寻求他人支持，是改善学习状况、提高学习兴趣的一个重要方面。研究表明，学习好的学生一般都能比较好地利用其他人支持的策略，例如，在课堂上或课后向老师提问题、回答问题、和同学讨论、辩论等，而学习不良的学生往往羞于向老师、同学提问，和同学进行讨论的机会也比较少。因此，应该鼓励学习者充分利用人际资源。但是，按照奈尔森 - 黎高（Nelson-Le Gall，1985）的观点，根据学习者的求助目的可以将求助行为分为两类：执行性求助，其目的是只想要答案或希望尽快完成学习任务，学习者自己并不做任何尝试就主动放弃自己解决问题的机会，选择依赖提供帮助的人，希望他人“替”自己解决困难；工具性求助，其目的是为了独立的学习，借助他人的力量达到自己解决问题或实现目标的目的，他人只是提供思路和工具。所以在鼓励学习者充分利用人际资源的同时，应该强调工具性的求助行为，尽量减少执行性的求助行为。

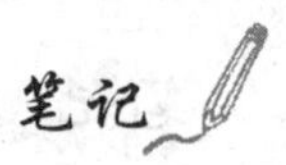

第三节　学习策略的教学

研究学习策略的目的是为了更好地帮助学习者提升学习能力，促进学习效果。那么，如何培养学习者有效地使用学习策略呢？加涅认为，学习策略是学习者从许多先前学会的特定范畴的规则中所习得的，因此，学习策略也可以通过教学传授。许多心理学家也都认为，学习策略的教学是提高学习者学习能力的重要途径，是可行的、必要的，也是有效的。

一、学习策略的教学原则

学习策略的种类繁多，但并不是所有学习策略对于所有学习问题、所有学习者都是有效的。学习策略的价值依赖于适用的学习问题领域、恰当的使用方式和正确的学习者。因此，对学习策略的教学也要考虑这些因素，主要遵循以下几方面的教学原则。

（一）分解性原则

分解性原则是指在学习策略的教学中对学习策略进行分解，将学习策略的执行过程细化为学习者普遍都能明白的技巧，以便传授和学习。策略分解之后，每一步都应是必不可少的一部分，都应有其意义所在。例如，音义联想策略的教学就可以分成四个步骤：①明确单词的发音——要求学习者反复大声地读，分清各字母、字母组合的发音、重读和弱读，使单词的音形联系起来；②划分单词——把较长的多音节词按发音分为几个部分，对于较短的单音节或双音节词可将其作为一个整体；③音义联想——根据单词或单词的某部分的发音特征或谐音，将其与单词的词义或内在含义联系起来，产生形象、生动的联想；④读、写、想结合——边读写单词，边回想该词的音、形、义，然后通过单词的音回想其义、形或根据单词的形回想音、义，以检查记忆情况。如此分解，能有效地促进学习策略的教学效果。

（二）特定性原则

特定性原则是指学习策略必须适用于特定的学习目标和学习者类型，即通常所说的具体问题具体分析。相同的策略对于不同年龄、不同学习成绩以及不同的学习类型的学习者，所产生的效果是不一样的。所以，在学习策略的教学中要考虑具体的学生和学生具体的学习状况，因材施教。此外，还要考虑学习策略的类别和相应的属性，教给学生各种各样的策略，既有通用学习策略，也有专门领域的学习策略。

（三）过程性原则

过程性原则是指在教学中让学习者有机会体验自己的认知加工过程，有意识地改进自己在加工过程中所采用的策略。如果学习者不能体验或意识不到自己原先策略的不足之处，就很难改进这些策略，那么学习策略的教学效果也不会好。具体的办法是在新策略教学之前，先让学习者自己完成某个学习任务，并体验自己采用的方法，之后教师再讲出“老师的方法”。不可在学习者没有自行体验之前就说出“老师的方法”，要使其有机会将“老师的方法”和“自己的方法”进行比较。

（四）练习性原则

练习性原则是由过程性原则进一步发展出来的，指在学习策略的教学过程中要让学习者充分利用学习策略对学习材料进行高度的心理加工，多进行实践练习。当学习者获得了学习策略的知识，甚至亲自体验了学习策略的过程后，并不意味着他们能掌握该策略的运用。由理解到掌握，这中间还需要一个练习运用的过程。要给学习者机会去学习运用这种策略性的知识，只有通过运用，这种策略性的知识才能内化为他们自己的知识和技能，成为“条件化”“自动化”的知识。学习策略的练习可以采取多种形式：理解性练习，让学习者在做的过程中建立一种感性的经验，加深对策略性知识的理解；归纳性练习，让学习者反思自

己策略运用的过程；巩固性练习，学习者有意识地运用策略以达到熟练的程度。

（五）渐进性原则

渐进性原则是指学习策略的教学应循序渐进，由易到难地开展。例如，组块构建记忆策略的教学，就是从单个单词记忆的音义联想策略、新旧联想策略的掌握，逐渐过渡到单词间的搭配组合联想、同义词的搜索联想、图示联想、语义联想等策略。单词内记忆策略的掌握为单词间策略的学习奠定了基础，前一个策略的掌握又为后一个策略的学习做好了准备，环环紧扣，往复运用已有策略，使学习者最终掌握组块构建记忆策略。

（六）效能性原则

效能性原则是指在学习策略的教学中应该给学习者机会，使他们感觉到学习策略的效力以及自己使用策略的能力。这是因为学习态度和成绩之间有密切的关系，如果学习者在心理上不愿意使用这些策略，他们的学习能力也不会得到提高。而那些能有效地使用策略的人往往相信策略的使用会提高他们的学习成绩。因此，教师必须让学习者意识到，只要掌握和使用了学习策略，他的学习就会有所提高。可以在教学过程中不断向学习者提问题和进行测查，并据此对他们策略使用成绩进行评价，使其感受到使用学习策略的收获，增强自我效能感，以促进对学习策略的积极运用。

二、学习策略的教学模式

关于学习策略的教学模式，国内外研究众多，提出的教学模式也不少。这里，介绍几种有代表性的教学模式。

（一）程序化教学模式

学习策略的程序化教学模式的基本内容，就是将学习策略分解成若干有条理的小步骤，制定出固定程序，要求学生按此程序进行学习活动，并经过反复练习使之达到自动化程度。该模式适用于可程序化或步骤化的学习策略的教学，其基本步骤是：①将某一活动技能按有关原理分解成可执行、易操作的小步骤，而且使用简练的词语来标志每个步骤的含义；②通过活动实例示范各个步骤，并要求学生按步骤活动；③学生记忆各步骤，并坚持练习，直至达到自动化程度。例如，专栏 6-1 中介绍的 PQ4R 阅读策略的教学，就属于典型的程序化教学模式。

（二）完形教学模式

学习策略的完形教学模式的基本内容，就是在对学习策略进行直接讲解后，给学生提供不同完整程度的材料，让其就学习策略的某个成分或步骤进行练习。例如，教授列提纲策略时，教师可以先给学生提供一个列得比较好的提纲，然后给学生提供一系列不完整的提纲。其具体步骤为：①几乎完整的提纲，需要填写部分细节；②只有主题的提纲，需要填写所有细节；③只有细节，需要填写主要观点。完形教学模式的教学要点在于：依据由高到低的方式，将不同完整程度的学习材料提供给学生，直至学生能独立采用，完整地掌握学习内容。完形教学模式的突出优点在于：能够使学生注意学习策略中的每一个细节或步骤，而且每一步训练都给学生以策略应用的整体体验。

（三）直接指导教学模式

学习策略的直接指导教学模式的基本内容，由激发、讲演、练习、反馈和迁移等环节构成，与传统的讲授法较相似。在教学过程中，先由教师向学生解释所选定学习策略的具体步骤和条件；然后，在具体应用过程中教师不断给予学生提示，让其出声报告并明确解释所操作的每一个步骤以及自己的思考过程；通过这种内部定向思维的不断重复，加强学生对学习策略的感知、理解与保持。同时，教师在教学中还需要从学生的认知水平出发选择许多恰当的例子来说明每种策略应用的多种可能性，使学生形成对策略的形象、深刻的认识，

实现从单一策略的应用发展到多种策略的综合应用，培养对学习策略的综合应用能力。例如，“丹塞罗学习指导教程”就是典型的直接指导模式：首先由教师在学习某种学习策略时，先告诉学生学习该策略的意义、价值与结果，激发学生对学习策略的兴趣与欲望；然后学生在教师指导下学习某种学习策略；最后在不同的学习情境中进行练习，并对结果进行评价、反馈与矫正。

（四）交互式教学模式

学习策略的交互式教学模式的教学，可以由几个学生组成学习小组进行，也可以由教师和一组学生共同进行，比较适合于阅读策略的教学。通常教授四种阅读策略：总结文章内容、问一个有关中心观点的问题、搞清阅读材料的难点、预测下文的内容。具体的教学过程为：①教师对这些策略进行介绍，可以同时介绍多种，也可以每次介绍一种；②教师对策略进行解释、示范，并鼓励学生自己实践；③教师和学生一起默读阅读材料；④教师通过在阅读基础上的总结、提问、阐述或预期，再一次提供示范；⑤学生逐渐开始扮演教师的角色，而教师转为学习小组的成员，实现角色互换。在这个过程中，教师可以通过提供线索、指导、鼓励等方式为学生提供支持和帮助，使学生最终能在阅读中独立使用这些策略。

（五）合作式教学模式

学习策略的合作式教学模式是指在学习策略的教学中，让两个或以上的学生组成学习组，轮流向对方总结自己对学习策略的运用，当一个学生主讲时，其他学生认真听讲，负责纠正错误和补充遗漏，学生轮流扮演讲述者和听者角色，直到完全掌握某种学习策略为止。这种教学模式主要用于学生对学习策略的练习实践阶段，能充分调动学生的学习主动性；同时，通过讨论和总结，使得对某些策略的学习进一步达到升华、概括，有效弥补有些学生在学习策略上的不足，同时使整个学习小组的学生都受益。

三、学习策略的教学要求

（一）充分考虑学生特点

任何学习策略的掌握和应用都离不开学生主动性和能动性的充分发挥，受到学习者主体因素的影响。奥克斯福德（Oxford）和科恩（Cohen）（1992）认为，影响学习策略获得的因素主要有学习风格、知识背景、信念、态度和动机，其次还有焦虑、性别和民族。已有的研究结果发现：①学习者对学习结果的期望不同、归因不同，则学习策略的掌握与使用的水平也不同。如若学习者认为最终的学习结果毫无价值，往往不会主动采用学习策略；如果学习者认为通过努力可以提高学习效果，则会更多地采用学习策略，获得更高的学习成绩。总体上，学习动机强的学习者倾向于经常使用已经习得的策略，而动机弱的学习者对策略的使用缺乏主动性。②学习者的自我效能感与学习策略的使用之间存在显著正相关，自我效能高的学习者会更多地运用学习策略。③学习者已有的专门学科的基础知识也会影响学习策略的习得和使用。语言学习策略的研究表明，低水平的外语学习者使用形式操练策略多于意义操练策略。有些策略只有在外语水平达到最低限度时，才能取得应有的成效。例如，从上下文中猜测生词的意义，利用构词规则来记忆单词等。因此，在开展学习策略的教学中，要充分考虑学习者主体因素的影响，因材施教，选择合适的教学方式，更有效地调动学习者对策略学习的积极主动性，促进学习策略的教学效果。

（二）合理选择教学方法

策略教学可以采用多种多样的教学模式，如程序化模式、完型模式、交互式模式和合作学习法等。但是，由于受各种学习策略的特性以及学习者主体因素的影响，对于教学方法的选择必须谨慎、合理。其具体可以遵循以下几点进行选择：①根据学习策略的认识需要，提供学习策略的具体实施所需的详尽步骤；②符合学习者已有的知识水平、学习风格，能激

笔记

发学习者对策略的学习动机，较容易接受；③依据具体学习活动的内容和学习情境，进行灵活变换，服务于策略教学的实施。

（三）有效结合学科教学

学习策略的教学途径主要有两条：一是开设专门的策略教学课程，二是结合学科进行教学。通过专门的策略教学课程可以在短时间内集中教授人类成功的学习经验，并有目的地、系统地传授给学习者，从而增强学习活动的目的性、主动性，避免个体漫长的盲目探索，节约并集中学习者的智慧能量，是达到教学目的的一条捷径。但是研究发现，课堂教学可以传授给学生学习策略，但是对学习策略运用水平提高的促进作用并不显著；专门领域的基础知识是有效利用策略的前提条件，脱离知识内容的单纯训练容易导致形式化倾向，难以保证学生学习策略水平的提高。结合学科进行学习策略教学，根据特定的学科内容而编制，既可以直接传授学科学习策略，也可以借助学科学习过程渗透通用学习策略；还可以从不同年级、学期、单元和课时的学科教学内容和目的出发，制定相应的策略教学计划，把策略教学目的逐步分解，层层细化，从而保证策略训练的渐进性和连续性。这是相对集中一段时间训练所无法达到的。此外，学科之间的相似性，使得与学科相结合的策略教学有助于策略应用的迁移。因此，在策略教学中，与学科教学相结合，能获得更好的教学效果。

（四）注重优化元认知策略

学习策略的教学除了交给学生有关学习策略的知识外，更重要的是让学生懂得何时、何地、如何选择学习策略，并对自己采用的学习策略进行有效地评价。要实现这个教学目标很大程度上依赖于学生元认知策略的水平。只有具有了较高的元认知策略水平，学习者才可以更好地认知学习策略，对自己学习策略的应用过程进行有效地监控和调节，真正实现对学习的促进。因此，在学习策略的教学中，要特别强调元认知策略的培养，教授学生如何自我监控、检查、评定或修正其策略，并把它们迁移到不同的学习情境中，使学生在未来的学习中能够选择使用更加有效的学习策略。

本章小结

1. 学习策略是为了实现学习目标、提高学习效率，对学习过程所涉及的内容、时序、方法、规则、计划、方案、资源等的总体考虑或要求。

2. 依据学习策略所包含的成分，可将学习策略划分为认知策略、元认知策略和资源管理策略三部分。

3. 认知策略主要是指在信息加工过程中，为了更好地获得、储存、提取和运用信息，对所采用的各种方法和技术的总体考虑或要求。通过获得并使用它们，学习者能更好地完成以下信息加工过程：①选择性注意；②对获得的信息进行编码和存储；③提取；④问题解决。

4. 元认知是对认知的认知，是对认知活动的自我意识和自我调节，由元认知知识、元认知体验和元认知监控等三个成分构成。

5. 资源管理策略泛指辅助学生管理各种资源的策略，如时间资源、信息资源和人际资源等。

6. 学习策略的教学应该遵循分解性、过程性、练习性、渐进性和效能性原则。

7. 常用策略教学模式有程序化教学模式、完型教学模式、直接指导式教学模式、交互式教学模式和合作式教学模式。

复习思考题

1. 名词解释：学习策略，认知策略，元认知策略。

2. 根据学习策略包含的成分，可以划分为哪些类型？

3. 认知策略的定义及其具体内容有哪些？
4. 元认知由哪些成分构成？
5. 元认知策略主要包含哪几种？
6. 如何对学习资源进行有效管理？
7. 如何理解学习策略的学科化？
8. 学习策略的教学必须遵循什么原则？
9. 如果要培养学生对某学科的学习策略，应该采取何种教学方式？需要注意哪些问题？

拓展学习

泰勒的《课程与教学的基本原理》

拉尔夫•W•泰勒(Ralph. W. Tyler，1902—1994)，当代美国著名教育家、课程理论家，被誉为“现代课程理论之父”。泰勒提出的课程开发的基本程序和方法，以及目标为中心的课程原理，被学界誉为现代课程范式，又称为“泰勒原理”，曾对世界各国的课程研究产生广泛影响。

泰勒的《课程与教学的基本原理》是特定时代的产物，有其理论背景和实践背景。从理论方面来说，20世纪上半叶的哲学家和心理学家杜威、桑代克、贾德和波特等人的学说为泰勒的创作提供了理论依据，同时泰勒继承了现代课程理论先驱者博比特和查特斯的研究成果中有用的部分；从实践方面来说，20世纪20年代后期，美国“以效率为学校教育的理想，以课程科学化为目标”的运动开始走下坡路，同时1929年开始的经济大萧条又对学校课程提出了新的挑战。为了寻找帮助学校教育走出绝境的途径，美国进步教育协会率先发起了一项著名的“八年研究”。泰勒作为“八年研究”评价委员会的主任，一方面充分汲取前人的相关研究成果，另一方面积极从事课程改革实践，进而形成了课程建构的新理论。《课程与教学的基本原理》(1949年出版)就是其研究成果的系统阐述。

《课程与教学的基本原理》除导言外，分为5章。其主旨是阐述课程编制及其教学所必须回答的四个根本问题：学校应该达到哪些教育目标？提供哪些教育经验才能实现这些目标？怎样才能有效地组织这些教育经验？我们怎样才能确定这些目标正在得到实现？这四个问题构成了课程编制及其教学过程的四个步骤或阶段：确定目标、选择经验、组织经验、评价结果。

1. 确定学校的教育目标　确定目标是最为关键的一步，因为其他所有的步骤都是围绕或紧随着目标陈述的。泰勒认为，为了对教育目标作出更加明智的判断，使学校的目标更具有意义和效度，教师需要有广泛的信息来源。其主要包括三个方面：①对学习者本身的研究。在这种研究中，教师可使用观察、与学生的交谈、与家长的交谈、问卷、测验、查看学校的记录等方法。②对当代社会生活的研究。由于科学的发展和工业革命以及有关训练迁移的研究结果，从对当代生活的研究中获得教育目标已显得更为重要。③学科专家的建议。这是一般学校在确定教育目标时最经常考虑的一个来源。

2. 有目的地选择学习经验　泰勒指出，在教育目标确定之后，所面临的问题就是如何选择学习经验。因为只有通过这些经验，才会产生学习，从而才有可能达到所确定的教育目标。教师在选择学习经验时必须遵循五条原则：①为了达到某一教育目标，学生必须具有使他自己有机会实践这个目标所隐含的那种行为的经验；②学习经验必须使学生由于实践教育目标所隐含的那种行为而获得满足感；③学习经验所期望的反应是在学生力所能及的范围之内的；④有许多特定的学习经验可用来达到同样的教育目标；⑤同样的学习经验往往会产生几种结果。

3. 有效地组织学习经验　组织学习经验不仅极大地影响着教学的效率，而且也极大地影响发生在学习者身上的主要教育变化及其程度。对如何组织学习经验，泰勒提出了三项

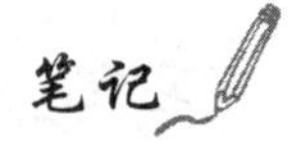

主要准则：①连续性，即指直线式地重申主要的课程因素；②顺序性，即强调每一后继经验建立在前面经验的基础之上，同时又要在更高层次上处理每一后继的学习经验；③整合性，即各种学习经验的横向关系，以便学生获得一种统一的观点，并把自己的行为与所学习的课程要素统一起来。

4. 正确地评价学习经验　教育评价至少包括两次评价：一次在教育计划的早期进行；另一次在后期进行。客观性、信度和效度是评价手段的三条准则，其中效度是最重要的准则。

《课程与教学的基本原理》被誉为课程开发最完美、最简洁、最清楚的阐述，在课程研究领域具有广泛影响。瑞典学者胡森等人主编的《国际教育百科全书》对此有专门评论："泰勒的课程基本原理已经对整个世界的课程专家产生影响……不管人们是否赞同'泰勒原理'，不管人们持什么样的哲学观点，如果不探讨泰勒提出的四个基本问题，就不可能全面地探讨课程问题。"当然，《课程与教学的基本原理》毕竟是半个世纪前的产物，因而必然带有时代的印记。例如，从泰勒对"教育""行为目标""学生"和"学习经验"等所下的定义中，可以清楚地看到当年美国盛行的行为主义心理学和实用主义哲学的影响。

参考文献

[1] 沈德立. 高效率学习的心理学研究. 北京：教育科学出版社，2006.

[2] 连榕，罗丽芳. 教育心理学概论. 北京：北京大学出版社，2009.

[3] 刘电芝. 学习策略研究. 北京：人民教育出版社，1999.

[4] 陈琦，刘儒德. 教育心理学. 北京：北京师范大学出版社，2007.

[5] 张庆林，杨东. 高效率教学. 北京：人民教育出版社，2002.

[6] 白学军. 实现高效率学习的认知心理学基础研究. 天津：天津科学技术出版社，2008.

[7] 张向葵，关文信. 学习策略的理论与操作. 长春：吉林大学出版社，2000.

[8] 张大均. 教与学的策略. 北京：人民教育出版社，2003.

[9] 张庆林. 当代认知心理学在教学中的应用. 重庆：西南师范大学出版社，1995.

[10] (美)莉萨•博林，谢里尔•德温，马拉•韦伯，等. 教育心理学. 连榕，缪佩君，陈坚，等. 译. 北京：机械工业出版社，2012.

[11] (美)安妮塔•伍尔福克. 伍尔福克教育心理学. 12版. 伍新春，张军，季娇. 译. 北京：中国人民大学出版社，2015.

[12] 刘艳. 元认知和元认知策略述评. 教育科学，2009，25(2)：89-92.

[13] 杨宁. 从元认知到自我调节：学习策略研究的新进展. 南京师大学报：社会科学版. 2006(4)：101-105.

[14] 刘电芝，黄希庭. 学习策略研究概述. 教育研究，2002(2)：78-82.

[15] 史耀芳. 二十世纪国内外学习策略研究概述. 心理科学，2001，24(5)：586-590.

[16] (美)约翰•桑切克. 周冠英，王学成译. 教育心理学. 北京：世界图书出版公司，2007.

[17] 莫雷. 教育心理学. 广州：广东高等教育出版社，2002.

[18] 乔建中. 中外教育经典名著速读. 合肥：安徽人民出版社，2009.

推荐书目

[1] 刘电芝. 学习策略研究. 北京：人民教育出版社，1999.

[2] 杨宁. 从元认知到自我调节：学习策略研究的新进展. 南京师大学报：社会科学版. 2006(4)：101-105.

[3] 张大均. 教与学的策略. 北京：人民教育出版社，2003.

研究生考试要点

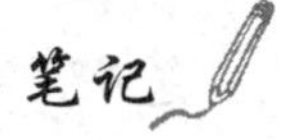

学习策略的结构

认知策略
元认知策略
PQ4R学习系统

教师资格考试要点

学习策略的结构
认知策略
元认知策略
资源管理策略
PQ4R学习系统

（魏 玲）

第七章　教学模式

目的要求

1. 掌握　教学模式的基本构成。
2. 了解　知情交融教学模式。
3. 知晓　常见教学模式。

教学模式是一种从理论上把握教学活动各要素之间相互关系的结构框架和从实践上调控教学活动的操作程序。从结构框架的角度来看，教学模式反映了模式设计者在一定的教育心理学理论指导下，对教学目标、教学机制以及师生关系的基本看法，以及对教学活动各要素之间结构关系的理论建构；从操作程序的角度来说，教学模式体现了为实现既定教学目标而调控教学活动的时态序列或程序步骤。

第一节　教学模式的概述

一、教学模式的心理研究

随着心理学的发展，教学模式的心理学色彩越来越浓厚。相比较而言，近代的教学模式主要是教育学（尤其是教学论）的产物，它对心理学的依赖仅限于对某些学习心理的认识；而现代的教学模式，在某种程度上则是心理学的产物。离开了心理学的研究成果，现代教学模式就会失去价值，甚至不能成立。

从20世纪20年代起，随着教育心理学进入了发展时期，教育心理学家们对涉及课堂教学的诸多教育心理问题进行了广泛的研究，并提出了许多“学习规律”和“教学理论”。然而，这些研究大都局限于实验室中，所得数据或结果都是在严密控制的条件下获得的，与课堂教学的实际情况相去甚远，既无法进行比较，也难以实际操作。因此，由实验所提出的“规律”和“理论”游离于课堂教学之外，对教学实践用处不大。20世纪50年代以后，教育心理学家们逐渐认识到，实验室提供的规律往往解决不了课堂教学中存在的实际问题，教育心理学如果仅以实验室为基础，将难以发挥指导教学活动的作用；教育心理学的研究应该走出实验室，迈进课堂，重视课堂上的各种变量及其相互关系，从中探索规律。然而，走出实验室而迈进课堂远非易事。影响课堂教学的因素是极其复杂的，难以控制和优化。如何解决这个问题呢？教育心理学家找到了系统论的结构分析方法。

自20世纪60年代以来，教育心理学家普遍开始从结构因素上研究教学活动。首先，他们将影响教学活动的诸多因素划分为教学活动的内在因素和教学活动的外在因素。教学活动的内在因素是影响教学活动及其质量的直接因素，而教学活动的外在因素则是间接因素，且要通过直接因素起作用。其结果，是将教学活动看作是由教学目标、学生、教师、教学

内容、教学方法与管理五个内在因素所组成的系统。其次，分析教学活动诸内在因素之间的结构关系，将教学视为师生之间以教学内容为媒体、以教学方法为手段、以教学管理为保证，为实现教学目标而形成的有机整体；教学的这五个内在因素既是相对独立的子系统，又是为实现共同目标而协调一致的相互依存、相互作用的整体结构。最后，在此基础上，教育心理学家着力探寻教学活动的理想结构方式。他们根据“结构决定功能”这一组合质变原理，从教学活动所应达到的理想目标出发，运用某种相应的心理学理论，有意识地调整教学活动系统的结构方式，使之得以产生既定的理想功能。一旦所研究的某种教学结构方式能在教学实践中产生预期的效果，教育心理学家便将其特定的结构方式和操作序列在理论上加以典型化，使之成为为实现特定教学目标而组织、计划和调控课堂教学活动的结构框架和操作程序。这就是所谓教学模式。

随着教学模式研究的展开与深入，形形色色的教学模式如雨后春笋般地大量涌现，并对教学实践和教学理论产生了广泛影响。根据其所依据的教育心理学理论，可将这些教学模式大致分为四个类型：行为控制模式、认知加工模式、社会交往模式和人格发展模式。行为控制模式体现了行为主义心理学“刺激 - 反应”的原理，侧重于学生行为习惯的控制和培养；认知加工模式以认知心理学的信息加工理论为基础，着眼于知识的获得和智力的建构；社会交往模式以社会心理学的互动理论为基础，强调教学中的人际关系调整，着眼于学生的社会性和品格发展；人格发展模式则体现了人本主义心理学的人的潜力挖掘和人格全面发展的观念，更着重教学中的非智力（或非理性）因素的作用。

二、教学模式的基本构成

教学模式作为一种从理论上把握教学活动各要素之间相互关系的结构框架和从实践上调控教学活动的操作程序，总是以某种教育心理学理论为基础，总要提出具有特定功能的教学目标，通过较稳定的结构方式来调配教学活动中各内在因素间的相互关系，并提出相应的操作程序和适当的操作要领，以保证教学活动按规定方式展开和功能目标的如期实现。具体来说。教学模式的基本构成主要涉及四个方面：

第一，理论依据。某种教学模式将参与教学活动的诸内在因素按这样而不是那样的方式组织起来，按这种而不是那种程序展开，希望达到这个而不是那个功能目标，总是受一定的教育心理学理论支配的。这种教育心理学理论反映了模式设计者对教学目标、教学机制以及师生关系的基本看法，是该模式的结构、程序和方法得以确立的理论依据或指导思想。例如，教学的行为控制模式，其理论依据就是新行为主义心理学在学习理论上的联结主义原理，即认为个体是各种反应功能的联合体，学习就是通过“刺激→反应→强化”而形成的行为，而教学目标就在于使学生形成教师所期待的反应。从这一观念出发，该模式的创始人斯金纳认为，教学的关键就在于设计出精密的操作过程，建立特定的强化序列，使学生通过不断地“刺激→反应→强化”，逐步形成复杂行为。

第二，功能目标。教学模式的功能目标是指运用教学模式所能产生的实际教学效能及其标准。功能目标通常以学生的身心变化为标的，并以可直接观察的行为指标为依据，它具体反映了模式设计者对按该模式进行教学能在学生身心上造成何种变化的一种期望或要求，即在一个教学单元或一门学科完成之后，学生应该能做些什么，或者学生应该具备哪些特征等。功能目标的确立，也与模式设计者的教育心理学理论有着直接的联系，反映了其对教学活动的实质的理解。例如，布鲁纳认为，教学的实质就是通过引导学生对问题或知识体系的循序渐进的学习，来提高其正在学习中的理解、转换和迁移能力，因此，他所设计的发现式认知教学模式就侧重于智能发展的功能目标，期望教学能对发展学生的科学探究能力起推动作用。如此，按一定模式进行的教学，必然产生一定的功能。同样，功能目标的

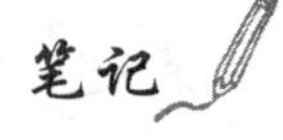

不同，必然产生教学模式设计或结构方式上的差异。因而，对于具体教学实践来说，不存在普遍适用的或固定不变的教学模式，任何一种教学模式都因其特定的功能目标而有一定的适用范围，需要根据教学活动的具体情况来加以选择。

第三，结构方式。教学模式的结构方式是指教师、学生、教材、教学方法与管理诸内在因素在教学模式中的结构关系，以及由此而形成的教学活动的时态序列或程序步骤。教学活动诸内在因素的交互作用总是在一定的时空范围内进行的，必然形成一定的时态序列。在不同性质的教学模式中，教学活动诸内在因素的结构关系不同，其展开教学活动的时态序列或程序步骤也就有所不同。具体来说，教学模式的结构方式决定着教学过程的各阶段、各环节的顺序安排，以及各阶段、各环节所应实现的教学功能或目标。教学模式的结构方式，同样受设计者对教学目标、教学机制以及师生关系的基本看法的制约。设计者对教师应如何进行教学、学生应如何进行学习、教师应如何对待学生等理论问题的看法不同，其对教学活动诸内在因素之间相互关系的结构方式也就有所不同。

第四，操作要领。教学模式是一个完整的系统，为了保证其应用的可操作性、执行的准确性和效果的可靠性，设计者要为教学模式的具体实施制订一些操作要领。同样，应用教学模式也就是要按照一定的操作要领去从事教学活动。否则，就可能走样，就不可能产生既定的教学效果。

三、教学模式的理论功能

教学模式既是教学理论的具体化，又是教学经验的抽象化，从而构成联结教学理论与教学实践的纽带和桥梁。一方面，教学模式是某种教学理论的简化表现方式，它通过简明扼要的文字、符号和图式，来具体反映该教学理论对教学目标、教学机制以及师生关系的基本看法，以及对教学活动各要素之间结构关系和调控教学活动的程序步骤的理论见解；另一方面，教学模式是某种成功教学实践的概括化理论表达，它不是简单地反映已有的成功教学经验，而是将之上升到理论高度，成为一种概括化和系统化的完整结构。各种成功的教学经验，经过逐步的概括和系统的整理，可以使之通过教学模式的形成而进一步提高到理论层次；各种教学理论通过相应的教学模式，可以成为教师所接受的教学指导方案，实现教学理论对教学实践的具体指导。正是教学模式的这一特征，使它能较好地充当联系教学理论与教学实践的纽带和桥梁。

教学模式的研究与学习，对于增进教师教学技能和提高课堂教学质量具有明显的促进作用。它既可以为新教师提供可资选择和参考的教学方案，使他们教有所据，从而很快熟悉教学，使教学质量得到必要的保障；也可以为老教师提供教学多样化的方便，使之不再囿于过去习惯的教学方式，从而使教学质量在整体上得到进一步提高；还可以为师范院校培养学生提供丰富的素材和依据，使师范生在学习期间就能获得一定的理解、把握和运用课堂教学模式的能力，从而缩短他们毕业后适应教学工作的时间。

第二节　常见教学模式

一、行为控制教学模式

行为控制教学模式的理论基础是行为主义心理学。行为主义心理学认为，人类的学习是一种操作反应的强化过程，通过操作性强化，一个比较完整的新的行为单位可以被学会，或者一个现存的行为单位可以被精炼。因此，要使教学或训练获得成功，关键是创造一种可对学习过程加以控制的外在环境，使之能精确地产生强化效果。当然，行为主义心理学

在教学问题上的“控制观”曾受到指责，有人认为它忽视了学生的能动性，忽视了学生的主体地位。这些意见固然有一定的道理，但是，任何按一定模式组织起来的教学活动，都旨在创设一种可以对学生的学习活动加以控制的外在环境，都或多或少地受教师等外在因素的控制。控制，在教学过程中不存在“有”或“无”的问题，只有强或弱、显或隐、直接或间接的差异。

（一）程序学习教学模式

1. **理论依据** 程序教学是斯金纳等人基于行为主义学习理论而设计的教学模式，其理论依据是操作性条件反射及其积极强化原理，旨在为学习提供高度系统的刺激控制和即时强化。在斯金纳看来，学习的实质是学习者作出某种反应的概率改变；学习者在某种刺激条件下作出某种反应之后，如果伴随着一定的积极强化，那么这个反应在类似刺激条件下发生的概率就会增加。

2. **功能目标** 程序学习教学模式是一种个别化的教学方式，即让学生以自己的水平和速度、以特定顺序和步骤安排学习内容及其进程；它主要用于基本知识的获得以及基本技能的训练，但不适合高级思维和深层知识的培养。

3. **结构方式** 程序学习教学模式使用一种“学习程序”，把学习内容细分成很多的小单元，并按照这些单元的逻辑关系，将之排列成由易到难的许多“小步子”，让学生循序渐进，依次进行学习。在实际学习过程中，通过编好程序的教材或通过特制的教学机器逐步提出问题（刺激），学生选择答案（反应），如果反应正确，便加以确认（强化），学生再进入下一步学习（图 7-1）。这样一步一步地累积，最终达到教学目标。

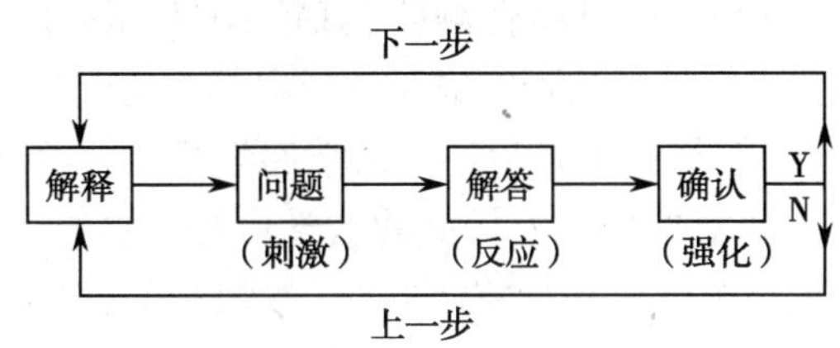

图 7-1 程序学习教学模式示意图

斯金纳创立的程序学习教学模式是直线式的，即学习内容由浅入深地直线性排列。然而在实践中发现，尽管每个学生是按各自的速度进行，但是学习内容都是相同的，并没有完全达到个别化教学的目的。于是，有学者提出了改良性的“分支式”或“衍支式”的学习程序：一方面，当水平差的学生不能对某个问题作出正确反应时，他们可能需要补习性的信息或重温背景信息；另一方面，水平高的学生则可以以更快、更大的步子进行学习，或在额外的、更难的教材中获益。这样，“分支式”或“衍支式”的程序学习教学模式就可以根据学生对一个特定问题的回答或一组问题中答案的正确数目，在许多不同点上将学生引向对他们适宜的学习内容。

4. **操作要领** 斯金纳为程序学习教学模式规定了四个操作原则：①小步子原则——达到教学目标的系列是由许多小步子的学习内容组成的，目的是使学生在不费大力气且少犯错误的条件下，达到连续正确解答的程度；②即时确认原则——为了迅速、准确地进行学习，在学生作出反应（解答）后立即提供关于结果的知识，使他们及时确认自己反应的正误；③积极反应原则——学生在作出积极的外显反应时，学习就有效；④自定步调原则——学生用适合自己水平的速度进行学习时，学习最有成效。

（二）掌握学习教学模式

1. **理论依据** 美国教育心理学家布卢姆针对美国现行教育制度只注意培养少数尖子学生而牺牲大多数学生的弊端而指出，当今教育不能再满足于只有少部分学生充分学会学

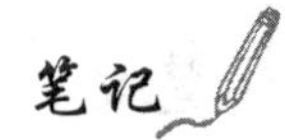

校所教的东西；教师也不应有这样的心理定势：三分之一的学生能完全掌握教师所教的知识，另有三分之一的学生成绩一般，再有三分之一的学生可以不及格。布卢姆认为，解决上述问题的最好办法在于改变我们对学习者及其学习的看法，实施掌握学习教学模式。所谓掌握学习，就是在“所有学生都能学好”的思想指导下，以集体教学（班级授课制）为基础，辅之以经常、及时的反馈，为学生提供所需的个别化帮助，以及所需的额外学习时间，从而使大多数学生达到课程目标所规定的掌握标准。

2. **功能目标** 强调“为掌握而学习”，确保所有接受课堂教学的学生都能达到一定的学习水平。具体来说，掌握学习教学模式提倡教学要面向全体学生，明确具体的教学目标，改进教学内容和教学方法，注重教学过程中的反馈和矫正，为学生提供足够的学习时间和适当的帮助，充分发挥学生的学习潜力和学习积极性，使得95%以上的学生都能掌握学校所教学科的知识和技能，取得优良的学习成绩。

3. **结构方式** 掌握学习教学模式的具体实施，包括如下两个阶段。

第一阶段，教学准备：①教师首先确定学习内容；②教师把课程分解为一系列学习单元，并制订具体教学目标，每个单元大体包含两周的学习内容；③在新课程开始之前，对学生进行诊断性评价，了解学生具备了多少有关学习新课的知识以及学生学习动机、态度、自信心等情况，以便在新的学习中为学生安排适当的学习任务，因材施教；④教师根据每一单元的教学目标编制该单元简短的“形成性测验”试题，一般为20分钟左右，目的是评价学生对该单元内容掌握情况；⑤教师根据形成性测验试题再确定一些可供选择的学习材料（如辅导材料、练习手册、学术游戏等）和矫正手段（如小组学习、个别辅导、重新讲授等），供学生在学习遇到困难时选择；⑥编制“终结性测验”试题，测验试题的覆盖面应包括各教学单元的全部教学目标，目的是评价学生是否完成了该学科的学习任务。

第二阶段，教学实施：①教师首先向学生介绍掌握学习的教学目的和一般程序，使学生适应掌握学习的方法；②教师根据事先安排好的教学目标、内容，采用集体教学形式，给予学生相同的学习时间；③在一个单元初步完成之后，教师对全班学生进行形成性测验，掌握的正确率达到80%～85%者为及格或通过；④对于已通过的学生，教师可安排他们转入下一单元的学习，或由学生自己选择学习补充教材进行巩固性活动，或帮助不合格者学习；对于没有通过的学生，在帮助其明确原因的基础上，选择合适的学习材料或矫正手段进行补充学习；⑤在补救教学结束之后，再进行一次平行性的形成性测验（学生只需回答前一次形成性测验时做错的那些问题），待绝大部分学生在达到该单元的教学目标后，方可进行下个单元的学习，对于一次矫正学习尚没有通过的学生，教师还要再尽力帮助他们；⑥在一学期结束或几个章节或全部教材学完后进行总结性测验和评价，评定每个学生的学业水平。

4. **操作要领** 掌握学习教学模式的操作要领，主要涉及如下三个方面。

第一，计划设计。设计掌握学习计划的目的，在于使教师在教学前就做好充分的准备，尽可能周到地考虑好如何帮助学生达到单元教学目标，主动而有效地控制教学。①设计好最初的教学计划，帮助大多数学生达到单元教学目标——教学方式要适应大多数学生的需要和水平，组织学习活动的手段应能使大多数学生都能积极参与学习过程；②设计出有效的“反馈-矫正”计划，即如何充分利用形成性测验所提供的反馈信息，提供可供选择的教学材料以及各种形式的学习活动，使学生有再次学习的机会并帮助他们矫正学习中的差错；③设计好已达到掌握学习计划的学生的活动——他们可以成为未掌握者的小老师，也可以从事其他学科的活动或非学术性的活动（如消遣性阅读），更可以从事深化本学科的学习以及充实本学科有关的课外知识的学习；④应周密考虑好时间因素——最初的教学、形成性测验以及矫正工作所需的时间都应予以合理的安排，以切实提高学习的质量。

第二，为掌握而教。首先，明确定向——教师在课程开始前应使学生充分了解掌握学

笔记

习策略的基本思想和基本程序，明确应当学些什么及怎么学，应达到什么水平，如何判断已达到这种水平等等；教师应当讲明掌握学习旨在帮助绝大多数学生达到规定的掌握标准，因此要使每个学生都得到他所需要的额外的学习时间和帮助；只要学生充分利用形成性测验所提供的信息，发现自己学习中的成长和不足，采用适合自己特点的矫正手段，在学习误差积累起来并影响下一步学习之前就加以纠正，那么，在期末终结性考试中都能获得优良的成绩。定向对于大多数学生树立能够学好的信心以及形成学习动机都是至关重要的。其次，按既定环节实施教学——①按教学计划实施团体教学；②进行单元形成性测验；③未掌握者接受矫正，并需经再次测验予以认可；已掌握者从事其他有关活动；④进入下一单元的循环。

第三，为掌握分等。在期末进行包含预定课程目标的终结性考试，所有达到或超过预定的掌握标准的学生都能得到A等。这就破除了美国传统的按正态曲线分等的相对评分制度，激发了学生的胜任动机（即与自身以及学习任务竞争的内在要求），而不滋长学生的竞争动机（即与他人竞争的外在压力）。从发展个体的才能来看，具有胜任动机更有积极的意义。对于未掌握者可采用两种做法。一是允许学生随时可以经努力后掌握，给予鼓励。也可以用传统的B、C、D、E等级来表示学生已掌握的目标的数量，每个等级都有明确的作业标准。有的教师认为，完善的评价应根据多次信息，主张采用几次终结性测验，而课程的最终等级由这几次等级综合而成。这种做法也是可行的。但需要注意的是，决不能把形成性测验结果作为最终等级的一部分，否则形成性测验便失去了它提供反馈以改进教与学的功能，不利于大面积提高学业成绩。

二、认知加工教学模式

认知加工教学模式的理论基础是现代认知心理学。现代认知心理学在批判继承行为主义和格式塔学派的基础上，对人类认识活动及其教育作出了新的解释：①人不是机械地接受刺激和作出反应的被动实体，而是有选择地获取和加工环境刺激的主动实体；②人对刺激的反应不是直接对应的，而需要经过一连串心理上的转换活动；③可把人的感知、记忆、思维、行动看作一个由输入、编码、储存、输入等环节构成的完整的信息加工系统；④使用科学手段主要不是去观察、改变或塑造人的外部行为，而是去分析认知程序的结构，同时也可通过适当的教育来组织和维持学习者的内部活动和过程，最终了解、预见和指导人的行为。这些观点对教学模式的研究产生了重大影响，其主要表现在：①强调学生对环境刺激的自主选择，使学生成为教学设计关注的中心；②将教学看作是一种“环境的创造”而不是“组织起学生的特殊认识活动”，认为教学就是创造相应的条件，从而得以有目的、有计划地发动、激化、维持和促进学生的学习，并为学生提供助其成长并伴其终生的学习工具。

（一）概念获得教学模式

1. 理论依据 概念获得教学模式是建立在学习的认知理论基础上的。其强调，学习就是同化和顺应的过程——同化，即把新经验纳入已有的知识结构中并使其得以理解；顺应，即对原有的认知结构加以改造，从而产生新的概括，并形成新的认知结构。这种认知结构有助于得出规律性认识，进而有利于知识、技能的迁移，以对学习活动产生重大影响。同时，概念获得教学模式也基于认知心理学关于信息分类和获得概念的研究成果，强调根据类别属性而不是个别属性来认识事物的重要性，并期望通过概念分类来帮助学习者把复杂的环境简单化，并用概念来理解复杂多变的世界。

2. 功能目标 概念获得教学模式旨在教会学生更有效地形成和掌握概念——通过提供归纳性推理的练习，增进学生形成概念的能力；通过抽象概念的教学，培养学生多角度思考问题的意识、逻辑思维能力等；通过体验概念原理的形成过程，帮助学生掌握探究思维的

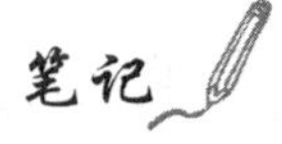

方法，发展归纳、推理等思维能力。在学校教育中，引导学生形成概念并对概念进行理解，是各级各类教学的重要任务，因此，这一模式在教学实践中具有很强的应用价值。

3. **结构方式** 概念获得教学模式的结构方式或程序步骤主要包括如下三个阶段。

第一阶段，呈现资料，确认概念的属性。教师首先选择概念，挑选资料并把它们组织成肯定型和否定型两大类范例，然后按一定顺序排列。这些范例以成组的方式呈现，它们可以是事件、人、物体、故事、图片或任何可以描述的内容。肯定性的范例必须包括某个概念所有的本质属性，否定性的范例应选择具备某些属性而不具备其他属性的实例。然后，学生的任务就是比较肯定型和否定型范例的特征，教师则利用多种教育技术手段向学生生动地呈现各种实例，使学生在分析、比较相似性和差异性的过程中逐渐达成对概念本质属性的认识。最后，学生根据这些本质特征来进行概括，并对概念进行命名，说出其中的定义规则。

第二阶段，学生对获得的概念进行检验。学生得到最初的概念定义后，教师再给出一些肯定性和否定性的例子，检验学生是否能够识别符合或不符合概念的例子，并要求学生自己举出符合概念定义的例子。当学生列出概念的所有属性之后，教师要求学生自己总结概念的定义。尽管学生自己得出的定义通常不如课本上的定义那么“完美”，但是这并不重要，重要的使学生参与概念化过程，以便进一步实施以后的教学步骤。

第三阶段，学生分析他们的思维过程以及获得概念的策略。教师让学生讨论他们获得概念的过程，并思考自己的思维过程，从而提高学生的思维能力。学生开始分析自己获取概念的方法，并描述出自己的各种想法。学生因为各自思维方式上的差异，有的可能首先确定一个较宽的范围再逐渐缩小分析，有的则一开始就从小范围着手。他们的描述会显示自己的注意力是集中在特征还是概念之上，是一次注意一个主题还是多个，以及当自己的假设不能被证实时如何处理的。逐渐地，学生会通过讨论假设和特征的作用，以及假设的类型和数量，最后在更高层次上获得概念。

4. **操作要领** 首先，教师必须注意范例的选择和排列。概念获得教学模式是一种归纳的认知加工模式，教师提供的范例是学生获得概念的基础——学生从观察范例开始，再形成抽象概念，而不是从概念的定义出发，再扩展到范例上。其次，教师要注意在整个概念获得过程中的新旧知识的整理、归类和系统化，根据教学内容和学生实际水平来实施师生之间、生生之间的相互协作和相互启发，鼓励学生的探索积极性，使学生由浅入深地进行探索，直至独立获得概念。第三，由于受某些教学条件的限制，教学程序的第三阶段，对于年龄较小、缺乏一定知识和经验积累的低年级学生，尚有一定的困难，教师所用的概念和范例应相对简单，尽可能使用具体概念而不是抽象概念，且应加大指导的力度。

（二）高效记忆教学模式

1. **理论依据** 记忆是联系“过去”和“现在”的纽带，是心理活动在时间上得以连续的保证。有了记忆，人才能使自己的反映在以前反映的基础上进行，从而使反映更全面、更深入。有了这种先后经验的联系，人的心理活动才有可能成为一个发展的过程，人的各种心理也才有可能彼此协调成为一个统一的整体。因此，记忆力对智能的作用至关重要。为了切实提高学生的记忆能力，高效记忆教学模式依据心理学关于记忆原理与规律的相关研究，从记忆内容的编码、组织、储存、提取等方面编制一系列具体的技巧性记忆方法，使之成为可在课堂教学中实施的记忆训练系统。

2. **功能目标** 通过教授和使用技巧性的记忆方法，使学生成为更高效的记忆者，并从中感受记忆乐趣；研发一套适合课堂教学的记忆训练系统，使学生的记忆力得到稳步的提升；通过高效记忆教学模式，使学生认识到，记忆绝不是一个被动的和无法控制的活动，而是一种积极的、主动的追求，进而增强学生自觉提高记忆能力乃至学习能力的意识和愿望。

3. **结构方式**　有效记忆教学模式在操作程序上主要包括四个阶段：①识记材料——要求学习者集中注意力，运用划线、列表、思考等有利于记忆的方式，将需要识记的学习内容加以组织，并根据识记内容的某种共同属性加以分类与排序；②建立联系——利用联系词、联想词、替代词、关键词等技巧，在识记内容和已有经验之间建立联系（同时考虑发音和意义两方面），并尽可能将之形象化，如，"Oregon（俄勒冈州）"可以联想到"a gun（一支枪）"的画面；③扩展感知通道——要求学生以多种感知通道将要识记的材料联系起来，并且通过荒谬的联想或夸张来制造幽默的渲染效果，从而使识记材料之间的联系得以加强，进而加深学生对识记材料的印象，更有效地进行记忆；④练习回忆——要求学生对这些识记材料进行反复回忆练习，直到完全掌握所学习的知识为止。

4. **操作要领**　首先，教师要做好充分的课堂教学准备，即准备好教学各个环节所需要的记忆联结物及其形象化材料；其次，教师要积极帮助学生处理识记材料，指导学生在识记内容和已有经验之间建立多样化的联系，并针对学生的进展情况提出建议；再次，在学生掌握了一定的记忆方法以后，教师应鼓励学生大胆运用记忆术，增强他们在学习中运用记忆手段的主动性；最后，在训练过程中，教师一方面要注意逐渐减少学生的依赖心理，提高学生灵活自如地运用记忆技巧的能力；另一方面要有意识地鼓励学生举一反三，积极将所学记忆方法迁移到其他学习活动中去。

三、社会交往教学模式

社会交往教学模式以社会心理学的互动理论和教育社会学的群体互动理论为基础，强调创设与社会生活相似的教学环境，让学生从中学会待人接物、相互理解、改善关系和解决社会问题的知识和方法。这种模式的具体表现形式很多，依其侧重点的不同可大致分为两类：一是侧重于人际关系或群体动力，旨在完善学生的社会性人格及其评价能力，如训练小组模式；一是侧重于社会改造或改善，旨在培养和发展学生的明智态度和批判性智力，如法理学探究模式。

（一）角色扮演教学模式

1. **理论依据**　角色扮演教学模式是在一个模拟的情境下，学生扮演某种角色的情感、态度及行为等，并通过相互之间的交流、讨论，依靠学生集体解决个人的困境，达到让学生学会运用社会交往技能目的的教学模式。该模式强调，角色是极为关键的概念，它是人的情感、言语、行为等方面组成的集合体，是能够与他人区别开来的独特的行为方式；角色扮演是促进人们相互理解的途径，我们可能并不认同别人的情感、态度和思想，但是我们只要将自己置身于他人的位置，进行换位思考，就会理解和体会其思想，并产生移情，促进人际沟通和社会交往。总之，角色是角色扮演模式的核心概念，渗透于整个角色扮演过程，成为活动的重要部分。学生必须学会认识不同的角色，并根据角色来思考自己和别人的行为。此外，该模式有四个基础性假说：①设置一种与现实生活中的问题情境相类似的学习情境，在这个情境中所发生的事情可以作为学习的内容；②在学习环境中，学生通过角色扮演，可以学到真实的、典型的情感反应和行为方式；③群体性的角色互动能够产生新思想，并融进群体意识之中，为学生的发展和进步提供指导；④如果学生认可并接受所扮演的角色的价值观念和态度体系，并反对其他的观点，他们就能在一定程度上控制自己的主观意识和信念体系。

2. **功能目标**　在教学中通过角色的扮演，帮助学生建立自己在社会上的角色意识，掌握社会行为规范和解决社会问题的方式，增强社会沟通和人际交往的能力；通过角色扮演模式的实施，能够训练学生形成一定社会角色的基本态度和行为规范，帮助学生学会为人处世的态度和技巧，同时培养学生的艺术表演能力。这种教学模式在文科类教学中，被广

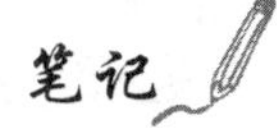

泛地运用。但是，我们也要看到，教学活动的模拟情境与复杂的社会问题相比，显然是难以相提并论的。所以，角色扮演模式在培养学生正确处理社会交往和人际关系的能力方面的作用是很有限的，毕竟，学生这些综合能力的提高还有赖于广泛深入的社会实践。

3. **结构方式** 角色扮演教学模式的操作程序可分为如下九个步骤。

（1）小组预备活动：在这个阶段，教师先提出一些令学生感兴趣的问题。然后，通过实例描述和说明提出问题，设置一种问题情境，让学生感受他们准备扮演的角色的情感、态度、价值观、处境等。

（2）挑选扮演者：师生共同描述情境中不同角色的外貌、态度、情感和行为等要素的特点，比如每个角色的长相、态度、行为等。然后，师生共同挑选角色。学生可以选择自己比较喜欢或认同的角色，也可以自荐扮演自己想探讨的特殊角色。在此，教师在决定角色扮演者时，应该建立在学生自愿的基础之上，最好不要以主观意愿决定哪个学生扮演什么角色，这样会容易打击其他学生的积极性，影响学生的表演水平。

（3）布置场景：准备角色表演的场地、背景、进程、表演者预备动作和语言，以及观众的位置、语言等。

（4）组织观众：观众的作用也十分明显，没有观众，表演就缺乏气氛和情境真实性。教师应该给观众分配具体的任务，比如配合表演者的工作、帮助维持场景秩序、评价表演者的表演水平、分析表演效果、总结表演过程的得失、为表演提出意见和建议等。总之，要尽可能让每一个学生都参与到角色扮演活动当中来。

（5）第一次表演：表演者按上述准备进入模拟情境，进行实际表演，开始经历和体验角色的情感、态度和行为的变化，融入角色的具体生活。在这个阶段，教师不应要求学生做得很完美，因为在表演的过程中可能会遇到一些不可预测的情况，并且，对学生而言，经历表演的情境也不失为一种收获。在这个步骤中，角色扮演的目的主要是学生对事件和角色进行简单地组合和演练，初步熟悉表演活动的步骤，明白人物的行为和性格等，以便为下次表演做更充分的准备。在初次表演中，主要角色可以让多个学生轮流扮演，以增强角色选择的多样性，为下一步的讨论提供更多的素材。

（6）讨论和评价表演：首先，教师组织学生集中讨论剧情中的角色，并就如何演好这些角色提出意见和建议。其次，教师引导学生重点讨论一些实质性的问题，包括情节的合理性、扮演者的动机等。在这个过程中，需要引起重视的一点是，教师必须帮助观众顺着表演者的表演过程进行思考，例如，可以提出这样的问题："当 ××× 说出这些话之后，你们认为他会怎么想？"随着讨论的深入，师生应该把重点逐渐转到为下一个阶段的表演做准备上面，帮助用不同方法表演同一个角色的学生不断加深对角色的理解。

（7）重新表演：教师和学生进一步讨论和研究角色，加深了对角色的理解，进而考虑是否更换扮演者。表演活动可以安排讨论和表演交替进行。新的表演应当尽可能探究一些新的发展和变化。例如，更换一个角色之后，要使学生真正看到这种变化如何引起另一个角色扮演者行为的变化。表演活动的特点主要在于扮演者可以尝试运用不同的方法表演同一个角色，并能够看见表演的进程和结果。通过这样的方法，学生可以更好地掌握解决问题的办法。

（8）讨论和评价：这个阶段和第六阶段基本相同，但师生讨论和评价的重点在于，表演的角色变化之后是否引起相应的情境发展和变化，以及问题解决的办法能否顺利地迁移到现实的生活当中。

（9）总结：教师引导学生总结表演情境中所发生的各种人际关系及解决问题的方法，并鼓励他们把解决问题的经验和角色扮演的行为规则运用到社会生活当中。

笔记

4. **操作要领** 首先，需要选择一个问题情境。选择的情境应适应学生的年龄特征、文化背景、兴趣爱好、个人阅历等要素，这样才能激发学生参与表演的积极性，更好地解决问题。同时，情境表演也应选择多种不同类型的角色，让学生都参与到表演中。这些情境的素材很多，如小说、电影、电视中的价值冲突，现实的社会事件等。其次，教师主要起指导和支持作用，而不是包办代替。教师可以决定表演的主题和方法，然后帮助学生设计表演，如表演时间的设定、角色的选择、表演的程序等，鼓励学生自由、真实地表达思想和感情，引导学生的表演从一个阶段过渡到另一个阶段，并适当地总结和提出下一个阶段的修改意见。在表演过程中，教师应当遵循下面五个重要的原则：①教师应以一种非评价的方式接受学生的反映和建议，即使学生的观点、情感及建议与自己的意见不同；②教师应帮助学生研究问题情境的不同方面，认识并比较不同的观点；③教师应通过反应、解释和总结，来提高学生对自己的观点和情感的认识；④教师应强调学生可以用不同方法表演同样的角色，或用不同的方法解决同一个问题，由此产生的效果也不相同；⑤教师要让学生明白可以用多种方法解决同一问题，没有任何方法放之四海而皆准。此外，要说明的是：角色扮演教学模式可以运用于不同层次、不同年龄阶段的学生，但表演需要较好的组织者和表演者，所以教师应具备较强的组织和领导能力，帮助学生顺利完成任务，而学生也需要一定的表演水平；同时，表演的时间相对较长，需要双方有一定的耐心。能否表演好的关键，在于选择合适的问题情境和扮演者。

（二）法理学探究教学模式

1. 理论依据 法理学探究教学模式是美国学者奥利弗和谢弗（D.Oliver and J.P. Shaver）专为社会科目的学习所构想的教学范式，其以社会问题的产生、决策或公共政策的决策、执行等过程作为教学活动的素材，通过积极的智力活动与激烈的辩论，引导学生主动学习高深的知识和探讨人类普遍价值的一种教学模式。奥利弗和谢弗认为，现代社会存在各种不同的文化、思想和价值观，人们在公共问题上也持不同的立场和观点，甚至可能产生冲突，所以公民需要学会理智地分析社会公共问题，不断地进行沟通和妥协，形成公正和符合人性尊严的观点。基于此，他们主张，在教学领域，教师和学生可以思考社会公共政策问题及其制定、执行主体，通过正反双方的对话来揭示社会政治事件的矛盾冲突，探讨解决问题的途径和探究人类普遍的价值（如自由、平等、良心、正义、言论自由等）。

法理学探究模式有三个要素：①苏格拉底对话法——教师要求学生就一个问题选择一种立场或作一个价值判断，然后教师通过自己的论证来质询学生的立场；②公共政策问题——既可以是政府的决策，如“政府是否应该发动对伊拉克战争”，也可以是个人的行为选择，如“我可以向政府请愿停止发动伊拉克战争吗”；③价值体系——主要探讨公共问题的决策和执行，涉及人类深层次的价值和道德的冲突，涉及自由、平等、公正等普遍的价值观。

2. 功能目标 法理学探究模式的教学目标是帮助学生掌握分析和论证社会问题的方法，引导学生去探讨学术研究的价值标准，以提高学生的法理逻辑能力，促进学生的社会化，使其最终成为良好的公民。可以说，法理学探索模式是一种公民教育的高级模式。该模式主要适用于高年级的学生，不宜在初中水平以下的年级使用。

3. 结构方式 法理学探究模式的程序步骤包括如下六个阶段。

第一阶段，提出案例。教师借助于故事、电影、历史记载或社区生活中的事件，向学生介绍案例，并概括案例中的主要事件，分析其中谁做什么、为什么做，或表演其中的争论来复核、重审事实。

第二阶段，认清问题。学生把所得到的事实综合概括成一个公共事件，找出其中所涉及的价值标准（例如：言论自由、基本福利保障、地方自治、发展机会均等等），确定不同价值标准之间的冲突。

第三阶段，选择立场。要求学生表明对问题的看法，选择自己所持的立场及其基础。

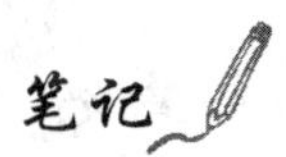

第四阶段，探明所选择的立场。为了探明学生的观点，教师要把谈话改变为与学生争辩的方式，从而对各种观点进行探讨。在扮演苏格拉底式的角色时，教师（或学生）可用以下四种辩论方式中的一种或多种：①要求学生确认哪些或是哪一点违反了标准；②通过类比，阐明价值标准的冲突；③要求学生证明一种立场可能出现或不可能出现的后果；④要求学生选定哪一种价值标准更为重要，并且阐明如果缺乏这种标准会出现什么样的情况。

第五阶段，明确并进一步稳固立场。教师要求学生进一步阐明和稳固自己的立场，但有时也需要鼓励学生重新阐明他们的立场。

第六阶段，验证关于事实、定义和后果的假设。教师帮助学生仔细考察、验证自己的立场。

4. **操作要领** 其一，对教学环境的要求方面：需要一个带有问题的环境，最好是具有价值冲突的案例，并用比较丰富的材料来支持。其二，对教师的要求方面：教师应该创造一种充满活力的、学生的所有观点都受到尊重的良好氛围；对第四、五阶段的反应，不应以同意或不同意的口吻进行；教师可以通过相关性、一致性、特殊性或一般性的提问和对定义的阐述，对学生的立场作出反应；教师也要注重强化学生对问题思考的连贯性，以便他们在进行辩论之前形成自己的逻辑思路；同时，教师也要深入研究学生的观点，避免对学生观点进行直接评价，也避免采取一种立场。总之，教师必须让学生清楚：对事件的阐述和采取最有防御性的立场都要坚持客观性，所提供的证据和对事实的假设必须经得起质疑。其三，对学生的要求方面：学生要认真阅读案例材料，然后选择一个立场或观点；根据学生的立场，把学生分为小团体，每一个团体经过研究和讨论后，拿出充分的证据和充足的理由；学生必须自信，敢于表达自己的观点。但辩论结束后，学生可以选择不同的结论。

四、人格发展教学模式

人格发展教学模式的理论基础是人本主义心理学。人本主义心理学的研究目标是发展现代的心理动力学，即把注意力集中在研究心理健康、机能健全的人类有机体这一长期被忽略的领域上，使心理动力学重新人性化。其突出贡献在于对人的本性的新认识，强调人的能动性和自觉性，认为人有选择未来的能力，有创造的能力，有理解自己和理解环境的需要，有内在的、积极向上发展的潜在能量和价值。与之相应，在教育问题上，人本主义心理学家认为，教育的理想目标应该是培养健康、成熟、完善的人，教学模式的设计应该着重于尊重人的需要、发掘人的潜力、创造和谐的环境。

（一）非指导性教学模式

1. **理论依据** 美国著名人本主义心理学家罗杰斯将其心理咨询中的非指导性咨询方法推广到学校教育领域，创造了非指导性教学模式。罗杰斯相信，积极的人际关系能促进人的成长，因此教学应当建立在人际关系而不是其他物质概念的基础上。从非指导性教学的观点来看，教师扮演着促进学生成长和发展的指导者的角色，两者之间是一种咨询关系。在这一角色中，教师帮助学生探究有关生活、学习以及与他人关系的新思想。这种模式为师生创造了一种互相学习、坦诚交流的伙伴关系。

2. **功能目标** 该教学模式注重促进性的教学，其基本目标是创造一种学习环境或伙伴关系，以帮助学生理解他们自己的需要和价值，并发展学生建设性地处理自己的学业和生活的能力。因此，在该教学模式中，学生是教学活动的中心，教师扮演着一个为学生学习提供方便的促进者或合作者的角色，而非是控制学生学习环境的指导者角色。教师要与学生建立一种相互信任、相互理解的伙伴关系，形成一种移情交流的气氛，借此帮助学生探索生活、学业以及与他人关系的新观念，并培养和发展学生自我指导的能力。该教学模式强调，教学的成功取决于师生坦率地共享某些观念和相互之间真诚地交流思想的意愿。由于非指导性教学的内容是由学生在与教师和其他学生的相互作用中产生的，因而它的教学目的不

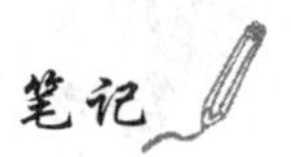

在于传授系统的知识和技能，而在于培养学生的性格，即创设一种环境，使学生在教师的顾问作用下，发现、体验和形成有助于自我发展的知识经验。

3. **结构方式** 非指导性教学是由一系列咨询式的交谈活动所构成，其话题可能是多样和多变的，而且交谈和维持交谈的主动权在学生手上，教师应学生的要求参加讨论，起顾问而非指导作用。这样也产生了一个明显的问题，即教师如何把握教学中可能出现的变幻莫测的情况，如何使教学以有序的方式进行。罗杰斯认为，要掌握非指导性教学，教师除具备常规性教学技能外，还需从非指导性咨询的成套技能中汲取若干技能，来练习与学生接触和应答的本领。在此基础上，他提出了非指导性教学模式的结构序列，具体划分为以下五个阶段：①确定辅助情境——教师创设一种融洽的气氛，使学生得以无拘无束、自由自在地表达自己的思想和情感；②探索问题——教师由"我们今天希望讨论什么或做什么"之类的问题发端，在学生交流各自想法的基础上，经讨论最终形成共同感兴趣的问题，从而确定教学目标；③发展洞察力——学生在与教师共同讨论问题的过程中，对自我的原有经验加以改组，并能从因果关系或新的个人意义上来描述和理解问题。教师在该阶段的主要作用是对学生提供支持；④计划和决策——通过教师帮助学生澄清种种可供选择的事物，学生对有关问题作出计划和决策，并开始积极的行动；⑤统合——在教师的支持下，学生的认识产生一种日益完整的、更为综合的定向，并进行更为积极的行动。

4. **操作要领** 罗杰斯专门对非指导性教学模式的操作要领作了一番详细的论述：①先决条件——教师应对自己坚信不疑，教师和学生之间应当能体验到一种教师对学生独立思考和自学能力的根本信任；②学习小组——教师应同其他人（学生，可能的话也包括家长和社会人士）组成一个小组，共同负起对学习过程的责任，包括课程计划、管理及教学方式、经费筹集、政策制定等；③提供资料——教师应从经验、从书本、从社会活动中为学生提供学习资料，并鼓励学生补充学习资源；④自我负责——学生探索自己所爱好的事物，根据这些资源财富，每个人就自己的学习方向作出选择，并对这种选择所产生的结果负责，据此形成他们自己个人的或几个人合作的学习计划；⑤学习气氛——提供一种真诚、关心和倾听的学习气氛，这种气氛最初源于教师，随着学习的进展，它就越来越经常地由学生相互提供；⑥学习重心——集中在促进连续不断的学习过程（学习内容虽然并非无足轻重，但却是居于第二位的东西），这样，一门课程大功告成的标志，与其说是学生已"学到了所有他们需要知道的东西"，不如说是"学会了他们怎样才能学到想要知道的东西"，即自学能力。⑦自我训练——达到学生自己目标所需要的训练是自我训练，学生将训练看成是他们自己的责任，并主动承担这种责任；⑧自我评价——对学习水平及意义的评价，主要由学生本人作出，即实行自我评价，当然，小组成员或教师的善意反馈也会影响及增强学生的自我评价。在罗杰斯看来，非指导性教学模式所营造的教学氛围，会使学习是以一种比传统教学更快的速度向纵深发展，这是因为，学习方向是自我选择的，学习活动是自发的，具有感情和理智的完整的人会整个儿投身于这种学习过程。

（二）阶段性自我指导教学模式

1. **理论依据** 美国教育心理学家格罗（G.O. Grow）的阶段性自我指导教学模式，是在借鉴情境领导管理理论的基础上提出来的。情境领导管理理论认为，管理是情境性的，管理方式的采纳取决于职工的"准备度"或"成熟度"。所谓"准备度"，是一种动机和能力的复合体，是"愿意 - 不愿意"与"能够 - 不能够"之间二维交叉的各种状态系列。因此，在考虑采用何种管理方式时，必须注意两点：一是任务要适合工作人员的能力；二是让工作人员学会自我管理，主动地参与工作。格罗认为，教学工作在某种程度上也是一种管理，要使教学目标、教师、学生、教材和教学方法之间有机统一，也必须注意这两点。在此基础上，格罗提出了如下几个理论假设：①教育目标是培养具有自我指导能力的、终身的学习者；②成功的教

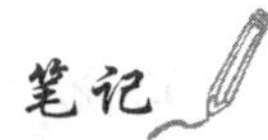

学方法不止一种，所有良好的教学均是情境性的，因受教者的不同而不同；③个体的自我指导水平既有情境性的一面，也有普遍性一面，即当个体一旦具备自我指导能力后，能够将其迁移到新的情境中去；④自我指导并不否认依赖型学习的价值；⑤自我指导水平是可以习得的，也是可以传授的；⑥正确的理论不一定有用，即不一定具有高度的操作性，如果人们在采纳某一理论或学说前，过分强调它的可操作性，危害不浅。

2. **功能目标** 该模式根据学生学习的规律以及各种能力的形成规律，将其过程分为四个不同的阶段，从而采取了四种不同的子模式。在第一阶段，主要运用布卢姆的"掌握学习模式"，运用这一模式，目的是激发学生学习知识技能的良好动机，本着"人人都能学习"的信念，提高大部分学生掌握基本知识技能的水平；在第二阶段，在大部分学生掌握了最基本的知识技能的基础上，大力发展学生的自学能力，使学生在自主学习与提高运动技能的同时，形成自学的习惯和适合自己学习的方法，培养学生分析问题、评价问题的能力；在第三阶段，主要应用合作学习模式培养学生的创新能力以及合作的精神；在第四阶段，也就是最后一个阶段，在学生具备了一定的自学能力与合作能力后，着重培养学生的教学能力。从整个模式来看，我们主要培养的是学生的自学能力以及创新能力，为学生在未来适应社会的发展，形成终身教育奠定基础。

3. **结构方式** 在格罗看来，学生的学习水平可依其自我指导水平为维度，分为一系列前后相继的阶段；与此相应，教师的教学方法也应与学生的自我指导水平相契合。所谓"教育上的问题"的产生，是因为教师的教学方法与学生的自我指导水平不相契合所造成的。格罗进一步指出，不存在一种普遍有效或彻底无效的教学方法，只要运用适当或能与学生的自我指导水平相契合，各种教学方法均有其独特的魅力和作用。据此，格罗把学生自我指导水平分为四个前后相继的阶段：阶段1——依赖型学生；阶段2——兴趣型学生；阶段3——参与型学生；阶段4——自我指导型学生。与这四个阶段相对应，教师的教学方法也可分为四种类型：权威、教练型教学对应于依赖型学生；鼓动、指导型教学对应于兴趣型学生；促进型教学对应于参与型学生；咨询、协商型教学对应于自我指导型学生。下面具体介绍自我指导四阶段及其教学方法。

阶段1：权威、教练型教学与依赖型学生

依赖型学生的自我指导水平低下，需要有一个权威人物给予明确的指导，告诉他去做什么，如何做等。从教育学上看，依赖性并不是缺陷。无论是谁，也不论他有多高的发展阶段，在面临新的情境时，或多或少地会表现出依赖心理。对依赖型学生实施教学的方法主要有两类：第一类，教练式辅导。要求教师是具有真才实学的专家，在施教前一阶段必须树立自己的权威地位。教师要能为学生制订具体而明确的目标，制订严格的纪律；尽力使目标和纪律符合学生的发展水平，尽可能地让学生体验到成功的欢乐，及时对学生取得的成绩进行奖励。在上课时，教师必须精心设计教学计划和方案，一切教学活动以学科为中心，大量采用行为教学法。而且，格罗认为，这种注入式教学法虽有一定局限性，但仍是有效的；只有当它使学生产生永恒的"依赖心理"时，才是无效的。第二类，批判性教学法。其具体内容是：要求学生参加设计活动和学科内容的学习活动；对自己的学习活动负责任，从而开发学生对自身的处境的批判意识，培养学生的质疑精神。这类似于启发式，但仍以教师为中心，学生处于被动地接受的地位，不论是教学目标、教学进度和学习内容，均是教师指定的。对学生所提出的"疑"，教师要么解释并加以首肯，要么沿着学生的思路步步深入，让学生得出矛盾的结论，然后再回到教师所首肯的答案上来。这类似于我们熟知的"苏格拉底法"。

阶段2：鼓动、指导型教学与兴趣型学生

兴趣型学生具有初级自我指导水平，他们对学习怀有较强的兴趣，愿意去完成教师所布置的任务，并对任务的意义有一定的认识；他们有较强的自信心，但是并不重视系统的学

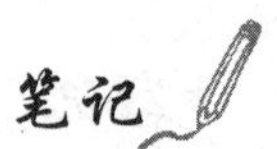

科知识的学习，因而是缺乏内在动机的一类学生。对这类学生实施教学时，教师要像推销产品的推销员那样，激起顾客的购买欲和热情，以此来感化、激励学生投身学习活动（这不仅指表扬，还指带有鼓励性的批评等）。该阶段的教学要注重解释基本学习技能和知识对学生的重要意义，要制订学生通过努力能够达到的短期目标，从而激发学生进一步学习的愿望和动机；要注重师生之间的人际关系，教师的期望或学生要接近某教师的愿望，往往会成为学生的外在学习动机。同时，要注重培养学生的自信心和内在动机，帮助他们认识自己的个性类型、生活目标和学习方式。

阶段 3：促进型教学与参与型学生

参与型学生已具备一定的知识和技能和中等自我指导水平，有时能独立地从事探究活动，但还需进一步增强自信心和培养对学习的探索精神、理解教师指导的意义和价值以及与他人合作的意义。在学习方法上应更加注重掌握一定的学习策略。他们应逐渐地学会“应该”和“认为”之间的区别，学会评价自己的经验和感受，并由此学会对他人作正确的评价。该阶段是培养终身学习者的关键期，教师的作用是作为“促进者”：师生共同制定决策，教师主要是向学生提供信息，鼓励学生大胆地把他们所学到的技能运用于实践之中；教师是“向导”和带路人，为学生提供攀登知识巅峰的工具和技能；师生共同制定学术标准，并对学生进行短期的评价；师生之间签订学习合同，学生在教师的指导下学会自己掌握学习进度和评价学习成果。当学生进一步成熟起来时，教师应尽可能地放手。

阶段 4：咨询、协商型教学与自我指导型学生

自我指导型学生能够自己制订学习目标和评价标准，已学会从专家、图书馆、研究机构等那里获取知识，并学会使用这些知识资源，已成为独立的人。他们对自己的学习活动负完全的责任，自己支配时间、完成作业、开展同伴间的互评，自己收集信息，具备了较高的自学技能。当然，有时他们也需要教师的指导，尤其是对某些较抽象的知识体系或学科的学习。因此，该阶段的教学方法是“协商”或“咨询”式的：教学的目的不在于学生学会学科的基本知识，而是培养学生的学习技能和促进学生人格的全面发展；以学生的讨论和小组学习及个别学习为主，即我们所称的“学生中心”式的教学方法；主要的教学形式是论文写作、独立学习和设计。格罗认为，对自我指导型学生，在必要时也可以不同程度地采取前三个阶段的教学方法，使学生取得更大的进步。

4. 操作要领 关于阶段性自我指导教学模式在课堂教学中的应用，格罗认为，该模式是指导教学的总体思路是以促进学生的发展水平为其目的的，同时它又可以作为一种具体的技能应用到学科教学中。格罗举例说，在一门学科的教学中，教师先以讲演为主（阶段 1），然后以有指导的讨论为主（阶段 2），再次是以结构性较弱的讨论为主（阶段 3），最后达到学生自主的讨论（阶段 4）。在一个学期中，教师的角色不断变换，即从专家到鼓动者、促进者、协商者。而学生的角色也相应发生变化，从依赖者到有兴趣者、参与者，最后达到自主的学习者。

第三节　知情交融教学模式

认知与情绪的相互关系，不仅是一个制约教学心理研究的基本理论问题，也是一个制约教学模式建构的基础观念问题。纵观近现代教学心理和教学模式研究的演变，无不涉及人们对知情关系及其在教学中的作用的认识。然而，尽管知情交融一直是学术界的理想追求，但是以往的研究大都在“主知”或“主情”之间往复。近年来，随着心理学研究的发展和人们对教学本质认识的深入，以知情交融的方式建构教学理论和教学模式的必要性，越来越多地为学者所重视，并成为教学心理和教学模式研究的一种现实追求。

笔记

一、知情交融教学模式的理论背景

知情交融教学模式的提出，有其特定的理论背景，它反映了学术界对知情的相互关系、教学的有效方式以及教学的基本矛盾等问题认识和研究的深化。其主要体现在四个方面。

（一）知情观念的演进

教育心理学家对认知与情绪关系的探讨，经历了一个从知情对立到知情交融的演变。在传统心理学中，由于“理性主义”的影响，人们总是倾向于把认知当作理性的化身，而把情绪看作非理性的象征，认为情绪是与认知相对立的心理现象，总是从紊乱、瓦解、冲动、不理智等消极意义上来解释情绪的性质及其对认知的影响；即使在传统情绪心理学领域内，也多是研究情绪如何受认知的控制性影响，而很少注意情绪本身具有何种作用或功能，以致直接或间接地把情绪看作是认知的伴随物或从属现象。在这种知情对立观念的影响下，教学理论和教学实践中自然形成了“重知轻情”“知识本位”的教育观念。

20世纪下半叶，随着情绪的进化研究的兴起，许多情绪心理学家发现，情绪实质的起点在于进化，从进化的角度看，情绪是有机体力求应付和控制生存环境的心理衍生物，是为成功地增强有机体的生存能力而出现的心理工具，它的任何变化与发展，都是为适应环境所必需，具有功能上的有用性。因此，他们针对以往的知情对立观念，着力研究情绪对认知的唤起、组织、激励和调节作用。他们的研究结果表明，情绪的每次发生和发展、变化和转化、加强或减弱、存在或消失，都是十分具体而生动的操作过程；这个过程的进行，不是任意的、无方向的或无选择的，而是旨在服务于人，使人更适宜的生活，更方便于完成某种活动，更有利于认识外界和采取应答反应。他们的研究很快在心理学界和教育学界激起强烈反响，引发了对“重知轻情”“知识本位”的纠偏“运动”，“非智力因素”“多元智力”“情绪智力”等强调情绪的作用和功能的心理学理论相继产生，“情感性教学”“愉快教育”“以情优教”等教学理论和实践研究热潮不断涌现。然而，随着理论研究和教学实践的深入，研究者逐渐认识到，过高地强调情绪对认知的影响及其在教学中的作用，容易从一个极端走向了另一个极端；情绪与认知既不是对立的，也不是相互独立的，而应该是有机融合的。许多研究证实，在现实生活中，人脑心理加工的大部分内容是情绪与认知的相互作用，而且人们的绝大多数活动是在这种相互作用的驱使下进行的。因此，如何在心理活动的整体性基础上准确把握认知和情绪之间的交互作用和不可分割的内在联系，并从知情交融的角度重新审视与建构教学的基本模式，已是教育心理学以及教学模式研究发展的客观要求。

（二）教学方式的转变

传统的教学理论将教学视为认识过程来把握，强调教学的知识传递功能，以致教学活动自觉或不自觉地遵从倡导“教师权威”、坚持“知识本位”和宣扬“精英主义”的价值取向，直接或间接地否定了教学在于沟通与合作的本质，剥夺了学生作为学习主体的地位和权利。新的教学理论则将教学作为社会过程来理解，强调教与学是教师与学生在社会交往中形成的一种沟通与合作的交互主体性关系，其中“对话”是教学活动的重要特点。美国学者波尔更是强调，学校应当是教师和学生这两类主体交互作用形成的学习共同体，它通过人人参与、平等对话、真诚沟通、彼此信赖来发展合作精神，激发道德勇气，共享经验知识，实现自我超越。因此，新教学理论强调教学方式应当从有利于“教”向有利于“学”转变，应当促成一种既有平等沟通又有自我表达，既有相互合作又有个人探索的教学互动关系。教学方式的转变对教学模式的建构提出了新的要求。因为沟通与合作本质上是一种双向心理交流以达成心理契合的活动，其有效性具体表现为双方认识上的共识性、情绪上的共鸣性和行为上的合力性，因此，沟通与合作得以实现的心理机制，基于彼此间认知与情绪的良性互动，即知情交融。因此，从知情交融的角度重新审视教学模式，将之从“人-人”系统拓展为

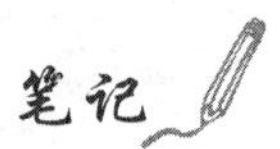

"人 - 环境"系统，并从认知与情绪的良性互动的发生机制上保证教学活动中的沟通与合作关系的有效实现，是教学模式建构的现实需要。

（三）教学矛盾的认识

以往人们对教学基本矛盾的认识，由于受传统教学理论的影响，仅局限为教学中的客观要求与学生原有的知识、能力和发展水平之间的矛盾，即仅从认知加工的层面界定教学基本矛盾的性质。现代教育心理学研究表明，教学过程不仅是认知信息加工的过程，也是情感加工的过程，是师生双方在认知和情绪两方面同时进行交互作用的过程。由此，有学者对教学基本矛盾提出了情知统一的新论，即教学基本矛盾主要体现在认知和情绪两个方面，前者是教学要求与学生已有认知水平之间的矛盾，具体表现为"能不能"学习的问题；后者是教学要求与学生当时的学习需求及其由此产生的学习意愿之间的矛盾，具体表现为"愿不愿"学习的问题。而且，与"能不能"学习的问题相比较，"愿不愿"学习的问题对学生的学习行为有着更为突出的影响，它是学生对教学要求与自身学习需求之关系的情绪反映，它从主体意义和动机水平两个方面直接制约学生对教学活动的态度和所愿投入的意愿。因此，在现实的教学活动中，"愿不愿"学习的问题始终是教学活动能否达到预期目标的关键和难点。教育工作者经常强调，教学首先要激发学生的学习动机、要调动学生的学习主动性、要激发学生的学习兴趣等等，实际上都是旨在解决学生"愿不愿"学习的问题。

对教学基本矛盾的新认识，要求我们从认知与情绪两个方面去把握"教"与"学"的相互关系及其规律，并从知情和谐统一的角度建构相应的教学理论和教学模式，使学生真正成为学习的主体，变"要我学"为"我要学"，从而使教学对学生发展的促进作用得以有效实现。

（四）教学问题的解决

教学理论研究的价值与发展的前途，取决于其在解决现实教学问题上的效力。同样，知情交融教学模式作为一项专门的教学改革研究，也始终着眼于解决现实中的教学问题。以有效教学为例。尽管追求有效是教学理论和实践研究的永恒主题，但是有效教学作为一个引起我国教育界广泛关注的专属话题，其研究的兴起是与 2001 年基础教育课程改革的实施相伴而生的，其目的是为了解决"教师很辛苦，学生很痛苦，但学生却没有得到应有的发展"的现实教学问题。时隔多年，虽然我国有效教学研究取得了许多值得肯定的成效，但是研究的总体水平还不高——谈"应该""必须"的多，谈"为何"以及"怎样"的少。其中的主要的原因是现有研究极少深入到直接制约教学有效性的心理机制问题。教育心理学研究表明，从根本上来说，教学主要是一个师生双方在认知和情绪两方面同时进行交互作用的过程，教学的有效性来源于双方认识上的共识性和情绪上的共鸣性，以及由此产生的认知与情绪之间的良性互动。与之相应，对教学的基本矛盾的新认识也告诉我们，与"能不能"学习的认知性问题相比较，"愿不愿"学习的情绪性问题始终是教学活动能否达到预期目标的关键和难点，对学生的学习行为有着更为突出和直接的影响。同样，有效教学研究所面对的现实教学问题，其主要成因不是学生的认识水平不行——即不是"能不能"的问题，而是学生的情绪状态不佳——即"愿不愿"的问题。因此，有效教学研究的理论合理性与实践有效性，离不开从知情交融的角度对制约教学有效性的心理机制的探讨。

二、知情交融教学模式的基础观念

知情交融教学模式的研制，旨在通过创设一定的教学条件，使学生的认知与情绪活动在积极互动的基础上协调统一、良性循环，产生知情互促的和谐心理状态，从而在激发学生的学习热情、调动学生的学习主动性的同时，促进学生对教学内容的接受、感悟和掌握。知情交融教学模式作为一种从理论上把握教学活动各要素之间相互关系的结构框架和从实践上调控教学活动的操作程序（范式），是以一定的教育心理观念为基础的。这些基础观念是

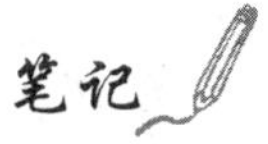

知情交融教学模式的结构、程序和方法得以确立的理论依据或指导思想，反映了研制者对教学过程、教学机制以及师生关系等的基本看法。具体来说，知情交融教学模式所依据的教育心理观念主要体现在三个方面。

（一）认知与情绪是统一的整体

人类信息加工过程包括认知和情绪两个子系统，其中认知子系统侧重于对事物本身的特性或客观意义的反映，情绪子系统侧重于对事物与人自身的关系或主体意义的反应，它们相互联系、相互作用，构成人类信息加工的统一过程。伊扎德（Carroll Ellis Izard；1923—2017）的情绪分化理论认为，在现实生活中，认知与情绪的相互作用占据着人脑信息加工的大部分内容，人的多数活动是在这种相互作用的驱使下进行的；而且，认知与情绪在长期的相互作用中，还会形成一定的心理倾向或人格特质，它体现着由信仰、价值观、理想等所制约的认知因素与由需要、态度、心向等所制约的情绪因素之间的相对稳定的动力关系，因而不仅能对人的注意指向、目标选择、信息加工和行为方式具有经常而稳定的动力影响，而且能起预示的作用。例如，在推理这种高级认知加工过程中，情绪活动与认知活动就是一种相互作用的协同关系。为了有序而富有逻辑性地进行思考和推断，人需要对各种可能的选择进行分析。在此过程中，情绪会以一种自动报警器或直觉的方式突显某种选择所可能产生的行为结果或者现实场景——“当与某个选择相对应的不利结果浮现在脑海里的时候，哪怕是一瞬间，你都会体验到一种不愉快的感受”。这种自动的报警信号就可以让人放弃相应的负面选择，从而从其他的选择中进行思考。对此，斯托曼（Kenneth Thomas Strongman，1940—）强调，“正是因为我们意识到了情绪，我们才确切地知道我们的目标和计划的某些侧面，通过其他的方式我们根本无法了解这些内容。”而且，“每个目标和计划都有一个监控机制，这个监控机制能够评价与这一目标和计划相关的事件。当达到一个重要的目标或次级目标的可能性发生实质性的变化时，这个监控机制就会向整个认知系统传播一个信号，这个信号能使整个认知系统对这一变化做好反应的准备。人类所体验的情绪就是这些信号和准备状态。”

当然，作为统一体，认知与情绪既可以相互促进、良性循环，也可能相互阻碍、恶性循环，因而人类信息加工的效果取决于两者之间的相互关系的性质和水平。同样，教学活动的顺利进行和教学目标的有效实现，有赖于认知与情绪之间的良性互动关系的建立；教学的最佳状态，派生于认知与情绪之间因良性互动而产生的协调统一、交互促进的知情交融状态。与之相应，知情交融教学模式就是期望通过创设一定的“人 - 环境”教学条件，使学生的认知与情绪活动在积极互动的基础上协调统一、良性循环，产生知情互促的和谐心理状态，从而在激发学生的学习热情、调动学生的学习主动性的同时，促进学生对教学内容的接受、感悟和掌握。

（二）学习是意义的建构

奥苏贝尔的意义学习理论指出，学生的学习应该是“有意义的学习”。所谓“有意义”，并非指教学内容本身的客体意义或逻辑意义，而是指教学内容对于学生具有主体意义或心理意义，即教学内容中的知识和观念能与学生已有认知结构中的知识和观念发生现实的关联作用；所谓“有意义的学习”，并非等于有意义的教材的学习，而是指学生有积极学习的心向，能主动地将教学内容中的新知识和新观念与自身认知结构中原有的适当知识和观念发生相互作用，使旧知识和旧观念得到改造、新知识和新观念获得实际意义的过程。因此，有意义学习实际上从不同的角度反映了教学的两个基本矛盾，即学生是否具有同化教材所需的认知结构，反映“能不能”学习的问题；学生是否具有掌握教材所需的学习心向，反映“愿不愿”学习的问题。这为我们从学习机制的层面建构知情交融教学模式提供了理论依据。而且，相关研究表明，在“有意义学习”的条件下，学生倾向于把学习看作是一种促使自己

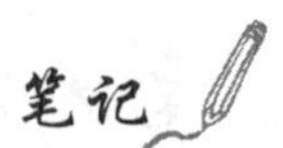

不断发展、不断提高的过程，对学习内容表现出明显的期待和努力倾向；更多地采用交替、网络式的认知加工策略，能从多方面、多角度去搜寻提示线索和意义特征，如对新旧知识的“切合性”作出判断，调节彼此间的分歧或矛盾，或将新知识加以简化性重组与转换，使之与自身认知结构产生同化或顺应。而在“无意义”的条件下，学生则倾向于把学习看作是一种痛苦、难受的差使和负担，对学习内容明显表现出退缩、厌倦甚至抵触情绪；更多地采用简单、直线式的认知加工策略，仅注意学习内容的形式特征而忽略其意义特征，甚至简单地将新学内容在自己的认知结构中“登记”一下了事。

与之相应，意义学习理论强调，教学不是一个“教师传递——学生接受”的简单过程，而是一个“教师引导——学生建构”的复杂过程：教师通过创设一定的情境，促成学生从积极意义上评价教学内容对于自己的主体意义，从而主动地利用自己的已有知识经验与教学内容中的新知识、新观念进行相互作用，生成自己的理解、体验和感悟，进而使自己的知识结构或经验系统得以优化重组、转换或改造。当然，这一建构过程的有效实现，依赖于内因和外因两方面的条件。一是学生的主动建构。现实教学过程中大量存在的被动接受或消极应付的现象与问题表明，学生在教学过程中并不必然主动建构教学内容。只有当学生感受到教学内容对自己具有学有所获、学有所用、学有所悟、学有所长的价值时，他们才会从积极的意义上评价教学内容对自己的主体意义，产生积极的情绪体验和学习心向，从而主动利用自己已有的知识经验与教学内容产生积极的相互作用。二是教师的积极引导。尽管学生的主动建构产生于对教学内容的主体意义的积极评价，但是由于种种原因，教材内容本身所呈现的大多是特定学科知识与观念的客体意义或逻辑意义，而缺乏对其与学生发展之间的主体意义或心理意义的揭示，以至于难以激发学生的积极情绪体验和学习心向。因此，为了促成学生的主动建构，教师必须对教材内容进行发掘和加工，使之与学生已有的知识、技能、情感、态度、信念、价值观等发生现实的优化性关联作用，并在教学过程中通过创设一定的情境加以引导和展现，促使学生从积极的意义上评价所学内容与自身发展之间的关系，进而在产生积极情绪体验的同时产生主动建构的活动。

（三）“寓教于趣”是知情交融的基本机制

“寓教于趣”是激发学习动机和学习主动性的心理基础，也是知情交融的基本心理机制。兴趣作为人力求认识某种事物或从事某项活动的心理倾向，具有认知和情绪双重特征。从认知特征来看，兴趣表现为人对认识某种事物或从事某种活动的选择倾向和主动探究的态度，即人一旦对某事物产生了兴趣，不仅会优先予以注意，而且会积极探究其原理或规律；从情绪特征来看，兴趣伴随着愉悦、舒畅、满意等情绪体验（这一点，只要想想上课或听报告不感兴趣时的主观体验，就不难体会），即人在从事感兴趣的活动时会觉得“乐在其中”。而且，兴趣作为一种内在动机，其对学生学习的动力影响比外在动机稳定、持久。尽管学生的学习可以由多种动机所引发，但是未必都能发展成兴趣；而一旦产生了兴趣，必然有与之相应的内在动机伴随。因此，激发和培养学习兴趣，常常是内在学习动机形成与发展的心理基础。“知之者不如好之者，好之者不如乐之者”。学生最容易在适合其兴趣的各种活动中得到最大的动力激发，其学习行为的主导动机常常与某种能使自己“感兴趣”的活动相联系。当教师通过教学内容的内在力量和生动活泼的教学方法激发起学生的学习兴趣时，既能使学生的学习处于相对轻松的愉悦状态，又能使学生的学习动机和学习行为指向教学目标所要求的方向。

对“寓教于趣”的强调，也有助于纠正教学研究和实践中的某种认识偏差。当前，随着人们对情绪在教学中的作用的认识的深入，教育工作者已经普遍重视教学的情绪特性，强调要寓教于“情”。但是，对“情”的认识还存在某种偏差。不少人将“情”简单地等同于“快乐”，认为寓教于“情”就是寓教于“乐”，就是要在教学过程中使学生感到“快乐”。特别是

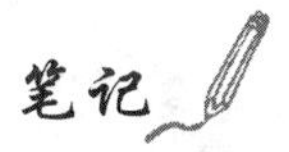

在前些年全国范围内开展的“愉快教育”运动中，更是出现了许多有待科学化的理论和实践误区。其实，在教学过程中单纯地强调“快乐”，实践上是有害的。因为，在课堂上，让学生感到“快乐”的方法是多种多样的，其中有一些是背离既定的教学目标和教学要求的。例如，作业少布置一些，学生会感到“快乐”；考试要求降低一些，学生会感到“快乐”；老师生病今天课不上了，学生甚至会感到更加“快乐”。从情绪心理学的角度来看，强调教学的情绪性是为了借助积极情绪的调节作用产生知情互动的良性循环，以便更好地实现教学目标，决不能脱离教学目标而单纯迎合学生的“趋乐避苦”倾向，否则只会降低学生学习的自觉性。

三、知情交融教学模式的基本构成

知情交融教学模式的具体构成，包括结构方式、操作要领和功能目标等基本要素。结构方式是指知情交融教学模式中教师、学生、教材、教学方法与管理诸因素的相互关系，以及由此而形成的教学活动的时态序列或程序步骤；操作要领反映了知情交融教学模式在实践上的可操作性，以及保证其实施准确性和效果可靠性的主要做法和操作要点；功能目标是指知情交融教学模式的运用所产生的实际教学效果及其标准，具体反映了模式设计者对按该模式进行教学能在学生身心上造成何种变化的一种期望或要求。

（一）结构方式

知情交融教学模式的基本构成，基于“结构决定功能”这一组合质变原理。具体来说：首先，从结构因素上研究教学过程，将影响教学的诸多因素划分为内在因素和外在因素，其中内在因素是影响教学质量的直接因素，而外在因素则是间接因素，要通过直接因素起作用；其结果，将教学看作是由教学目标、学生、教师、教学内容、教学方法与管理五个内在因素所组成的系统。其次，分析教学活动诸内在因素之间的结构关系，即将教学过程看作是师生之间以教学内容为媒介，以教学方法为手段，以教学管理为保证，为实现教学目标而形成的有机整体，其中的五个内在因素既是相对独立的子系统，又是为实现共同目标而协调一致的相互依存、相互作用的整体结构。最后，探寻教学过程的理想结构方式，即从教学所应达到的理想目标出发，运用某种相应的教育心理学理论，有意识地调整教学系统的结构方式，使之得以产生既定的理想功能；一旦所探寻的教学结构方式能在教学实践中产生预期的效果，便将其特定的内在结构和外显功能在理论上加以典型化，使之成为为实现知情交融教学目标而组织、计划和调控教学活动的操作程序（范式），即知情交融教学模式（图7-2）。

（二）操作要领

知情交融教学模式的具体操作涉及“教学设计调节”“教学过程调节”和“学习活动调节”三个方面，其中，“教学过程调节”中的“学习心理调节”是核心环节，因为学生知情交融学习状态的产生和维持，以及学生对自己学习活动的调节，在相当程度上取决于教师能否以“寓教于趣”的方式促成或引导学生的学习心理向既定的方向变化。因此，为了保证知情交融教学模式应用的可操作性、执行的准确性和效果的可靠性，这里主要围绕“学习心理调节”的方法，介绍实施知情交融教学模式的一些操作要领。

第一，“注意-兴趣”调节。注意是心理活动的“门户”，一切心理活动都开始于对某事物的注意。同样，兴趣的激发或产生也常常派生于对事物的有意后注意。“注意-兴趣”调节是指，在教学过程中，教师根据注意与兴趣两者之间的内在联系和动态过程，组织教学过程，在吸引学生注意力的基础上激发起学生的学习兴趣，使之产生强烈的求知欲望和振奋的学习情绪，从而愉快而主动地投入到学习活动中去。心理学研究表明，注意和兴趣的产生，受相同或相似的因素影响，如客观因素中的新异性和变化性，主观因素中的满足需要性和符合期待性等。因此，“注意-兴趣”调节的要领就是先通过对教学内容的生动化、悬念化

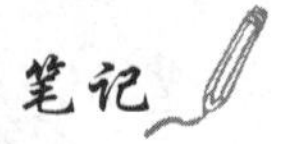

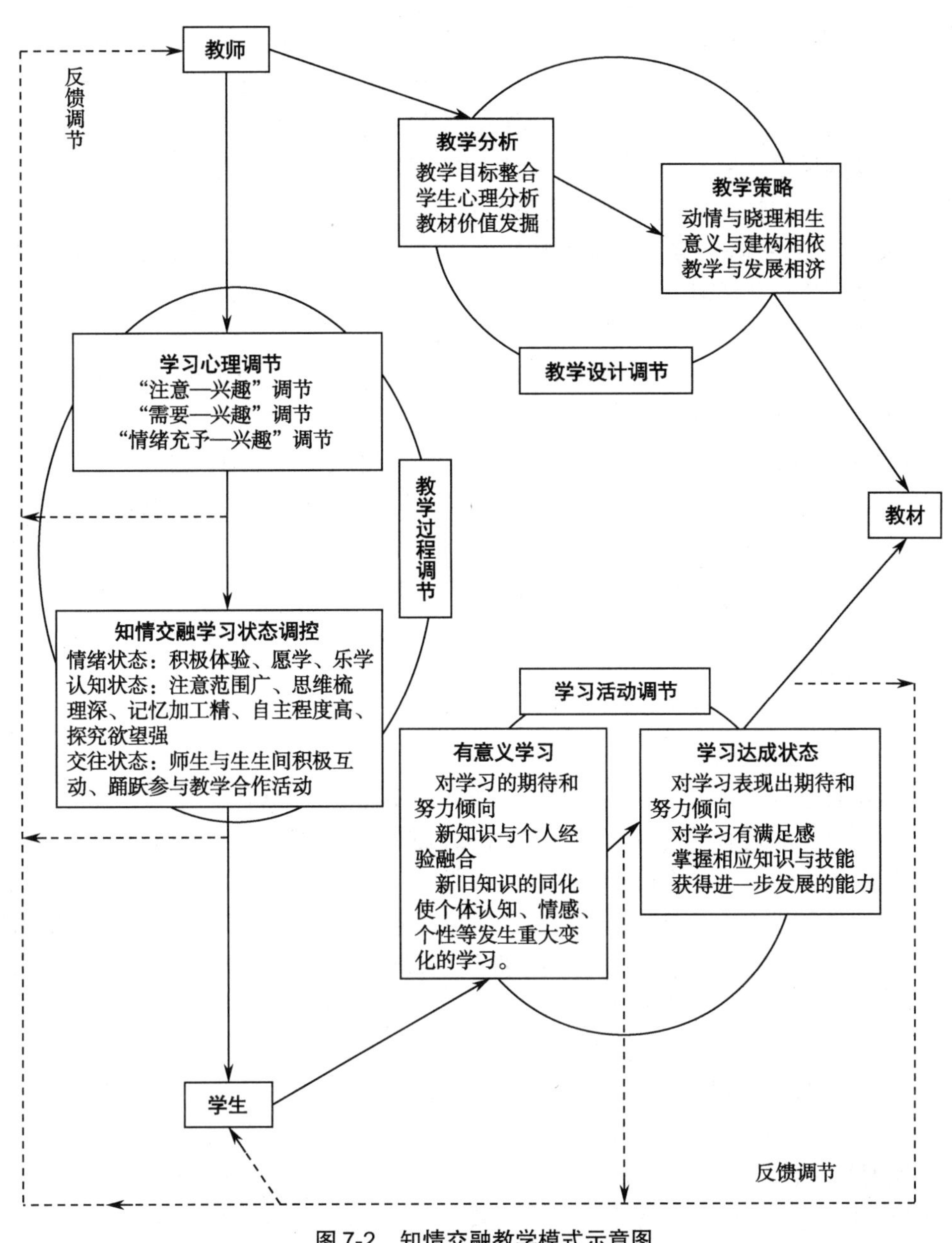

图 7-2 知情交融教学模式示意图

处理，使教学过程本身对学生产生吸引力，进而通过对教学内容与学生已有知识、观念结构的相关性的揭示或引导，引发学生对教学内容与自身关系的关注，使学生的注意力从过程向结果演进，从而产生思索和探究的学习兴趣。

第二，"需要 - 兴趣"调节。需要是个体积极性的源泉，人的一切活动都是为了直接或间接满足某种需要。教育心理学研究表明，在教学情境中，学生的基本需要主要围绕求知解惑、自我提高、归属亲和、自我价值等方面，它们作为学生建构学习意义的主体参照系统，不仅直接制约学生学习的动机状态，并且对学生的学习兴趣具有内在而持久的影响。因此，"需要 - 兴趣"调节就是针对学生的基本需要及其内在联系，从学习的价值性、难度的合理性、反馈的及时性、评价的发展性等方面对教学过程进行综合优化，使教学过程成为满足学生基本需要并促进其需要进一步发展的过程，从而一方面促使学生对从事当前的学习活动产生积极的心理倾向（即兴趣），能从认知和情绪两个方面对学习活动产生积极互动与意义建构，另一方面促使学生对学习本身产生积极的态度，亦即使学生对于学习具有稳定而持

笔记

久的兴趣，并使其伴随学习的认知和情绪活动之间形成相对稳定的良性互动关系。

第三，“情绪充予 - 兴趣”调节。情绪充予，是指特定事件与情绪活动在相互作用过程中形成的一种条件性联系，具体表现为该事件被情绪化地定性，以致其再现时可以引发相应的情绪活动及其反馈结果。在学生的学习过程中，情绪充予的现象普遍存在。就教学而言，某些学习内容因学科性质、教学方式、授课水平、师生关系以及学生自身的学习需求和学习状况等因素的综合影响，经常导致某种情绪性的结果或经常引发某种性质的情绪体验，因而在学生认知同化这些学习内容的同时被注入了相应的情绪。如果这一过程得以一定的重复或循环，那么这些学习内容就将与相应的情绪活动产生条件性的联系，亦即被充予了情绪。相关研究结果表明，某一学习内容一旦被情绪所充予，不仅会使学生在再接触该学习内容时产生与原来相同的情绪反应和相应的情绪性联想，而且会动力定型般地激活与这种情绪活动相联系的认知评价、活动倾向和行动策略，具体表现为一种有组织的兴趣性学习动机模式，并对学生的学习态度、动机倾向和认知方式产生较为恒定的影响。因此，“情绪充予 - 兴趣”调节就是利用教学内容和过程中的情绪资源，以及通过教学结果和评价的情绪强化，使学生对教学内容和过程形成积极的情绪充予，从而促使学生对相应教学活动产生稳定的兴趣和态度，以及与之相应的知情交融学习状态。

（三）功能目标

功能目标是指知情交融教学模式的运用所能产生的实际教学效能及其标准。功能目标通常以学生的身心变化为标准，并以可直接观察的行为指标为依据，它具体反映了模式设计者对按该模式进行教学能在学生身心上造成何种变化的一种期望或要求，即在一个教学单元或一门学科完成之后，学生应该能做些什么，或者学生应该具备哪些特征等。同时，功能目标也是教师和学生在实施知情交融教学模式的过程中，据以反馈调节教学活动的依据。尽管知情交融教学模式的功能目标在总体上可以从建构学生的主体意义、激发学生的积极情感、协调信息的加工过程、提高知识的掌握效率、增进师生的情感关系、促进个性的健康发展等方面加以把握，以体现课程改革的三维目标的综合要求，但是在一个教学单元或一节课中，其主要体现在以下四个方面：

第一，情绪状态。对教学内容和方式感兴趣，对学习内容表现出明显的期待和努力倾向，并赋予学习以一种满足和享乐的性质；能从积极的方面体验到学习对于自己的主观意义，更多地把学习看作是一种促使自己不断发展、不断提高的过程，更多地突出现在的学习与今后的学习、工作之间的联系；在完成既定教学活动之后，还有进一步学习的愿望。

第二，认知状态。有积极把握所学知识的心理倾向，不仅积极汲取这些知识，而且主动探求其原理和规律；信息加工活动多采用交替、网络式策略，注意范围广阔，能从多方面、多角度去搜寻提示线索和意义特征，能够发现新、旧知识、观念之间的联系与区别，因而能较多地进行简化性重组与转换；对学习内容有较多的归纳和梳理，能灵活运用定理和公式，因而其记忆也表现出更多的再编码和精细加工；期望学习具有开拓性和挑战性，并常常以跃跃欲试的心态对待学习中的难题。

第三，参与交往状态。与老师和同学有积极、适宜的信息互动和交流，能够积极呼应、参与提问、讨论、实验等教学合作活动；有尊重、民主、平等的教学合作气氛，学生愿意公开表达个人的见解、展示自己的才能。

第四，学习达成状态。每个学生都能够各尽所能、各展其长，在原有基础上得到一定的收获和提高，有某种成功的满足感；掌握了必要的基本知识与技能，能够应用所学知识正确地解释和解决教学任务中所规定的问题；获得了进一步发展的能力，能够在自主活动中用自己的语言、方法对所学知识以及蕴涵其中的思想方法进行梳理、归纳、表述，并能应用之解决变式问题，从而对后继学习拥有信心。

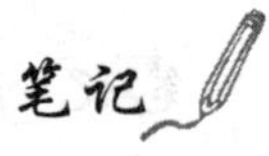

本章小结

1. 教学模式是一种从理论上把握教学活动各要素之间相互关系的结构框架和从实践上调控教学活动的操作程序。其基本构成主要涉及四个方面：理论依据、功能目标、结构方式和操作要领。

2. 教学模式既是教学理论的具体化，又是教学经验的抽象化，从而构成联结教学理论与教学实践的纽带和桥梁。教学模式的研究与学习，对于增进教师教学技能和提高课堂教学质量具有明显的促进作用。

3. 常见教学模式有行为控制教学模式（程序学习教学模式、掌握学习教学模式）、认知加工教学模式（概念获得教学模式、高效记忆教学模式）、人格发展教学模式（非指导性教学模式、阶段性自我指导教学模式）、社会交往教学模式（角色扮演教学模式、法理学探究教学模式）。

4. 随着心理学研究的发展和人们对教学本质认识的深入，以知情交融的方式建构教学理论和教学模式的必要性越来越多地为学者所重视，并成为教学心理和教学模式研究的一种现实追求。

复习思考题

1. 名词概念：教学模式，寓教于趣，情绪充予。
2. 试述教学模式的基本构成。
3. 举例说明教学模式的理论功能。
4. 简述程序学习教学模式。
5. 非指导性教学模式的具体实施涉及哪五个阶段？
6. 教学的基本矛盾主要表现在哪两个方面？
7. 知情交融教学模式所依据的教育心理观念主要体现在哪三个方面？

拓展学习

人，总要仰望点什么

人生在世，不能总是低头觅食，那样会矮化像动物一般。人，总要仰望点什么，向着高远，向上，支撑起生命和灵魂。

仰望，从某种意义上说是一种精神上昂的生存姿态，贯穿于自然、宇宙中的精神情境和灵魂增长力量。它犹如使生命战栗、贯注、凝神，形成张力的力量，涌动着精神、灵魂、生命之流，贯穿于人的性灵肉身与理性心智之中，贯穿于宇宙的一切之中，就像鲜花绽开、泉水喷涌般的无穷无尽地向上涌现。它是根植于一切情愫之中又最终超越其上的永恒的精神。仰望，就是在漫漫黑夜中的灵魂追寻，重返失落的精神家园。

一位俄罗斯老画家在林间散步，“他仰望头上一轮满月从树梢后缓缓露出，他突然被那种无与伦比的饱满和圆润，被那种壮丽博大的景象感动得哭了起来……他看到了大自然最完美的艺术！那皎洁的月光仿佛上苍深情地注视，仿佛天国的雪花披在他的肩头。那一刻，谁能说他不是幸福的。”

哲学大师康德最喜欢凝神仰望夤夜星河。“每当他静静地伫立仰望那浩渺深邃的蔚蓝色的天空时，一种永恒的肃穆和生命的崇高庄严便油然而生——仿佛上帝在叩响自己的额头，一股神秘而伟大的授意如光涛般汹涌而来……”

贝多芬豪迈地宣称：“我的王国在天空！”“当黄昏来临，我满怀着惊奇感，注视着天空，坠入沉思。一群闪闪发光的天体在那儿旋转运行，永无停息，那就是我们称之为世界和太阳的

笔记

天体；此时此刻，我神游魂驰，精神超越了这些距我们亿万公里的群星，一直向那万物之源奔去……渐渐地，我试着把那团激情转化为音响……打开心坎的东西，必定来自天空！”

仰望就是崇高。也许我们抵达不到崇高，但我们可以仰望，让崇高引领，在人世中行走。穿透灵魂，直接在心灵根底树起精神的皇座，把立在大地上的血肉之躯与高高在上的精神品格结合起来，感悟到皈依的崇高，作为生命的最终坚强支柱而矗立在世界上，支撑起富于意义与价值的生命世界。

一次我随黑压压的人群，穿上军大衣，在深夜里爬上泰山极顶，守望东海日出。山涧、鸟鸣、夜露，淹不住心中渴望的激动。黎明的曙光披着金色的大衣从万顷碧波上踏着朝露而来，苏醒的泰山发出铮铮的声响，从青灰色的雾霭中逐渐显示出它坚实的形态。一轮朝阳从海上喷薄而出，圣光充溢饱满，喷涌，流动，一个熠熠发光的世界！我透过那浓密的树梢遥看到远方的木船已挂起了洁白的帆——那迎风摇曳的希望之帆，正颤动于朝阳之中。此时，朝阳、白帆、如洗的碧空，把我一个遥远未来的瞻瞩与渴盼，带向广阔无垠的苍穹。

又一次，在诺日朗，仰望诺日朗大瀑布。瀑布从一片绿色的灌木林流出来，突然跌入深谷，形成一缕缕雪白的水帘，千姿百态地垂挂在宽阔的绝壁上，深谷中，飞扬起一片飘忽的水雾。然而走近它，抬头仰望大瀑布，才真正领略到那惊心动魄的气势。云雾迷蒙的天上，仿佛裂开一道巨大的豁口，天水从豁口中汹涌而下，浩浩荡荡，一落千丈，在山谷激起飞扬的水花和震耳欲聋的回声。站在大瀑布面前，感觉自己只是漫天飘漾的水雾中的一颗微粒。仰望大瀑布，人类那一点可悲的悲哀，又有何资格絮叨呢？我确信，天地人之外，一定还有一个更高的存在！

人，总要仰望点什么，哪怕是一轮红日，一弯新月，一片云朵，一座山峰，一棵古树……，只要激起你心底的波澜，哪怕是一丝涟漪。仰望吧，仰望高高在上的一切光辉，流出感激的泪吧，透过金色的薄霭，难道看不见那已涉过河川的身影吗？真的，当你仰望时，一股庄严神圣的力量，一座巍峨的雕像或者一些伟大的词句就会从你内心涌起！

参考文献

[1] 丁证霖. 当代西方教学模式. 太原：山西教育出版社，1991.

[2] 冯克诚，西尔枭. 实用课堂教学模式与方法改革全书. 北京：中央编译出版社，1994.

[3] 钟海青. 教学模式的选择与应用. 北京：北京师范大学出版社，2006.

[4] 李蔚. 提高课堂教学质量的心理学问题. 北京：教育科学出版社，1992.

[5] 杨小微. 中小学教学模式. 武汉：湖北教育出版社，1990.

[6] 乔建中. 课堂教学心理学. 南京：江苏人民出版社，1998.

[7] 乔建中. 知情交融：教学模式新探. 合肥：安徽人民出版社，2010.

[8] 乔建中：情绪研究：理论与方法. 南京：南京师大出版社，2003.

[9] 钟启泉，崔允漷，张华. 基础教育课程改革纲要（试行）解读. 上海：华东师范大学出版社，2001.

[10] 卢家楣. 教学的基本矛盾新论. 教育研究，2004（5）：43-48.

[11] 乔建中，陶丽萍，张丽敏，等. 我国有效教学研究的现状与问题. 中小学教育：人大复印报刊. 江苏教育研究，2008（2）：20-24.

[12] Izard CE. Emotion as Motivations：An Evolutionary-Developmental Perspective. Nebraska Symposium on Motivation Nebraska Symposium on Motivation. 1978，26：163.

[13]（美）安东尼奥•R•达马西奥. 笛卡尔的错误：情绪、推理和人脑. 毛彩凤，译. 北京：教育科学出版社，2007.

[14]（新西兰）斯托曼. 情绪心理学——从日常生活到理论. 5版. 王力，译. 北京：中国轻工业出版社，2006.

[15] 乔建中. 现代心理学基础. 南京：南京师大出版社，2001.

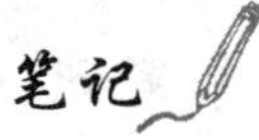

[16] Lazarus，RS. Emotion and Adaptation. New York：Oxford University Press，1991.

[17] 乔建中，李星云. 情绪充予和情绪调节在学习过程中的动机作用及其机制. 南京师大学报：社会科学版. 1995（3）：80-83.

推荐书目

[1] 乔建中. 知情交融：教学模式新探. 合肥：安徽人民出版社，2010.

[2] 钟海青. 教学模式的选择与应用. 北京：北京师范大学出版社，2006.

研究生考试要点

教学模式的基本构成
教学模式的理论功能
认知加工教学模式
行为控制教学模式

教师资格考试要点

教学模式的理论功能
认知加工教学模式
行为控制教学模式

（乔建中　马春玲）

第八章　教学策略

目的要求

1. 掌握　选择教学策略的主要依据。
2. 了解　动情与晓理的相生关系、意义与建构的相依关系、教学与发展的相济关系。
3. 知晓　教学策略具体实施中应处理好的“三大关系”。

教学策略是为了达成特定的教学目标，依据教学的主客观条件，特别是学生的实际，对所选用的教学内容、教学时序、教学组织、教学方法和教学媒体等的总体要求或考虑。从某种意义上说，教学策略也可以看作是教学过程的总体性指导思想和原则性操作方法。在实际教学过程中，教学策略的选择、把握与实施，有其特定要求。

第一节　教学策略的选择

教学策略的选择，除了必须依据一定的科学理论之外，还必须综合考虑教学目标、教学内容、学生实际、教师素质、教学条件等多方面的因素。这里，我们主要围绕教学目标的整合、学生心理的分析和教材价值的发掘，论述教学策略的选择。

一、教学目标的整合

《基础教育课程改革纲要》指出，“国家课程标准是教材编写、教学、评估和考试命题的依据，是国家管理和评价课程的基础。应体现国家对不同阶段的学生在知识与技能、过程与方法、情感态度与价值观等方面的基本要求。”因而，各学科的课程标准将“知识与技能、过程与方法、情感态度与价值观”这三项要求界定为学科课程目标；教师在教学实践过程中，又将之作为形式化的三维教学目标，并且在教案中千篇一律地出现“知识与技能，过程与方法，情感态度与价值观”三段论式的教学目标。为此，有必要对教学目标与三维目标进行梳理，以便理清关系，使教学的目标更明确，从而使教学效果达到国家设定的要求。

从教学策略选择的角度而言，知识与技能、过程与方法、情感态度与价值观是一个相互联系、相互渗透的整体，是学生在完整的学习活动中实现素养养成的三个侧面。所以，教学中的三维目标的整合，不是把三个维度简单的叠加。从“维”角度来看，我们可以将“知识与技能”“过程与方法”“情感态度与价值观”建构成一个三维空间坐标系，如图 8-1 所示。

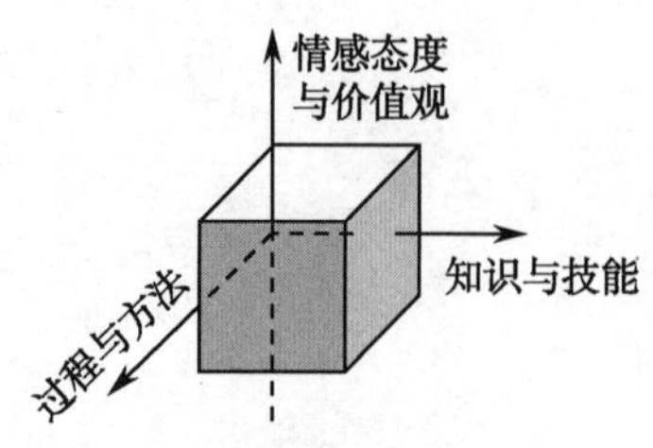

图 8-1　三维目标结构示意图

其一，知识与技能维度。教学过程中所讲的知识通常是指学生要学习的学科知识，包括事实、概念、原理、规律等。技能是指通过练习而形成的对完成某种任务所必需的活动方式，一般包括智力技能和动作技能。知识与技能从程度上

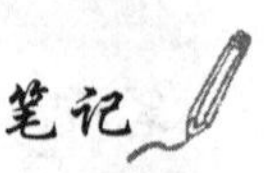

讲，可以简单地分为简单与复杂两种类型。学生学习过程中，一般是由简单→复杂→简单→复杂→……，如此循环往复，不断建构其知识与技能系统，经过学生阶段的学习形成较为系统的基础知识体系与技能结构。

其二，过程与方法维度。从操作层面上讲，过程有两重含义，一是指为完成学习任务而必须经历的活动程序；二是知识与技能的形成过程。相对应地方法也就有两重意义，一是指师生为完成教与学任务的过程中所采用的行为或操作体系，即所谓的教学方法与学习方法；二是指知识形成过程中所采取的思维方法与解决问题的方法。过程与方法的两重含义，在教学实践中是密不可分的一个辩证体系。它既体现学科的整体内涵和思想，也体现了教师与学生为了完成相应教与学的任务而采取的策略。但需要强调的是不能仅把过程和方法作为服务于教学的手段，需要经过一系列的质疑、判断、比较、选择以及相应的分析、综合等思维活动和认识活动，来形成相应学科素养。教学过程中要让学生经历过程和探索方法，给学生带来的是探索的体验、创新的尝试、实践的机会和发现的能力，这比那些具体的结论更重要。此外，从程度上讲，过程与方法也具有由简单→复杂→简单→复杂→……，如此循环往复的过程，师生在这个过程中，各自形成自己的经验系统，这是任何个体都无法替代另一个体的活动体验。

其三，情感态度与价值观维度。情感态度与价值观是学生对亲身经历过事实的体验性认识及其由此产生的态度行为习惯。情感是学生对客观现实的对象和现象的刺激所产生的心理反应。态度是指在一定教学情境下学生对当前及其以后学习所产生的特定的心理倾向。价值观是学生在学习过程形成的对某一知识、事物的价值判断，以及由此而产生的价值取向。心理学研究与教学实践经验告诉我们，情感决定并形成态度，而态度体现情感，往往积极的情感形成正确的态度，消极的情感形成错误的态度。情感和态度是价值观形成的基础，没有积极的情感和正确的态度就不会有科学的价值观，价值观是情感和态度的升华，并决定了人们的情感态度。而且，从对产生效果来讲，由于情感的积极性与消极性特点，并由此而产生相应的态度与价值观。所以，我们在建构三维目标体系时，将情感态度和价值观以正性、负性来区别。对教学效果的形成产生积极影响并由此形成科学的价值观的，定义为正值；反之定义为负值。教学过程中，要求教师指导学生用积极的情感战胜消极的情感，用科学的态度去克服消极的态度，并逐步形成良好的行为习惯，即引导学生向正值方向发展。

其四，三维教学目标整合体系。从结构坐标图中可以看出，三维目标是对学生发展要求的三个维度，是教学目标的三个侧面，而不是三个目标，它是统一的整体，是相互依存、互为基础、你中有我、我中有你的关系。如果定义知识与技能为 A、过程与方法为 B、情感态度与价值观为 C，那么对于某一知识点而言，教学目标 $D=f(A, B, C)$，体现在三维空间中的点 D_i（$i=1、2、3、\cdots\cdots$）。其中，从微观角度来看，对某一门学科的每节课来看，D_i 可能是线性的，也可能是面性的，因为对具体学科而言，并不可能对学生整体结构实现全面的建构，只是从某一角度与某一侧面对学生施加影响，并随之产生相应的改变；从宏观角度来看，学校整体教学之目标达成是 D_i 的集合，这样学生学习结果显示为一个空间结构体系。

当然，无论是从微观上，还是从宏观上，针对到某个学生个体而言，并不意味着三维目标对每个学生的发展的贡献是等值的。即由于简单与复杂程度与正、负影响，而导致目标结构立方体的长、宽、高是不同的。

从特定时段的教学实施层面上讲，三维目标不是等值的，即学生在每一个维度上获得的发展并非是均衡的，其教学效果会因教学内容及其呈现方式、教学策略及其具体教法、学习技能及其个别差异等的不同而有所变化。因此，教学目标的达成是一个较为复杂的过程，既要考虑教学内容、教学方法与学生个性差异，也要考虑到三维目标的复杂程度与正负性。

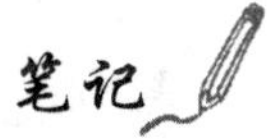

教学设计既要有近期的安排，又要有远期的计划。另外，从我们建构的模型中可以看出，三维目标之间并没有一一对应关系，因而在实际教学中，教学目标要根据不同学科、不同学段、不同学生等基础背景，灵活多样地进行整合。

二、学生心理的分析

学习，是学生本身的自主活动。一切教学影响只有通过学生自身的积极活动，才能转化为学生内在的精神财富，才能使学生得到成长和发展。因此，分析学生的学习心理，特别是他们的学习动机与学习期望，是选择和制定教学策略、提高教学过程的有效性的必要基础。由于学习动机本书有专章论述，这里仅从学习期望的角度论述学生心理的分析。所谓学习期望，是指学生在进入教学过程之前，对教师的教学内容与教学方式抱有的希望或期待。这些期望反映了学生渴望满足的学习需要，折射了学生对教学过程与自身发展的关系的某种认识，并构成了学生的学习预期和学习心向。因此，教师的教学内容与教学方式是否符合或兼容学生的学习期望，不仅直接影响学生的学习兴趣和学习行为，而且直接影响学生对教师及其所教课程的态度。具体来说，学生的学习期望主要涉及以下五个方面：

第一，教学的价值性。期望教师的教学内容与教学方式具有吸引力，能满足学生的特定学习需要，是学生的普遍心愿。尽管学生对其的表述形式多种多样，如“教学质量好，让学生喜欢你教的学科”“讲课深入浅出，生动形象，有趣味，能吸引学生”“能开阔学生的眼界，锻炼学生的能力，能发现和培养学生的特长”“能学到更新的东西”“能帮助学生自己思考、自己判断，而不仅背诵答案”等等，但是从教学任务与需要满足的关系综合来看，可以归纳出学生对教学的价值性的四个方面期望：一是期望教学具有兴趣性价值，即充满新异性和趣味性，能给学生带来愉悦的感受；二是期望教学具有发展性价值，即教学活动本身能使学生不断增长才干，并因此增强自信心、提高抱负水平；三是期望教学具有评价性价值，即学生在教学过程取得好成绩或获得成功可以得到好评，并能证明自己的能力；四是利用性价值，即完成这一教学任务可使学生达到更高的学习目标。当然，上述四种价值在对学生学习积极性的影响上也有差异。其中，具有兴趣性价值和发展性价值的教学任务，具有内在和持久的影响。

第二，互动的民主性。要求与教师建立一种民主的、平等的、友爱的教学互动关系，是学生的另一普遍期望。他们希望教师尊重、信任、同情、关怀他们，能公正地、实事求是地对待和严格要求他们，能把他们看作是一个独立的、完整的、正在发展的人，不要用那种讽刺、挖苦、冷酷与不负责任的态度对待他们，更不要把自己的意志强加给他们。其中，有代表性的期望如：“是一个有感情的人，而不仅是一架教书的机器”“要把自己放在学生的角度看问题，理解学生的苦衷，了解学生的性格和内心世界”“不要摆老师的架子，不要让学生一见了你就躲、就哆嗦”“对学生要一视同仁，不能好的偏向，坏的狠批”“在批评学生时不带脏字，不讽刺挖苦，更不能打学生”“工作中有不对的就应当改正，不怕丢面子”。与之相应，心理学研究表明，学生大都有尊重教师、乐于接受教师指导的自然倾向，都希望得到教师的关注、重视、关怀和鼓励，都希望有个好教师来教他们。这可以说是学生的一个重要的特点。教师只要不负于他们的尊重、信赖和希望，不以自己的言行败坏自己的教师形象，他们就乐意听取和遵从教师的教导，把教师当作可信赖的亲人。

第三，评价的发展性。教师如何对学生学习状况进行评价，是影响学生学习积极性的重要外部因素之一，被学生普遍看重。在这方面，“要用发展的眼光看学生，不要单看学生的成绩，更要看学生所作的努力”，是学生的普遍期望。与之相应，现代教育改革在教学评价方面有着明确的原则要求：即着重评价学生在学习过程中取得的进步和作出的努力，而不是着重评价学生的能力高低和名次前后。因为，在强调能力和竞争的评价情境中，学习

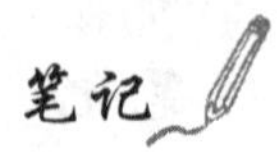

目标的具体指向及其特定结果，使学习被有形地强调为证明学生能力的一种方式，因此它必然使学生的学习动机建立在对自己能力水平的关心上，即学生在为论高低和争名次而投入学习活动之前，需要确信自己的能力水平是高或比别人高，否则他们将会选择防御性策略以隐蔽自己的能力或防止自己的能力受到不利评价。特别是那些认为自己能力不佳的学生，极易采取回避和远离挑战的策略，以防自尊心受到伤害。即使是那些对自己能力有较高估价的学生，也常会因学习任务中含有出错的风险而“明智地”放弃学习机会。而在强调发展和努力的评价情境中，学习目标的具体指向及其特定的结果，使学习被强调为通过努力求得进步的一种方式，因此它自然使学生的学习动机建立在对学习任务本身的兴趣和对所学知识的发展价值的关心上，即学生在为发展而投入学习活动之前，无需顾虑自己的能力水平是否比别人高，也不必在乎显露无知的风险，相反会将之看作是消除无知、提高能力的机会。为了自身的发展，学生常会以跃跃欲试的态度去掌握那些他们不懂、不会或不敢确信是否能做的事情。总之，强调评价的发展性，可以使学习成为学习本身的目的，从而易使学生产生寻求挑战的学习倾向。

第四，反馈的及时性。及时反馈学习结果能帮助学生及时发现、纠正错误，调整学习的进度，使用合适的学习策略来完成学业任务。同时，了解自己学习活动的进展情况，本身就是一种激励力量，会激发学生进一步学习的愿望。如果学生在学习很长时间之后，仍不能知道其进展情况和所取得的成就水平，会因为缺乏学习的激励而难以继续保持学习的热情。反馈在学习上的效果是很显著的，尤其是每天及时反馈，较之每周反馈效果更佳。所以，学生期望教师应尽可能让他们及时准确具体地了解自己学业的进展情况及取得的成就，对他们完成的作业（练习，试卷等）的批改切忌拖延，也不要过于笼统，只给“对错”，尤其是对错误的批改分析，越具体、越有针对性越好。

第五，难度的合理性。学习任务的难易程度也直接影响学生的学习动机。如果任务难度太低，学生做起来轻而易举，会使学生觉得缺乏挑战性而不感兴趣；如果任务难度太高，学生力所难及，又会使学生因遭受挫折而丧失自信，或为避免自尊心的受挫而产生回避倾向。根据教育心理学的“最近发展区”理论，那些对学生具有一定的挑战性且经过适当努力能够完成的任务，既能激起学生跃跃欲试的心态，又能让学生体验到成功的满足，还能达到有效地增长能力的目的。

三、教材价值的发掘

众多教育心理学研究表明，在教学过程中，教师呈现给学生的教学内容是否具有满足特定需要的价值，会直接影响到他们的学习动机；如果教学内容对学生没有任何吸引力或“好处”，学生自然就不会主动去学习它。因此，从激发学习动机的角度来看，教学内容首先必须具有吸引学生的价值。这种价值主要体现在认知和情感两个相互关联的方面：其一，在认知方面是否具有“智慧——发展”性价值，即教学内容本身是否能使学生增广见识、增长才干，提高他们分析问题和解决问题的能力，进而使学生把学习看作是一种促使自己不断发展、不断提高的过程；其二，在情感方面是否具有“动机——愉悦”性价值，即教学内容能满足学生的学习需要或学习期望，帮助学生达到既定的或理想的发展性目标，进而使学生把学习看作是一种有意义的活动，愿意积极投入，并因不断有所收益、有所成就而对教学活动本身产生愉悦的感受。因此，在教学策略的酝酿过程中，教师对教学内容的分析不仅要从有利于“学”的角度对教材内容进行裁剪取舍和编排组织的再加工，而且要从“有意义学习”的角度发掘教材内容的认知价值和情感价值。

（一）教材内容的认知价值发掘

教材内容具有认知价值，是不言而喻的。但是，教材内容的认知价值体现在哪些方面，

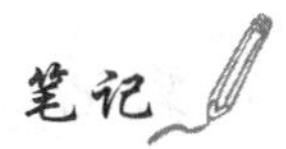

是需要具体分析的。就改变当前基础教育中"事实性教学"一枝独秀的问题状况而言，对教材内容的认知价值的发掘主要体现在三个方面。

第一，原理性价值。教材内容中有许多知识是解释自然和社会现象的发生、发展和变化的基本原理的，它们既对掌握所属学科的基本知识和基本技能具有规律性的指导作用，又对学习和理解其他学科的理论和方法具有基础性的迁移作用。这些具有原理性价值的知识广泛存在于数学、物理、化学、政治、经济、哲学等各学科的教材内容中，尤以各学科的基础知识或基本常识为代表。这些具有原理性价值的知识的掌握程度，不仅直接制约学生的学业成长，而且直接影响学生的文化素养。

第二，方法性价值。教材内容中的知识，绝大多数都是前人认识世界和改造世界的智慧结晶，蕴含着大量如何研究、理解周围事物的客观特性及其相互关系的想法、做法、技术、技巧、计谋和策略。其中既有广泛适用于各个领域或学科的一般方法，也有专用于特定领域和学科的特殊方法。对之进行发掘，并结合相应的心智操作加以传授，不仅有助于学生"学会学习""学会发展"，而且有助于学生形成科学世界观。

第三，规范性价值。凡是有人群的地方，每个人的一言一行，一举一动都有一定的规矩和标准。与之相应，教材内容中也有诸多知识具有规范性价值，反映社会对现象或事件的好坏、正误、美丑、善恶的态度和价值观念，可用以判断现象或事件应当性、正确性、适切性和标准性。相对于"是什么""为什么"和"如何做"，这类知识通过侧重解决"应当怎样"的问题，传授做人的道理、提倡应当的追求，进而实现"培养什么样的人"的教育目标。

（二）教材内容的情感价值发掘

所谓教材内容的情感价值，指教材内容在情绪体验方面具有"动机 - 愉悦"性价值，即能满足学生的学习需要或学习期望，帮助学生达到既定的或理想的发展性目标，进而使学生把学习看作是一种有意义的活动，愿意积极投入，并因不断有所收益、有所成就而对教学活动本身产生愉悦的体验。与之相应，对教材内容的情感价值的发掘，是指教师从教学内容与学生需要之间的积极关系角度，对教材内容进行的揭示、加工、组织，使之在教学过程中能触发学生的积极情绪体验，进而促成学生的认知活动与情绪活动之间的良性互动，并能对学生的思想、情操和性格产生陶冶作用。

教材内容的情感价值可以从多种角度加以分析。这里，我们借鉴情感目标分类理论、意义学习理论和建构主义教学观，主要从促进教学目标达成和学生主动发展的角度，将教材内容的情感价值大致分为由低到高的三种水平或三个方面。

1. **"趣味 - 接受"性价值** 所谓教材内容的"趣味 - 接受"性价值，是指教材中那些有利于引发学生的无意注意并使之向有意注意转化，进而促成学生的积极反应和主动参与的内容。

关于学习动机的大量研究表明，对学生的初始学习意愿起主导作用的常常不是与教学目标相联系的终极性动机，而往往是与情绪追求相联系的情境性动机；尽管情绪追求通常是无意识的，但是其"趋乐避苦"特性对学生的初始学习意愿和行为的影响是巨大的，它在相应程度上规定了学生对学习活动的方向选择和行为倾向。具体来说，当学生接触某一课堂教学情境时，其并非主要从课程性质及其最终结果的未来社会价值的认知性角度对之进行反应，而是更多地从教学内容和形式当前是否"有趣"的情绪性角度对之进行评估，并据以决定自己的学习行为。因此，在教学过程的起始阶段，为了提高教学的可接受性，促成学生的积极反应和主动参与，努力发掘教材内容中所蕴涵的显性情感因素，并用"故事吸引""新旧对比""巧设悬念""情境描绘"等学生喜闻乐见的方式加以展现，是有效教学的必要条件。例如，物理教学在讲到圆周运动的线速度方向时，利用电影《刘三姐》里"抛绣球"的故事，并准备好"绣球"进行实验，以"绣球"这个引人入胜的外界环境氛围来激发学生学习的积极情绪体验，从而使课堂妙趣横生。抛"绣球"时，只有"绣球"和接球人的连线是"绣

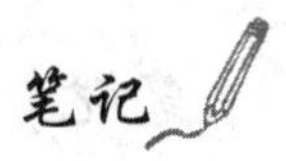

球”在该时刻的切线方向时，才能够接到“绣球”，这个方向就是“绣球”在该时刻的线速度方向。通过这个实验，学生很快就理解和掌握了，而且也记得牢；直到几年后，有些学生还说这个实验很有趣，印象深刻。

2. **“意义 - 建构”性价值** 所谓教材内容的“意义 - 建构”性价值，是指教材中那些有利于学生从积极意义上评价教学内容与自身发展的关系，进而能主动以认知优化的方式改造、转换或重组原有的知识结构或经验系统的内容。

建构主义教学观认为，知识及其学习既不是单纯来源于客体，也不是单纯来源于主体，而是来源于主客体之间相互作用的活动；教学不是一个“教师传递 - 学生接受”的简单过程，而是一个“教师引导 - 学生建构”的复杂过程：教师通过创设一定的情境，促成学生从积极意义上评价教学内容对于自己的主体意义，从而主动地利用自己的已有知识经验与教学内容中的新知识、新观念进行相互作用，生成自己的理解、体验和感悟，进而使自己的知识结构或经验系统得以优化重组、转换或改造。

当然，这一建构过程的有效实现，依赖于内因和外因两方面的条件。一是学生的主动建构。现实教学过程中大量存在的被动接受或消极应付的现象与问题表明，学生在教学过程中并不必然主动建构教学内容。只有当学生感受到教学内容对自己具有学有所获、学有所用、学有所悟、学有所长的价值时，他们才会从积极的意义上评价教学内容对自己的主体意义，产生积极的情绪体验和学习心向，从而主动利用自己已有的知识经验与教学内容产生积极的相互作用。二是教师的积极引导。尽管学生的主动建构产生于对教学内容的主体意义的积极评价，但是由于种种原因，教材内容本身所呈现的大多是特定学科知识与观念的客体意义或逻辑意义，而缺乏对其与学生发展之间的主体意义或心理意义的揭示，以致难以激发学生的积极情绪体验和学习心向。因此，为了促成学生的主动建构，教师必须对教材内容进行发掘和加工，使之与学生已有的知识、技能、情感、态度、信念、价值观等发生现实的优化性关联作用，并在教学过程中通过创设一定的情境加以引导和展现，促使学生从积极的意义上评价所学内容与自身发展之间的关系，进而在产生积极情绪体验的同时产生主动建构的活动。

3. **“陶冶 - 内化”性价值** 所谓教材内容的“陶冶 - 内化”性价值，是指教材中那些能对学生的情感产生感染、熏陶作用，并能促成学习中的知情交融，进而能对学生的态度、理想、信念和人格产生潜移默化作用的内容。

教育心理学研究表明，学生的学习是一个由认知活动和情绪活动两者相互作用构成的复杂心理过程，其效果取决于两者之间的相互作用的性质和水平；而且，在通常的情况下，激发相应的情绪体验是教与学获得实效的心理基础，即只有先“动之以情”，才能更好地“晓之以理”。与之相应，教学实践表明，能给学生观念上以启迪、心灵上以震撼、价值上以引导、行为上以激励的，大都是那些能给学生情绪上以感染、熏陶的教学内容，如祖国的壮丽山河、民族的屈辱历史、志士的英雄壮举、科学的艰苦探索、世间的高尚情操、人类的严峻挑战等。尽管某一次课的情感陶冶后效是有限的，但是一次次“润物细无声”的累积，久而久之，就会在学生的心底里默化为一种生活的态度，凝聚成一种人生的追求，积淀为一种价值的信奉，进而孕育出一种高尚的情操和健全的人格。同样，在现实的学习过程中学生也普遍反映，他们理解得最深的、记忆得最牢的、运用得最好的，往往是那些受到感染最强的、学习时情绪最高的教学内容。

当然，尽管教材内容作为人类求真、求善、求美的智慧结晶，蕴含着大量的情感内涵，但是它们往往不会自发地起作用，需要教师去有意识地挖掘、提炼、再现和渲染。以数学为例。在某些教师的课堂上，数学的教学会让学生感到枯燥乏味、形同嚼蜡；但在另一些教师的课堂上，数学的教学则令学生感到兴趣盎然，犹如进入了一个五彩缤纷的世界——可以

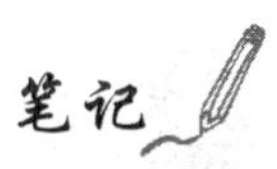

感受到事物之间存在的简洁、和谐、永恒的关系，可以体验到科学先驱在科学探究中特有的精神境界和崇高品质，可以感悟到科学智慧与人生哲理之间不可分割的联系。即便是具有大量显性情感蕴含的语文教材，也需要教师去有意识地梳理、加工、再现和渲染，才能有效地发挥其“文以载道”的功能。就拿《桂林山水》来说，教师只有利用多种直观手段让学生移情于景、移情于物，直接感受到课文中所描绘的水之“静”“清”“绿”和山之“奇”“秀”“险”，犹如去桂林赏心悦目地游览了一番，才能将学生的学习导入知情交融的境界之中，从而使学生切实体悟其语言文字的优美和写作艺术的精妙，并真切感悟作者因旖旎山水而迸发的灼热情思和深刻哲理。

第二节　教学策略的把握

在教学实践中，教学策略的把握主要体现在三对关系的处理上，它们分别是动情与晓理的相生关系、意义与建构的相依关系、教学与发展的相济关系。

一、动情与晓理相生

教育心理学研究表明，教学作为一种师生之间的双边活动，主要表现为师生双方在认知和情绪两方面同时进行的交互作用，其有效性来源于双方认识上的共识性和情绪上的共鸣性，以及由此产生的认知与情绪之间的良性互动。因此，从教育心理学的角度讲，有效地处理晓理与动情的相生、共变关系，既是善教的体现，也是乐学的保证。

然而，在实际教学过程中，许多教师往往不能辩证认识晓理与动情之间的互为因果关系，要么简单地以为只要晓理就能动情，要么仅仅将动情视为晓理的教学手段。由于这种认识上的片面性，他们在处理晓理与动情及其相互关系的教学策略上，普遍存在欲动情而不起共鸣、欲晓理而不达共识的问题（案例 8-1）。

案例 8-1

学生感兴趣的“三天光明”

前段时间，女儿买了海伦•凯勒的名作——《假如给我三天光明》，在认真地阅读，很投入很有感触的样子。我就郑重其事地向我的学生推荐。事后向学生打听阅读情况，他们都说很好，很受感动，我听了非常满意，更受到鼓舞，于是两周后我就安排了一次习作。

我先发放了自己复印的《假如给我三天光明》的节选，特别投影了海伦•凯勒的那段名言：“那充满世界的绚丽多彩的景色和千姿百态的表演，都被认为是理所当然的事。人类就是有点儿奇怪，对我们已有的东西往往看不起，却去向往那些自己没有的东西。然而，在光明的世界里，将视力的天赋只看作是为了方便，而不看作是充实生活的手段，这是非常可惜的。”

我以为学生会跟我一样喜欢这样的语句并为之感动，便带领他们读读议议，畅谈感想，然后要求学生写读后感。谁知半数学生竟一脸苦相，似无从下笔，半节课过去，还挤不出三行字。我纳闷了。好不容易找到一个作文水平较好的，让他读自己写的稿子，想给大家一点启发，却发现也是平淡稀松，只写了些套话空话，诸如“我们不能向命运低头”“要勇敢地挑战人生”之类。连看了三份草稿，都没有读到一两处我预想中的深刻、警醒的句子，真让人失望、扫兴。

就在我深表不满之时，前排一位学生的低语让我忽然有所触动：“真的不想写读后感，我宁愿自己写一篇《假如给我三天光明》。”……是啊，或许令我们成人感动的，未必就同样能打动孩子的心灵，何况对此我们只求学生能有所触动，生出敬佩之情即可，实不该指望孩子对它有多么深刻的领悟，更不必让他们抒发议论与感慨。

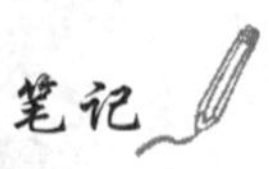

“自己写一篇《假如给我三天光明》”，多好的主意啊！我灵光一闪，当场决定改题——就以“假如给我三天光明”为题，自己作文！此言一出，竟赢得满堂叫好，学生积极响应。接着，我跟学生一起探讨题目内涵，一起确定习作要求和目标：发挥想象，如果自己只剩三天光明了，你将如何利用仅剩的光明去看哪些人或事物？为什么这样？简单的谈话后，学生就满怀热情地投入了写作。

约半小时后，初稿完成，请了几名学生读稿交流。有一个写道：“我会仔仔细细地看看爸爸和奶奶，看爸爸来校门口接我时温暖的笑容，看奶奶为我整理房间时慈祥的面庞，我要把他们的模样永远记在心里；再最后一次看看妈妈的照片，跟她说声‘女儿长大了，妈妈，你就放心吧’……”另一名学生写道：“我会让爸爸妈妈带我一起去旅游，我要乘坐巨轮去看波涛汹涌的大海，还想去看一望无际的大草原，最好能骑上一匹骏马……”还有一位男生动情地写道：“如果只剩三天光明，无论如何我一定要去现场看一次足球赛，看自己喜爱的球星驰骋绿茵场，我一定为他们摇旗呐喊、擂鼓助威！”有一位女生别出心裁地写道：“我还会好好儿看看镜中的我，把自己的形象清晰地印在记忆深处，在寂寞与黑暗里我可以回味这张可爱的笑脸。”也有一名学生写道，我想和表哥一起痛痛快快地打一场电子游戏，大战一天一夜过把瘾。

在该案例中，教师让学生写“读后感”这一课堂设计所遭遇的尴尬，恰是欲动情而不起共鸣、欲晓理而不达共识的现存教学问题的典型表现。究其原因，主要有二。其一，误以为只要晓之以理就能动之以情，而没有把握学生的动情点。在该案例中，教师预设了一个“晓理”的教学目标——“在光明的世界里，应当将视力的天赋看作是充实生活的手段”，并以自己深受感动为依据，认为学生也必定大受触动，进而有感而发。殊不知，教师欲晓之理看似睿智而深刻，但是只切中教师之“情”而非学生之“情”，以致难以引起学生的共鸣。其二，仅仅将动情视为教学的手段，而非教学目的之一。在该案例中，教师看似重视动情与晓理的关系——“读书而动情，继之写作而晓理”，并以为只要学生一旦有所情绪反应就能深刻领会其中的道理。殊不知，由于未将动情预设为教学目的之一，教师欲动之情非但没有引发有助于欲晓之理的情绪反应，反而引发了动情与晓理之间的心理反差。

好在教师不乏教学机智，受学生低语的启发，因势利导地调整教学目标，改写“假如给我三天光明”。如此一来，情况大为改观：第一，动情点发生了变化——以一个明眼人的角度去想象、体验即将成为盲人的情景，使教学内容与学生发生了直接的利害关系，相应的情绪体验油然而生，晓理也因而有了自身的依据；第二，动情本身成了教学目的之一——学生所动之情是对“光明”珍惜、感怀、向往，是感悟教学内容、建构理性认识的充分必要条件和不可或缺部分，因此，这种“情之所动”所产生的“理之所晓”，必然会在动情与晓理之间形成循环往复的心理激荡，促成认知活动与情绪活动之间的良性互动。

从该案例也不难看出，教学策略的把握之所以强调动情与晓理之间的相生、共变关系，有其主客观两方面的道理。从客观方面来看，教师欲晓之理，本身是教师或作者有感而发的认识升华，是一种情理交融的智慧结晶，而非单纯的认知结果；从主观方面来讲，学生对教师所晓之理的掌握，是一个体验上的“认同”到观念上的“应当”的过渡过程，没有情绪体验上的相生、共变催化，难以实现认知观念上的格物致知。因此，师生之间在认知上的共识性，相生于师生之间情感上的共鸣性。

二、意义与建构相依

从建构主义教学观来看，教学是一个意义引导与主动建构相依的过程。所谓意义引导，是指教师能够对教材的认知与情感价值进行发掘和加工，使之与学生已有的知识、技能、情感、态度、信念、价值观等发生现实的优化性关联作用，并在教学过程中通过创设一定的情

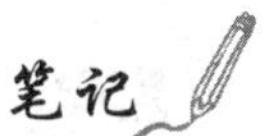

境加以引导和展现，促使学生从积极的意义上评价所学内容与自身发展之间的关系，进而产生积极参与教学过程的学习心向。所谓主动建构，是指学生能够主动地利用自己的已有知识经验与教学内容中的新知识、新观念进行相互作用，生成自己的理解、体验和感悟，进而使自己的知识结构或经验系统得以优化重组、转换或改造。因此，把握意义引导与主动建构的相依关系，既是从教学策略的角度处理善教与乐学相依关系的具体体现，也是从教学效果的角度促成动情与晓理相生关系的有效保障。请看南京外国语学校吴蓉老师设计的“认识价值观”（案例 8-2）。

案例 8-2

认识价值观

一次空前的灾难即将降临，地球将遭到毁灭，人们都在寻找避难所。你是避难所的负责人，这时有 12 个人要求避难，但由于这个避难所的空间、空气、食物和水有限，只可以收留其中 6 个人。如果要他们自己决定，可能问题很难解决。所以由你来决定他们的未来，他们将服从你的安排。

你的选择对他们来说很重要，你尽可能按照自己的想法作最恰当的决定，但你只有 15 分钟的时间。

- 10 岁的小学生，智商很高
- 已怀孕的妇女
- 带枪的警察
- 你以前的好朋友，因为犯错被学校记过处分
- 教师
- 女医生
- 著名的历史学家
- 建筑师
- 运动员
- 不愿和妻子分开的科学家
- 科学家的妻子，有严重的疾病
- 能歌善舞的女明星

你的选择反映出你最重视的部分，这也就是你的价值观。

现在由 6 人组成委员会，共同讨论决定留下哪 6 个人；每人都充分表达自己的观点。将讨论的结果记录在上表。

委员会的决定：我们留下……

交流：各委员会交流彼此的决定，并说明主要理由。

过程回想：

委员会如何作最后的决定？

从做决定的过程中，你看到了什么？

每个人对自己的价值观所持的态度是什么？是妥协？是坚持己见？还是……？

归纳：价值观是什么？

● 它是指个人对于人、事、物的看法，凡是你觉得重要的、想得到的，就代表你的价值观。它的面貌常常是“我在乎……”“我认为……”“我不喜欢……”等等。

● 它不仅是指书本上的大道理或社会上一般人的看法，更重要的是你内心所认定的，言行上所实践的。例如，捡到一瓶修正液，要不要招领？

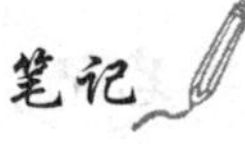

- 它可以由个人对事物不同的喜好程度而推论出来。例如，我认为“健康”比“财富”更重要。
- 它能帮助我们了解自己的生活目标和意义，使我们在面对决定时有比较明确的选择。
- 它是长时间慢慢积累而成的，所以也需要花时间去澄清。

先谈该案例的导入。这是《思想品德》中的一课，一般教师多是从概念入手，先呈现价值观的定义，再进行相应的解释。同样，学生面对该课，也多半料想教师会以“从概念生发开去”的老生常谈的方式进行教学。谁知，吴老师呈现了一个“空前的灾难”，并要求学生在短时间内决定12个人的命运。这太出乎学生的意料之外了——它不仅有着内容的新奇性，而且有着责任的重大性，直接对学生的智慧发起了挑战。这样的教学内容，与学生已有的知识、技能、情感、态度、价值观等发生了全方位的关联作用，学生的学习兴趣和探究欲望跃然而生，他们的知觉选择、记忆调动、思维梳理、决策权衡等认知活动也随之与教学内容产生积极的相互作用。

再说该案例的“过程回想”。当学生按照老师的要求，围绕三个方面回想自己所在的6人委员会作决定的过程时，他们会从比较与反思的角度回顾自己与他人的思维方式、表达方式和决策方式。如：为什么有些人的见解得到大家的认同，而有些人则与多数人有分歧；为什么有些人能有效地解释自己的观点，并能支配他人的意见，而有些人的意见尽管有一定道理，但是解释不力；以及其间发生的求同存异、见异思迁、委曲求全、“面和心不和”……这个环节实际上是一个进一步的意义引导过程，它不仅让学生在知识、能力方面学有所获、学有所用，而且让学生在交往与合作的态度、观念方面学有所悟、学有所长，从而使学生更为切实地感受到教学内容与过程对于自己的主观意义。

最后看案例中的“结论”。该案例中关于“价值观是什么”的五点“结论”，是教师在学生讨论的基础上归纳出来的。这个环节别有一番景象：由于经过了委员会中的一番讨论及其回想，学生对于什么是价值观已经有了较为明确的认识，当老师归纳并展现结论的时候，学生也同时将之与自己心中已经形成的结论相比照，因而，有得到证实的期待和喜悦，也有出现差异的诧异和羞涩，还有心有不甘的争辩和意犹未尽的补充——主动建构在知情良性互动中继续。而且，尽管那五点“结论”在表述方式上似乎不如教科书中的概念那般严谨，但是它们是学生主动地利用自己的已有知识经验与教学内容进行相互作用，在理解、体验和感悟的基础上生成的，它们从本质特征、日常表达、适用范围、形成过程和生活意义等方面，全面地反映了学生对价值观的认识，同时也反映了学生的知识结构或经验系统在相应方面的优化重组、转换或改造。因此，这些“结论”既是学生主动建构的结晶，也是学生学会学习、学会合作、学会发展的某种体现。

三、教学与发展相济

当前，在推进教育现代化进程中，我国教育事业正努力实现从“学会生存”“学会关心”到“学会发展”的跨越。帮助学生“学会发展”，使每个学生生动、活泼、主动地发展，既是教育改革与创新的主题，也是每个教育工作者应确立的基本观念。与之相应，如何使课堂教学与学生发展相济，自然是教学策略把握上的终极目的。

从教育心理学的角度来说，学生的心理发展是一个“平衡 - 不平衡 - 新的平衡”的循环往复过程，即在特定教学影响下，使学生的心理活动产生某种矛盾性或不适性的失衡状态，进而激发学生以同化或顺应的方式对自己的心理结构进行量或质的调整、改变，以建立新的平衡。这个道理许多教师都知道，但是为什么现实教学过程中依然普遍存在“教师教的辛苦、学生学的痛苦，但没有得到相应发展”的问题呢？这就涉及把握失衡预设的发展性与

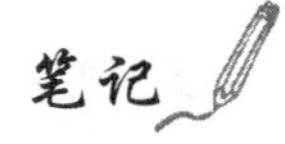

平衡愿望的积极性的具体策略问题。

在不少教师看来，让学生处于不平衡状态的方式很简单，就是用有难度的教学内容“问住”学生、“考住”学生，或者是用竞争性的分数排名或甄别性的成绩评价“刺激”学生、“威慑”学生；而且他们以为，只要使学生处于心理上的不平衡状态，就能自然激起学生恢复平衡的努力，从而促成学生的发展。其实不然。心理学研究表明，在教学过程中，学生恢复心理平衡的努力及其变化并非必然朝着积极的方向或较为高级的层次，而是具有双向性，即也有可能朝着消极的方向或较为低级的层次变化。具体来说，在学生与教学情境相互作用的过程中，如果教学内容中的新问题、新要求、新事实、新观念等能以积极的方式使学生处于失衡状态，而学生对之的平衡努力又伴随着教师的不断肯定、激励和积极期望的情况下，学生就会以积极建构的方式重建新的平衡，从而使自己的心理结构朝着积极的方向或较为高级的层次发展；相反，如果学生与教学情境之间存在消极的相互作用，新问题、新要求、新事实、新观念等以消极的方式使学生处于失衡状态，而学生对之的平衡努力反应又伴随着或面临着教师的不断否定、惩罚和悲观失望的情况下，顺应新的教学现实对学生来说就成为一种痛苦的差事和难以承受的负担，因此，学生就会以消极防御的方式恢复原有的平衡，从而使自己的心理结构朝着消极的方向变化，或在原由层次徘徊，或退回到较为低级的层次中去。

因此，教师在促进学生发展的失衡预设上，必须将教学目标的发展性考虑置于教学内容的难度性考虑之上，以使自己的教学内容和方法，不仅能使学生处于某种失衡状态，而且更为重要的是能激起学生重建平衡的积极性。我们的相关研究发现，在课堂教学过程中，教学目标是影响学生学习动机的直接因素，任务难度对学生学习动机的影响依教学目标为转移。这是因为，学生学习动机的形成与实现，来源于教学任务的客观要求与学生自身的主观意愿之间的相互作用，并突出地表现在学生对教学任务的特定目标及其实现可能性与自身关系的认识和感受上。因而，教学任务的目标指向和难度水平的不同，必然导致教学的客观要求与学生的主观意愿之间的不同相互作用，进而构成学生学习的不同动机机制。

首先，从教学目标的指向来看。在竞争性目标情境和甄别性目标情境中，教学目标的具体指向及其特定结果，使学习被有形地强调为证明学生能力的一种方式。因此，它必然使学生的学习动机建立在对自己能力水平的关心之基础上。学生在为竞争或甄别而投入学习活动之前，需要确信自己的能力水平是高的或比别人高的，否则他们将会选择防御性策略以隐蔽自己的能力或防止自己的能力受到不利评价。德维克等学者的相关研究也证实：对学习任务的竞争性意义和甄别性意义的强调，极易导致一种回避和远离挑战的学习倾向；即使是那些对自己能力有较高估价的学生，也常会因学习任务中含有出错的风险而“明智地”放弃学习机会。而在发展性目标情境中，教学目标的具体指向及其特定的结果，使学习被强调为通过努力求得进步的一种方式。因此，它自然使学生的学习动机建立在对教学任务本身的兴趣和对所学知识的发展价值的关心上。学生在为发展而投入学习活动之前，无需顾虑自己的能力水平是否比别人高，也不必在乎显露无知的风险，相反会将之看作是消除无知、提高能力的机会。为了自身的发展，学生常会以跃跃欲试的态度去掌握那些他们不懂、不会或不敢确信是否能做的事情。正如德维克等学者在相关研究中所指出的那样：对教学任务的发展性意义的强调，易产生寻求挑战的学习倾向。

其次，从教学目标的控制来看。在竞争性目标情境和甄别性目标情境中，确定学生“成功”或“失败”的参照体系受他人控制，因而学生很容易感到受约束，并很容易把学习体验为获得某种外在结果的手段。在这种状态下，学生的学习动机很可能会游离学习任务本身，特别是当他们感到没有充分把握获得“成功”或超越他人时，他们就不会积极地投入学习。这正如动机心理学家梅赫所指出的那样，当确定成败的标准掌握在他人手中，以及当学习

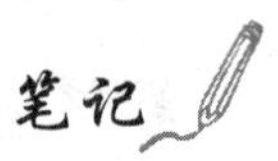

的结果在本质上是外在附加的时候，冒面临失败的风险对个人是毫无意义的。而在发展性目标情境中，学生确定“成功”或“失败”的参照体系由自己控制，因而学生很容易感到是在自主地学习，并很容易将学习体验为获得内在激励的源泉。在这种状态下，学生的学习动机自然集中于教学任务本身，尤其是当他们意识到自己在学识上还存有不足或缺陷的时候，他们更会为做有利于自身发展的事而积极地投入学习。

第三，从教学目标与任务难度的关系来看。①在竞争性目标情境中，“获胜就是一切”，因而学生关注的中心是取胜的可能性。此时，学生对取胜的可能性的估价与任务难度的水平有着直接的对应关系，即任务难度高意味着取胜可能性低，任务难度低则意味着取胜可能性高。这种对应关系又使学生对自我胜任的感知与对能否取胜的预期产生联动性的动机反应。因此，在竞争性目标情境中，任务难度本身所决定的取胜可能性，对应地影响着学生投入意愿的动机水平。②在甄别性目标情境中，任务难度的高低会使教师对学生能力的评价呈现出双向性：在高难度任务条件下，教师的评价对象主要集中于达到既定标准的“优秀者”；而在中等难度条件下，教师的评价对象主要集中于未能达到既定标准的“落伍者”。因此，学生关注的中心自然是如何追求有利评价和避免不利评价。在学生看来，在高难度任务条件下，尽管只有少数人能够达到既定的标准，但是其余大多数人并不会因此而受到特定的不利评价；在中等难度任务条件下，情况就不同了，达到既定标准被认为是理所应当的，而达不到既定标准则就“丢人”了，将不可避免地受到教师的不利评价。所以，在甄别性目标情境中，任务难度所决定的评价双向性，导致了两种相反的动机取向：在高难度任务条件下，“放心地”追求有利评价；在中等难度任务条件下，“谨慎地”避免不利评价。换句话说，在甄别性目标情境中，任务难度所决定的评价取向影响着学生投入意愿的动机取向。③在发展性目标情境中，由于学习已摆脱了与他人竞争或受他人评价的外在影响，成为了一种内在的自我发展过程，因而任务难度对学生来说已不再是决定取胜可能性或教师评价的一种条件，而成为提高自己学习水平的一种契机。所以，在发展性目标情境中，或者说当学生是在为自己而学习时，任务难度不再具有使学生的投入意愿产生显著差异的动机意义。

综上可见，不同的教学目标情境对学生学习的能动性具有不同的主观意义或动机意义。这种意义上的差异，会使有些教学任务显得更吸引人，更具有内在的激励作用。因此，在促进学生发展的失衡预设中，设置发展性教学目标及其情境，是使教学真正发挥促进学生发展作用的充分必要条件，因为它可以使学生的学习具有自己内在的归宿。相比之下，强调竞争和甄别，则有违学习的本质。

第三节　教学策略的实施

不是任何教学策略拿来就能用，也不是任何“好的”教学策略谁用都能产生“立竿见影”的效果。为了实现现代教育理念所要求的教学方式转变，教学策略的具体实施应处理好“三大关系”。

一、立足主体性与发挥主导性

从有利于“教”向有利于“学”转变，是基础教育课程改革和现代教学理论所倡导的教学方式。它强调教与学是教师与学生在社会交往中形成的一种沟通与合作的交互主体性关系，要求确立学生作为学习主体的地位和权利，促成一种既有平等沟通又有自我表达，既有相互合作又有个人探索的教学互动关系。这不是一个看似简单的教学要求，而是一个涉及如何辩证处理立足学生的主体性与发挥教师的主导性的关系问题。

在这个问题上，现实教学中普遍存在两种极端的代表性现象。

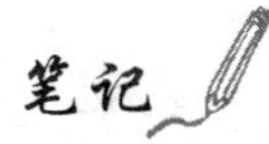

其一，情不自禁的“居高临下”。尽管许多教师在理论上也知道，教学不是一种简单给予、被动接受的活动，而是一种相互合作、共同探讨的过程，但是由于种种原因或理由，每当教学过程深入之时，他们又会“情不自禁”地主宰、操纵教学的话语权，习惯性地展露“居高临下”的教学面目。以某教师的《商鞅变法的失败与成功》一课为例。该课原本是初中历史教学中的一节探究讨论课，教师在上课之初，也要求学生发挥主体性和主动性，积极参与教学讨论。谁知，学生的讨论刚刚开始不久，就被他打断了，代之以自己的讲授。只见他滔滔不绝，从商鞅变法的原因、目的，讲到变法的艰难，最后讲到变法的失败与商鞅被处死，足足用了 30 分钟。讲完后，还剩 5 分钟，他要求学生再讨论，可是此时的学生们面面相觑，谁也不说话了……当问及“为什么教师要讲个不停”时，该教师还振振有词：学生的讨论中出现了许多错误，特别是史实错误，与其学生接受错误的史实，不如我把正确的讲给他们听；学生毕竟知识有限，让他们自己探究，自己讨论，没有历史知识作基础，简直就在瞎说，这样的讨论对历史学习效果不会很好，反而会造成不必要的错误，还得靠教师来纠正，不如开始就给他们正确的知识；教学进度是按计划进行的，讨论很费时间，进度会受影响。

其二，淡化职责的“课堂民主”。与前者相对，有些教师又走向了另一个极端。他们将新课改所要求的教学方式转变简单地视为“放权运动”，把自己“少讲”或“不讲”而让学生“多讲”“多动”当作教学的基本策略，还美其名曰“把主动权还给学生”“让学生做课堂的主人”“让学生自主去探究”。他们在课堂上，既缺乏对教学方向和要求的必要引导，又缺乏对教学秩序和节奏的有效把握，一切都交给学生“做中学”，以致他们的课堂看起来教学异常民主、气氛热闹非凡，其实呈现出的是一种杂乱无章的“课堂民主”假象。

从教学策略的有效实施的角度来说，辩证处理立足学生主体性与发挥教师主导性的关系，主要包括三个方面的要求：

第一，教师要转变角色意识，确立“伙伴”式的师生关系。传统的教学观念将教学视为传递知识的认识过程来把握，强调师生之间的“授 - 受”关系，将教学互动建立在教师的权威性和学生的服从性上，以致自觉或不自觉地剥夺了学生作为学习主体的地位和权利，进而导致了学生学习和发展的被动性、外在性和强加性。现代教学观念则将教学作为促进发展的社会过程来理解，强调教与学是教师与学生在社会交往中形成的一种沟通与合作的“伙伴”互动关系，要求把学习的主动权交给学生，使学习的过程同时成为学生学习和发展的主动性、内在性和自觉性不断生成、发展、提升的过程。而且，现代教学观念强调，在教学过程中，教师与学生只是先知与后知的合作关系，不是施恩与受惠的尊卑关系。因此，教师要转变自身的角色意识，以引导者、促进者的身份做学生学习与发展的平等合作者。

第二，教师要转变话语方式，促成“对话”式的教学互动。要真正确立师生之间的“伙伴”式互动关系，使教学成为一种沟通与合作的过程，教师须摈弃“一言堂”的话语方式，不把自己的意见或见解强加于学生，而是通过循循善诱、启发引导，在学生与教材、学生与教师之间促成一种“我 - 你”之间的对话关系，共同探讨、表达和解决学习中的问题和烦恼，并在这种对话中促使学生反思自己的生活经验，建构、生成与教学主旨相吻合的知识体系、能力体系和价值观念。同时，以学生乐于接受和参与的方式来表述教学内容，并以符合学生学习规律和身心发展规律的方式来构建教学过程及其环节，激发学生的主动参与，推动学生的自主建构，从而将教学内容的目标要求转化为学生发展的内在需求和自主选择，使教学真正成为促进学生身心发展的重要平台。

第三，教师要增强主导职责，发挥“导游”式的引领作用。强调立足学生的主体性，实际上对教师主导性的发挥提出了更高的要求，即发挥“导游”式的引领作用。在这方面，优秀导游的工作方式有诸多借鉴之处：在特定的时间和空间范围内，引领游客以最“经济”的路线，玩到主要的景点；有些景点多给游客讲解，有些景点则主要让游客自己观赏；有些活

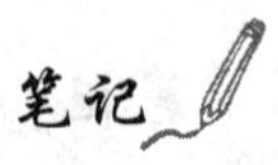

动让游客自主选择，有些活动则作必要提醒；既满足大多数游客的共同要求，又适当兼顾个别游客的特殊需要；既让游客玩得尽兴，还要保证游客的人身安全。同样，教师既要有效激发学生的主体性，又要将之引导到教学目标所要求的方向，保证教学任务的顺利完成；既要让学生产生自主学习的愿望，积极参与教学互动，又要根据思维的“发散点”与能力的“发展区”，在关键或核心处进行必要的讲解、提示、点拨、指导，引导他们在沟通与合作中不断反思、探索，进而产生情感共鸣、形成思想共识；既要创设愉悦互动的教学情境，使学生敢于、乐于敞开心扉表达、交流自己的所思所想、所感所惑、所欲所求，又要调控好教学互动的秩序和节奏，保证教学过程始终处于有序、有效状态。总之，教师切不可在尊重学生主体性的漂亮辞藻下淡化自己的职责。

二、发挥能动性与富于促动性

人与动物的本质区别之一，在于人对客观现实的反映是一种积极能动的过程——人对客观现实的反映是在实践活动过程中发生的，它不仅受到客观事物的影响，而且还积极能动地反作用于客观现实，既主动地把外界事物转化为主观的东西，又通过实践活动使主观见之于客观。随着实践活动的不断深入和发展，人的心理活动日益丰富深化，从对客观事物的表面认识与体验发展到对客观事物的本质认识与体验，并表现出克服困难，达到预定目标的意志行动，从而改造、丰富、发展了自己的心理活动，形成了自己独特的个性心理。人的实践活动是心理产生和发展的基础，同时，人的心理活动又受到实践活动的检验，人在反映客观现实的活动中按照实践是检验认识真理性的标准不断地调整着自己的行动，使反映活动符合客观事物发展的必然规律。与之相应，建构主义教学观强调，人的精神世界的变化和发展，是人的主观世界与客观世界及其影响在交互作用的过程中能动地生成的，而不是单一的客观世界及其影响所致。同样，教学不是一个“教师传递 - 学生接受”的简单过程，而是一个“教师引导 - 学生建构”的复杂过程，即教师通过引导，促成学生能动性的有效发挥，从而主动地利用自己的已有知识经验与教学内容中的新知识、新观念进行相互作用，生成自己的理解、体验和感悟，进而使自己的知识结构或经验系统得以优化重组、转换或改造。用建构主义教学观的代表人物、著名心理学家皮亚杰的话来说，“一切真理都要学生自己获得，或者由他重新发现，至少由他重建，而不是简单地传递给他”。

教学策略的具体实施必须着眼于发挥学生学习的能动性，这本不是个新话题，但是教学研究者一再强调它，有其实践针对性——在现实的教学活动中，不少教师仍然习惯于“大包大揽”，如：尽管也知道通过设疑、提问引发学生学习的主动性，但是常常没等学生深入思考就把问题的答案抛了出来；尽管也知道要求学生把握重点、难点，但是往往没等学生细致探究就将重点、难点总结归纳了出来；考试前，更是为了“防止学生出错”，把范围、重点和答案圈点得清清楚楚，分析得仔仔细细，甚至恨不得口对口地“喂”给学生。如此这般，非但没有对学生能动性的发挥产生促动作用，相反产生了“制动”作用。其结果，不仅学生的学习能力日益退化，而且学习方式也日益被动——反正老师都会告诉我，我何苦费那个劲？

因此，强调发挥学生学习的能动性，实质在于强调教师在教学中要富于促动性，以使学习真正成为学生的主动建构过程，进而使学生真正成为学习的主体。在这方面，我国著名教育学家陶行知的教学案例可资借鉴（案例 8-3）。

案例 8-3

陶行知教“从贞观之治到开元盛世”

众所周知，中国古代史的内容非常繁琐，各种文史资料、插图、题注，学生们往往眼花缭乱，甚至无所适从。

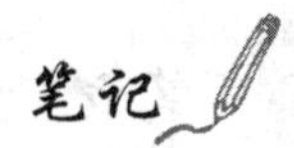

因此，陶行知先生在教“从贞观之治到开元盛世”时，一反以前先讲述课本内容再分析重点难点的做法，而是说：“同学们，请大家先把本课要讲习的内容浏览一遍，把你认为是重点的地方标出来，十分钟后我们开始讲课。这十分钟以里，你们可以自由讨论。”

学生们开始埋头阅读课本，并时不时有学生交头接耳一番。

十分钟后，陶先生说：“好了，大家都看完了吧？上节课我们学习了隋唐时期一课，哪位同学回答一下：隋末农民战争爆发的原因是什么？结果怎样？”

一位学生站了起来：“农民战争爆发的原因是因为隋炀帝的暴政，而结果是在隋朝统治土崩瓦解的形势下，唐朝建立起来。”

陶先生赞许地看着他的弟子：“对。隋朝灭了，江山落入李氏父子手中，公元618年唐朝建立，唐朝从太宗时期开始进入繁荣阶段，史称‘贞观之治’。到玄宗前期进入鼎盛时期，史称‘开元盛世’。今天将学习唐朝前期这一段我国封建社会极盛时期的历史。那么，同学们，在这段时期，你们认为影响最重大的是哪一段？”

另一学生举手：“陶先生，我觉得贞观之治和开元盛世最重要了，因为在这两个时期唐朝正处于鼎盛时期。”

这回立即有学生表示反对：“不，我觉得贞观之治才是重中之重。”

陶先生微笑地看着这位反对者：“你的理由呢？”

或许是被陶先生的微笑感染了，该学生的音调立即壮了不少：“因为唐朝正是从这个时期开始兴旺起来的。”

陶先生依然微笑着：“可以说得具体一点吗？”

对方沉思了一会：“唐太宗李世民借鉴了隋朝灭亡的教训，比较注重各方面发展，这样唐朝从他开始兴盛起来，才会有后来的开元盛世。”

陶先生点头道：“说得不错，这确实是个重要阶段。那么，为什么历代王朝第一代君主往往都比较重视社会生产呢？待会儿我们会详细讲述。苏珊同学，你刚才认为开元盛世也是个重点，你的理由呢？”

那位叫苏珊的立即站了起来：“这段时期不仅是唐朝的全盛时期，也是我国封建社会前所未有的盛世时期，理所当然是一个重点了。”

陶先生笑逐颜开：“有道理。那么，除了这两个重点，大家谁还有不同意见？百花齐放呵，大家有话尽管说。”

另一女生举手道：“老师，武则天统治的时期是不是也是一个重点呢？”

陶先生笑道：“问得好，贞观之治是一个开端，但开元盛世并不是直接在贞观之治的基础上发展起来的，所以说武则天在位的这段时期也不容忽视。唐高宗时武则天掌权，后来称帝，是我国历史上唯一的女皇帝。她统治期间，继续推行唐太宗的政策，社会经济不断发展，可以说她在位的时期上承‘贞观’下启‘开元’。下面我们开始详细讲述这三个时期。”

带着自己找出来的几个重点，学生们顿时有了明确的方向感。

一节课快到尾声时，陶先生问：“谁能说出本节课的重点内容？”

立即有很多同学举手，其中一个答道：“我发现，如果把我们前边分析过的几个重点串起来，就是这节课的一条线索。”

陶先生十分满意地点点头，哈哈笑道：“说得对，既然大家都这么聪明，那么，以后课堂的重点和线索就交给你们自己去找了！”

结合陶先生的教学案例，我们谈谈“富于促动性”的三个基本环节。

第一，找准“切入点”。教学的导入因人、因事、因时而异，需要统筹考虑教学的目标、本课的主题、学生的实际、时间的限制、情感的基调、思维的走向等因素，力求自然、新颖、形

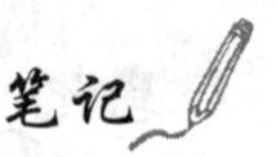

象、多样，达到“未成曲调先有情”的教学效果。因此，找准“切入点”，拨动学生的心弦，使学生的认知和情感协同教学的中心问题脉动，是教学互动有效展开、学生能动性有效发挥的基础。在该案例中，陶先生“一反以前先讲述课本内容再分析重点难点的做法”，而是将这个“权力”下放给学生，并且可以在十分钟内自由讨论，令学生在惊讶之余觉得既新鲜又刺激。当学生接过这个“权力”时，他们的能动性也自然被促动了。

第二，点击“兴奋点”。要维持教学互动的良好氛围，保持学生学习的能动性，就要善于在那些学生愿意兴奋、能够兴奋的教学关键点或关节点上，予以合理而有效地点击。在该案例中，陶先生不断地激发和引导学生就“贞观之治和开元盛世谁最重要”的问题进行质疑、讨论、争辩和探索，就是点击并培植“兴奋点”的有效方式之一。这是因为，“在人的心灵深处，都有一种根深蒂固的需要，这就是希望感到自己是一个发现者、研究者、探索者”(苏霍姆林斯基)。用一系列由浅及深、由近及远、由易及难的问题，引导和启发学生叩开未知、新识的大门，并从中感悟智慧的力量、体验探究的欢乐、生发“学者”的自豪，不仅会使教学互动变得生机灵动，而且会使学生学习的能动性向更高的层次发展。

第三，生发“建构点”。教学互动中，不论是找准“切入点”还是点击“兴奋点”，都是围绕知识的建构与生成，服务于既定的教学目标。因此，在教学互动中，教师要始终围绕教学的重点和难点来把握教学过程的整体结构和行进节奏，有意识地在新旧知识的衔接处、转化处或矛盾处，生发出一个个有利于学生生成新知新识的“建构点”，使学生能够自然地、主动地利用自己的已有知识经验与教学内容中的新知识、新观念进行相互作用，生成自己的理解、体验和感悟，进而使自己的知识结构或经验系统得以优化重组、转换或改造。在该案例中，陶先生那看似自然而然的一系列问题，其实是一条聚焦于教学重点、难点的环环相扣的问题链，包含着一个个由表及里、由浅入深的“建构点”，一步一步地引导、启发学生在理解、体验和感悟的基础上生成教学的重点、化解教学的难点。此时，教师再适当加以归纳、总结，学生对相应知识的掌握就更加牢固了。更为重要的是，在这样的教学过程中，学生学会了如何把握重点，他们发现问题、分析问题、解决问题的能动性水平又有了新的提高。

三、培养创造性与展现批判性

古往今来，人类所有文明成果都来源于创造性。在当今“知识经济”和“全球化”时代，创造性更是成为一个国家在国际竞争中取得主动地位的重要决定因素。因此，如何在课堂教学中培养学生的创造力，是当前各国教育普遍关注的问题。该问题涉及的方面诸多，难以一一赘述，但是，针对我国基础教育中普遍存在的因“唯书、唯师、唯考试”所导致的“高分低能”现象，我们认为在教学策略的具体实施上应特别强调一点：教师在教学过程中应展现思维的批判性。

以往提到创造性与思维培养，人们谈论较多的是发散性思维，而很少提及批判性思维。因为人们往往习惯性地从发现错误、评判缺陷等否定性含义的角度去片面理解批判性思维，以为批判性思维只是一种专门用来批评别人的思维方式。其实，批判性思维是一种在洞察、辨别、质疑和判断的基础上，监察自己和他人的思维结果及其依据的思维方式，其主要表现在两个方面：一是为了得出合理的结论，善于随时监察和调控自己的思维过程，能够及时发现自己思维方式和思维结果中的错误或不恰当之处，并予以调整；二是为了不受现有结论的束缚，能够质疑和辨析他人思维方式和思维结果中的正确与错误或有用与无用之处，并以辩证的方式汲取其中有益的成分，既不迷信盲从，也不故步自封。批判性思维作为自我监察的思维方式，不仅为学习和研究所必需，而且为做人和处事所必要。我们通常讲的“吾日三省吾身”，就是批判性思维的体现。因此，学校教育要适应新世纪对人才素质的要求，培养“会读书”“爱思考”“能操作”“敢创造”的新一代，必须重视在教学策略的具体实施

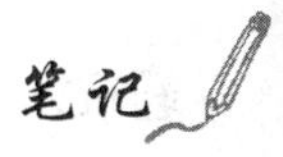

上展现思维的批判性。其中，就现行学校教育中普遍存在的问题而言，以下两点尤其值得强调：

第一，质疑辨析比“标准答案”重要。尽管教师们大都知道，问题意识和问题能力是创造性培养的基础，也注意根据新课改的要求采用问题式的启发性教学或研究性教学，但是，许多教师所提出的问题大多是“标准化的问题”，或是只有唯一“标准答案”的问题。如此一来，提问仅仅成了一种手段，“标准答案”反倒成了目的。其结果，学生的思维日益变得被动：反正“标准答案”都在书上，而且老师通常会“自问自答”；学生的态度也日益变得消极：只对问题的结果感兴趣，而对探索问题的过程本身缺乏应有的热情。在这方面，有一个大家熟知的案例可供我们反思（案例 8-4）。

案例 8-4

呼唤失落的“水晶鞋”

上课铃响了，孩子们跑进教室，这节课老师要讲的是《灰姑娘》的故事。

老师先请一个孩子上讲台给同学们讲一讲这个故事。孩子很快讲完了，老师对他表示了感谢，然后开始向全班提问。

老师：你喜欢故事里面的哪一个？不喜欢哪一个？为什么？

学生：辛黛瑞拉（灰姑娘），还有王子，不喜欢她的后妈和后妈带来的姐姐。因为辛黛瑞拉善良、可爱、漂亮……后妈和姐姐对辛黛瑞拉不好。

老师：如果在午夜 12 点的时候，辛黛瑞拉没有来得及跳上她的南瓜车，你们想一想，可能会出现什么情况？

学生：辛黛瑞拉会变成原来肮脏的样子，穿着破旧的衣服，哎呀，那就惨啦。

老师：所以，你们一定要做一个守时的人，不然就可能给自己带来麻烦。另外，你们看，你们每个人平时都打扮得漂漂亮亮的，千万不要突然邋里邋遢地出现在别人面前，不然你们的朋友要吓着了。女孩子们，你们更要注意，将来你们长大和男孩子约会，要是你不注意，你的男朋友看到你很难看的样子，他们可能就吓昏了（老师做昏倒状，全班大笑）。

老师：好，下一个问题：如果你是辛黛瑞拉的后妈，你会不会阻止辛黛瑞拉去参加王子的舞会？你们一定要诚实地面对这个问题！

学生：（过了一会儿，有孩子举手回答）是的，如果我是辛黛瑞拉的后妈，我也会阻止她去参加王子的舞会。

老师：为什么？

学生：因为，因为我爱自己的女儿，我希望自己的女儿当上王后。

老师：是的，所以，我们看到的后妈好像都是不好的人，他们只是对别人不够好，可是她们对自己的孩子却很好，你们明白了吗？她们不是坏人，只是她们还不能够像爱自己的孩子一样去爱其他的孩子。

老师：孩子们，下一个问题：辛黛瑞拉的后妈不让她去参加王子的舞会，甚至把门锁起来，她为什么能够去，而且成为舞会上最美丽的姑娘呢？

学生：因为有仙女帮助她，给她漂亮的衣服，还把南瓜变成马车，把狗和老鼠变成仆人……

老师：对，你们说得很好！想一想，如果辛黛瑞拉没有得到仙女的帮助，她是不可能去参加舞会的，是不是？

学生：是的！

老师：如果狗、老鼠都不愿意帮助她，她可能在最后的时刻成功地跑回家吗？

学生：不会，那样她就可能成功地吓倒王子了。

老师：虽然辛黛瑞拉有仙女帮助她，但是光有仙女的帮助还不够。所以，孩子们，无论

走到哪里，我们都是需要朋友的。我们的朋友不一定是仙女，但是我们需要他们。我也希望你们有很多很多的朋友。

老师：下面，请你们想一想，如果辛黛瑞拉因为后妈不愿意她参加舞会就放弃了机会，她可能成为王子的新娘吗？

学生：不会！那样的话，她就不会去参加舞会，就不会被王子看到、认识和爱上她了。

老师：对极了！如果辛黛瑞拉不想参加舞会，就是她的后妈没有阻止，甚至支持她去，也是没有用的。那么，是谁决定她要去参加王子的舞会的？

学生：她自己。

老师：所以，孩子们，就是辛黛瑞拉没有妈妈爱她，她的后妈不爱她，这也不能够让她不爱自己，她才可能去寻找自己期望得到的东西。如果你们当中有人觉得没有人爱，或者像辛黛瑞拉一样有一个不爱她的后妈，你们要怎样？

学生：要爱自己！

老师：对，没有一个人可以阻止你爱自己，如果你觉得别人不够爱你，你要加倍地爱自己；如果别人没有给你机会，你应该加倍地给自己创造机会；如果你们真的爱自己，就会为自己找到自己需要的东西——没有人能够阻止辛黛瑞拉参加王子的舞会，没有人可以阻止辛黛瑞拉当上王后，除了她自己。对不对？

学生：对！！！

老师：最后一个问题，这个故事有什么不合理的地方？

学生：（过了好一会儿）午夜12点以后，所有的东西都要变回原样，可是辛黛瑞拉的水晶鞋没有变回去。

老师：天啊，你们太棒了！你们看，就是伟大的作家也有出错的时候，所以出错不是什么可怕的事情。我担保，如果你们当中谁将来要当作家，一定比这个作家更棒！你们相信吗？

（孩子们欢呼雀跃。）

设想一下，如果是我们来教这节课，我们会提出什么样的问题？恐怕大多围绕“好人终有好报”和“后妈的虐待”，很少会启发学生从人们的认识误区上进行辨析，更难以引导学生对故事的不合理之处进行质疑。因为在我们很多教师眼中，这些都不是“标准答案”，与应试无关。殊不知，这些都是人们认识事物时应有的思维批判性，都与创造性培养有关。而且，这一连串质疑辨析性的提问，也是激发学生学习的主动建构、促成知情交融教学效果的充分必要条件。

第二，“与书不同”比照搬书本重要。创造，意味着与众不同。在课堂上，用质疑辨析性的提问来激发学生思维的批判性，进而培养学生思维的创造性，就要鼓励学生不唯书、不唯师，善于在书本知识的基础上探索新的见解。有这样一个事例：我国的高才生到美国大学去念研究生，学习总是格外地用功，上课认真记笔记，下课认真对笔记，考试前认真背笔记。在考试的时候，教授讲了六点，他们绝不会写五点半，保证将教授讲的内容全部还给教授。在我国，这样的卷子表明老师讲的内容学生全都掌握了，自然是满分；可是在美国，教授通常只给C等，最多只能得个B等。而其他一些学生只答了一点、两点，但有创见，是自己思考出来的，或是从其他资料获取的，教授却给了A等。我国有些学生表示不理解，去询问教授：“我们六点都讲出来了，为什么只能得C等，而他们只答了一两点，却得A等？”教授的回答也是值得回味的：“你答了六点不错，可是这六点我都已经讲过了呀！我讲过了，你还说它干什么呢？我讲了六点，那是我思考的，是已有的六种可能性，或解决问题的六种方法。他们只讲了一点或两点，但那是他们自己的，我讲课的目的，就在于启发大家通过我讲的六点，形成你们自己的思考，得到你们自己的答案。”美国教授这种别具一格的教学方法，

笔记

反映了现代教学的真谛：不仅要重视结果，更要看重过程，尤其是学生在书本知识的基础上独立思考问题的过程。只有这样，教学才可能成为真正意义上的双边活动，才可能起到开发学生潜能、促进学生发展的作用。

本章小结

1. 教学策略是为了达成特定的教学目标，依据教学的主客观条件，特别是学生的实际，对所选用的教学内容、教学时序、教学组织、教学方法和教学媒体等的总体要求或考虑。

2. 教学策略的选择，除了必须依据一定的科学理论之外，还必须综合考虑教学目标、教学内容、学生实际、教师素质、教学条件等多方面的因素。

3. 学生在进入教学过程之前，对教师的教学内容与教学方式都抱有一定希望或期待，其主要涉及五个方面：教学的价值性、互动的民主性、评价的发展性、反馈的及时性和难度的合理性。

4. 在教学策略的酝酿过程中，教师对教学内容的分析不仅要从有利于“学”的角度对教材内容进行裁剪取舍和编排组织的再加工，而且要从“有意义学习”的角度发掘教材内容的认知价值和情感价值。

5. 在教学实践中，教学策略的把握主要体现在三对关系的处理上，它们分别是动情与晓理的相生关系、意义与建构的相依关系、教学与发展的相济关系。

6. 教师在促进学生发展的失衡预设上，必须将教学目标的发展性考虑置于教学内容的难度性考虑之上，以使自己的教学内容和方法，不仅能使学生处于某种失衡状态，而且更为重要的是能激起学生重建平衡的积极性。

7. 不是任何教学策略拿来就能用，也不是任何“好的”教学策略谁用都能产生“立竿见影”的效果。为了实现现代教育理念所要求的教学方式转变，教学策略的具体实施应处理好“三大关系”：立足主体性与发挥主导性的关系、发挥能动性与富于促动性的关系、培养创造性与展现批判性的关系。

复习思考题

1. 名词解释：教学策略；三维教学目标；学习期望；教材内容的情感价值。
2. 学生的学习期望主要涉及哪些方面？
3. 简述教材内容的原理性价值和方法性价值。
4. 教材内容的情感价值主要涉及哪三个方面？
5. 为什么说“教学是一个意义引导与主动建构相依的过程”？
6. 教学一定能促进学生的发展吗？
7. 举例说明在教学中如何辩证处理立足学生主体性与发挥教师主导性的关系。

拓展学习

苏霍姆林斯基《给教师的一百条建议》

瓦·阿·苏霍姆林斯基(Василий Александрович Сухомлинский，1918—1970)，苏联著名教育实践家、理论家，在国际上享有盛名。他1918年11月出生于乌克兰的一个贫民家庭，1935年师范学校毕业后回到家乡，担任小学教师。在这期间，他一边从事教学工作，一边以函授的方式在波尔塔瓦师范学院语言文学系接受高等师范教育，1939年取得中学教师的合格证书。在卫国战争中参战，身负重伤。复员到地方后，先后担任中学教师、中学校长、区教育局长等职。26岁时，辞去局长之职，回到中学任教。1947—1970年，苏霍姆林斯基担任帕夫雷什中学校长，在23年任期内进行了大量教育实验，把这个10年制普通农村中

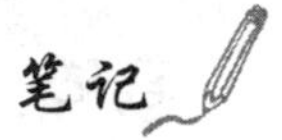

学建设成为全国模范中学和闻名于国际的实验学校。苏霍姆林斯基学历虽然不高，但勤奋好学、刻苦钻研，一生共撰写了《把整个心灵献给孩子们》(1969 年)《给教师的一百条建议》(1973 年)《全面发展的个性的培养问题》(1977 年) 等 40 多本理论著作，给世界文化教育事业留下了丰富的精神遗产。在前苏联，苏霍姆林斯基被誉为"教育思想的泰斗"；其著作被视为"先进教育经验的完整总结"和"学校生活的百科全书"；其教育理论被公认为"活的教育学""马卡连柯思想的继续发展和进一步丰富"。苏联政府授予他两枚列宁勋章、一枚红星勋章、多枚苏维埃联盟勋章、苏联教育科学院通信院士称号。

《给教师的一百条建议》是苏霍姆林斯基的代表作之一，写于 1965—1967 年。苏霍姆林斯基在担任帕夫雷什中学校长期间，许多青年教师经常向他请教在工作中遇到的各种问题，期待他的指导。为了满足广大青年教师的要求，帮助他们提高教学水平，苏霍姆林斯基根据自己 30 多年从事教育实践的经验和研究教育理论的体会，创作了《给教师的一百条建议》。该书 1973 年出版，内容新颖独特，以一个个生动具体的实例来阐述教师在教育教学中遇到的实际问题，并深入浅出地给予具体的理论指导和有针对性的积极建议，是当代教育史上不可多得的一部杰作。对于教师来说，它就是一本"教师手册"；对于教育研究者来说，它就是一本"活的教育学"。《给教师的一百条建议》在我国教育界特别是广大中小学教师中广受赞誉，可以说很少有人不知道苏霍姆林斯基和《给教师的一百条建议》。

《给教师的一百条建议》分上下两篇。上篇主要就教师对学生进行智育问题提出了建议，下篇主要论述教师协调各种教育力量以促进学生的全面和谐发展的方法。该书主要教育思想概述如下：

1. 教师职业的特点　苏霍姆林斯基认为教师是一种特殊的、最具创造性的职业，有其独到的特点：①教师的智慧、能力和思想修养决定着学生在德、智、体、美、劳等方面的发展；②教师的工作具有滞后性，"教师的教育劳动的独到之处是，为未来而工作"；③教师在影响儿童的各种教育力量中处于"指挥者"地位；④教师"工作的对象是正在形成中的个性的最细腻的精神生活领域，即智慧、情感、意志、信念、自我意识"。

2. 教师应具备的素养　教师的职业特点，决定了教师自身应具备一定的文化水平和思想修养。其主要是：①愿意和乐于在"儿童世界"中生活；②有"研究人"的嗜好；③有人道主义和乐观主义精神，能真诚地热爱、尊重和信任儿童；④有科学共产主义世界观和高尚的道德品质；⑤精通自己所教的学科，懂得教育学和心理学；⑥具有渊博的知识，有高度民主的语言修养。

3. 智育的主要任务及其实施　苏霍姆林斯基主张，智育最主要的任务一方面是给学生传授系统的科学知识和技能技巧，为儿童"建造牢固的知识基础"；另一方面是培养学生基本的学习能力，"教会儿童学习"，为学生进一步获得知识创造条件。苏霍姆林斯基辩证地理解课堂教学和课外阅读、课外活动小组之间的关系，指出课堂学习只是学生精神生活的一部分，因此，必须为学生提供充足的自由活动时间，让学生从事独立活动，扩大"智力背景"。这就大胆扩充了课堂教学的范围，弥补了课堂教学的缺陷。同时他强调要根据每个学生不同的思维方式和兴趣爱好，因材施教。

4. 协调各种教育力量，保证学生全面而和谐地发展　苏霍姆林斯基指出应有许多力量参与教育过程，家庭、教师、学生集体、学生本身、书籍、小伙伴等都是起着教育作用的雕塑家，教育要努力使这六种力量配合协调、合而为一。具体做法为：①充分发挥教师的"指挥者"的作用及其对学生的直接影响；②强调家庭在儿童的情感教育以及智力影响方面的重要作用，建议教师在这方面给予家长指导和帮助；③培养集体，充分发挥集体的教育作用；④指导学生进行自我教育；⑤用书籍去影响学生的心灵；⑥小伙伴的影响可能是积极的，也可能是消极的，教师应充分利用积极影响去抵制来自社会的消极影响。

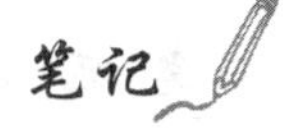

参考文献

[1] 乔建中. 知情交融: 教学模式新探. 合肥: 安徽人民出版社，2010.

[2] 雷玲. 名师教学机智例谈(语文卷). 上海: 华东师范大学出版社，2007.

[3] (美)唐纳德•荷烈治，罗伯特•哈尔德，理查德•卡拉汉，等. 教学策略: 有效教学指南. 8 版. 牛志奎，译. 北京: 中国人民大学出版社，2011.

[4] 乔建中. 论自我观念及其教育问题. 南京师大学报: 社科版. 2000(2): 63-68.

[5] 乔建中，李星云，夏云，等. 学习目标和任务难度对学生投入意愿的影响. 南京师大学报: 社会科学版. 1998(1): 70-73.

[6] Dweek CS. 影响学习的动机过程. 外国教育参考资料. 1989(4).

[7] 拉赛尔•埃姆斯，卡罗尔•埃姆斯. 学习动机研究. 邬大光，傅博，译. 重庆: 重庆出版社，1991.

[8] 李晓文，王莹. 教学策略. 2 版. 北京: 高等教育出版社，2011.

[9] 李蔚，祖晶. 课堂教学心理学. 北京: 中国科学技术出版社，2003.

[10] 黎奇. 新课程背景下的有效课堂教学策略. 北京: 首都师范大学出版社，2010.

[11] 乔建中. 中外教育经典名著速读. 合肥: 安徽人民出版社，2009.

推荐书目

[1] (美)唐纳德•荷烈治，罗伯特•哈尔德，理查德•卡拉汉，等. 教学策略: 有效教学指南. 8 版. 牛志奎，译. 北京: 中国人民大学出版社，2011.

[2] 李蔚，祖晶. 课堂教学心理学. 北京: 中国科学技术出版社，2003.

研究生考试要点

教学策略
三维教学目标
学生的学习期望
教材内容的认知价值
教学与学生发展的关系

教师资格考试要点

教学策略
三维教学目标
学生的学习期望
教学中的意义引导与主动建构
教学与学生发展的关系
如何处理学生主体性与教师主导性的关系

（乔建中）

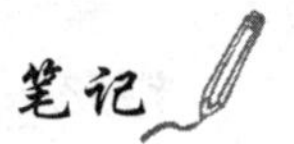

第九章　教 学 设 计

目的要求

1. 掌握　教学设计的要求。
2. 了解　教学设计的涵义与意义。
3. 知晓　教学设计的类型。

教学设计是以获得优化的教学过程为目的，以系统理论、传播理论、学习理论和教学理论为基础，运用系统方法分析教学问题、确定教学目标、组织教学内容、选择教学措施、评价教学成果，进而形成教学方案的活动。本章将逐一论述教学设计的涵义、依据、程序、要求和类型。

第一节　教学设计的概述

一、教学设计的涵义与意义

（一）教学设计的涵义

教学设计是20世纪70年代初形成的一种应用型教育技术，其概念的正式提出迄今只有四五十年的历史，至今人们对教学设计概念的界定尚无统一定论。在对教学理解不同的基础上，教学设计的理论和实践也是多种多样的，我们这里列举几位较有影响的教学设计专家对教学设计的不同定义。

帕顿（J.V. Patten，1989）：教学设计是对学业业绩问题的解决措施进行策划的过程。

加涅（1988）：教学设计是一个系统化规划教学系统的过程。教学系统本身是对资源和程序作出有利于学习的安排。

肯普（J.E. Kemp，1977）：教学系统设计是运用系统方法分析研究教学过程中相互联系的各部分的问题和需求，确立解决它们的方法步骤，然后评价教学成果的系统计划过程。

梅瑞尔（M.D. Merrill，1996）：教学是一门科学，而教学设计是建立在教学科学这一坚实基础上的技术，因而教学设计也可以被认为是科学型的技术。教学的目的是使学生获得知识技能，教学设计的目的是创设和开发促进学生掌握这些知识技能的学习经验和学习环境。

史密斯（P.L. Smith）、雷根（T.J. Regan）（1993）：教学设计是指运用系统方法，将学习理论与教学理论的原理转化成对教学资料、教学活动、信息资源和评价的具体计划的系统化过程。

综合以上观点，我们对教学设计做如下界定：

教学设计是以获得优化的教学过程为目的，以系统理论、传播理论、学习理论和教学理论为基础，运用系统方法分析教学问题、确定教学目标、组织教学内容、选择教学措施、评价教学成果，进而形成教学方案的活动。

教学设计具有以下主要特征：

第一，教学设计是将教学各要素进行系统计划的活动。教学设计是一个系统过程，教师要依据一定理论对教学诸因素进行统筹规划和组织，创设一种高效率的、有强烈吸引力的教学，达到最优化的教学成效。教师在教学之前应科学确定教学目标、合理组织教学内容、正确选择教学方法和教学媒体、合理安排教学过程、精心创设教学环境。

第二，教学设计的目的是促进教学过程最优化。教学是教师有目的地帮助学生获得知识和技能，形成良好态度和行为的复杂过程。教学设计是教师为组织和指导教学活动精心设计的施教蓝图，教师只有通过科学可行的教学设计，系统全面地分析学生和教材，合理确定教学目标，选择恰当的教学方法和教学媒体，才能减少教学的盲目性，避免教学的低效性，提高教学的稳定性，达到教学过程的最优化。

第三，教学设计以科学理论为基础。科学理论是对教学现实的假设性说明，教学设计的产物是一种规划、方案或是能实现预期功能的教学系统。教学设计不单是依靠教学者的实践经验，而是依据一定的理论进行的。教学设计是一门应用性的教育技术，必须遵循教学的基本规律。

第四，教学设计的最终结果是形成教与学的计划或方案。教学设计是形成"教什么""如何教""如何学"的教与学的双重计划过程。教学设计要求更加合理地看待学习与教学之间的关系，要为学习而设计教学。教学是围绕着学习展开的，教是为学服务的，教学不能仅仅考虑教师的教，而应把学作为中心，以教导学、以教促学。

（二）教学设计的意义

教学设计以获得教学的最优化为目的，其意义主要体现在三个方面。

其一，教学设计可以最大限度地优化课堂教学。教学设计是教师用来确定如何最好地选择、组织和传递学习经验的过程。通过教学设计，教师可以对教学活动的基本过程有个整体的把握，可以根据教学情境的需要和教育对象的特点确定合理的教学目标，选择适当的教学方法、教学策略，采用有效的教学手段，创设良好的教学环境，实施可行的评价方案，从而保证教学活动的顺利进行。另外，通过教学设计，教师还可以有效地掌握学生学习的初始状态和学习后的状态，从而及时调整教学策略、方法，采取必要的教学措施，为下一阶段的教学奠定良好基础。教学设计是教学活动得以顺利进行的基本保证，好的教学设计可以为教学活动提供科学的行动纲领，使教师在教学工作中事半功倍，取得良好的教学效果。

其二，教学设计是连接教学理论和教学实践的桥梁。一方面，教学设计在统筹规划和组织教学诸因素的过程中，需要借助教学理论所反映的科学原理和科学方法，需要把教学研究所取得的理论成果综合应用于教学实践，以实现促进教学过程最优化的目的；另一方面，教学设计在追求优化教学效果、解决教学问题的实践过程中，又会将优秀教师在科学确定教学目标、合理组织教学内容、正确选择教学方法和教学媒体、合理安排教学过程等环节的成功经验，不断吸收、补充、完善于教学设计及其实践之中，并将之总结升华为便于广大教师掌握和运用的教学理论。

其三，教学设计是教学评价和教学交流的载体。教学设计是学校管理者评价教师教学成效和教师之间交流教学技艺的凭借物，通过定期检查、考核教师的教学设计产物——教案，既可揣摩其教学设计的构思与理念，亦可发现其教学技能的擅长和不足。

二、教学设计的依据

（一）系统理论

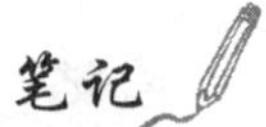

系统科学的基本方法原理要求研究者在研究事物的过程中，把研究对象放在系统的形

式中，从系统观点出发，从系统和要素、要素和要素之间的相互联系和相互作用的关系中综合地、精确地考察对象，从而取得解决问题的最佳效果。系统方法抛弃了静态、片面分析的研究方法，而把重点放在分析客体的整体属性上，放在其动态的多种多样的联系和结构上。教学系统是一个由多种教学要素构成的复杂系统，各教学要素间存在着密切的联系和多种作用方式。运用系统方法分析课堂教学系统中各因素的地位和作用，使各因素得到最紧密的、最佳的组合，从而优化课堂教学效果，是教学设计的一个基本特征，同时也是教学设计成功与否的关键所在。因此，在实际的教学设计过程中，教学设计者应自觉遵循系统科学的基本原理，以系统方法指导自己的设计工作，在此基础上不断提高教学设计的水平。

（二）教学理论

教学设计的方案和措施要符合教学理论所反映的教学规律。第一，要符合教学的实际需要。从根本上讲，教学设计的全部意义就在于满足教学活动的实际需要，在于为实现这种需要提供最优的行动方案。因此，教学设计最基本的依据就是教学活动的实际需要，离开了教学的现实需要，也就谈不上进行教学设计。在具体的教学过程中，教学活动的实际需要集中体现在教学的任务和目标中。教学工作者在进行教学设计时，应首先明确教学任务和教学目标，并对它们进行认真的分析、分解，使之成为可操作的具体要求，在此基础上，综合考虑各种教学因素，选择设计必要的教学措施和评价手段，使教学设计方案在立足教学现实需要的基础上发挥出其应有的作用。第二，要符合学生的特点。教学设计的基本特征之一是它既关心"教"，又关心"学"。课堂教学是教师和学生双方共同活动的过程，在这个过程中存在着教师的"教"，也存在着学生的"学"。教是为了学，学是教的依据和出发点，教师的教必须通过学生的积极主动地学才能起到有效作用。在教学设计的过程中，教师除了从教的角度考虑问题外，还必须把学生身心发展的特点和规律作为教学设计的一个重要依据加以认真对待。也就是说，教师作为教学活动的设计者，在决定教什么和如何教时，应当全面考虑学生学习的需求、认识规律和学习兴趣，着眼于辅助、激发、促进学生的学习。第三，重视教师的教学经验。在一定意义上说，教学设计的过程也是教师个体创造性劳动的过程，成功的教学设计方案中往往凝聚着教师个人的经验、智慧和风格。教师的教学经验、智慧和风格是形成教学个性及教学艺术性的重要基础，是促进课堂教学丰富多彩、生动活泼的基本条件。好的教学经验是教师在长期的教学实践中总结出的规律性东西，它们在课堂教学中往往可以弥补教学理论的某些不足，帮助教师取得好的教学效果。因此，从这个意义上说，教师的教学经验也是教学设计的基本依据之一。在教学设计中，既不能完全依据经验行事，但也不能排斥教学经验的作用。只有将科学的理论和方法与好的教学经验结合起来，才能使教学设计既有共性，又有个性，并最终达到科学性和艺术性的有机统一。

（三）学习理论

行为主义理论与教学设计。行为主义学习理论一般把学习看作刺激与反应之间联结的建立或习惯的形成。行为主义学习理论强调，当学习者对特定刺激作出适当反应时，对学习的结果应当进行适当的强化；行为主义学习理论还强调环境对学习影响的重要作用，非常重视学习环境的设计与分析。行为主义观点在教学设计中最基本的应用是把可观察行为作为教学基础，提出用可观察行为来界定各类教学目标（包括价值观与态度教学）并依此进行教学传递与评价。

人本主义学习理论与教学设计。人本主义学习理论认为，人生来就具有学习潜能，学习行为是内发的，来于自我实现的需要；要认识到每个学生都有自身的价值和潜能，都具有"自我实现"的心理倾向，要让学生发展自己的潜能和价值，形成积极的自我概念，达到自我

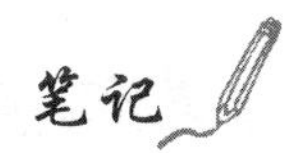

实现；人人都有学习天赋，教材要有意义且符合学习目的才产生学习，要重视知识之外的生活能力培养，教学要努力营造一个安全、自由、和谐、民主的环境。

认知理论与教学设计。认知理论探讨学习者内部的认知活动，其中主要是信息加工学习理论和认知建构学习理论。信息加工学习理论把人类的学习过程看成是由一系列信息加工的转换过程。建构主义学习理论特别强调学习者在学习过程中的自主建构、自主探索和自主发现，并要求将这种自主学习与给予情境的合作学习和给予问题解决的研究性学习结合起来，因此特别有助于学习者的创新意识、创新思维、创新能力以及合作精神的培养。认知建构学习理论对教学设计的指导意义是：建构过程要引导学生发现原有知识结构与新知识之间的不协调性，然后主动去改变它；学习的认知建构发生在具体的情景中，在具体的情景中，能够使学生感受到知识的意义；学习是学习者在自己原有经验、知识、概念、技能、信仰、习惯等因素的基础上，所进行的主动、积极的意义建构过程。

（四）传播理论

信息传播是由信息源、信息内容、信息渠道与信息接受者为主要成分的系统。教学过程就是一种信息传播的活动。进行信息传播，必须对信息进行编码，考虑信息的结构与顺序是否符合信息接受者的思维与心理顺序。在教学活动中学习者所接受的教学信息的有效输入量并不完全取决于教师所传授的信息的输出量，教学信息在传输与变换的过程中受到众多因素的影响：第一，从教学信息的传播者与接受者来看，信息传播技能、态度和情意、知识和认知水平、社会以及文化背景等因素都会影响信息的传输；第二，从信息本身来看，信息传播的载体如语言或非语言等会影响信息的传输；第三，从信息传播的渠道来看，不同的传播媒体会产生不同的传播效果。

三、教学设计的程序

以研究学习目标著称的美国学者马杰（R.Mager）认为，教学设计依次由三个基本问题组成："我要去哪里""我如何去""我怎么判断是否已到达"。根据马杰的观点，教学设计包括三个基本环节：①目标设计——用精确且可观察的行为动词来描述学生所要获得的知识、能力和情意目标；②达成目标的各要素的分析与设计——包括分析教学对象、教学内容，选择教学方法、教学媒体；③教学效果的评价——检查目标是否完成，并作为修正教学设计的依据。

在此基础上，学者们提出了诸多的教学设计程序。其中，美国学者笛克和凯雷（W. Dick & L. Carey，1985）的观点为人们广泛接受。他们认为，教学设计是一个循环系统，包括以下九个步骤：①确定教学目标——依据课程的需要、学生的能力与个别差异、自身教学经验来确定；②进行教学分析——对达成目标的过程中，学生学习所需技能的分析；③检查起点行为——在教学分析的同时，设计者必须先行检查学生的起点行为，即学生的知识准备、个性特征等，以了解学生的个别差异；④制订操作目标——根据教学分析与起点行为，制订有助于实现教学目标的、切实可行的操作目标：⑤拟订测试题目——根据上阶段的操作目标编制学习之后的测试题目，以切实反映出每个学生的学习情形；⑥提出教学策略——在前五个步骤的基础上，提出实际教学的教学策略，其中涉及教材内容的讲解、教学媒体的使用、问题及其解答方式、测试及其回馈原则、师生间与同学间的互动等；⑦选定教学内容——将规定教材与各种教学资源相结合，有效选定教学内容；⑧实施形成性评价——在学科教学过程中实施，为教学提供反馈评价，以使教学产生最佳效果：⑨实施终结性评价——在学科教学结束后实施，了解学生学习是否达到预期标准。

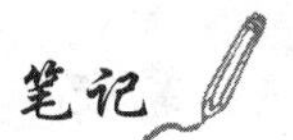

第二节　教学设计的要求

一、精心制订教学目标

(一)教学目标及其意义

教学目标是师生通过教学活动预期达到的结果或标准，是对学习者通过教学以后将能做什么的一种明确的、具体的表述，主要描述学习者通过学习后预期产生的行为变化。

确定教学目标是教学设计的首要环节。在教学目标分析的理论中，布卢姆的目标分类理论和加涅的学习结果分类理论最具有代表性。布卢姆等人在其教育目标分类系统中将教学目标分为认知、情感和动作技能三大领域，从实现各领域的最终目标出发，每一领域确定了一个细化目标序列。在实际生活中，认知、情感和动作技能这三方面的行为几乎是同时发生的，在教学中，教师往往需要同时设置这三个方面的目标。

1. **认知领域的教育目标**　布卢姆把认知领域的教育目标分为从低级到高级、由简单到复杂的六级水平：①知识——对所学材料的记忆，包括对具体事实、方法、过程、概念和原理的回忆；②领会——把握所学材料的意义，能转换、解释和推断；③应用——将所学材料应用于新的情境之中，包括概念、规则、方法、规律和理论的应用；④分析——将整体材料分解成若干成分的能力，并理解其组织结构；⑤综合——将部分组合成新的整体的能力；⑥评价——对所学材料(论点的陈述、小说、诗歌以及研究报告等)作价值判断的能力。

2. **情感领域的教育目标**　情感领域的教育目标与学习者的态度目标、感情目标、价值目标有关，并具体细化为五级：①接受——学生愿意注意特殊的现象或刺激；②反应——学生主动参与学习活动并从中得到满足；③价值化——学生将对象、现象或行为与一定的价值标准相联系；④组织——将多种价值观组合成一个体系，形成个人的价值观体系；⑤价值体系个性化——价值体系的内化，形成个人的品格。

3. **动作技能领域的教育目标**　这个领域出现了好几种分类法，且尚无公认的最好的分类。这里介绍的是辛普森(E.J.Simpson)的分类。辛普森将动作技能目标分为七级：①知觉——学生将获得的信息指导动作；②定向——学生对稳定的活动的准备，包括心理、生理、情绪的准备；③有指导的反应——学生在教师的引导下作出反应；④机械动作——学习者的反应已成为习惯，能熟练、自信地完成动作；⑤复杂的外显反应——较为复杂的动作技能形成；⑥适应——学生能修正自己的动作模式以适应具体情境；⑦创新——动作技能达到熟练后，达到创新设计、创造性发挥。

教师能否制订出明确、具体、规范、可操作的教学目标，对教学成败具有重要的作用。教学目标的作用主要体现在以下方面：第一，指导学生学习。教学目标有利于学生明确学习的意义、要求，增强学习热情，有利于学生抓住学习的主要内容，有利于激发学生学习的主动性，增强教师教学的针对性。第二，指导教学方法、教学媒体的选择与运用。教学目标对教学方法、教学媒体的选择具有统领作用，教师应选择与教学目标相适应的教学方法、教学媒体，才能使教学达到最优化。第三，指导教学结果的测量与评价。教师根据教学目标的要求对学生进行考核和评价。第四，促进课堂行为和交流。教师根据教学目标的要求指导自己的课堂行为，增进师生交流。

专栏 9-1

加德纳的多元智力观

加德纳认为人的智力结构是多元的，至少存在八种相对独立的智力成分。

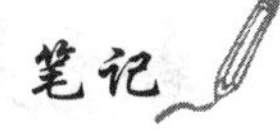

(1) 语言智力(verbal-linguistic intelligence):指个体使用语言表达思想和理解他人的能力。该方面智力突出者适合的职业是:政治活动家、主持人、律师、演说家、编辑、作家、记者、教师等。

(2) 数学 - 逻辑智力(logical-mathematical intelligence):指有效地计算、测量、推理、归纳、分类,并进行复杂数学运算的能力。该方面智力突出者适合的职业是:科学家、会计师、统计学家、工程师、电脑软件研发人员等。

(3) 空间智力(spatial-visual intelligence):是指准确感知视觉空间及周周一切事物,并且能把所感觉到的形象以图画的形式表现出来的能力。这项智能包括对色彩、线条、形状、形式、空间关系很敏感。该方面智力突出者适合的职业是:室内设计师、建筑师、摄影师、画家、飞行员等。

(4) 身体运动智力(bodily-kinesthetic intelligence):指善于运用整个身体来表达思想和情感、灵巧地运用双手制作或操作物体的能力。这项智能包括特殊的身体技巧,如平衡、协调、敏捷、力量、弹性和速度以及由触觉所引起的能力。该方面智力突出者适合的职业是:运动员、演员、舞蹈家、外科医生、宝石匠、机械师等。

(5) 音乐智力(musical intelligence):指人能够敏锐地感知音调、旋律、节奏、音色等的能力。这项智能对节奏、音调、旋律或音色的敏感性强,与生俱来就拥有音乐的天赋,具有较高的表演、创作及思考音乐的能力。该方面突出者适合的职业是:歌唱家、作曲家、指挥家、音乐评论家、调琴师等。

(6) 人际智力(interpersonal intelligence):指能很好地理解别人和与人交往的能力。这项智能是善于察觉他人的情绪、情感,体会他人的感觉感受,辨别不同人际关系的暗示以及对这些暗示作出适当反应的能力。该方面智力突出者适合的职业是:政治家、外交家、领导者、心理咨询师、公关人员、推销员等。

(7) 自我认知智力(intrapersonal intelligence):指具有自知之明并据此作出适当行为的能力。这项智能是能够认识自己的长处和短处,意识到自己的内在爱好、情绪、意向、脾气和自尊,喜欢独立思考的能力。该方面智力突出者适合的职业是:哲学家、政治家、思想家、心理学家等。

(8) 自然认知智力(naturalistis intelligence):指善于观察自然界中的各种事物,对物体进行辨认和分类的能力。这项智能有着强烈的好奇心和求知欲,有着敏锐的观察能力,能了解各种事物的细微差别。该方面智力突出者适合的职业是:天文学家、生物学家、地质学家、考古学家、环境设计师等。

(二)制订教学目标的基本要求

教学目标对教学活动发挥着重要作用,教师在制订教学目标时应符合下列五项基本要求。

第一,教学目标应适合课程标准,明确教学方向。课程标准规定了教学的目的、任务、内容及基本要求,是制订教学目标、评价教学质量的依据,教学目标应明确教学的方向并围绕着课程标准所规定的基本要求进行制订。

第二,教学目标必须明确、具体、可以观测,避免用含糊的或华而不实的语言。只有增强教学目标的明确性和可测程度才能更好地发挥教学目标的导教、检测功能。现代教育心理学主张,教师制订教学目标时,应注意以下两点:首先,应明确教学应该具有哪些目标;其次,力求用一定的数据、行为或情景表示学生在教学后的学习经验发展水平的变化状况。

第三,教学目标应阐述教学后学生所达到的学习结果,而非教师的教学过程。教学目标是预期学生通过教学活动后获得的学习结果,教师在陈述教学目标时,应重点描述经教学活动后,学生在认知领域、情感领域、动作技能领域所产生的学习结果的类型与层次,避

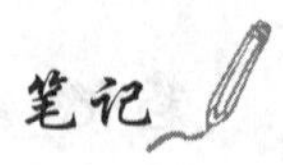

免用描述教学过程、教学要求或教学行为的术语。

第四，教学目标要反映学生的发展水平。教学目标应对学生学习经验变化的适宜预期，阐明学生在不同层次或难度水平上要完成的操作。教师应结合学生特点及基础、具体的教学内容、教学情境，准确表述学生在能力或情感变化上的条件和标准。

第五，教学目标应兼顾个体差异。在制订教学目标时，要充分考虑学生的学习差异、个性特点以及不同层次学生的学习需要，为不同状态和水平的学生提供适合他们最佳发展的教学条件。教师要经常主动与学生沟通交流，根据学生实际适当调整教学目标，使教学目标的制订更具针对性和实效性。

二、合理组织教学内容

（一）教学内容的分析

教学内容是实现教学目标的基本保证，教学内容的设计依一定的理论观点分为宏观设计和微观设计两个层面。教学内容的宏观设计指确定教材内容的取舍及排列顺序的过程，教学内容的微观设计指在教学对象和教材固定的情况下，科学地分析教材，重组并改选教学内容。教学内容的分析主要包括以下三个方面：

第一，分析教学内容在教学体系中的地位和作用。教师在掌握课程标准的前提下，对课程所覆盖的章节、教学要点要做到心中有数，在对具体内容的教学时，能深化对不同层次的教学内容之间的认识，并准确把握每一教学单元及基本概念、基本原理、基本方法的地位和作用。

第二，分析教学内容编排的意图和特点。应了解和明确教材编排所依据的理论。目前比较有影响力的教材组织方式有：布鲁纳的“螺旋式组织”，加涅的“累积式层级组织”，奥苏贝尔的“认知同化组织”。多数教材在编排时以某种理论为主或几种理论交叉运用，只有明确了教材所依据的编排理论，才能更加有效地把握教材编排的意图和特点。

第三，分析教学中的重点和难点。教师应在宏观上把握课程体系以及新知识的地位、作用的基础上，区分出教学内容的重点与难点部分，以避免重点不突出或平铺直叙。通常教学内容中的重难点也往往是课程体系中起上下联系和纵横贯通作用的联结点，即教学必须突破的基本概念、原理、规则和方法。

（二）组织教学内容的基本要求

第一，主动驾驭教材，忌将教学内容等同于教材内容。教学内容是教学目标的具体化，教材内容是教学内容的一个成分，是课堂教学内容的主要来源，但不是全部。教材并不是完美无缺的，教师应在深入钻研教材的基础上，主动驾驭教材，并根据实际需要，积极开发教材以外的课程资源。

第二，灵活调控教学内容的深度与广度。组织教学内容，应坚持适量、适度原则，以学生的可接受性为前提。要控制好教学内容的广度和教学深度，立足于教学目标，使新知识的教学既有利于发展学生的潜在水平，又与学生的现有水平相衔接。

第三，增强教学内容的新颖性和多样性。教学内容是开放、动态的，应根据学生的实际，不断调整、充实教学材料，适当补充贴近学生日常学习和生活实践的材料或利用直观多样的教学媒体丰富、强化、巩固教材介绍的新知识。

第四，教学内容的组织、排列、呈现方式要恰当，突出重点、难点。从学生的需要和实际出发，对教学内容进行合理组织、排列、整合，做到立足文本、超越文本，使学生更好地掌握和理解所学的内容，对重点、难点内容，应提供丰富多样的活动设计，增强练习与反馈。

第五，重视因材施教，重视学生非智力因素的培养。要“以生为本”设计和组织教学内容，注意客观存在的学生个体差异，根据不同学生、不同班级特点随机应变地调整教学内

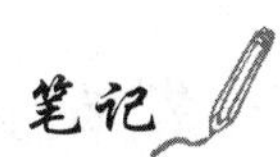

容。在知识与技能传授的同时，应重视蕴涵在教材中有利于学生良好情意品质培养的因素，培养和提高学生的情绪智力、综合能力等。

三、恰当选择教学措施

（一）教学方法的选择

教学方法指在教学过程中师生双方为实现一定的教学目的，完成一定的教学任务而采取的教与学相互作用的活动方式，它是整个教学过程整体结构中的一个重要组成部分，是教学的基本要素之一。教师常用的基本方法为：讲授法、演示法、讨论法、实验法、指导法、参观法、课堂问答、练习、游戏、实习作业。教师在选择教学方法时需综合考虑以下四方面因素。

其一，教学目标的要求。围绕教学目标来选择教学方法是实现教学最优化的重要一步。选择教学方法时，应考虑以下几方面：第一，不同的目标往往要求用不同的方法来实现。在选择教学方法时，教师应考虑它与教学目标是否协调，教学目标不同所采用的教学方法也可能不同。第二，各种教学方法应有机结合，发挥最佳功效。教学目标的多层次化、教学环节的多样性决定了教学方法的多样性，要保证教学目标的全面实现，教学中往往要求选用几种互补的方法并把它们有机结合。第三，扬长避短地选用各种教学方法。每种方法都有其独特的功能和长处，同时也有其局限和不足，选用教学方法时尽可能发挥其优势而避其缺陷。

其二，教学内容的特点。不同的教学内容制约着教学方法的选择，如不同学科性质、不同具体教学内容要求所采用的教学方法可能不同。

其三，教师的特点。每个教师的教学风格、个性特征不尽相同，教师可根据自身的特点以及自身的素质差异来选用教学方法，从而达到教学的最优效果。

其四，学生的年龄特征与学习特点。处于不同年龄的学生其认知发展水平、思维能力、自控能力等都不同，教师应根据学生的特点灵活选用教学方法。即使是年龄相当的学生，因每个学生的思维类型、个性等方面的差异，也会影响他们对不同教学方法的喜好程度和适应程度，因此，教师应根据不同班级特点、不同教学对象等恰当的选用和调整教学方法。

（二）教学媒体的选择

教学媒体简称媒体，指教学教程中用以运载信息、传递经验的物质手段和工具。在教学过程中，教师运用媒体把教学内容的信息传输给学生，学生则通过媒体接受教学内容的信息。学校中的教学媒体主要包括：非投影视觉辅助，如黑板、实物、模型、图形、提纲等；投影视觉辅助，如投影和幻灯等；听觉辅助，如录音、广播等；视听辅助，如影视、计算机等。在现代教学中，教学媒体发挥着愈来愈重要的作用，它们不但是辅助教师传递教学信息的重要手段，还可以创设多种学习环境促进学生对知识的理解和掌握，激发其学习兴趣和情感，形成良好的个性品质、发展多种学习技能。不同的教学媒体各有自己的优缺点，教师在选择时应统筹考虑以下因素。

其一，教学任务方面的因素。应根据教学目标、教学内容、教学方法等来选择教学媒体。教学目标是贯穿教学活动全过程的指导思想，媒体选择首先应考虑教学目标，依据不同的教学目标来选择教学媒体。其次应考虑教学内容的特点，如果传递的是感性的具体经验，则在非言语系统中选择媒体，如果是传递理性的抽象经验，则除要有必要的非言语系统媒体配合外，应主要选择用言语系统的媒体。另外，教学方法也是影响媒体选择的重要因素，应依据每种教学方法的特点来选择相应的媒体。

其二，学习者方面的因素。教学媒体对经验的传递作用取决于学生的接受能力和加工能力。学生的感知能力、原有知识水平、智力水平、认知风格、兴趣爱好、年龄特征等都会影

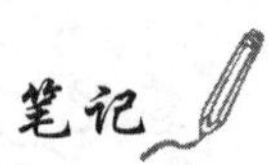

响教学媒体的选择。不同经验发展水平、不同年龄特征的学生，对教学媒体的接受能力不同，采用的教学媒体也应有差别。

其三，媒体特点方面的因素。不同的媒体有着各自的特点，教师要善于根据媒体的特点来选择符合教学要求的媒体类型。如投影和幻灯的特点是能以静止的方式表现事物的特征，让学生详细地观察放大的清晰图像或事物的细节；广播、录音则能借助语言、音乐的组合，有轻重缓急地表现事物的特征；计算机辅助教学软件具有高速、准确、储存量大、模拟逼真现场的特点。

其四，教学管理方面的因素。应考虑教学的地点和空间、是否便于教师操作、能否随意控制、媒体对环境的要求、媒体使用的灵活性和耐久性、媒体花费的代价等。

（三）教学过程的安排

根据加涅的观点，教学过程的安排包括以下九个方面。

第一，引起学生注意。引起学生注意是教学教程中的首要事件。教师可以通过下面三种方式来引导学生的注意：①激发求知欲——如可通过提出问题，让学生思考，然后老师再认真讲解；②变化教学情境——如可通过教学媒体，提高教学内容的直观形象性；③配合学生经验——如可从学生关心的问题入手，结合日常生活经验，然后再转到教学内容上。

第二，提示教学目标。在引起学生注意后，向学生提示教学目标，使学生在心理上做好准备，明确学习的目的、结果和方法。向学生陈述教学目标时，要用学生能够理解的语言，确保学生能够理解，使学生产生对新知识的期望。

第三，唤起先前经验。新知识的学习总是以原有知识技能为基础。教师要激活学生头脑中与新知识有关的旧知识技能或及时辅导补充相关的基础知识，以此为基础推导和生发出新知识。

第四，呈现教学内容。在教学过程中以教学材料为中介的师生互动过程是很重要的。教师在呈现教学内容时要根据教学材料的性质、学生学习特点、预期学习结果等有关问题，采用不同的教学方法。

第五，提供学习指导。在呈现完教学内容后，教师要指导学生完成课堂作业。教师要依据问题性质、学生特点采用不同的指导方式，要教学生如何将新旧知识联系在一起以及一些记忆和理解的方法，促进学生对新知识的保持。

第六，展现学习行为。学习是内在的心理活动，教师可通过观察学生的眼神和表情，判断学生是否掌握了新知识，也可采用提问的方式，或是用课堂作业的方式来判断学生的理解和掌握情况。

第七，适时给予反馈。要给学生提供反馈，使其整合新旧知识，巩固对新知识的记忆。可通过学生的自我考察或老师通过布置作业、谈话等方式进行反馈。

第八，评定学习结果。通过学生的作业情况、课堂小测、课堂问答等，教师能够了解学生对教学内容的掌握情况，根据学生中普遍存在的问题给予一定的辅导。

第九，加强记忆与学习迁移。当确定学生获得所教知识技能之后，要教学生如何记住和巩固这些知识，适当给予复习的机会。要提供一些问题和情境，使学生在情境中应用所学知识和技能，促进学习迁移。

第三节　教学设计的类型

教学设计是项复杂的系统工程，按不同的分类标准，教学设计可分为几种不同的类型，如根据教学情境中所需设计的问题大小可分为宏观设计和微观设计，根据所涉及的时间幅度分为长期、中期、短期教学设计，根据不同课型所进行的教学设计，包括新授课，讨论课、

复习课等类型的教学设计。本节主要从不同类型知识的角度探讨教学设计，即陈述性知识、程序性知识、策略性知识的教学设计。

一、陈述性知识教学设计

陈述性知识（declarative knowledge）也叫描述性知识，是关于事物及其关系的知识，主要用于区别和辨别事物。它是个人有意识地提取线索、能直接陈述的知识。这类知识主要用来回答“是什么”的问题。陈述性知识可以分为三种：①有关事物的名称或符号的知识；②简单的命题知识或事实知识；③有意义的命题的组合知识。陈述性知识主要以命题形式在头脑中贮存，多个命题的结合形成命题网络。有的陈述性知识也以表象形式贮存。

根据陈述性知识的特点，教师在对其进行教学设计时，应注意四方面的问题：①教学目标的设定——确定教学目标应以回忆知识的能力为中心，让学生表述学到的有关知识，从而检查学生是否具备了这种能力；②教学内容的设定——设计教学内容要注意新旧知识之间的联系，找到它们的联系点；③巩固学生原有的基础知识——要巩固和加强与学习新知识有关的基础知识，让学生在掌握和巩固原有相关知识的基础上再学习新知识，以便学生能更好地学习和掌握新的教学内容；④帮助学生找到新旧知识的联系点——可通过关键点的提问引起学生的关注与思考，通过及时的反馈进行针对性的补救，或考虑教材呈现方式与讲解，利用多媒体等方式揭示事物发展的过程，从而让学生理解新旧知识间的内在联系。

陈述性知识教学的根本任务在于使学生将所学的各种符号、命题、事实、事件与客体的规律性有序地储存于长时记忆中，在需要运用时能够迅速、有效地提取出来。现代认知心理学研究认为，在教学过程中可运用如下方法以提高学生对陈述性知识的获取、保持、提取和回忆：①复述——指在工作记忆中为了保持信息而对信息进行反复重复的过程；②精细加工——指对要记忆的材料补充细节、举出例子、作出推论，或使之与其他观念形成联想，以达到长期保持的目的；③组织——指根据学习材料本身的内在逻辑关系将其建构成一个有序的、条理化的系统结构。现代认知心理学家认为用于组织的具体技术最常见的为列课文结构提纲和画网络图，并建议采用如下步骤训练学生列结构提纲：给学生提供较完整的结构提纲，其中留出一些下位的细目空位，要求学生通过阅读或听讲填补这些空位；提纲中只有一些大标题，所有小标题要求由学生完成，或提纲中只有小标题，要求学生写出大标题。

专栏 9-2

知识的分类

1996 年，国际经济合作与发展组织在《以知识为基础的经济》（the Knowledge-based Economy）报告中，对知识的形态作了分类：①事实知识，即知道“是什么”（know what），指人类对某些事物的基本知识所掌握的基本情况；②原理知识，即知道“为什么”（know why），指对产生某些事情和发生事件的原因和规律性的认识；③技能知识，即知道“怎样做”（know how），知道实现某项计划和制造某个产品的方法、技能和诀窍等；④人力知识，即知道是“谁创造”（know who）、谁知道是什么、为什么和怎么做的知识。

二、程序性知识教学设计

程序性知识（procedural knowledge）即操作性知识，是一套办事的操作步骤，是关于“怎么做”的知识。为了更好地理解程序性知识，有必要将之与陈述性知识相区别：①陈述性知识是“是什么”的知识，以命题及其命题网络来表征；程序性知识是“怎样做”的知识，以产生式来表征。②陈述性知识是一种静态的知识，它的激活是输入信息的再现；而程序性知识是一种动态的知识，它的激活是信息的变形和操作。③陈述性知识激活的速度比较慢，

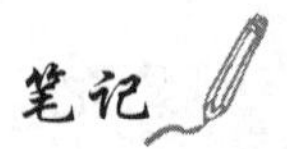

是一个有意的过程，需要学习者对有关事实进行再认或再现；而程序性知识激活的速度很快，是一种自动化了的信息变形的活动。④大多数陈述性知识可以通过语言传授（如“中国的首都是北京”），而大多数程序性知识是不能通过语言传授的（如很多人会游泳，但却不能把这种技能通过语言传授给他人）。⑤陈述性知识可以通过媒体、讲座等形式习得（如预防流感的知识），而程序性知识必须通过练习和实践才能获得（如骑自行车的技术）。⑥陈述性知识能够通过应用、回忆、再认以及与其他知识联系等方式来表现，而程序性知识必须通过各种操作步骤来表现。

当然，在多数学习活动中，这两类知识是结合在一起的。陈述性知识的获得常常是学习程序性知识的基础，程序性知识的获得又为获取新的陈述性知识提供了可靠保证；陈述性知识的获得与程序性知识的获得是学习过程中的两个连续阶段，如学习“解方程”，先要知晓“解方程”的有关道理与规则（陈述性知识），进而知晓如何利用道理与规则去实际“解方程”（程序性知识）。

根据程序性知识的特点，教师在对其进行教学设计时，应注意以下三方面的问题：①教学目标的设定——教学目标应确定为应用概念规则解决问题的能力。检验这种能力的行为指标不是学生能表述学到了什么，而是学生在面对各种不同的概念与规则的运用情境时，能顺利地进行识别、运算和操作；②教学内容的设定——应让学生理解概念或规则，使新知识能顺利地纳入相应的知识系统中；③教学方法的设定——概念的讲解与练习要注意正、反例的运用；教学内容如果是规则，应着重引导学生将新习得的规则广泛运用于新情境，做到一见到适当的条件便能作出反应；对于较复杂的程序性知识，应考虑练习内容与时间的分散与集中、部分与整体的关系，通常先练习局部技能，再进行整体练习。

现代认知心理学家将程序性知识的获得划分为三个阶段：①认知阶段——在这一阶段，学生将使用自己已有的有效方法，对某一技能作出陈述性的解释，并对与该技能相关的条件及行动形成最初陈述性特征的编码；②联系阶段——在这一阶段，原先指导行为的知识将发生两种转变：一是最初对技能所作的表征将慢慢转变为特殊领域里的程序性知识，二是构成这一程序的各个部分（步骤）之间的联结将得到增强；③自动化阶段——使构成程序的各个部分（步骤）相互协调，并使整个程序进一步完善。据此，在教学过程中可相应地从三个方面展开对程序性知识的教学：帮助学生实现子技能或前提技能的自动化；帮助学生将一些小的程序合并成一些大的程序；帮助学生将这些技能程序化，使学生可以对程序本身无需多做考虑，就能使用程序的目标与子目标结构。

三、策略性知识教学设计

策略性知识（strategic knowledge）是关于如何学习、如何思维的知识，即个体应用陈述性知识和程序性知识去学习、记忆、解决问题的一般方法和技巧。从本质上看，策略性知识也是一种程序性知识，一般程序性知识所处理的对象是客观事物，而策略性知识所处理的对象是个人自身的认知活动，其目标是更有效地获取新知识和运用已有知识来解决问题。只有在策略性知识的指导下，陈述性知识和一般程序性知识才能被有效地加以应用。

策略性知识教学的目的，是为了提高学生的学习能力，促使其最终形成自觉、自动、灵活的学习与控制，从而有效地在各种实际情境中应用所形成的学习策略。策略教学可以在两种情境下进行：一种是把它放在自然的学习情境中进行，同具体学科知识的教学结合起来；另一种是把它从具体学科的教学中分离出来，进行专门的教学。一般来说，较为具体的、适用于某类材料和学习情境的策略性知识，适合于在第一种教学情境中传授，而更为一般的、适用范围较广的策略性知识适合在第二种教学情境中传授。因此，对策略性知识进行教学设计时，应注意以下几方面的问题。

第一，教学目标的设定。教学目标中必须有策略性知识，必须有“学生是否会学习”的教学目标。任何一堂课都有特定的教学目标，它是开展教学活动的第一要素，也是检查与评定教学效果的最高标准。传统的教学目标常常只有检查陈述性知识和程序性知识的目标而忽略了策略性知识的目标，只考虑到学生对知识掌握的多少，而忽略了学生对学习知识的方法掌握情况的检测。现代教学主张应将策略性知识的掌握作为教学目标的重要组成部分，并设计相应的检测与评价手段，检查学生能否用所学知识解决新问题，能否总结出自己在学习中学会的有效的学习方法，能否将获得的新信息与头脑中已有的知识经验有机地结合起来，能否用已有的知识去创造出新的成果，使学生获得基础知识的同时，又学会了学习，学会了以自己独到的思维方式去分析、解决学习中出现的新问题，从根本上提高学习的效率。

第二，教学内容的设定。教学内容应结合陈述性知识和程序性知识的教学，突出学习方法的教学，教给学生如何预习、复习、如何集中注意、如何进行反思等具体学习方法。成功地进行策略性知识的教学必须有坚实的陈述性知识和程序性知识作保障，强调策略性知识的教学并不等于忽视陈述性知识和程序性知识的教学。策略性知识的教学对陈述性知识和程序性知识的教学提出了更高的要求，三者应有机地统一在整个教学过程中。

第三，教学方法的设定。教师要掌握教策略性知识的方法，如可将自己内隐思维活动的调节、控制过程展示出来，使学生能领会和模仿。思维活动是一个内隐的心理过程，教育者在传递策略性知识的同时，应善于将自己对某一知识的认识过程展示出来，让学生体验对比自己的思维过程，学习、模仿老师的思维方式，从中吸收养分，学习正确的思维方法，培养独立思维的能力。

第四，考虑学生的年龄特征、学科特点等因素，做到因材施教。学生年龄特征不同，对策略性知识的理解形式与程度就不相同，因此，策略性知识的教学应根据每一年龄阶段学生的心理水平来进行。对小学、初中低年级的学生，应采取形象、直观的手段来进行，以便于学生理解；对初中高年级以上的学生，则应用抽象的理论讲解并配以适当的直观手段来进行，使学生的策略性知识水平逐步提高。同时，每门学科都有自己特定的研究对象、内容和方法，从而构成每门学科的特点。教育者应根据所教学科的特点，有针对性地传授与学习该学科相关的策略性知识，教会学生如何学习本学科，并用本学科的基础知识去分析问题、解决问题，并引导学生集各门学科之长，从中总结出带有规律性的学习方法，形成自己独特的学习风格。

本章小结

1. 教学设计是以获得优化的教学过程为目的，以系统理论、传播理论、学习理论和教学理论为基础，运用系统方法分析教学问题、确定教学目标、组织教学内容、选择教学措施、评价教学成果，进而形成教学方案的活动。

2. 教学设计以获得教学的最优化为目的，其意义主要体现在三个方面：最大限度地优化课堂教学、连接教学理论与教学实践的桥梁、教学评价和教学交流的载体。

3. 教学设计的依据涉及系统理论、教学理论、学习理论、传播理论。

4. 教学设计的要求有三：精心制订教学目标、合理组织教学内容、恰当选择教学措施。

5. 从不同类型知识的角度来看，教学设计的类型包括陈述性知识教学设计、程序性知识教学设计、策略性知识教学设计。

复习思考题

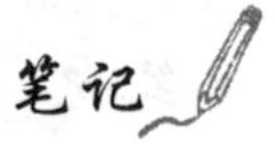

1. 名词解释：教学设计，教学目标，教学内容，陈述性知识，程序性知识，策略性知识。

2. 如何理解教学设计的涵义？
3. 简述教学设计的要求。
4. 制订教学目标有哪些基本要求？
5. 如何分析教学内容？
6. 如何组织教学内容？
7. 选择教学方法时应考虑哪些因素？

拓展学习

巴班斯基《论教学过程最优化》

尤•康•巴班斯基（Юрий Константинович Бабанский，1927—1987）是苏联著名教育家、教学论专家。他从20世纪60年代起潜心进行教学教育过程最优化理论的研究，形成了内容丰富、且具有积极现实意义的完整的教学理论。

巴班斯基的教学过程最优化理论的产生，与苏联教育改革中产生的问题有着直接关系。在20世纪70年代，苏联教育的发展取得了巨大的成就，但也存在不少问题，如教学内容过多过深、学生的负担过重、教师的教学方法不当、教学组织形式过于刻板等。从认识论的根源来说，这些问题的出现都是由于教育缺乏综合、整体的观点，不符合优化原则。为解决教学过程中实际存在的问题，巴班斯基综合有关最优化研究的成果，并结合自己所进行的长期的教学实验，提出了教学过程最优化理论。《论教学过程最优化》收录了巴班斯基阐述教学过程最优化问题的重要文章12篇。这些文章比较全面地反映了巴班斯基教学过程最优化的思想，其可以概括为以下几点：

1. 教学过程最优化的定义　巴班斯基认为教学过程“最优化并非是某种特殊的教学方法或方式”，而是科学地指导教学、合理地组织教学过程的方法论原则。“最优化”是指一所学校、一个班级在具体条件制约下所能取得的最大成果，也是指学生和教师在一定场合下所具有的全部可能性。教学过程最优化是教师工作的一项特殊原则，要求在一定的具体条件下，以最少的时间和精力消耗取得最大的教学效果。

2. 教学过程最优化的基本标准　巴班斯基提出两个最优化教学标准：一是每个学生在教养、教育和发展三个方面都达到他在该时期内实际可能达到的水平；二是学生和教师都遵守所规定的课堂教学和家庭作业的时间定额。简言之，就是“提高活动效果”和“节省时间”。巴班斯基指出，学校工作最优化的标准，应随着历史的发展而不断完善，根据社会的要求而逐步提高。

3. 教学过程最优化的方法体系　该方法体系由教师的最优传授方式和学生的最优学习方式两部分有机组成。主要有八个基本方法：①以综合的观点选择和决定教学任务，安排教学内容、方法、手段和活动形式；②考虑现有的条件和可能性，使教师的活动任务、内容、方法、手段和形式具体化；③依据教学大纲，优选教学内容，确定内容重点；④根据具体情况选择最合理的教学方法；⑤采取合理的形式，实行区别教学；⑥创造必要的教学条件；⑦考虑变化了的条件和可能性，随机校正教学；⑧分析教学效率，确定最优速度，节省师生时间。只有综合利用整个方法体系，才被认为真正实施了教学过程最优化。

4. 教学过程最优化的基本环节　巴班斯基用系统论观点将教学过程分为六个环节：①教师研究学生、学生集体、教学条件等，并在此基础上明确教学的社会目的和任务并使之具体化；②考虑全班学生的特点，使教学内容具体化；③教师根据系统的特点，对教学活动的形式和方法作出最优的选择；④把教师教学的影响与学生的学习认识活动统一起来，形成师生在教学上的相互影响；⑤对掌握知识、技能、技巧的情况进行日常检查和自我表现检查、及时调整教学过程的进程；⑥师生共同分析教学结果，查明未解决问题，供设计下一个周期

笔记

教学过程时参考。这些基本环节，一方面反映了教与学的统一性，另一方面也强调了教师活动在教学过程中的指导作用。

5. 教学规律、原则与教学最优化方法的相互关系　巴班斯基以系统论和最优化观点对教学原则、教学规律进行了调整，例如他提出了教学过程中教与学相统一的规律；教学与个性发展相统一的规律等。在教育原则方面，他提出了包括教学的科学性原则在内的十三种原则。关于最优化方法体系与教学原则、规律的关系问题，巴班斯基说："最优化的方法体系将概括业已发现的教学规律和原则，并使之具体化。"

参考文献

[1] 张大均. 教育心理学. 北京：人民教育出版社，2005.
[2] 教育部人事司制定. 教育心理学考试大纲. 北京：北京师范大学出版社，2002.
[3] 张大均，郭成. 教育心理学纲要. 北京：人民教育出版社，2006.
[4] 陈琦，刘儒德. 当代教育心理学. 北京：北京师范大学出版社，2007.
[5] （美）罗伯特·斯莱文. 姚梅林，译. 教育心理学——理论与实践. 7版. 北京：人民邮电出版社，2004.
[6] （美）安妮塔·伍尔福克. 教育心理学. 10版. 何先友，等. 译. 北京：中国轻工业出版社，2008.
[7] 乔建中. 中外教育经典名著速读. 合肥：安徽人民出版社，2009.

推荐书目

[1] （美）罗伯特·斯莱文. 姚梅林，译. 教育心理学理论与实践. 7版. 北京：人民邮电出版社，2004.
[2] （美）安妮塔·伍尔福克. 教育心理学. 10版. 何先友，等. 译. 北京：中国轻工业出版社，2008.

研究生考试要点

名词解释：教学设计，教学目标，教学内容，陈述性知识，程序性知识，策略性知识
简述教学设计的要求
制订教学目标的基本要求
如何分析教学内容
如何组织教学内容
选择教学方法应考虑的因素

教师资格考试要点

名词解释：教学设计，教学目标，教学内容，陈述性知识，程序性知识，策略性知识
简述教学设计的要求
制订教学目标的基本要求
如何分析教学内容
如何组织教学内容
选择教学方法应考虑的因素

（乔建中）

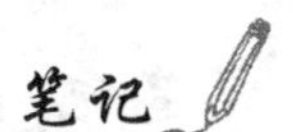

第十章　教 学 评 价

10章

目的要求

1. 掌握　教学评价的概念与类型。
2. 了解　教学评价的过程。
3. 知晓　教学评价的方法。

教学评价是教学活动的重要组成部分，贯穿于教学活动的全过程。它不仅是检验教师教学质量与学生学习效果的重要手段，而且是制定教育决策和确定教学目标的重要依据。

第一节　教学评价的概述

一、教学评价的概念

教学评价是遵循教育规律，以教学目标或评价目标为依据，运用科学的方法与措施，对教学活动的过程和结果进行质量分析和价值判断，进而得出结论的活动。教学评价的内容包含教师教学活动评价和学生学习活动评价两个方面。其中，前者涉及教学计划制订、教学程序安排、教学过程组织、教学策略运用和教学效果的评价，后者涉及学习动机、学习方法、学习行为和学习效果的评价。

教学评价按性质可分为定性评价和定量评价两种。定性评价是利用经验和比较等方法，以语言描述的方式，对教学活动的“质的规定性”进行判断、分析，进而得出结论的活动。例如，教师根据自身经验和与特定参照标准的比较，对某个学生的学习适应、心理发展作出“好”“较好”或“一般”等结论，就属于定性评价。定量评价是利用测量和统计等方法，以数量分析的方式，对教学活动的“量的规定性”进行判断、分析，进而得出结论的活动。例如，教师根据考试分数或特定量表测试结果及其与特定参照标准的比较，对某个学生的学习能力、心理发展水平作出“A 等级”“B 等级”或“C 等级”等结论，就属于定量评价。

教学评价的目的与意义，主要体现在以下四个方面：

第一，检验教学效果，诊断教学问题。检验与诊断，是教学评价最重要的职能。诸如教学设计是否合理、教学目标是否达成、教学方法是否得当、教学内容是否掌握等，都必须通过教学评价加以检验。在此基础上，可以对教学的质量与水平、成效与缺陷进行全面的诊视和判断。

第二，提供反馈信息，促进教学完善。来自检验与诊断的反馈信息，一方面可以使教师和学生了解自己在教学中取得的成绩与进步，增强其自我效能感，激发其进一步完善教学的内在动力；另一方面可以使教师和学生明确教学中存在的问题及其原因、学习中存在的困难及其表现，增强其有针对性地调整教学策略、改进教学措施、不断提高教学质量的信心。

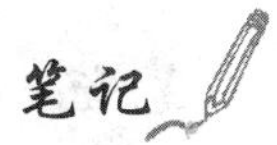

第三，引导教学方向，调控教学进程。教学评价的基本依据，来自于教育方针、课程标准（教学大纲）、教师专业标准等所规定的目的、任务、内容与要求，因此，教学评价所提供的反馈信息有助于引导教学始终沿着正确的方向发展，并有助于学校端正教学思想和办学方向。与之相应，教学评价所提供的反馈信息，也有助于调控教学进程的具体设计与进度安排，使之更为合理、有序地向着预定的教学目标前进。

第四，客观考察师生，提供决策依据。教学评价所获得的信息，有助于学校和教育行政部门全面了解教师的素质与水平，为合理安排教师的进修与提高、聘用与晋升提供客观依据；教学评价所获得的信息，有助于学校和教师全面了解学生的知识掌握和能力发展状况，为其因材施教、升学指导、职业定向等提出客观意见与建议；教学评价所获得的信息，还有助于教育主管部门全面了解学校教学的实际状况，更好地调整与实施教师培训、教学改革、教学科研、教学督导等工作。

二、教学评价的类型

根据评价在教学活动中发挥作用的不同，可以把教学评价分为诊断性评价、总结性评价和形成性评价三种类型。

（一）诊断性评价

诊断性评价亦称准备性评价，是指教学目标制订后，在教学活动实施前，对学生各种基本情况以及学生对学习新知识的准备程度作出评价。诊断性评价一般在新课程或新学期、新学年开始前进行，其评价结果作为教师安排教学活动提供参考数据，或作为比较教学前后教学效果的依据。其作用主要有二：一是确定学生的学习准备程度，二是适当安置学生。例如，新学年初学校为了更好地了解入学新生实际情况进行编班，所进行的“摸底测试”评价就是属于一种诊断性评价类型。同时诊断性评价还用于对经常表现出学习困难的学生的评价，其目的是对于学生的学习困难及其原因进行诊断。

（二）总结性评价

总结性评价是指在预定教学活动结束后，对学生的学习情况和取得的教学效果进行的评价。总结性评价以教学大纲为评价标准，测验内容范围涵盖课程规定的大纲要求，其概括水平较高，注重考查学生掌握某一学科知识技能掌握的整体程度，评定学生的学业成就。总结性评价通常在学期中或学期末进行，评价结果记入学生成绩报告单，作为升、留级或职业资格认定的依据。

（三）形成性评价

形成性评价是在教学过程中，为及时了解学生学习情况和教学效果，进一步调控和完善教学活动，保证教学目标得以实现而进行的评价。形成性评价通常以非正式考试或单元小测验的形式为主。一般而言，形成性评价结果不计入学生成绩手册，也不作为学生评定的等级或名次。形成性评价的主要目的：一是帮助教师了解教与学的过程中存在的问题，以便及时进行调整；二是帮助学生了解自身学习情况，以便进一步完善。现代教学管理的实践过程中十分重视信息反馈功能的形成性评价。

三、教学评价的原则

为更好地实现教学评价的既定目标，在编制与实施教学评价时应遵循以下基本原则。

（一）客观性原则

教学评价的客观性原则，指教学评价要尊重客观事实、实事求是，按照教学活动的客观实际，对其过程和结果进行质量分析和价值判断。为了更好地贯彻客观性原则，教学评价者应着重注意以下几点：①在搜集资料和数据时，必须如实、详尽地记录教学活动的过程和

结果，切不可用自己的主观体验、主观感受来代替观察到的客观事实，更不能将自己的主观倾向或臆测附加在客观事实之中；②要在对所得的全部事实材料和数据，甚至包括相互矛盾的事实进行全面分析的基础上，得出应有的结论；③在资料的处理、结果的分析整理时，应尽可能运用某种既定的标准化工具和客观尺度来加以评定，防止主观偏见的影响；④在作结论时，要严格依据所得的客观事实，实事求是，既不能作过分的推论，更不能人为地肯定或否定某种结论。

（二）系统性原则

教学评价的系统性原则，是指教学评价要采用系统论的方法，把教学活动作为一个整体的、有序的、开放的系统来加以考察。贯彻系统性原则应着重注意以下几点：①整体性——教学活动中教师与学生之间的相互作用是一个相互联系的统一整体，尽管其形态、方式、过程、结果有所不同，但是它们彼此间互为基础或互为因果，并且循环往复的相互作用；②层次性——教学活动及其过程与结果，是一个有组织结构的系统，具有多方面的层次性或多等级的子系统，因此在教学评价的过程中，既要注意它们之间同层次的横向联系，又要注意它们之间不同层次的纵向联系；③统一性——教学评价要依据现代教学理念与要求，从师生双边活动的统一上，对教学过程和结果进行质量分析和价值判断，如教师主导作用与学生主体作用的统一、传授知识与培养能力的统一、教书与育人的统一等等。

（三）可行性原则

教学评价的可行性原则，是指教学评价所涉及的内容、方式、时间、人力、物力、财力等，要为客观条件所允许，要能切实达到既定目标，并事先经过可行性的分析和论证。贯彻可行性原则应着重注意以下两点：①符合实际——教学评价的内容要符合被评价者的实际，能够恰如其分地反映被评价者的真实教学水平，防止出现两种极端现象：或因为评价内容的要求过低而起不到应有的激励作用，或因为评价内容的要求过高而使被评价者丧失信心；②简便易行——教学评价的具体实施与结果形成，具有良好的可操作性，且为时间、人力、物力、财力等客观条件所允许。

第二节　教学评价的过程

日常教学活动中，教学评价过程一般可以分为如下基本步骤。

一、评价目标的确定

在教学评价之初，首先要明确评价的对象，确定教学评价的目标。这一步骤应当注意：①评价的用途——它是用于评价学生的基本情况以便教学编班，或是教学过程阶段性成果评价，还是课程教学结束的成果性评价。用途不同，评价编制的取材范围与题目内容的难度和要求等方面也不尽相同。②学生的基本情况——对学生的文化程度、年龄心理发展的规律和特点等基本情况，要有全面的了解。③评价方式的选择——通常采用闭卷或开卷考评的方式。④确定评价内容——是评价理论知识、操作技能，或是基本能力，还是学生的综合评价。以新生编班为例，为了掌握新生基本情况，便于因材施教，更好提高教学质量，其行为目标分析根据布卢姆学习水平分类系统的观点，从知识、理解、应用、分析、综合和评价等六个层面，以及学生的能力，对新生的基本知识、各种技能基本情况使用量化方式进行客观和具体的评价。⑤评价目标的表述——有两个基本要求：一是要求具体化，也就是要求将目标进行细化为考评的具体项目（例如，“环境保护”中包含哪些知识点，这些知识点中，哪些属于知识，哪些属于理解，哪些又是属于应用等）；二是能够直接评价学生的行为方式，并能使之进行客观的表述。

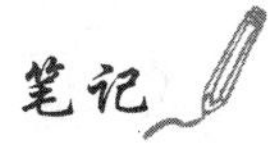

二、评价内容的编写

编制测试题目是教学评价过程最重要的环节，它涉及内容资料收集、命题原则以及题目编制标准等方面。

（一）内容资料收集

确定评价目标后，就是收集有关资料作为命题的依据。教学实践表明，编制的测试题目是否恰当、有效，与评价内容资料的收集是不是够完善有着极其密切的关系。在这方面要注意：其一，内容资料的收集范围必须涵盖教学活动的整体过程，具有全方位、多角度的特性，不能以点代面，以偏概全；其二，内容资料的收集应注意过程与结果的结合，既要收集反映教学结果的资料，也要收集反映教学过程的资料，如学生在学习兴趣、参与程度、任务完成、考试成绩等方面的过程性变化；其三，内容资料的收集应注意体现教学评价的引导功能，即注意收集一些有关端正办学方向、更新教学观念、优化教学过程等方面的资料，以使测试题目编制既能提供反馈信息，又能引导教学方向。

（二）命题原则

一份好的评价卷子涉及的题目类型多样、性质和功能不尽相同。因此测试命题遵循原则：第一，在内容方面，评价题目的内容要符合测试的目的。例如，课程教学结束的评价，期末考试的试卷避免贪图题目数量太多而乱出题；避免一些生僻、次要的不属于教学大纲要求掌握的内容范围。此外，题目内容取样要有代表性，题型的比例搭配恰当。同时题目内容相互之间互不相连，避免上一道题目内容对下一道题目答案具有启示作用。第二，在文字方面，测试题目的文字表达应当使用当代准确语言，文字表达做到语句准确、简单、扼要。既要排除与测试无关的因素，又不能遗漏题目内容所必需的必要材料的描述，避免使用双重否定句。在理解方面，题目的内容不能超出教学大纲规定的要求，题目要有确切的答案，不能让学生难以理解，更不能有歧义，从而无从作答。

（三）编制要点

测试题目进行分类的标准有很多，通常试卷是由多种类型题目组合而成。常见的题目类型有以下几种：

1. 选择题　选择题具有灵活性强、易于计分、客观性强的优点，是教学评价试卷中常用的一种题型。它分为单选题和多选题两种，由题干和选项两个部分构成。题干部分呈现一个问题内容，通常由直接问句或不完整的陈述句组成。选项部分则是由一个正确答案（单选题）或多个答案（多选题）和若干（一般是1～4个）错误答案组成。

例：单选题

长江的发源地是在哪个省份？

A. 西藏　　B. 甘肃　　C. 青海　　D. 四川

选择题的编制过程要做到：题干意义完整，所提的问题明确；选项编写简单扼要，各选项的字数基本相同，避免不同选项的字数长度相差太大，避免对学生的暗示作用；选项与题干两者之间应当相互对应，即便是错误答案也要相一致，具有迷惑性，避免学生不了解相关知识仅凭猜测就能够很容易地排除错误答案；选项中避免使用“从不”“唯一”“肯定”“绝对”等用语，这将为学生提供答题线索，降低测试的信度和效度。

2. 论述题　该题型是提出一个问题，要求对问题的论据并结合实例给予解答，教学评价中常用于考核基本知识点。论述题既可以评价学生对知识理解及运用水平，也可以考核学生的分析、综合知识的能力。论述题编制过程要做到：每道题以一个论点提出问题，避免多个论点出现在同一道题目中，形成学生无所适从的局面；论述题的评价难点在于如何做到评分的准确和公平。因此，评分者在评价前经过一定讨论或培训，对问题的解答标准有

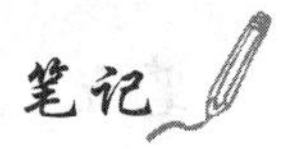

统一认识；对可能出现的不完整答案，事先规定评分标准。

3. **是非题** 是非题也称为正误题，其常用的形式是提出一个论点要求学生从“是”或“否”;“对”或“错”两个答案的判断中作出一个选择的题型。是非题可以用于测试不同水平的教学目标，具有题型简单、计分简单方便和客观的优点。不足之处是该题型答案只有两个选项，学生即使对知识完全不理解的情况下凭借猜测也能够获得较高概率的正确答案。是非题在编制过程中要注意：其内容应当是在教学大纲和教材中的概念、基本规律和要点，但避免照抄原文；每一道题目只能是一个概念，避免多个概念同时出现在一道题目里，不能出现“既是又非”学生无法判断的情况；是非题的数目随机排列，在难度、长度和数目上尽可能相互对应。

三、评价内容的编排

明确测试目标、内容和测试题型之后，对测试试卷的编排进行合理地组织是衡量标准试卷的重要环节。在编排过程要遵循以下几个方面要求：

第一，测试题目的难度排列要适当，符合课程教学大纲的要求。试卷开始可以适当安排两三道容易的题目，这既可以使学生消除紧张心理，树立信心，进入测验角色。又可以促使学生熟悉考试程序。总体上说题目内容编排难易得当，试卷最后安排少数难度较大的题目，不仅可以测出群体学生的最高水平，同时也具有良好的鉴别度。例如标准化测试中的比奈-西蒙智力量表是采取混合螺旋式的编排方式。这种方式是先将各类试题依照难度分成若干不同层次，然后将不同性质的试题进行组合，作交叉式的排列，其难度则逐渐递增。这一种编排方式的优点是，被试对各类试题循序作答，从而维持作答的兴趣。

第二，注意各种不同类型题目自身的特点，避免将相同测试选项的题目编排在一起，形成学生答题过程的定势反应。论述题的题目应尽量与答题纸安排在同一张纸上，并留有充足的答题空间。在多选题或匹配题的组织上，所有的选项应当安排在同一张纸张上。

四、评价结果的分析

为了保证评价结果的客观公正性，在处理和分析评价结果时应着重做好以下三方面的工作。

（一）制定评分标准

在测试之前，教师必须对试卷题目的评分要求和标准答案根据教学要求进行充分的讨论并制定评分标准，特别是学生对论述题的回答可能出现各种论点及其评分依据与规范，避免因评分者的自身差异造成评分误差。对口试和操作测试，必要时可以进行录音与录像，以规范地记录测试过程的实际情况。

（二）选择评价结果报告形式

评价结果最终将向学生或家长进行反馈，以帮助学生更好地认识到自己当前的学习状态，获得肯定或发现改进的方向。具体可以根据课程性质、评价方式及内容，并充分考虑学生的自尊心、竞争等问题，选择一种或多种形式对评价结果进行报告。常见的评价结果报告形式有：

1. **分数制** 以分数的形式报告评价结果，包括原始分数和相对分数。原始分数也可以说是绝对分数，即根据标准答案评判测试获得的直接结果，不做任何的对比或换算，通常以60分为及格线。这种分数简洁明了，能反映答题的正确数量，但是对评价测验的信效度、难度依赖比较大。如果测验编制符合教学目标和内容，信效度高，难度适中，那么根据该原始分数能较为直观地对学习结果进行判断。但如果测验难度比较高，得分普遍偏低，那么单纯依据该原始分对学习效果进行评价则有失客观。为了更客观地评价学习效果，反映学生

笔记 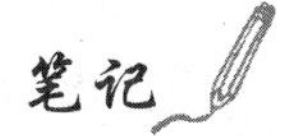

在群体中的相对位置，通常可以采用相对分数。例如百分位数，先将原始分数从低到高排列，某个原始分数对应的百分位数则表示在所选取的总样本中高于或低于该原始分数的受测者人数的百分比。但是百分位数容易高估正态分布曲线中间区域的间距，而低估两端的间距，因此，不适合对两位学生的百分位数进行比较，只能将其用于将一个学生的评价结果和整个参加测试的群体进行比较。另一个常用的相对分数是标准分，它是以某一群体的平均分为参照点，以标准差为单位，将原始分数转化为 Z 分数或 T 分数，说明某个原始分和平均数之间的距离，反映该原始分在群体中的相对位置，比百分位数的描述更为精确。

2. **等级制** 等级制即根据一定的标准，将某个分数划入某一等级，通常用字母表示不同的等级进行报告。和分数制相似，等级制可以是标准参照等级，也可以采用常模参照等级。标准参照等级评定中，等级代表学习目标的达标程度，对于各个等级事先有明确规定，例如，达到 90% 以上的学习目标评价等级为 A，达到 80%～89% 为 B，70%～79% 为 C，60%～69% 为 D，59% 以下为 E。如果评估测验能完全符合学习目标的要求，那么百分制下的原始分数在一定程度上就可以直接转为标准参照等级。标准参照等级能向学生反馈其当前的学习进度，但是要想获得与群体其他成员比较的结果，还需要采用常模参照等级评价。常模参照等级评价类似于标准分，也是根据与群体其他成员比较的结果获得自己的等级，该等级能反映在群体中的相对水平，例如某生答对了 90% 的题目，但是群体的平均水平也为 90%，那么他只能获得 C 的评价。等级制报告形式相对于分数制，模糊了同一等级之间的分数差异、淡化学生和家长的分数意识，有利于消除分分计较、分分必争的不良心理。

3. **合格制** 合格制即对最终的评价结果以合格和不合格报告。这种方式相比分数制和等级制，能提供的信息量比较小，难以对学生学习情况进行精确的把握。但其优点在于减少了学生对于学业评价的焦虑，缓解学业竞争压力。通常在考察性的科目或教学活动中采用。

（三）测试结果的分析总结

对测试结果进行分析总结，不仅是对特定测试分数或等级的分析，同时应结合教学实践和学生平时学习情况与日常课间作业成绩作出客观的综合评价。在重要的教学评价中，例如省市级统考成绩的结果分析，为了保证测试成绩评价的准确性，仅有常模是不够的，还要有测试的信度和效度的相关资料。因为没有效度的常模资料，测试结果只能反映个体在某一常模团体中的相对等级，难以作出更多的解释。另外，对于来自不同测试的结果比较需谨慎，要充分考虑选用的评价方式是否能进行比较，以及测试对象是否具有同质的前提。即使两个课程测试科目相同，由于测试的内容不同、要求不同，以及学生标准化样本的差异不同，其分数也不具备可比性。

第三节　教学评价的方法

教学过程的质量监控和学生学习效果的鉴定都需要予以明确的量化指标，都需要使用相应的测验或评定标准和方法。本节介绍在教学评价中常用的评价标准和评价种类。

一、教学评价的标准

（一）信度

信度（reliability）是指同一被试在不同时间重复测试所得结构的一致性程度，它反映了测试分数的可靠性。信度受到随机误差的影响，随机误差越大，信度越低。对信度的评估方法没有固定的法则，评估不同的误差可以采用不同的方法，常用的有以下几种：

1. **重测信度（test-retest reliability）** 重测信度的计算方法是使用同一测试，在同等条件下对同一被试前后施测两次，以求两次得分之间的相关系数。它的优点是提供相关测试

是否随着时间的变化而产生变化。其关键点在于两次测试时间间隔的掌握，因为间隔时间太短容易受到练习与记忆因素的影响而造成误差。所以要根据测试的目的、内容和被试的实际情况来确定。

2. **分半信度**(split-half reliability) 分半信度指采用分半法测量结果的信度系数，它代表两个对半测试内容取样的一致性程度，通常采用奇偶分半法，其关键点在于编制题目时奇、偶分半的测试目的必须相一致，否则将失去分半测试的意义，信度则低。

3. **复本信度**(parallel-forms reliability) 所谓复本是指两个等值但题目不同的测试来测量同一群体，从而求得被试在两个测试得分的相关系数。复本信度反映的是测试在内容上的等值性，故又称为等值性系数。它的优点在于避免重测信度出现的误差，例如记忆与练习效应等，其关键点是根据测试目的编制彼此等值相同的题目内容。

4. **评分者信度**(scorer reliability) 评分者信度是指同一测试由不同评分者评分的一致性程度。教学评价过程由于评分者的个体差异对同一测试结果往往会得出不同的分数和分析，这在主观题目测试结果的评价中表现得尤为突出。目前国家在重要测试评价和规范化测试中一般采用客观性题目的评价方法。

评估信度的方法有多种多样，在评价测试的信度时，应当根据实际情况采用不同的信度指标，原则上哪种测试误差大，便选择相应的方法评估误差，从而保证教学评价的可靠性。

（二）效度

效度(validity)即有效性，是指通过测试是否将所要测验的内容指标准确地反映出来的程度。换句话说，效度是指所测量到的结果与所想要考察内容的吻合程度。测量结果与要考察的内容越吻合，则效度越高；反之，则效度越低。教学评价若无效度，则无论它具有其他任何优点，都将无法达到其真正的评价目的。因此，在选择测试工具和评价时，必须首先鉴别其效度，没有效度的测试种类是不能使用的。常见的效度有以下三种类型：

1. **内容效度**(content validity) 指测试题目对有关内容或行为取样的适用性，从而确定测验是否是所欲测量的行为领域的代表性取样。内容效度的评估方法有三：①专家判断法；②统计分析法；③经验推测法。

2. **构想效度**(construct validity) 指测试结果与理论上的假设或构想的吻合程度，即测验的结果是否能证实或解释某一理论的假设或构想，以及解释的程度如何。构想效度的估计方法一般为：①对测验本身的分析——用内容效度来验证构想效度；②测验间的相互比较——与已成熟的相同测验间的比较(相容效度)、与近似或应区分测验间的比较(区分效度)；③效标效度的研究证明。

3. **效标效度**(criterion validity) 又称实证效度，反映测试预测个体在某一情境中行为表现的有效性程度。根据效标资料是否与测验分数同时获得，又可分为同时效度和预测效度两类。一个好的效标必须具备以下条件：①能最有效地反映测验的目标，即效标测量本身必须有效；②具有较高的信度，稳定可靠，不随时间等因素而变化；③可以客观地加以测量，可用数据或等级来表示；④测量的方法简单，省时省力，经济实用。

所谓效标，指的是衡量测验有效性的外在标准，通常是指我们所要预测的行为。可以用来作为效标的变量有很多。效标可以是连续变量(如分数)，也可以是分类变量(如性别、职业)；可以是现成的指标(如产量、薪水)，也可以是人为设计的指标(如课堂测验)；可以是主观评判，也可以是客观测量。归纳起来，常见的效标主要有学业成就、等级评定、临床诊断、特殊训练成绩、实际工作表现、对团体的区分、其他测验成绩等。

二、标准化测验

标准化测验(standardized test)是指达到规定训练的专业人员，按照标准化程序编制的

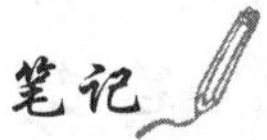

教育与心理测验。标准化测验在测试工具、主试、测试过程以及测试结果的分析方面都具有一定的规定与标准。

标准化测验的优点表现为客观性、可比性和计划性等方面，具有良好的信度和效度。通常它是由学科专家和测试专家编制，他们在测试内容取样和题目设计等方面比教师自编测试更加系统、合理，能比较全面地考虑测试误差的各种因素，从而使测验客观准确。例如，美国教育测验中心举办的托福考试（TOEFL）就是其中一种，它广泛运用于非英语国家学生的英语水平考试，用于评价考生是否予以留学和授予奖学金。目前我国在标准化测验方面取得了长足进步。我国汉语水平考试（HSK）就是其中一种。标准化测验的不足之处在于所用条件要求严格，测试对象应当符合标准化测试常模的要求范围。其次，在实际教学应用中标准化测试往往与学校课程教学存在一定差异，教师为了迎合标准化测验要求而忽视学生实际情况进行教学，导致教学中一味照搬测试的有关内容，偏离了应有的教学目的。教师必须认识到，标准化测验是服务于教学实践的，实践过程教师根据实际情况采用标准化测验，当测验不合适时可以使用教师自编测验。以下介绍常见的标准化测验种类：

（一）智力测验

智力测验是评价个体一般能力的方法，它根据有关智力概念和智力理论按照标准化过程编制而成。智力测验在临床和教育上应用较多，主要用于评价智力水平，在研究其他临床病理情况时也常常涉及。常用的智力测验有韦克斯勒智力量表、斯坦福 - 比奈测验、瑞文智力测验。以下以韦克斯勒成人智力量表为例进行介绍。

韦克斯勒成人智力量表以 1939 年发表的韦克斯勒 - 贝勒维智力量表为基础，经多次修订而成，分为言语部分和操作部分。言语部分包含 6 个分量表；操作部分包含 5 个分量表。各分量表测试及其功能如下：

言语部分一：知识。了解被试知识广度，共 29 道题。

言语部分二：领悟。了解被试实际知识、理解和判断能力。共 14 道题。

言语部分三：算术。了解被试计算与推理能力、计算速度，共 14 道题，均有时限规定。

言语部分四：相似性。了解被试抽象概括能力，共 13 道题。

言语部分五：数字广度。了解被试注意力与记忆能力。

言语部分六：词汇。了解被试词语知识广度、理解能力。

操作部分一：数字符号。了解被试学习能力、知觉辨认和书写速度，时限 90 秒。

操作部分二：填图。了解被试知觉和推理能力，共 21 道题。

操作部分三：木块图案。了解被试抽象推理能力和结构分析能力，共 10 道题。

操作部分四：图片排列。了解被试对社会情境理解能力，共 8 道题。

操作部分五：图形拼凑。了解被试思维能力和分析部分与整体关系能力，共 4 道题。

测试完成后，通过十一个分量表测试分数分别计算出各个分量表的原始分，再根据操作手册换算成标准分，最后转换成总智商分（FIQ）、言语智商（VIQ）和操作智商（PIQ）进行评价。

（二）人格测验

人格测验的方法分为问卷法和投射法。在教育和临床上，常用的人格测验有明尼苏达多相人格调查表、艾森克人格问卷和卡特尔 16 项人格因素问卷；常用的投射测验有墨迹测验和主题统觉测验。以下以艾森克人格问卷为例。

艾森克人格问卷是通常使用较多的人格测验。它是由英国心理学家艾森克教授根据人格结构三个维度理论编制。目前包含四个分量表的 EPQ 是 1975 年编制，他有成人版和青少年版两种。成人版适用于 16 岁以上的成人。1983 年我国龚耀先教授主持修订了艾森克人格问卷的中国常模，共有 88 道题目。

艾森克人格问卷由三个人格维度和一个效度量表组成，分别如下：

E 量表：外向 - 内向。分数高表示人更外向，表现为好交际，喜欢冒险，情感易于冲动。分数低表示人格内向，表现为内省，喜欢有秩序的生活方式，情绪比较稳定。

N 量表：神经质（情绪稳定性）。反映个体行为特质。高分表现焦虑，忧心忡忡，常郁郁不乐，严重的有不够理智的行为表现。

P 量表：精神质。并非指精神病，是指个体人格特质的表现特点。高分表现孤独，不关心他人，难以适应外部环境，喜欢一些离奇古怪的事情且不顾自己行为的安危。

L 量表：掩饰分。其分值超过中国常模规定标准则测试无效。在有效范围内转换为标准分，高分表明被试自我掩饰性强，低分表明被试测试结果比较真实可靠。

艾森克人格问卷结果采用标准分表示，根据各维度标准分高低判断人格倾向和特征，并将 E 维度为横坐标与 N 维度为纵坐标构成人格结构剖面图，进一步分人格为外向、情绪稳定；外向、情绪不稳定；内向、情绪稳定；内向、情绪不稳定和中间型五种人格结构特征。

艾森克人格问卷项目相对较少，施测方便，既可以个别测验，也可以用于团体实施评价，在我国应用广泛。但由于它反映的信息量也相对较少，故反映的人格特征类型有限。

（三）成就测验

成就测验（achievement test）主要用于评价教育过程取得的成效。它表现为：一是让家长了解子女的学习成效处于什么位置；二是教师了解学生的学业成就处以什么水平；三是有助于选拔具有一定特长的学生；有助于对存在问题进行及时调整。总之，成就测验具有评价、反馈与人员选拔等功能。

选择标准化成就测验应当考虑测试的目的和实用性，也就是说，在测试之前一要明确测试所要达到的要求和测试群体知识或技能水平的实际情况；二要明确测试的信度、效度和常模等资料。通常使用的成就测验有斯坦福成就测验、加利福尼亚成就测验、4～6 年级多重成就测验、阅读掌握测验等。所有测验都包含了自然学科和社会学科的阅读理解、词汇、数学概念与应用和分析能力方面的知识和能力。以阅读掌握测验为例。

阅读掌握测验（reading mastery test）是美国心理学家伍德科克（R.Woodcock）编制的成套阅读成就测验，主要用于评价学生阅读能力的发展水平和存在的阅读问题，适合于幼儿园到 12 年级学生。该测验分为 G 型和 H 型两个副本，共 6 个分测验：

视听学习测试：了解被试阅读学习中形成的视觉符号和口头语言表达联想能力。

字母识别测试：了解被试对 26 个英文大、小写字母的再认识能力。

字词识别测试：了解被试对单个常用词的再认识能力。

词语辨析测验：了解被试对无意义词语或低频词语的语音分析和结构分析能力。

字词理解测试：了解被试近义词、同义词和反义词的分析比较能力。

语段理解测试：了解被试对短文及其关键词的理解能力。

通过测试将原始分转换成年龄当量、年级当量、百分位数和标准分数、聚类分数、教学水平剖面图和诊断剖面图进行评价。该测试的信度较好，而效度则不太理想，但由于测试诊断功能强而受到欢迎。1998 年修订版进一步对常模作了更新，其使用对象扩展到了 0～75 岁范围。

三、真实性评价

在对标准化测验的批判和反思过程中，真实性评价（authentic assessment）于 20 世纪 80 年代末 90 年代初在美国诞生。作为一种新的评价方式，最初的定义由威金斯（Grant Wiggins）在 1989 年提出，旨在考查学生在真实情境中的技能和能力的评估方法。不同于标准化测验重点考查学生获得的知识和技能，侧重于考查学生对知识和技能的应用能力，以促进学生实

际解决问题能力的提高为目的；要求学生运用自己所学的知识和掌握的技能解决生活中的或与现实情境相似的真实性任务，以便通过自己的创造性活动，培养、展示和证明自己的知识、才能以及解决问题过程中的策略。

要开展真实性评价，首先，要明确评价的标准，并和学生做详细的说明，让他们知道自己应该知道什么、做什么、怎么做才能符合教学目标。其次，是提供真实性任务。真实性任务应该符合以下几点特征，第一，与学生在现实生活中遇到的困难相似的、有些难度的问题；第二，能体现学生在现实生活中对知识、技能和能力的综合运用；第三，有完整的过程、合理的答案和能力表现；第四，存在多种解决问题的途径或方案。第五，是有具体评价的量化规定，即为了判断学生在真实性任务中的表现，而建立的一套任务表现标准和评分等级，在一定程度上确保评价的有效性和公平性。在任务开始之前就对学生公开，帮助学生根据标准制订行动计划，并随时进行调整和自我评价。

真实性评价经过最初的发展，其对教育的指导性意义已不仅是一种评价方法，更是一种评价理念。真实性评价归根结底是一种对学生表现的评价，表现可以是思维的、身体的、创造性的也可以是任何形式的。因此，真实性评价作为一种评价理念，所体现的是一种多元化的、发展性的学生评价思想，其出发点是多途径、多方面地全面收集学生学习和发展的信息，在日常教学生活中对学生进行观察和理解性的评价，以达到真实、有效、全面、生动地对学生作出有针对性的评价，促进学生持续发展的目的。从这个意义上来理解真实性评价，当代许多非标准化测验的评价方法都可以被包括在其中，例如表现性评价、档案袋评价、观察评价等。

（一）表现性评价

表现性评价（performance assessment）指通过要求学生开展一项活动或制作一个物品，进而达到展示技能和能力的评估形式。它可以由个人独立完成，也可以是团队合作完成。它包含形成性评价和总结性评价两种。形成性评价主要应用于表现的过程，通过给学生提供及时反馈进而帮助他们调整策略，提高能力。例如，舞蹈老师在排练过程中纠正学生的动作。总结性评价是在学期或某个教学单元结束时对学生的表现进行评价，也提供对教学有效性的评定，既能帮助学生，也能为教师的教学提供帮助。例如，音乐教师点评学生的期末独唱表演。表现性评价的具体形式是多种多样的，例如口头演讲、文字报告、实验示范、作品展示等。

（二）档案袋评价

档案袋评价（portfolio assessment）又称作案卷评价，是指通过对学生某个领域作品的收集，展现学生成长、自我反思和成就的一种评价方法。早期主要在摄影师、艺术家、建筑师等职业人群中使用，后被引入教学评价中，也有的研究者将其归为表现性评价的一种。学生作品包含的范围非常广泛，有手工、绘画、作文、视频等多种形式，任何能展示或证明学生在教学过程中有所收获的物品都可以收入其中。同表现性评价一样，档案袋可以分为过程性档案袋和最佳作品档案袋。过程性档案袋主要收集、记录学习进步的过程；最佳作品档案袋则收入的是最终的成果，可以作为总结性评估的资料。采用档案袋评价时需要遵循以下原则：第一，明确评估的目的，是评价过程还是终结性的；第二，让学生参与档案袋作品的收集；第三，确保档案袋包含学生的自我反思和自我批评的信息；第四，确保档案袋内容能切实反映学生的学习活动及成长；第五，制定精确的评估标准。

（三）观察评价

观察评价是指通过对学生日常学习、生活的行为进行自然观察和客观、详细的记录，并根据记录对学习过程和结果进行评价。观察评价常采用核查表、等级评定表和轶事记录单等形式进行记录，这些方法也被应用于表现性评价中。

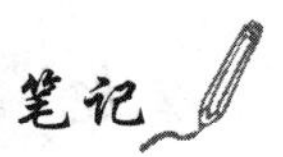

1. **核查表** 核查表是由教师根据教学目标、观察内容而设计的关于具体行为或要求的项目检查单，被认为是真实性评价系统中最简洁、方便使用的一种记录方式。例如一份关于学生一周课堂问题行为的核查表，由学生的个人信息资料，课程信息资料，各种可能出现的问题行为表现条目构成；记录时可以采用“有 / 无”或打“√”的方式记录某项行为是否出现，也可以采用记录频次的方式。最终根据核查表统计问题行为出现的概率或总频次给出分数，进行评价。但是这种方法获得的结果不能对观察到的行为进行直接的评价，深入的评价需要在进一步统计分析的基础上完成。

2. **等级评定表** 等级评定表是对某种行为发生的频率，某种操作或行为的质量进行评价，可以对获取的信息进行更为精确的分级描述，有时甚至是量化的。可以在行为发生或结束后使用。等级评定表除了学生信息和活动信息外，还包括可能出现的行为列表及相应的评定等级。评定等级可以图表式呈现，例如，在一条线上标记出多个分数反映某种能力水平；也可以是数值式呈现，例如，直接用数字代表某种能力水平；还可以是文字描述式呈现，例如采用“掌握”“熟悉”“了解”等词语评定学生对某项技能的操作水平。相对于核查表，等级评定表能提供更为丰富和详细的信息，但是也更容易带入评价者的主观性，在使用时对评价者有更高的要求。

3. **轶事记录单** 轶事记录单主要用于对学习过程或活动中发生的突出的或是具有代表性的事件进行详细的记录。通常会对事件的前因后果、学生的个人信息都进行详细的描述。轶事记录单往往针对单一事件进行描述，使用频率不高，但却是观察评价中有效的辅助手段，有助于发现行为发生的原因，更好地进行家校交流，促进学生的发展。在使用时要避免记录者主观偏见的影响，应该尽可能对事件进行客观描述；记录要及时；不轻易下结论。

本章小结

1. 教学评价是遵循教育规律，以教学目标为依据，运用科学的方法与措施，对教学活动的过程和结果进行质量分析和价值判断，进而得出结论的活动。其按性质可分为定性评价和定量评价两种。

2. 根据评价在教学活动中发挥作用的不同，可把教学评价分为诊断性评价、总结性评价和形成性评价三种类型。

3. 在编制与实施教学评价时应遵循客观性、系统性和可行性原则。

4. 教学评价的过程包括目标确定、内容编写、内容编排、结果分析等部分。

5. 教学评价方法要保证有良好的信度、效度。

6. 常用的评价方法有标准测验法和真实性评价法。

复习思考题

1. 名词解释：教学评价，诊断性评价，总结性评价，形成性评价，教学评价的客观性原则，教学评价的系统性原则，教学评价的可行性原则，信度，效度，标准化测验，智力测验，真实性评价。

2. 举例说明教学评价目的与意义。

3. 试述教学评价的基本步骤。

4. 描述诊断性评价的优点和存在的不足之处。

5. 简述教学评价应遵循的原则。

6. 真实性评价具有什么特征？包括哪些具体的方法？

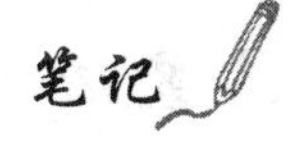

拓展学习

布卢姆的《教育目标分类学》

本杰明•S•布卢姆(Benjamin. S.Bloom，1913—1999)是美国当代著名的教育学家和心理学家，早期专注于考试、测量和评价方面的研究，20世纪70年代后主要从事学校学习理论的研究。曾担任美国教育研究协会(AERA)的主席，并且是国际教育成绩评价协会(IEA)的创始人之一。曾经多次以教育顾问的身份，为以色列、印度等多个国家的政府部门提供服务。由于布卢姆在教育研究领域所作的突出贡献，他在1968年获得约翰•杜威学会颁发的杜威奖，1972年获得美国心理学会颁发的桑代克奖。布卢姆的主要著作有：《教育目标分类学——第一分册：认知领域》(1956年)、《教育目标分类学——第二分册：情感领域》(1964年)、《人类特性的稳定性和变化》(1964年)、《学生学习的形成性和总结性评价的手册》(1971年与人合编)、《人类特性和学校学习》(1976年)、《我们的儿童都能学习》(1981年)、《评价促进学习》(1981年)与《发展青少年的才能》(1985年)等。

创建教育目标分类体系的设想，是1948年大学考试专家们在波士顿召开的美国心理学大会上提出的。大家希望能够建立一种考试的理论框架，为考试专家交流材料和检验观点提供方便，并为编排课程、测验和教师的教学工作提供基础。基于此目的，由布卢姆发起主编了《教育目标分类学》。该书由布卢姆和克拉斯沃尔(D.R.Krathwohl)、哈罗(Anita J.Harrow)、辛普森(Elizabeth J.Sinpson)等共同主编。该书分认知领域、情感领域和动作领域三个分册，分别于1956年、1964年、1972年在纽约出版，布卢姆主要参加了前两个分册的编写。

《教育目标分类学》主要论及以下内容：

1. 阐明创建教育目标分类学体系的设想。该书的编者认为，为了提高教育教学质量，必须建立一种更科学、更便于教育工作者理解和操作的，以及对教育更富有启发意义的目标框架。

2. 指出创建教育目标分类学体系的指导原则。为了使分类学成为一种有用的工具，使其具有可交流性、可理解性和可操作性，在制订时必须有一定的指导原则。这些原则包括实践原则、逻辑原则、心理原则和包容原则。

3. 具体阐明教育目标分类学体系的三个领域——认知领域、情感领域和动作技能领域。在反思以前研究的基础上，布卢姆等人提出了更广泛而深入的认知目标，包括知识、领会、运用、分析、综合、评价六个方面。他们认为认知的关键是能对“理智能力”“理智技巧和理智技能”及与“知识”的关系有较深入的认识。在制订情感领域目标分类上，布卢姆等人认为关键是发现情感连续体。布卢姆指出，情感连续体的目标包括：接受(注意)、反应、价值的评价、组织、由价值或价值复合体形成性格化。动作技能领域目标的确定主要由哈罗和辛普森负责，他们将动作分为6个层次：反射动作、基本 - 基础动作、知觉能力、体能、技巧动作、有意活动，并试图以此建立目标体系。

4. 体现教育目标的连续性和累积性。布卢姆等认为，制订目标是为了便于客观地评价，而不是表述理想的愿望，事实上，只有具体的、外显的行为目标，才是可测量的。因此，教育目标体系必须用学生的外显行为来加以陈述，即将学生行为由简单到复杂按秩序排列，以体现教育目标的连续性和累积性。

《教育目标分类学》一书出版后，在世界各国教育界产生了广泛影响。教育界普遍认为，它不仅有助于改进和完善教育评价的体系与方法，而且有助于转变和优化教育观念。例如，任何教育目标的达成，都是三个领域共同合作、互相补充的结晶，以往那种过分强调“知识”，而将90%的教学时间用于传授知识的做法是非常片面的。再如，不同的人达成相同教育目标时，其在三个领域中的水平往往是各不相同的；认知水平高的人不一定情感、动作技

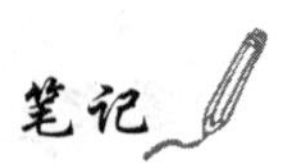

能也高，而认知水平不高的人，凭借较高水平的情感或动作技能往往可以弥补认知水平的缺欠。因此，《教育目标分类学》被誉为20世纪下半叶最有影响的教育著作之一。

参考文献

[1] 彭聃龄．普通心理学．北京：北京师范大学出版社，2001.
[2] 莫雷．教育心理学．广州：广东高等教育出版社，2005.
[3] 陈琦，刘儒德．当代教育心理学．北京：北京师范大学出版社，2007.
[4] （美）罗伯特•斯滕伯格，温迪•威廉姆斯．教育心理学．张厚粲，译．北京：中国轻工业出版社，2003.
[5] （美）加里•鲍里奇．有效教学方法．易东平，译．南京：江苏教育出版社，2002.
[6] 索桂芳．论高校教师自编测验的程序及方法．邯郸学院学报，2007，17（2）：73-74.
[7] 姜乾金．医学心理学．北京：人民卫生出版社，2010.
[8] 黄光扬．教育测量与评价．上海：华东师范大学出版社，2005.
[9] 俎媛媛．美国真实性学生评价及其启示．教育发展研究，2007（6）：62-66.
[10] 耿书丽．教学评价策略与技巧．长春：东北师范大学出版社，2010.
[11] 漆书清．现代测量理论在考试中的应用．武汉：华中师范大学出版社，2003.
[12] 乔建中．中外教育经典名著速读．合肥：安徽人民出版社，2009.

推荐书目

[1] 耿书丽．教学评价策略与技巧．长春：东北师范大学出版社，2010.
[2] 武世兴．美国基础教育的教育测量——哈考特评估公司与斯坦福成就测验．基础教育参考，2007（12）：42-44.
[3] 谢小庆．教育与心理测量的一些新进展．中国考试，2001（5）：18-20.
[4] 漆书清．现代测量理论在考试中的应用．武汉：华中师范大学出版社，2003.

研究生考试要点

教学评价的类型
教学评价的过程

教师资格考试要点

教学评价的类型
教学评价的过程
教学评价的信度和效度

（魏　玲）

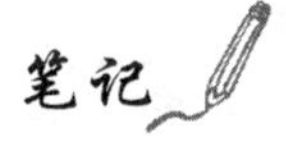

第十一章　教学诊断

目的要求

1. 掌握　教学诊断的涵义、教学诊断的步骤。
2. 了解　教学诊断的价值、教学诊断的基本要求。
3. 知晓　如何制定教学诊断的标准。

教学诊断是新近兴起的一种校本教科研方式，其目的是找出影响教学质量的问题及其原因，以便提出有针对性的改进对策，进而提高课堂教学的质量和教师专业发展的水平。本章从概述、要求、步骤三个方面，对之加以论述。

第一节　教学诊断的概述

一、教学诊断的涵义

诊断，在医学意义上指对人体生理或精神疾病及其病理原因所作的判断。医疗诊断是从病患之发病征兆、发病迹象以及经过各种必要之医疗检查所得出结论，来判断一位病患所患之症的过程。其中，诊，指察看，即细看以求了解情况；断，指判断、判定，即判别断定。

教学诊断，是借用医学的说法，指依据一定标准考察教学活动，对教学问题及其原因作出判断。由于教学诊断的客体是课堂这一特定环境内发生的“教”与“学”的活动，教学诊断亦称之为课堂教学诊断或课堂诊断。

当然，目前学界对教学诊断的涵义尚存有不同认识（专栏 11-1）。我们认为，要科学地界定教学诊断，除了明确形式逻辑的要求外，还必须明确教学诊断的目的，即回答为了什么去诊断。众所周知，教学诊断本身不是目的，不能为诊断而诊断；教学诊断的目的是找出影响教学质量的问题及其原因，以便提出有针对性的改进对策，进而提高课堂教学的质量和教师专业发展的水平。简言之，教学诊断不是目的，而是发现问题和解决问题的手段。在这方面，有必要明确诊断与评价的区别。由于诊断和评价这两个概念在词义上有一定相关，一些学者在对教学诊断的界定中往往掺杂评价的含义，或将诊断与评价混用。其实，评价是一种价值判断的活动，即评定其价值。例如，著名学者陈玉琨将教育评价定义为“教育评价是对教育活动满足社会和个体需要的程度作出判断的活动，是对教育活动现实的（已经取得的）或潜在的（还未取得，但有可能取得的）价值作出判断，以期达到教育价值增值的过程。”可见，评价的前提和基点是十分明确的，即价值之所在。与之相比较，诊断则是一种问题判断的活动，即察看问题（病情）和判定成因（病因）。其前提和基点也是十分明确的，亦即问题及其成因（病情及病因）之所在。

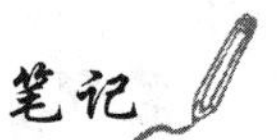

专栏 11-1

教学诊断的不同界定

教师看到学生学习中存在着困难，精确地找到这个困难是什么，并发现产生这个困难的原因，这就是诊断。诊断之后的教学必须纠正错误的东西或补足缺乏的东西，没有诊断，教学就没有方向。

（克拉克，斯塔尔．中学教学法（下册）．赵宝恒，夏焌年，译．北京：人民教育出版社，1985）

教学诊断是“为使教学能更好地适合学习者的需要和背景情况，对教师的教学情况和对学生能否达到教学目标所必需的基础（包括知识、技能、态度、情感等）所作出的评定。通过诊断，设计出一种改进教师的教和排除学生学习障碍的教学方案。”

（肖川．课程发展名词：术语诠释．教育导刊，2002 年第 7 期）

教学诊断是指“诊断者”（一般由教学研究人员、校长、资深教师担当“诊断者”，可是一人，也可多人）有目的地观察教师教学（课内或课外，一节或几节课），通过“诊断”，寻找教学的不足，提出改进办法。

[温小允，刘提仿．教师的教学问题诊断刍议．现代教育科学，2006（10）：25-27]

教学诊断是针对教师和学生为达到教学目标的共同活动，运用一定的方法和技术所进行的一种问题分析与判断。

（严先元．教师怎样作教学诊断．长春：东北师范大学出版社，2007）

课堂诊断一般是指诊断者通过对课堂教学全过程的看、听、问等手段，以先进的科学理论作指导，在理性思考的基础上，总结与提炼执教者的教学经验与特色，发现与研究执教者的存在问题与不足，并及时提出相关改进措施与意见的一种教育科研范式和方法。

[秦德林，张伟．课堂诊断：教师成长的“第一阶梯”．上海教育科研，2008（12）：56-57]

教学诊断是指在教学过程中，当教师发现学生存在学习困难时，用适当的方法（如观察、检测等），对学生发生学习困难的根本原因进行诊视和推断的过程。

（张辉蓉．数学诊断式教学设计研究．西南大学博士研究生论文，2009）

教学诊断是诊断者依据一定的标准对实际的教学过程进行的比较和评判活动。

（王增祥．教学诊断．北京：华文出版社，2009）

课堂教学诊断的本质是对课堂教学活动进行全面考察，并在考察基础上对课堂教学的价值偏差进行分析，最终找到偏差出现的原因。它包括“结果 - 诊断”和“过程 - 诊断”两条内容主线，具有开放多样的特性，对学生、教师、学校的发展有着积极的实际意义。

[祝新宇．现代课堂教学诊断观探析．当代教育科学，2009（10）：25-28]

课堂教学诊断是指诊断者通过看、听、问、思等手段对课堂教学的过程进行诊断，发现教师教学特色及存在的问题，并提出改进策略的教育活动。

[代天真，李如密．课堂教学诊断：价值、内容及策略．全球教育展望，2010（4）：41-43]

课堂诊断是指在采集课堂信息的基础上，对教师的专业偏差展开辨析，寻求教学改进和教师发展的过程。

[孙国春．基于教师专业标准的课堂诊断策略．教育科学研究，2012（9）：68-71]

笔记

二、教学诊断的缘起

从现有文献来看，我国学者对教学诊断的探讨，主要缘于中小学校本教科研中存在的普遍性问题。

长期以来，中小学校本教科研的主要活动形式，一直是围绕课堂教学所进行的日常的听课、评课。然而，这种日常的听课、评课并未有效达到改善教学行为、提高教学质量、增强教师素养的目的，相反，普遍存在诸多的问题或弊端。其主要表现在四个方面：①表面化——不少学校的听课、评课只是一般地满足于人到了教室，听听了事，许多时候是只“听”不“评”或“听”多“评”少。即使“评”，也只是“蜻蜓点水”“点到为止”，或者是少数人包场，多数人只是当看客、听众。②任务式——虽然许多地方教育行政部门对学校校长都有听课方面的考核要求，学校领导班子成员都有听课方面的分工，对教师也有听课方面的业务检查，但是，这些“要求”“分工”“检查”大都停留在“量”的指标或形式上，至于“听”的深度怎样、效度如何等“质”的问题，却很少有人问津和考量。③从众性——许多学校开展的评课活动中，意见往往“一边倒”的多，而且是讲“好话”的多。尤其是第一个人或领导说了“好”，后面的人几乎都跟着讲“好”，真正能提出有价值的、实质性意见的很少。最后，“评”与“不评”几乎没有什么差别。④缄默性——许多学校在评课时经常出现“冷场”现象，尤其是在有领导在场的情况下，一个个似乎都显得很“谦虚”、很“拘谨”，总是他退你让，尽量保持缄默，生怕说“多”说“错”了有失面子、有伤和气。

从上述问题或弊端可见，当下不少学校所进行的通常意义上的听课、评课，已经很少具有“科研”的氛围和“教研”的内涵，甚至很难再将其称之为真正意义上的“校本教育科研”或“校本教学研究”，亟待从教育科研范式和方法的角度，对它进行改造、革新。为此，有学者提出并实践了教学诊断或课堂教学诊断。在他们看来，教学诊断具有教育科研所必需的内涵和属性：①观察——观察作为发现和提出问题的始端，是教育科研的重要方法；教学诊断十分重视这一教育科研方法的有效运用，即强调诊断者通过“看”和“听”，对整个课堂教学过程进行全面观察。②调查——为了在观察的基础上进一步了解事情的来龙去脉，教学诊断要求诊断者通过“问”，深入、细致地了解观察到的现象和问题，如教师的执教意图、学生的内心感受等。③分析——教育科研离不开分析，离不开理性的思维和判断。同样，教学诊断不仅有“听”，而且有“评”；不仅有“诊”，而且有“断”。其目的在于发现与研究执教者存在的问题与不足，并提出相应改进意见与措施。④行动——教学诊断作为一种校本教育科研范式，本质上讲属于一种教育行动研究。因此，它遵循教育行动研究的相关理念和要求：它“基于行动”，关注的是教师和学生在课堂教学中的实际行为；它“在行动中”，研究的场域就在实际的课堂教学场景之中；它“为了行动”，通过教学诊断促进课堂教学行为都得以改进与完善。而且，其过程也大致包涵了“问题”（听课目的）、“计划”（听课安排）、“行动”（听课行为）、“总结”（相互交流与反思）等教育行动研究的主要因素。

从一般意义上的听课、评课，到具有教育科研内涵和属性的教学诊断，是学校教科研方式的主动变革，其对于加强学校教科研与课堂教学研究的联系，以及提高课堂教学和学校教科研的质量，具有广泛而深远的意义。

三、教学诊断的价值

关于教学诊断的价值，学者们有不少论述。相比之下，郭志明的认知较为深入。其作为教学诊断实施时间较早、实施范围较广的江苏省通州市的教育局副局长，根据自己领导、参与教学诊断的实践，将教学诊断的必要性、重要性总结为“四个指向”，可资借鉴。

笔记

第一，指向教学环节的内核。教育是科学，科学有自身的规律。现在，各个学校都十分重视教学质量的提高，教学的各个环节都抓得很紧。但是，不是每个学校都能够抓在点子上，都能够切中肯綮；有相当数量的学校是一味地拼时间、拼消耗，一味地在形式上兜圈子、在表面上做文章。什么是教学环节的内核？那就是教学活动的科学性或规律性。就课堂教学而言，目前存在的最主要的问题，就是在课堂教学中，一部分学校和教师忽视科学性，不从学生的认知规律出发，课堂教学的随意性较大。如，课堂教学的目标不明；课堂教学的流程或节奏不清；师生的双边活动低效、甚至无效；不能及时把握和运用课堂的生成性资源；课堂教学的气氛僵滞、呆板，缺乏应有的灵动和生气等。而组织开展教学诊断研究，正是为了发现这些课堂教学中普遍存在的问题，并分析产生问题的原因，探讨和提出解决问题的路径和方法，使我们的课堂教学方方面面——从结构到流程、从教法到学法、从预设到生成，都在科学的轨道上运行，都符合教育教学规律，合乎学生身心发展的规律。这样。展现在我们面前的课堂，必将是洋溢生机、焕发生命活力的课堂；在这样的课堂里，我们的学生定能够得到全面、健康的成长。

第二，指向有效教学的根本。教学活动的每一个环节都需要诊断和反思，我们为什么偏偏指向了课堂？因为课堂是我们教学工作的主阵地；提高教育教学质量，关键是提升课堂教学质量；抓有效教学，其根本在于抓课堂教学的有效和高效。课堂教学质量的提升，需要教育科研的引领和支撑。我们积极组织开展教学诊断研究，所面对的是课堂，所指向的是课堂教学质量的全面提升，从而也就指向了有效教学的根本，不难想象，如果我们把诊断和反思的视角放在其他的环节（如作业、辅导）上，虽然也有明显效果，但就不能起到纲举目张的功效。经过前一阶段的实践，我们清晰地看到，凡是在有效教学的推广中质量和效果比较好的学校，一般也都是对教学诊断研究比较重视的学校；反之亦然；因为抓住了对课堂的诊断与反思，其他的教学环节自然也就被带动了起来。

第三，向校本科研的关键。校本科研就是以学校为本的科研，它的一个基本特征就是“基于学校”“为了学校”和“在学校中”。学校的一切工作以教学为中心，从这个意义上说，我们也可以将校本科研理解为以学校教学为本的科研，其基本特征也就是“基于教学”“为了教学”和“在教学中”。我们反对学校教学工作和科研工作“两张皮”，主张两者要紧密结合、相得益彰。我们所倡导开展的教学诊断研究，正是引导学校把科研工作指向教学一线，与教学工作密切结合。教学现实向科研提出需研究的课题，科研切实解决教学一线的实际问题，这就真正实现了教育科研的校本化，真正能把全体一线教师调动起来，让他们投身到与自己所从事工作联系最密切的研究中去。以此为抓手，校本科研就一定能在各校的课堂教学改革中发挥更大作用；以此为基础，校本科研就一定能在更广泛的领域中彰显功效，从而也更好地显示其在科研兴校、科研兴教中的巨大生命力。

第四，指向专业发展的路径。学校要创造一流的教学业绩，关键是要有一支功底扎实、教艺精湛的教师队伍。任何好的教学设想，任何教学改革的举措，都要教师去实施与操作。所以，我们要十分重视教师队伍的专业化建设，十分重视不断提升教师的专业素养。如何从整体上打造一支高素质的教师队伍？这些年来，我们也一直在探索，在实践。比如，推荐书目让教师读书；请专家为教师作讲座；进行赛课和优课展示；推广名教师优秀教学光盘；举行专题教研活动；与兄弟学校进行对口交流；等等。但这些都有一些局限，或限于范围，或限于教师的主动性，或限于经费与组织精力。相比之下，开展教学诊断研究，与全体教师都有关，每个教师都可以参加，而且大家都感兴趣，参与的积极性高，他们从中得到的启示和提高看得见、摸得着，真正实现了全员科研、主动科研。长此以往，教师的专业素养必将得到真正的提高，教师的教学智慧和教学技艺必将得到显著的增强，教师整体的专业发展自然也必将登上一个新的台阶。

笔记

第二节　教学诊断的要求

一、教学诊断的基本要求

关于教学诊断有哪些基本要求，学者们从“操作理念”“操作范式”“行动方略”“实施策略”“注意事项”等角度提出了不少见解。综合看来，我们认为其主要有如下三点。

第一，具备专业基础。教学诊断是一种专业性的教学研究活动，需要诊断者至少具备两方面的专业基础。其一是理论基础，即诊断者必须具有较高的教育理论素养，能以科学的理论作指导来察看教学活动，并对教学问题及其原因作出判断。这样，才能“有章可循”地发现问题、“有理可据”地诊断原因、“有法可依”地提出对策，从而保证教学诊断的科学性。否则，就可能导致“庸医疗患”。其二是教学基础，即诊断者对所要诊断的教学活动有充分的了解，如教学内容及其达成目标、教学计划及其实施过程、有效教学及其评价标准、观察重点及其比较依据等。这样，才能使课堂观察成为一种有目的、有计划的活动，避免随意性和杂乱性；才能使问题诊断成为一种有见地、有助益的指导，避免表面化和形式化。否则，就可能导致“盲人摸象”。

第二，准确把握问题。教学诊断作为发现问题、解决问题的手段，其有效性自然取决于对问题的准确把握。一般而言，需要教学诊断来把握的教学问题，通常具有两个既相对独立又相互联系的特点：一是出处不明，即有些教学活动，其“实际效果”和“应有效果”之间存在明显差距，但是问题或主要问题出在哪里，不能明显察觉；二是成因不明，即有些教学活动，其问题已能明显察觉，但是原因何在或“主要矛盾”为何，难以清晰确定。对于前者来说，往往需要从细节切入。问题之所以出处不明，本身表明它隐匿在教学活动的某些不甚明显的细枝末节之中。因此，有意识地观察那些通常听课不太注意的细节，或以往教学诊断有所忽略的细节，如言语的过渡、表情的变化、提问的顺序、眼神的交流等，常常会有意想不到的发现。对于后者来讲，除了加强多向思维之外，还需要增强批判性思维。所谓批判性思维，不是“顾名思义”专门用来批评别人的思维方式，而是一种在洞察、辨别、质疑和判断的基础上，监察自己和他人的思维结果及其依据的思维方式，其主要表现在两个方面：一是为了得出合理的结论，善于随时监察和调控自己的思维过程，能够及时发现自己思维方式和思维结果中的错误或不恰当之处，并予以调整；二是为了不受现有结论的束缚，能够质疑和辨析他人思维方式和思维结果中的正确与错误或有用与无用之处，并以辩证的方式汲取其中有益的成分，既不迷信盲从，也不故步自封。问题的原因或“主要矛盾”之所以难以明确，往往也和这两个方面有关，即要么自己原有的思维方式和思维结果中存在错误或不恰当之处，要么自己的原有认识受到现有某些“理论观点”或“思维定势”的束缚。

第三，明确诊断目标。在教学诊断的过程中，诊断者必须始终明确：教学诊断的目的是找出影响教学质量的问题及其原因，以便提出有针对性的改进对策，进而提高课堂教学的质量和教师专业发展的水平。因此，在教学诊断过程中，诊断者能否营造一种平等融洽、合作互促的氛围，能否让被诊断者切实感受诊断者的热情帮助，并进而喜欢诊断者经常来诊断他的课，是教学诊断能否有效达成目标、能否长久实施的关键。尤其是在“评课”阶段，诊断者应在充分肯定被诊断者的优点、特色的基础上，以诚恳、激励的态度，商讨、建议的口吻，指出其存在的问题，并以合作研究的方式与其共同探讨问题的原因和对策。反之，如果诊断者把原本作为手段的教学诊断本身倒置为目标，就有可能再现教师们普遍惧怕的那种“评课怪相”：评课者“居高临下”“盛气凌人”“百般挑剔”“纸上谈兵”，被评课者“如坐针毡”“如受凌迟”。

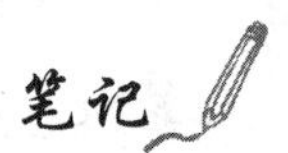

二、教学诊断的标准制定

教学诊断是依据一定标准考察教学活动，对教学问题及其原因作出判断。因此，有无一定的标准作为依据，是教学诊断能否实施的基本前提。而且，教学诊断的标准不同，对教学问题及其原因的认识必然存在差异。

关于教学诊断的标准应该是什么，并无一定之规。就当前中小学的教学诊断实践而言，其作为校本教科研的一种方式，所依据的标准可谓丰富多彩、各具特色，通常依据教学研究的需要而定。但是，从总体来看，当前中小学教学诊断所采用的标准一般都不同程度地涉及目标、价值和要素三个方面：①目标追求——从提高教学质量和促进教师专业发展的角度，围绕综合考察“教”的有效性、“学”的有效性以及“教”与“学”的契合性来设定标准，以推动教学活动的整体发展；②价值取向——从教学活动能否与如何满足特定发展需要的角度，围绕兼顾“社会本位—个人本位”“教学结果—教学过程”“定性考察—定量考察”来设定标准，以引导教学活动的发展方向；③要素分析——从“教学过程最优化”的角度，围绕分别考察教学理念、教学设计、教学策略、教学环节、教学行为、教学管理、教学氛围等教学要素来设定标准，以确定教师专业发展的重点与难点。

有鉴于此，我们认为教学诊断标准的制定可以综合考虑以下三个方面。

第一，不同层次的教育目的。在学校教育中，不同层次的教育目的体现了“教书育人”质量和规格要求上的递进关系。①国家的教育目的——教育作为人类社会的特有活动，其本质特点就是对人的培养；按照1995年施行的《中华人民共和国教育法》的规定，我国现阶段的教育目的是“教育必须为社会主义现代化建设服务，必须与生产劳动相结合，培养德、智、体等方面全面发展的社会主义事业的建设者和接班人”（1999年发布的《中共中央国务院关于深化教育改革全面推进素质教育的决定》指出，“实施素质教育，就是全面贯彻党的教育方针，以提高民族素质为根本宗旨，以培养学生的创新精神和实践能力为重点，造就‘有理想、有道德、有文化、有纪律’的、德智体美等全面发展的社会主义事业建设者和接班人”）。国家的教育目的既为学校教育活动指明方向，又是衡量和评价学校教育效果的根本依据和标准。②学校的培养目标——国家教育目的在各级各类学校的具体化，由特定社会领域和特定社会层次的需要所决定；以中学教育为例，它作为小学教育与大学教育的中间阶段，面临承上与启下、分化与发展的教育任务，在学生培养上强调基础性、全面性、多样性。③教师的教学目标——居于第三个层次，指教学活动实施的方向和预期达成的结果，是一切教学活动的出发点和最终归宿；教学目标又可细分为课程目标、课堂教学目标、学生发展目标等层次；课堂教学目标又涉及“知识与技能、过程与方法、情感态度与价值观”三个方面。

第二，共同接受的努力目标。教学诊断作为校本科研的一种方式，其目的促使教师不断向一个有利于自身发展和学校发展的方向努力。因此，其标准的制定应该充分考虑管理者、教师、学生的意见，集体磋商，各级互动，逐步缩小分歧、扩大共识，最后形成一致的看法。这种在相互协商基础上制定的教学诊断标准，才可能成为教师普遍认同并愿意为之努力的目标，而不是教师被动服从、深感束缚的权力象征。而且，这种相互协商、共同参与的制定标准的过程，也有助于教师全面审视教学活动的规律性、规定性和有效性，认真反思自己的教学观念和教学行为，增强教学改革、校本科研的自觉性和能动性。

第三，与时俱进的标准生成。教学诊断标准的制定还应与时俱进，努力体现社会发展、教育改革、教学研究等方面的时代特点和进步趋势。学校现行的教学诊断标准，只是现阶段学校教育教学改革与发展的努力目标，不是固定不变的绝对标准。随着学校教育教学改革的深入、教师专业发展水平的提高，教学诊断的标准也应相应地向更新、更高的要求变

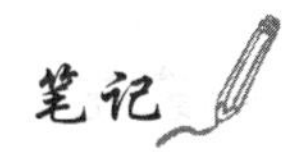

化。特别是在当今基础教育改革的发展态势下，随着内涵建设成为义务教育均衡发展的重心、教师专业标准成为教师实施教育教学行为的基本规范、教育信息化建设成为扩展优质教育资源的关键、中小学综合素质评价将引领素质教育深入开展、教育督导体系将强力推动教育教学质量提升，学校的教学诊断标准更需要结合自身实际情况，不断地与时俱进。

三、教学诊断的核心视角

为了使教学诊断的实效最优化，我国学者胡庆芳从保证课堂观察的有效性和问题诊断的准确性的角度，提出了教学诊断的“核心视角观”。其具体涉及下列五个视角。

其一，主体互动：质量与机会。主体互动，是指“教学活动的主体通过语言或行为的方式进行的信息交流”。这里的主体就是教师和学生，互动方式之一的语言也包括肢体语言在内。课堂就是教师和学生之间通过不同方式的互动而演绎的一段通向预期目的地的旅程。没有主体互动的课堂是难以想象的，但表现出主体互动的课堂也未必是教学有效的课堂。对主体互动的审视还需要进一步地考察其“质量”与“机会”。所谓质量，是指在主体互动的过程中，有新的、有意义的内容生成，同时师生之间的问与答都融入了思维的积极活动。否则，只是教师连珠炮般地提问和学生不假思索地回答，虽互动频繁且不乏热烈，但仍不能视为有效的主体互动。所谓机会，是指主体之间的互动机会对于每一位学习共同体的成员都得到了实现。参与互动是每一位学习共同体的成员应有的权利。真正民主的课堂就是要保证主体间平等的互动机会，课堂上每一个互动的环节都要尽可能地涉及更多的成员，并且通过整堂课各种互动的环节，基本上每一位成员都获得主体间互动的机会。因此，如果课堂上教师只是与少数几位成绩优秀的学生互动，或只是与学生中的一部分活跃分子在互动，都不能视为有效的课堂。经过“质量”与“机会”这两个标准的深入考察，我们会发现以往许多课堂表演效果非常好的公开课尚有很大的改进空间。

其二，知识呈现：时机与形式。没有知识呈现的课堂跟没有主体互动的课堂一样难以想象。但是，有知识呈现的课堂比比皆是，而呈现的效果却千差万别，其中主要原因往往都在于呈现的时机与形式是否恰到好处。“时机”，简言之就是指在恰当的时间呈现了适当的知识，不早不晚，不紧不慢。“形式”，简言之就是指适当的知识以最具表达力的方式呈现出来，信息损失最小，主体间的沟通与理解变得快捷。否则，知识的呈现即使再全面，但如果时机不对，就会造成主体认知的混乱，教学的效果自然会打折扣；同样，知识的呈现尽管是如期而至，但是其形式不能最佳地传递其承载的内容，也会造成主体认知的困难，教学的效果也一样是有减无增。对知识呈现的“时机”与“形式”的把握是新教师和有经验的教师之间一下子就能区别开来的“分水岭”，因为实践智慧蕴藏其中。此外，对于知识呈现过程中“时机”与“形式”的审视，需要有对当堂教学内容的通透理解以及对学生情景认知的深刻洞察。一节同样内容的课，不同的呈现形式，不同的呈现程序，课堂教学的效果往往大相径庭。换言之，“好课”与“差课”的距离有时候只有一步之遥，关键在于是否在恰当的时间以恰当的形式呈现了恰当的内容。

其三，教学环节：流畅与逻辑。“课堂是教师对教学一种结构化的设计和演绎。”一堂课的起承转合就是通过教学环节来实现的。每一节课都有其教学环节，但并不是各教学环节的按部就班就都能有效地体现教学的内容和目标，关键在于其间交替演进的流畅感与逻辑性。一节课各个教学环节的完成需要流畅，但不是每一节娴熟流畅的课都是有效的。有些公开课可以把每一个教学环节用时的掌控精确到秒，一切尽在预期中，但教学效果却流畅有余而学生认知不足。另一方面，一节课的上下环节之间需要有逻辑性，但只是各教学环节有逻辑性的机械组合却同样不能演绎课堂的精彩。正如很多失败的公开课一样，各教学环节经过了各专家的设计论证，不可谓逻辑性不强，但教师的演绎却生搬硬套般索然寡味。

所以有效的课堂一定是既如行云流水，又能环环相扣。

其四，课程资源：静态与动态。传统的课堂，教师课程资源的意识不是很突出，如果有，更多的也是充分利用本学科的教科书和教学参考书提供的信息资源，除此之外，经验丰富的教师可能还会涉及本学科领域内知识之间的前后联系、其他学科领域的相关内容，以及学习者的生活经验、社会知识。但是，在新课程理念指导下，课程资源除了上述静态的信息资源之外，还应包括课程实施过程中动态生成的信息资源。换言之，学生也是课程资源的建设者和生成者。他们往往会在教师预先准备的信息含量之外，经过主体间的情景互动，交流碰撞生成新的课程资源，从而大大丰富了预期的课程内容。因此，“从课程资源的开发与利用方面而言，不仅要看教师对静态课程资源的利用与开发，同时还要看教师对动态课程资源的利用和开发。对静态和动态的课程资源进行全面的开发和利用往往会使一节课的教学信息倍增，精彩生成无数”。在教学实践活动过程中，真正自然而真实的好课往往都是执教教师充分利用课堂情景、创造设计恰当问题、积极挑战学生思维、因势利导而水到渠成的结果。

其五，目标达成：计划与现实。教师对每一节课都有自身的目标预期。教师课前基于对课程标准、课程文本以及学生起点的分析，都会设计出计划要达成的目标。教学目标的设计自然会对教学产生直接的指向作用，不恰当的教学计划必然导致低效或无效的教学效果。但是，有时经过对照比较发现，教学目标确实达成的课，其实际效果却并不理想。很多教学效果平平的课往往都是执教教师止于自我预先设计的教学目标而忽视学生最近发展区内发展现状的结果。所以，在教学活动结束之后，学生在最近发展区内发展的现实自然成为反观教学目标本身达成度的另一个重要指标。

上述五个视角是一个有机的系统与整体。主体互动关注的是教学过程中主体的活动，知识呈现关注的是关于教学活动的载体即知识运用的艺术，教学环节关注的是全过程教学活动展开的结构，课程资源关注的是教学活动的载体即知识本身的形态，目标达成则关注的是教学活动的结果状态。当然，在针对某一次教学诊断的实践过程中，这五个视角不一定要面面俱到，视角的采用取决于已经明确的问题性质或研究者的专题侧重。如果问题不明确，则可以从五个视角分别去分析和发现问题。

第三节　教学诊断的步骤

一、收集资料，发现问题

就像医学诊断首先要通过询问、体格检查、实验室检查等方法采集就诊者的资料一样，教学诊断的初始环节也需要借助“望”“闻”“问”等方式详细收集被诊断者的相关资料，以发现问题，为正确作出诊断奠定基础。其中，“望”和“闻”指通过眼看与耳听的观察方式，收集有关教学内容、教学结构、教学方法、课堂气氛、情绪状态、言语互动等方面的资料；“问”指通过课后交流、问卷等调查方式，收集有关教学意图、内心感受、教学效果、目标达成等方面的资料。

通过“望”“闻”“问”来发现问题，说起来不难，做起来却不那么容易。不少老师都有这样的体会，一节诊断课听下来，“觉得没什么问题”，似乎一切都“差不多”，一切都“不过如此”，至多蜻蜓点水般地挑出一些“瑕疵”。这表明，当诊断者带着诊断目的进入教学现场时，不仅要具备明确的问题意识，而且要知晓从哪些方面去发现问题。例如，如果是针对提高教学质量的教学诊断，诊断者可从教师的教、学生的学、师生之间的互动关系三方面“望”“闻”“问”，以发现影响课堂教学质量的问题。其主要如下：

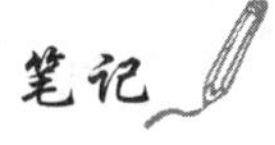

其一，教师的教。①教学目标——教师对其是否明确，是否结合学生的实际调整教学目标等；②教学内容——内容安排是否科学严密、逻辑性强，是否围绕教学目标而展开，是否恰当处理教学重难点，教师对知识的教授是否具有科学性、教育性，对学生的作业布置是否恰当等；③教学结构——教学导入、教学层次的安排是否合理，各个教学环节的过渡是否自然，教学难度、密度的安排是否科学，是否给学生留有思维的时间与空间，是否体现教学整体和认知结构等；④教学方法——教师采取的教学方法与教学内容、学生的实际是否相符，是否启发学生积极主动地思考问题、激发学生的求知欲、启迪学生的思维，教学方法是否遵循学生的认知心理发展规律，是否由浅入深、循序渐进，是否恰当地配合现代化教学手段，使课堂教学在完整的科学教学体系中进行等；⑤教学技能——教师是否具备教学应变能力，是否有组织教学驾驭课堂的技能，是否注意培养学生善于运用知识解决实际问题，教态是否自然、亲切，课堂语言是否准确生动、富有感染力，板书是否清晰合理、系统规范等；⑥教学效果——教师是否完成既定的教学任务，教学目标的达成度等。

其二，学生的学。①情绪状态——对教学内容和方式是否感兴趣，对学习内容是否表现出明显的期待和努力倾向；能否从积极的方面体验到学习对于自己的主观意义，更多地把学习看作是一种促使自己不断发展、不断提高的过程，更多地突出现在的学习与今后的学习、工作之间的联系；在完成既定教学活动之后，是否还有进一步学习的愿望；等。②认知状态——是否有积极把握所学知识的心理倾向，不仅积极汲取这些知识，而且主动探求其原理和规律；信息加工活动能否多采用交替、网络式策略，注意范围是否广阔，能否从多方面、多角度去搜寻提示线索和意义特征，能否发现新、旧知识、观念之间的联系与区别；对学习内容能否进行有效的归纳和梳理，能否灵活运用定理和公式；是否期望学习具有开拓性和挑战性，并常常以跃跃欲试的心态对待学习中的难题；等。③达成状态——每个学生是否都能各尽所能、各展其长，在原有基础上得到一定的收获和提高，有某种成功的满足感；是否掌握了必要的基本知识与技能，能够应用所学知识正确地解释和解决教学任务中所规定的问题；是否获得了进一步发展的能力，能够在自主活动中用自己的语言、方法对所学知识以及蕴涵其中的思想方法进行梳理、归纳、表述，并能应用之解决变式问题，从而对后继学习拥有信心；等。

其三，师生互动。①课堂气氛——课堂中是否有尊重、民主、平等的教学合作气氛，师生之间、生生之间是否有积极、适宜的信息互动和情感交流等；②参与程度——学生是否、能否积极参与提问、讨论、实验等教学合作活动，合作探索的学习内容是否真正具有合作性，合作探索是否只有“合作”之形而无“探索”之实等；③参与效果——学生能否在参与过程中获得一些不同于个人学习的收获，学生是否愿意公开表达个人的见解、展示自己的才能等。

尽管从一般意义上来说，为了作出正确的教学诊断，初始环节收集的资料越全面、越详细越好。但是，在通常的教学诊断现场即听课过程中，由于时间、精力的有限性，诊断者不可能面面俱到，需要有所侧重。当然，如果是多人参与诊断，在听课过程中有所分工，各侧重于某一方面或某一环节，则效果会更好。

二、分析问题，诊断原因

问题发现之后，诊断者接下来的工作就是“切”，即尽可能客观而全面地分析问题，进而找出导致问题产生的原因。这是教学诊断的关键所在，也是体现教学诊断者的专业敏感和专业功力之处。如果不能精准地剖析问题的成因，则可能导致“吃错药”；如果不能深刻地剖析问题的成因，则可能导致“治标不治本”。唯有精准、深刻地剖析问题的成因，才可能提出切实可行、标本兼治的实践改进“处方”。

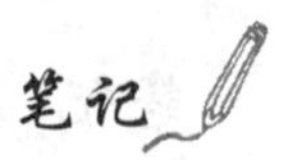

以江苏省常青藤实验中学的做法为例。该校为了找准课堂教学中存在的影响教学质量的问题，通过中层以上领导深入课堂、集体会诊、共同分析，将发现的形式各异的教学问题梳理为五类：①教师偏重于教的过程，忽视学生学的过程，即教师在课堂教学中的关注点只集中在自己的活动上，诸如“教学目标明确”“教学重、难点合理”“适当运用多媒体”“教态亲切”等；②以教师为中心，即课堂的一切活动均从教师的角度出发，比如语言水平、教学技能、人格魅力等，忽略了学生的学习收获，即使关注到了学生的行为表现，也基本上被看作是对教师“教”的回应，或者成为教师“教”的点缀；③关注的只是学生认知任务的完成情况，即在课堂教学中，教师利用各种技巧，尽可能使自己的教学变得容易让学生掌握，这当然是课堂教学的目标，但不是课堂教学的唯一目标；④学生的主动参与不够，即教学设计不仅没有考虑学生的学习特点，反而为了完成教师的教学设想，忽视了学生学习的主体性，以致学生在学习的广度与深度、学生学习的情感与态度、学生与他人合作、学生在解决问题时的参与度等都存在不足；⑤课堂教学的有效性如何，缺乏界定的依据。

在此基础上，该校通过充分讨论，进一步分析了问题产生的原因或根源。其主要有以下五个方面。第一，将教学目标定位于学生的知识与技能，强调学生的学习以记忆为主，学生的课后学习采用题海战术来对知识点进行强化。当然，课堂教学的确需要培养学生的知识与技能，需要对知识点进行强化，但它忽视了学生的自由及其全面发展。第二，将教学的重心集中在教材上，强调教学以教材为主。教学的根本不是教材，而是学生，不能唯教材至上，照本宣科。教材不等于圣经，在使用的过程中必须经过教师的重组与建构；教材的内容不等于教学的内容，课堂教学应该积极思考如何教的问题。第三，将教学过程等同于工厂流水线，强调课堂教学的连接完整性与流畅性。这样就使得机械的知识传授成为连接师生的纽带。第四，借口淡化文本而抛弃文本，借口课堂教学的开放性和动态性而忽视教学的封闭性与计划性，教师在教学过程中信马由缰，直接否定教学的目的性、计划性和效率性。第五，教师缺乏“有效”意识，课堂教学中不同程度地存在“低效”“无效”行为。

为了精准、深刻地剖析问题的成因，诊断者需要努力做到“有思想”“有深度”“有实效”。所谓“有思想”，就是要以科学的教育教学思想为引领，防止表面化、肤浅化和片面化；同时，既要学习借鉴成熟的理论，又要有自己的理性思考，避免简单照搬或人云亦云。所谓“有深度”，就是能够由表及里、由此及彼地考察和分析问题，抓住问题的核心与关键，并找出主要矛盾所在。所谓“有实效”，就是诊断出的问题成因有助于提出解决问题的切实建议和方案，有助于改进与改善教学行为，有助于提升与优化教学质量。

三、提出对策，表达结果

问题成因确定之后，诊断者就要“对症下药”地提出解决问题的对策，或设计出改进教学的方案，以切实提高课堂教学的质量和教师专业发展的水平。其通常涉及以下四个相互联系的方面。

其一，提出具体建议。针对教学问题及其成因，提出有助于教师改进与改善教学行为、提升与优化教学质量的具体建议。例如，对于存在“重教轻学”问题的教师，提醒他们将“关注学生的学”作为课堂教学的中心，即课堂教学的一切活动均应从“有利于学”的角度出发，以增强与维持学生的学习积极性、优化学生参与教学活动的广度与深度、提高学生的学习效率为目的；同时，提供一些改进与改善教学行为的措施与建议，指导他们在课堂教学中如何通过师生互动、自主学习、同伴合作等方式，为学生创设安全轻松的心理环境，为学生提供平等参与、平等交流的机会，以及对学生讨论、回答与质疑给予恰如其分且方式多样的鼓励等。

其二，再次备课执教。诊断者提出的改进建议，尽管依据充分、内容合理，但是对于具

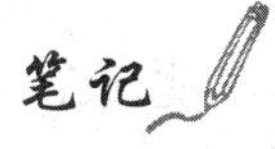

体的教师来说，是否切实可行，还需要在课堂教学实践中加以检验。因此，被诊断者需要根据诊断意见进行再次备课，针对如何解决首次教学中出现的问题来修改、调整授课方案，并再次执教。在被诊断者再次执教时，诊断者要进行随堂跟踪诊断，一方面观察首次教学中出现的问题是否得到有效解决，另一方面观察是否有新的问题出现。假如结果不尽如人意，就要继续深入会诊，直到教学问题得到有效解决。再次备课执教，对于被诊断者和诊断者双方来说，都是极好的反思性实践，能促使教师清晰审视自己原有认识上存在的问题，能从知识和能力两个方面有效地促进教师的专业发展。

其三，知识补偿学习。教师在课堂教学中出现的问题，有不少源于专业知识方面的结构性缺陷。例如，学科知识掌握上的结构性缺陷，致使一些教师对学科基本知识、基本原理的讲授不深不透且缺乏有机联系，甚至出现教学内容的误读；教学理论掌握上的结构性缺陷，致使一些教师对学习规律和教学策略缺乏应有的了解，甚至还存有教学观念的偏差。这些专业知识方面的结构性缺陷，单凭专家指导和同行交流难以有效解决，必须借助有针对性的系统知识补偿学习才能解决。

其四，文本结果表达。教学诊断的结果表达，一般有“口头表达”和“文本表达”两种形式。对于一些仅涉及个别教师，且不具有普遍性和深刻性的教学问题，诊断结果采用口头形式表达即可；对一些涉及众多教师，且具有普遍性和深刻性的教学问题，诊断结果就需要采用文本形式加以表达，以作为校本教研的载体供今后研究和借鉴之用。教学诊断的文本表达主要由两部分构成：①教学案情——其形式可以是课堂教学片断的实录，也可以是对课堂教学片断的简要描述，其基本要求是真实、客观、细致化，既要交代背景又要呈现场景，给人有现场感、真切感；②诊断分析——其表达要紧扣“教学案情”中反映的教学问题，注意从多侧面、多层次探讨成因和对策，力求科学、准确、深刻，给人以教益和启发。

本章小结

1. 教学诊断是指依据一定标准考察教学活动，对教学问题及其原因作出判断。它作为一种新兴的校本教科研方式，目的是找出影响教学质量的问题及其原因，以便提出有针对性的改进对策，进而提高课堂教学的质量和教师专业发展的水平。

2. 教学诊断是一种专业性的教学研究活动，要求“有章可循”地发现问题、“有理可据”地诊断原因、“有法可依”地提出对策。

3. 需要教学诊断来把握的教学问题，通常具有两个既相对独立又相互联系的特点：一是出处不明，二是成因不明。

4. 在教学诊断过程中，诊断者能否营造一种平等融洽、合作互促的氛围，能否让被诊断者切实感受诊断者的热情帮助，并进而喜欢诊断者经常来诊断他的课，是教学诊断能否有效达成目标、能否长久实施的关键。

5. 教学诊断的基本前提，是确定考察教学活动的标准。当前中小学教学诊断所采用的标准一般都不同程度地涉及目标、价值和要素三个方面。教学诊断标准的制定可以综合考虑以下三个方面：不同层次的教育目的、共同接受的努力目标、与时俱进的标准生成。

6. 教学诊断的步骤依次为：收集资料，发现问题；分析问题，诊断原因；提出对策，表达结果。

复习思考题

1. 什么是教学诊断？
2. 当前中小学听课、评课常见问题主要表现在哪四个方面？
3. 简述教学诊断的价值。

4. 教学诊断的基本要求包括哪三个方面？
5. 科学的教学诊断需要诊断者至少具备哪两方面的专业基础？
6. 需要教学诊断来把握的教学问题，通常具有哪两个既相对独立又相互联系的特点？
7. 制定教学诊断的标准应综合考虑哪三个方面？
8. 举例说明教学诊断的步骤。

拓展学习

总结式教学反思“一统天下”的忧思

自从教育学界提倡教学反思以来，广大力求上进的教师非常重视实践教学反思，将之作为提高教学水平、增强科研能力、促进自我完善的有效途径。然而，读了期刊和网络上越来越多的教学反思文章之后，有一种越来越强的问题忧思，不吐不快。

总结式教学反思“一统天下”，是当前多数教学反思文章所体现出的突出问题。具体来说，很多教师的教学反思文章类似于教学总结，即以总结经验、汲取教训的方式回顾自己的教学过程，如教学目标是否达到、教学过程是否顺利、教学设计是否合理、教学方法是否完善，兼及教学过程中的新鲜感受、典型事例、难忘片段、深刻体会等。其中虽然也有自我思考、自我反省、自我评价，但是，由于缺乏对于某些教学实践及其问题的再认识、再思考，严格地说不能称其为教学反思。这是因为，所谓教学反思，是指教师对教学实践及其问题的再认识、再思考。其关键在于一个“再”字，即我们对于某些教学实践及其问题已有某种认识和思考，通过某种实践或受到某种启发，促使我们对这些教学实践及其问题进行再认识、再思考，并有了不同以往的新认识、新思考。具体来说，教学反思的主要内容不是某些教学实践及其问题本身，而是我们对这些教学实践及其问题的原有认识与思考。

与之相应，总结式教学反思“一统天下”的现象，还造成了另一个突出问题，即多数教师教学反思的视野狭窄与思路单调，就教学谈教学，以得失论成败，即使努力进行再认识、再思考，也因“只缘身在此山中”而存在“不识庐山真面目”的问题。相比之下，好的教学反思文章有两个值得借鉴的突出特点。其一，触类旁通寻启发。有些教师为了对教学实践及其问题进行再认识、再思考，有意识地从其他实践领域、其他理论研究中汲取知识、寻找启发，以求跳出教学谈教学。他们通过透视某种现象、借鉴某种观点、分析某个实验、解读某个笑话等，触类旁通、举一反三，从而对某些教学实践及其问题有了不同以往的新认识、新思考。例如“跳出语文教语文”“跟林黛玉学写作”“从一个钟表匠的断言所想到的”等，就是其中的代表。其二，逆向思维求新知。所谓反思，本身具有“反其道而思之”的涵义。因此，有意识地对习以为常、已有定论的教学理论观点，向其对立的方面进行思考，或对人所常用、已成习惯的教学思维方式，沿其相反的方向进行思考，是教学反思以求新知、以得新识的有效方式。例如“老师表现出色的课就是好课吗”“对生本课堂的喜和忧”“当前小班化教育研究的热点问题及其冷思考”等文章，它们不仅对某些教学实践及其问题有了与众不同的新认识、新思考，而且可以促使教学研究者对相关问题的思考更为审慎些、辩证些、周全些。

总结式教学反思“一统天下”的现象，不能再继续下去了。否则，教师发展堪忧，教学科研堪忧。

参考文献

[1] 祝新宇. 现代课堂教学诊断观探析. 当代教育科学，2009(10)：25-28.
[2] 秦德林，张伟. 教学诊断：校本教育科研的重要范式. 江苏教育研究，2009(15)：12-17.
[3] 张伟. 教学诊断：走向校本的教育科研变革. 当代教育研究，2009(8)：29-31.
[4] 郭志明. 让课堂诊断走向常态和精致. 江苏教育研究，2009(15)：17-19.

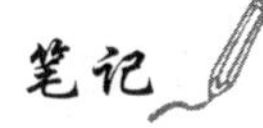

[5] 乔建中. 知情交融: 教学模式新探. 合肥: 安徽人民出版社, 2010: 50, 19-20.
[6] 胡庆芳. 课堂教学诊断改进系统的重建. 思想理论教育, 2009(4): 41-47.
[7] 代天真, 李如密. 课堂教学诊断: 价值、内容及策略. 全球教育展望, 2010(4): 41-43, 66.
[8] 陈瑞生. 让师生在践行中成长——江苏省常青藤实验中学有效课堂教学评价标准探讨. 教育测量与评价, 2010(12): 23-26.
[9] 乔建中. 总结式教学反思"一统天下"的忧思. 江苏教育研究, 2011(2C).

推荐书目

[1] 胡庆芳. 课堂教学诊断改进系统的重建. 思想理论教育, 2009(4): 41-47.
[2] 代天真, 李如密. 课堂教学诊断: 价值、内容及策略. 全球教育展望, 2010(4): 41-43, 66.

(乔建中)

笔记

第十二章　情绪与教学

目的要求

1. 掌握　导入、提问和讲解中的情绪调节方法。

2. 了解　情绪调节对认知加工与学习的影响、情绪追求对学习与行为的影响、情绪对归因的影响。

3. 知晓　情绪追求及其对学生学习动机的制约作用。

从古至今，许多中外教育家都曾强调情绪在教育、教学中的作用，提出了不少精辟的见解。近年来，随着情绪心理学研究的发展，情绪在教育、教学中的作用受到教育界的普遍重视。本章结合情绪心理学的新近研究成果，针对认知加工、学习动机、归因倾向、教学方法等问题，论述情绪在教学中的作用。

第一节　情绪调节与认知加工

情绪活动与认知活动不同，它不是对事物本身的反映，而是对事物与人自身利害关系的反映，换句话说，情绪所反映的不是事物本身的客观意义，而是事物对人所具有的主观意义。因而，情绪在发生上经常处于心理活动的前沿，并对后继认知活动产生广泛的调节性影响。

一、情绪调节与注意

（一）情绪影响注意的实验研究

情绪影响注意的选择性。最先关注该问题的心理学家是贝克（A.T. Beck），他在研究中发现，情绪影响个体注意的选择倾向，即个体对与自己情绪性质一致的信息更加注意。例如，处于抑郁情绪中的被试，倾向于关注与丧失或失败有关的信息；而当被试感到焦虑时，对具威胁或危险的信息有更多的关注。其后，许多心理学家对情绪与注意的关系进行了系统研究，他们发现，当人处于特定的情绪状态时，总是倾向于注意那些与该情绪状态相一致的事件；人在认知加工上的基本差异（包括注意、知觉、记忆和推理），与其当时情绪状态的特殊内容有关，即人总是倾向于有选择地认知事物，以突出那些与其当时情绪状态相符合的内容。例如，摩根（K. Morgan）等人采用“色词测试”研究了情绪对注意的影响。他们向被试出示印刷成不同颜色的单词，要求他们尽快说出单词的颜色，而不必在意单词本身的含义。该“色词测试”的基本假设是，被试会在某种程度将信息的加工资源分配给单词的内容。研究发现，具有焦虑情绪的实验组被试，在对具有威胁性的单词（如癌症、精神崩溃）辨色时，所耗费的时间要长于给中性单词（如地毯）辨色的时间；而不具焦虑情绪的控制组被试，则没有产生这一现象。研究结果不仅证实了基本假设，而且发现，虽然没有要求，但被试还是注意了与其情绪状态相容的单词的内容。也就是说，处于一定情绪状态的个体，即

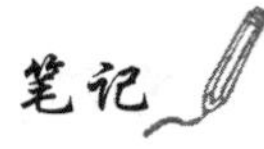

使在没有外在要求的情况下，也会占用对目标信息的加工资源，注意与加工与自身情绪有关的信息。后来，摩根等人还分别采用面部表情、图画情景等作为刺激，研究情绪对注意的选择性的影响，以排除色词研究中词义、使用频度等文化因素的影响，也得到了类似的结果。

情绪影响注意的范围和灵活性。采用“整体 - 局部”视觉匹配任务的实验研究发现，积极情绪和消极情绪往往对空间注意产生相反的调节作用，即个体在积极情绪下更倾向于注意目标的整体结构，而消极情绪下更倾向于注意目标的局部细节。采用幽默短片诱发的积极情绪的实验研究发现，积极情绪扩展了被试的空间注意范围，使其更倾向于采用整体加工策略。另外，利用眼动技术的实验研究表明，被试在积极情绪下比控制条件下更多的注意到周围的刺激。关于情绪影响注意的灵活性，采用隐性注意朝向任务的实验研究发现，相对于中性和消极情绪，被试积极情绪下具有更大的注意灵活性，能更快地将注意从提示刺激转移到目标刺激上，或者说明在积极情绪下他们能更快地将注意从线索或分心刺激上解脱。

（二）情绪影响注意的理论解释

积极情绪的扩展与建构理论（broaden-and-build theory of positive emotions）认为，积极情绪（如欢乐、兴趣、满足、爱）能扩展个体的注意和认知范围，扩展知觉、思维、行为活动的序列，提升思维和行动能力；这种扩展和提升作用进而促使个体更积极地建构持久的身体、社会关系、智力等个人资源（Fredrickson & Branigan，2005；Fredrickson & Cohn，2008）。因此，根据该理论，个体在积极情绪下有更大的注意范围、表现出了更大的注意灵活性是因为积极情绪促使个体摒弃常规的而追求新颖的、独特的、富于创造性的思维和行为方式，从而提升个体对于周围环境的兴趣，促使其更积极地探索事物，采取更灵活的加工策略（Johnson et al.，2010）。

情绪信息等价说（affect as information）认为，情绪对空间注意的调节是因为情绪影响了完成注意任务时所采取的加工策略。由于情绪传递的信息可以视为一种线索，积极情绪是环境安全、良好的信号，使得个体倾向于采用耗费较少注意资源的自上而下的整体加工策略；而消极情绪是环境存在问题的信号，个体为了更好地应对，从而倾向于采用耗费注意资源较多的自下而上的细节加工策略。这就不难解释为什么愉快的个体往往更多看见“森林”而不是“树木”，而悲伤的个体往往更多看见“树木”而不是“森林”（Gasper，2004；Gasper & Clore，2002；Rowe et al.，2007）。

情绪作为一种信息直接调节个体的加工策略。通常认为相对于中性情绪，积极情绪下个体倾向于采取启发式（heuristic）或自上而下的加工策略，将新信息同化于已有的知识结构之中。积极情绪作为促进、奖赏信号可能表明环境中缺少威胁，因而不会激发强烈的动机与意愿去改变当前的情境，从而解决问题时也更多地依赖于头脑中可获取的信息，使得处于积极情绪状态下的个体倾向于更多地采用需要较少认知资源的整体加工策略。相反，在消极情绪下个体倾向于采取分析性或自下而上的加工策略，将已有的观念、知识等顺应于新的信息之中。消极情绪作为抑制、惩罚或停止的信号往往代表环境中存在问题，促使个体倾向于更多地采用细致的系统性的加工。与此同时，由于消极情绪抑制了个体利用头脑中已有信息的能力，因而在消极情绪下个体更多地依赖于外界的新信息去解决问题（Clore et al.，2001；Mitchell & Phillips，2007）。

情绪一致性效应说（mood congruent effect）认为，个体处于某种情绪状态时，倾向于选择和加工与当前情绪一致的目标刺激，表现出情绪的启动效应。根据该理论可以推论，消极情绪下个体倾向于选择消极刺激（如威胁相关的刺激）；而在积极情绪下则倾向于选择积极刺激（如，奖赏相关的刺激）。因此，积极情绪下个体对积极刺激的注意偏向可以用该推论进行解释。塔米尔（M. Tamir）和罗宾逊（M.D. Robinson）（2007）结合积极情绪动机理论，

对积极情绪下的这种一致性效应的机制作了进一步探讨：积极情绪下个体对积极刺激的注意偏向是因为积极情绪下个体表现出的是趋近动机，他们对环境中潜在的奖赏相关的刺激非常敏感，因而环境中出现的积极刺激更能捕获个体的注意，对积极刺激表现出注意偏向。

积极情绪的多巴胺理论（dopaminergic theory of positive affect）认为，在积极情绪下某些认知加工能力的改变是积极情绪引起大脑内多巴胺水平的增加造成的；积极情绪的诱发提升了多巴胺水平，多巴胺系统通过其投射通路将多巴胺传递到注意相关的脑区，引起注意控制能力的变化，进而降低信息的过滤能力，使得更大的信息进入高层次的加工。

二、情绪调节与记忆

谈到情绪对记忆的影响，人们自然要提到鲍尔（G. Bower）的研究和他的学习、记忆的“状态依存”理论。鲍尔认为，情绪对认知过程具有强有力的影响，在人的大脑中，事件倾向于按照其所伴随的情绪而被分组，就好像人的心灵为每一种所体验的情绪都设立了一个“分类布告栏”，当一个事件进入意识时，它就被自动地划归相应的栏目下，“噢，这是快乐的事例”“这个属于愤怒”。这种组织系统说明了情绪与认知之间的紧密联系。按照鲍尔的学习和记忆的“状态依存”理论，人们在一种情绪状态或心境下获得的信息，最容易在相同的情绪状态下被回忆起，就好像人们在一种心境中所学习的材料，最容易在同样的心境条件下从相应的告示栏目中被读出或搜索到一样。下面从四个方面介绍情绪对记忆的影响。

（一）选择性过滤

当人们处于特定的情绪状态时，他们倾向于注意那些与此情绪状态相一致的事件。鲍尔和他的同事曾做过一个实验，他们选择了一些易被催眠的被试，在催眠后要求被试尝试回忆一种愉快的情景（伴随成功或亲密行为）或一种悲伤的情景（伴随失败、丧失或拒绝）。当被试处于愉快或悲伤的情绪状态中时，试验者要他们读一篇关于两个大学生的故事：这两个大学生是好朋友，一直在一起配对打网球，其中一位是个乐天派，生活中的一切对他都很顺；另一位则是个悲观者，在生活中遭遇了失败，故事极其生动地描述了这两个人的情绪反应。读完故事后，实验者要求被试指出故事中的主要角色。被试更多地认为那个与他们情绪状态相似的人物是主角。他们还猜测这个故事是关于他的，并认为故事中对他有更多的描述。这表明，人们倾向于有选择地知觉事物，即突出那些与他们当时情绪状态相符合的事物。那么，当被试冷静或清醒下来后又会怎样呢？第二天，当被试处于中性心境时，要求他们回忆前一天的故事。那些前一天处于悲伤情绪状态中的被试，更多地回忆起那个悲观者；而那些前一天处于愉快情绪状态中的被试，则更多地回忆起那个乐天派。这表明，信息是被有选择地储存于记忆之中的。

（二）选择性恢复

情绪不仅影响记忆中储存什么，而且影响怎样方便地从记忆中提取。鲍尔的“状态依存”理论认为，愉快的人更容易回忆高兴的往事，悲伤的人更容易为痛苦的经历所纠缠。人们通过恢复或重现识记和保持时的情绪体验，可以最好地恢复情绪性的记忆。大量的实验资料证明了这种状态依存效应的存在，例如，鲍尔等在 1978 年做了一个实验：选择一些易被催眠的大学生作被试，在被催眠后，要求他们通过想象或回忆一件极度愉快或极其悲伤的事情，使自己处于愉快或悲伤的心境。通常，愉快的事情涉及个人的成功或爱情，悲伤的事情涉及个人的失败或失恋。在被试进入适当心境后，要求他们在 20～30 秒钟内完成一项学习任务，即在愉快或悲伤的心境下学习一份由 16 个字词组成的词汇表。其后，当被试处于与学习时同样的心境或与学习时完全不同的心境中时，要求他们回忆两份词汇表中的字词。结果试验者发现了支持“状态依存”的有力证据：愉快的人在回忆他们在愉快时学习的字词时，成绩最好；同样，悲伤的人在恢复其悲伤时所学习的字词方面，成绩最好。

笔记

（三）往事的回忆

鲍尔通过研究发现，记忆的状态依存，不仅产生于实验室条件下，而且也发生于日常情境中。在一项研究中，鲍尔要求学生坚持记一周的日记，记录下所有他们遇到的激起情绪的事情。一周后，通过催眠将这些学生置于愉快或悲伤的心境之中，要求他们尽可能地回忆上周日记中记录的每一件事情。结果发现，处于愉快心境中的人更多地回忆起他们所记录的愉快经历，而处于悲伤心境中的人则正好相反。另外，被试回忆结束后，实验者又要求他们对所回忆事件的当时情绪强度进行评估。结果发现被试出现歪曲，即如果他们感到愉快，所回忆的事件就显得比当时更为愉快；而如果他们感到悲伤，所回忆的事件就显得比当时更加阴郁。还有一项研究要求被试对他周围的熟人（如亲戚、老师）进行简略的人格描述。一些被试在愉快的心境下描述这些熟人，另一些则在愤怒的心境下描述这些熟人。结果表明，被试的描述（侧重及方式）强烈地受当时心境的影响，愤怒者的描述是挑剔的、冷酷的，而愉快者的描述则是仁慈的、友善的。

（四）心境一致

1986年，布兰尼（P.Blaney）针对鲍尔的“状态依存”理论提出了“心境一致”的见解，认为学习时的心境并不重要，重要的是所学材料的情绪内容是否匹配回忆时的心境。为了更好地说明这一问题，我们可将“状态依存”与“心境一致”作一比较。在“状态依存”理论中，重要的不是所学材料的情绪性内容（愉快或不愉快），而是学习时的心境与回忆时的心境是否一致。而“心境一致”则强调，重要的不是学习时的心境与回忆时的心境是否一致，而是所学材料的情绪性内容与回忆时的心境是否一致。在布兰尼看来，当人们处于好心境时，更宜于学习和回忆具有愉快或积极效价的材料，而当人们处于坏心境时，则更宜于学习和回忆具有不愉快或消极效价的材料。因此，人们学习时处于哪种心境并不重要，重要的是所学材料的情绪性内容是否匹配回忆时的心境，当人们处于好心境时，并不必然能更多地回忆起他们在好心境时所学得的东西，而只是更多地回忆起其中的愉快或积极的事情。

三、情绪充予与学习

（一）情绪充予的产生过程

情绪充予是特定刺激物与情绪活动在相互作用过程中形成的一种条件性联系，具体表现为该刺激物被情绪化地定性，以致其再现时可以引发相应的情绪活动及其反馈结果。在学生的学习过程中，情绪充予的现象普遍存在，就课堂教学而言，某些学习内容因学科性质、教学方式、授课水平、师生关系以及学生自身的学习需求和学习状况等因素的综合影响，经常导致某种情绪性的结果或经常引发某种性质的情绪体验，因而在学生认知同化这些学习内容的同时被注入了相应的情绪。如果这一过程得以一定的重复或循环，那么这些学习内容就将与相应的情绪活动产生条件性的联系，亦即被充予了情绪。例如，学生在学习某门课程的过程中，如能经常取得好成绩，受到老师、家长的夸奖，或感受到自我提高和自我充实，并因而产生愉快、兴趣、兴奋、满足和期待等情绪体验，就会将这些情绪注入该门课程及其学习过程之中，对之产生积极的情绪充予；如果学生在该门课程的学习过程中经常考试不及格或成绩不理想，为此经常受到老师批评、家长训斥及经常感到自尊心受挫，就会将由此产生的不满、沮丧、紧张、厌烦等情绪注入该门课程及其学习过程之中，对之产生消极的情绪充予。

（二）情绪充予的学习影响

我们在研究中发现，某一学习内容一旦被情绪所充予，不仅会使学生在再接触该学习内容时产生与原来相同的情绪反应和相应的情绪性联想，而且会动力定型般地激活与这种情绪活动相联系的认知评价、活动倾向和行动策略，具体表现为一种有组织的情绪性学习

动机模式，并对学生的学习态度、动机倾向和认知方式产生较为恒定的影响。

其一，从学生的学习态度来看。学习内容一旦被充予了积极情绪，学生就会赋予学习以一种满足和享乐的性质，他们更多地把学习看作是一种促使自己不断发展、不断提高的过程，更多地突出现在的学习与今后的学习、工作之间的功利性联系；相反，学习内容一旦被充予了消极情绪，学生则更多地把学习看作是一种痛苦难受的差使和负担，视为对自尊心和安全感的障碍和威胁，他们会突出、夸大学习艰苦的一面，更多地强调外部的种种不利条件。

其二，从学生的动机倾向来看。在积极情绪充予的条件下，学生对学习内容表现出明显的期待和努力倾向，他们不仅积极汲取这些知识，而且主动探求其原理和规律；他们更多地期望学习具有开拓性和挑战性，并常常以跃跃欲试的心态对待学习中的难题；他们在学习中往往更多地考虑如何获取成功或巩固已有的成功，因而对自己的学习成绩有较高的要求。而在消极情绪充予的条件下，学生对学习内容则明显表现出退缩、厌倦甚至抵触的倾向，他们尽义务式地接受知识，只满足于应付性地完成老师布置的任务，常常巴望老师早点下课；他们在学习中往往更多地考虑如何避免失败及其消极后果而不是如何获取成功或优异成绩。

其三，从学生的认知方式来看。在积极情绪充予的条件下，学生的认知活动多采用交替、网络式策略，注意范围广阔，能从多方面、多角度去搜寻提示线索和意义特征，因而能较多地进行简化性重组与转换，力求灵活地运用定理和公式；对学习内容有较多的归纳和梳理，因而其记忆也表现出更多的再编码和精细加工。而在消极情绪充予的条件下，学生的认知活动则更多地采用简单、直线式策略，注意范围狭窄，仅集中于学习内容的形式特征而忽略其意义特征，采用的提示线索有限；常机械地搬用例题和公式，问题稍一变形就会出现错乱；对学习内容缺乏有效的归纳和整理，因而其记忆也缺乏精细编码。

（三）情绪充予的作用机制

情绪充予之所以能导致学生学习动机的模式化，与其产生机制密切相关。情绪充予的实质，是学生的情绪体验在发生上的转移，即起初在获得某种学习结果或学习“结束”时才产生的情绪体验，现在则在学习刚开始之时就会产生。这种转移有其深刻的内涵，它反映了学生学习动机的结构在内容和动力上的质的变化。

其一，情绪充予与学生学习自觉性的提高密切相连。学生之所以能对特定学习内容产生情绪充予，是因为他们已从过去经验中清楚地意识到该学习内容及其学习过程对自己所具有的主观意义，并预见到自己学习的结果，否则他就不可能从一开始就对以后的结果产生情绪上的激动。

其二，情绪充予与学生学习动机在时效范围上的扩大密切相连。情绪充予所导致的情绪体验在发生上的转移，意味着学生已能从过去和将来的角度审视现在的学习，并以此决定自己的学习策略。这种认识上的时间范围的扩大，对学习动机的形成与发展有着极其重大的意义：如果学生仅仅着眼于现在的情形，他们的学习动机就会为各种外部的偶然变化和内部的冲动欲望所左右，表现出明显的情景性和无系统性；而当学生能结合过去和将来审视现在时，他们就能超越具体情境，从更广的时间范围内评估当前学习对自己所具有的主观意义，进而使自己的学习动机在过去、现在和将来三个时间点上相互联系并保持同等意义的效力。

第二节　情绪追求与学习动机

一、情绪追求的动机特征

情绪心理学研究表明，人具有一种先天性的行为倾向，即趋向积极的情绪体验而回避消极的情绪体验；尤其是当适应性行为能力成熟时，人会努力学着以各种可能的方式去行

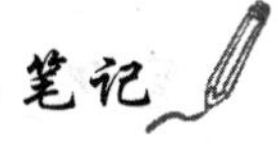

动，以便得到尽可能多的积极情绪体验或尽可能少的消极情绪体验。这里，相应的情绪体验本身，似乎已成为人所追求的目标，并构成其行为的直接动因。这就是情绪追求。

情绪追求作为一种先天的行为倾向，其本身就构成了人们心理活动的定向趋势或准备状态，并构成了人们认识外界事物与自身之间关系的价值参照系。因而，人们对于符合其情绪追求的事物或活动必然表现出兴趣和热情，趋近并加以接纳；而对于不符合其情绪追求的事物或活动必然表现出冷漠和厌倦，回避并加以排斥。同样，在课堂领域的教学实践和动机研究过程中，人们也不难发现，学生的学习动机和学习行为也在很大程度上受情绪追求的影响。例如，在课堂教学过程中，对学生的学习行为起主导作用的常常不是与学习目标或教师要求相联系的终极性动机，而往往是与情绪追求相联系的情境性动机。而且，由于情绪追求在发生上总是处于心理活动的前沿，因而学生对教学内容与自身关系的认识总是受到相应情绪体验的“折射”，进而形成自己的学习意愿或学习态度，并决定自己的行为选择和动机水平。

二、情绪追求的动机作用

情绪追求对学生学习动机的制约或影响主要表现在以下四个方面。

（一）情绪追求与教学的接受

教学的可接受性，是课堂教学所要解决的主要问题之一。一般来说，学生对教学内容的接受，取决于两个方面，一是能不能接受，二是愿不愿接受。其中，“能不能”主要受制于认知性因素，即学生已有的知识和智力水平；“愿不愿”则主要受制于情绪性因素，即学生对课堂教学（内容和形式）的情绪体验以及由此而产生的学习意愿。在课堂教学过程中，“能不能”的问题并不突出，因为教师在教学时通常会充分考虑到学生的已有知识水平；与之相比，“愿不愿”的问题始终是课堂教学这一双边过程能否实现有效互动的关键和难点。教育工作者经常强调，教学首先要激发学生的学习动机、要调动学生的学习主动性、要激发学生的学习兴趣等等，实际上都是旨在解决学生愿不愿学习的问题。而这在很大程度上受情绪追求的影响。

尽管情绪追求通常是无意识的，但是其“趋乐避苦”特性对学生学习动机和行为的影响是巨大的，它在相应程度上规定了学生对学习活动的方向选择和行为意向。从学生课堂学习行为的动机取向来看，当学生接触某一课堂教学情境时，其并非主要从课程性质及其最终结果的未来社会价值的认知性角度对之进行反应，而是更多地从教学内容和形式当前是否“有趣”的情绪性角度对之进行评估，并据以决定自己的学习行为。例如，我们在一项实验中，就课程性质和授课水平对学生认知行为与情绪感受的影响，进行了比较研究。结果显示，授课水平对学生认知行为与情绪感受的影响显著高于课程性质——即便是高考或中考课程，如果老师的讲授不能使学生感到“有趣”，他们的学习动机立即会处于减弱状态；即便不是高考或中考课程，但如果老师的讲授能使学生感到“有趣”，他们的学习动机始终处于高昂状态。而且，我们同时以“生动活泼性”和“科学逻辑性”为自变量，研究了不同授课水平对学生课堂情绪感受和认知行为的影响。结果显示，教师授课的“生动活泼性”是决定学生课堂情绪感受的性质变化和认知行为的程度差异的主要原因；与之相应，学生对教师的态度和评价的显著差异，也取决于其授课水平的“生动活泼性”。因此，由情绪追求所构成的心理活动背景，直接制约学生智力水平的发挥以及对教学内容的接受程度。当教学内容及其形式符合学生情绪追求的需要时，学生对学习表现出明显的期待和努力倾向，反之则表现出明显的退缩、厌倦甚至抵触的倾向。

（二）情绪追求与动机的内化

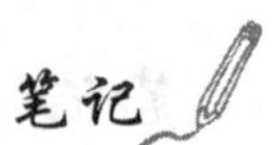

在教学过程中，学习动机的激发与培养涉及两个相互关联的因素：社会要求和个人意

愿。其中，社会要求来源于社会的期望和需求，反映了学生“应该”做的事情和“应该”达到的结果，它对学习动机的特殊作用在于目的方向和具体内容的规定；个人意愿来源于学生的需要和态度，反映了学生在学习过程中“愿意”做的事情和“愿意”达到的结果，它对学习动机的特殊作用在于行为动力水平或个人所愿投入程度的规定。在学习动机的培养与实现过程中，必要性和意愿反映了学生学习动机中的“一分为二”：学习不能脱离学生的意愿而单凭必要性的鞭策，那将使学习变成一种迫不得已的活动，极易导致应付或抵触行为；学习也不能脱离社会的要求而单凭自我意愿的驱使，那将使学习成为一种无固定方向和无系统的活动，极易导致类似运动场观众之行为反应的情绪释放行为。教育的目的，就是要使两者在学习过程中相互联系、彼此加强，最终化必要性为意愿，化外在要求为内在需要。这一“联系-转化”过程的实现，受情绪追求制约。

情绪追求与个人意愿有着直接的联系。由于情绪追求在发生上总是处于心理活动的前沿，因而学生对学习的必要性与自身关系的认识总是受到相应情绪体验的“折射”。其结果，学生对于必要性的情绪反应，直接影响其对学习的社会要求及其实现过程所具有的主观意义的认识，并常常构成学习活动的直接诱因和学习动机的最初制约因素，并进而决定了学生对学习的态度和是否投入的意愿。换句话说，与教师对必要性的认知讲解相比，学生对必要性的情绪反应对其学习行为具有更直接、更强烈的驱动性。我们在研究中也证实了这一点。在日常教学过程中，学生的学习动力往往更多、更直接地来自因学习内容与形式的吸引力而产生的情绪反应；而且，学生在教学过程的每一阶段所产生的情绪反应，都会直接影响其自我投入的意愿和程度，并对其学习动机的效能起增强或减弱作用。

因此，在学习动机的激发与培养过程中，需要借助积极情绪来调节学生的意愿，使之与社会要求相契合。如果教师能使教学活动与学生的情绪追求相一致，即能使学生通过学习的内在力量和阶段性的学习成果感受到学习的乐趣，或通过学习过程直接感受到学习结果的享乐价值，那么不仅会对其当前的学习活动产生强化和激励作用，使其愿意继续或进一步从事学习，而且会使其在心理上产生一种使自己的学习动机与学习现实相一致的自我调整倾向——学生将从积极的意义上确定学习的必要性与其自身的关系，同时确立相应的态度。一旦学生通过切身情绪体验认同了学习的必要性，他就会心甘情愿地服从这种必要性，并进而实现这种必要性。此时，学习不再是外力作用下的“迫不得已”，而是一种体现自我满足的过程；学生的学习动机也不再轻易为各种情境性因素所左右，而具有了较为稳的目标指向。这样，学生的学习动机也就因在内容和动力上取得心理契合而得以有效地形成与实现。

（三）情绪追求与意志的努力

在课堂教学中，人们谈到学习动机的维持时总要强调意志努力的作用。但是如何使学生有效地发挥意志努力以克服学习中的各种内外困难呢？这里同样必须考虑情绪追求的作用。在课堂教学过程中，意志努力对学生学习动机和行为的支配、调节，是通过情绪而发挥作用的。如果没有积极情绪的参与、支撑，学生的意志努力就会在行动上变得乏味，内外困难就会在心理上变得可怕，学习动机自然也难以长久维持。同样，当学生能以坚强的意志努力排除内外干扰、战胜困难时，那一定是他对所从事的学习活动抱有积极的情绪体验。

一般来说，学生的意志努力总是在符合积极情绪追求的活动中得以有效的发挥。这一点可以从学生对“困难”的心理反应的特点来加以理解。以往，人们对“困难”的理解多局限在认知能力的范围，很少从情绪的角度加以界定。其实，对学生来说，“困难”具有强烈的情绪特征，其复杂性和阻碍性更多的是与情绪体验相联系。如果学习中的某种“困难”是在伴随着积极情绪体验的活动中产生的，那么学生通常会将之看作是一种有益的挑战，看作是一种促使自己不断发展、不断提高的契机，因而他们会以跃跃欲试的心态对待它，并以克

笔记

服它为乐。换句话说，此时学生的克服困难已带有满足和享乐的性质。反之，如果学习中的某种“困难”是在伴随着消极情绪体验的活动中产生的，那么学生通常会将之视为一种痛苦、难受的差使和负担，甚至视为对自尊心和安全感的障碍和威胁，因而他们会明显表现出退缩、厌倦甚至抵触的倾向，至多尽义务式地或应付性地进行一下意志努力。

（四）情绪追求与行为的调节

作为人类的先天行为倾向之一，情绪追求不仅对学生的学习行为具有直接的驱动作用，而且具有内在的调节作用。在通常情况下，学生不情愿也不可能长时间忍受消极情绪的困扰。当学生处于消极情绪状态之中时，他们就会自发地进行行为调适或动机置换，寻求并从事可以转换心情的活动，以避免消极情绪体验的持续。例如，当学生觉得老师的讲课“没兴趣”或“没意思”时，普遍会悄悄地（甚至公开地）从事各种各样的无关活动。这些无关活动的行为动机，正是一种与情绪追求相联系的力图回避消极情绪困扰的努力。学生普遍反映，如果兴趣索然地坐在课堂上，时间稍长就觉得实在难受；与其被动地坐在那儿巴望早点下课，还不如干点其他可以转换心情的事情。

但是也应注意，这种与情绪追求相联系的自我调节，实现的是即时调整情绪的功能，而非得到某种有形结果的功能，因而其所导致的情境性动机常常使学生仅集中注意于学习过程或活动本身，而“忘掉”或“丢掉”了学习的目的，以致产生许多带有操作、自娱性质的迷误行为。这一点在“差生”的行为表现中体现得尤为明显。有经验的老师都清楚，“差生”不仅学习成绩差，而且行为表现往往也差，他们常常会做出种种违反校规校纪的事情。究其原因，除了行为习惯和个性品质之外，情绪追求也是主要原因之一。“差生”和其他学生一样，需要积极情绪的满足，需要获得自尊，希望被别人看重，但他们一般很难从学习中得到这种满足，相反常因学习状况不佳而遭受批评、训斥和嘲笑。他们也曾试图把学习成绩搞上去，以改善自己的境遇，但由于各种主客观原因，不久就心灰意懒了。这时，他们就开始更多地从学习以外的事情上去寻找乐趣。例如，只要有可能，他们就会在课堂上发出怪声、扮个鬼脸或做出其他调皮捣蛋的举动。尽管这些行为常常会遭到老师更为严厉的惩罚，但他们却因为能“引人注目”“逗人一笑”或“被同伴尊大”而获得一种在学习中得不到的情绪满足和享受，甚至乐此不疲。

三、情绪追求的教学意义

综上可见，如何利用情绪追求的积极作用并同时消除其消极作用，是课堂教学领域学习动机研究的一个不容忽视的问题。其教学意义具体体现在下列三个方面。

第一，情绪追求对学生学习动机和学习行为的影响，反映了这样一个现实：学生最容易在适合其情绪追求的各种活动中得到最大的动力激发，其学习的主导动机常常与某种能给自己带来即时的积极情绪体验的情境性活动相联系。因此，当学习过程本身不足以使学生感到兴趣、愉快时，情绪追求的心理倾向就很容易使其学习的终极性动机与情境性动机或社会要求与自我意愿之间产生矛盾冲突。而且，我们的研究发现，尽管学生普遍都能从道理上明白学习的目标指向，并时常为自己的种种脱离学习目标的情境性动机行为而后悔、自责，且要下决心改正，但是其在动力上还远不足以克服情绪追求的自发作用，其为排除消极情绪影响而认真坚持学习所做的意志努力远不能保持长久。因此，我们应重视情绪追求的内在驱动和自我调节功能，加强教学过程本身的情绪吸引力，使学生能从学习中获得尽可能多的积极情绪满足，从而使其学习动机能从学习过程中不断得到强化。

第二，情绪追求的“趋乐避苦”特性和自我调节功能及其对学生（特别是“差生”）的影响，说明了这样一个道理：如果学生不能从学习过程本身获得积极的情绪体验，那么他势必会到学习过程以外去寻求这种体验。因此，要想纠正学生的问题行为或转变“差生”，一个

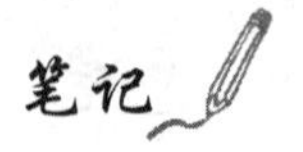

重要的方法或基本的前提，就是能使他们从学习过程本身获得积极的情绪体验。例如，有位优秀教师曾经介绍了这样一个经验：她的班上转来了一个留级生，其学习基础较差，按正常的教学状况，很难在短时间内达到一般同学的学习水平。如何增强他的学习自信心，使他尽快提高学习成绩呢？这位教师除了平时对他多加留心外，每次单元测验前都给他进行个别的特殊辅导——一方面帮他复习，另一方面有意"透露"若干测验题，其结果使他每次单元测验的成绩都比前一次高若干分。同时，这位教师在每次测验讲评时，都有意在全班对他的"进步"予以大力表扬。如此这般，使这个学生的学习积极性不断提高，学习热情不断增长。一学期下来，其学习成绩就达到了班上的中等偏下水平。

第三，情绪追求是把"双刃剑"，在强调情绪追求对学生学习的影响的同时，我们也应重视对情绪追求本身的调节和控制，利用各种有效的教育、教学方法将之引导到教学目标所指引的方向上。当前，随着人们对情绪在教学中的作用的认识的深入，教育工作者已经普遍重视教学的情绪特性，强调教学要"寓教于情"。但是，对"情"的理解还有待科学化。不少人将"情"简单地等同于"快乐"，认为"寓教于情"就是要在教学过程中使学生感到"快乐"；同样，我们前面对情绪追求的作用的强调，也可能使有些人产生类似的误解。其实，在教学过程中单纯地强调"快乐"，实践上是有害的。因为，在课堂上，让学生感到"快乐"的方法是多种多样的，其中有许多是背离既定的教学目标和教学要求的。例如，作业少布置一些，学生会感到"快乐"；考试要求降低一些，学生会感到"快乐"；老师生病今天课不上了，学生甚至会感到更加"快乐"。从情绪心理学的角度来看，强调教学的情绪性是为了借助积极情绪的调节作用更好地实现教学目标。因此，"寓教于情"中的"情"应该侧重于"兴趣"或"乐趣"。这是因为，"兴趣"作为一种基本情绪，不仅能产生中等强度的愉悦、舒畅、满意等主观体验（这一点，只要想想上课不感兴趣时的主观体验，就不难体会），而且能导致积极探求知识的认识倾向。因而，当教师通过教学内容的内在力量和生动活泼的教学方法激发起学生的学习兴趣时，既能使学生的学习处于相对轻松的愉悦状态，又能使学生的学习动机和学习行为指向教学目标所要求的方向。总之，强调情绪追求对学生学习的影响，旨在利用其积极作用来保证教学目标的顺利实现，决不能脱离教学目标而单纯迎合学生的情绪追求倾向，否则只会降低学生学习的自觉性。

第三节　情绪调节与教学方法

教学方法是联系课堂教学内部诸因素的纽带或桥梁，是课堂教学的科学性与艺术性的体现和保证。从情绪调节的角度来探讨教学方法的适宜性或有效性，是情绪心理学和教育心理学研究的重要内容和现实课题。鉴于教学方法众多，难以面面俱到，本节主要从导入、提问和讲解三个方面，论述情绪调节与教学方法，以求举一反三。

一、情绪调节与导入

导入是教师在课堂教学或一个新的教学内容开始时，引导学生进入学习状态的教学方式。常言道，"好的开头是成功的一半"。有效地导入新课是教师与学生间建立情感和知识沟通的第一座桥梁，可为一堂课的讲授定下基调，从而使整个教学进行得和谐、自然、有趣。大凡成功之课，总是一开头就能吸引学生，像磁石吸铁那样紧紧扣住他们的心，使其产生急欲一听的学习动因，从而为其认知与情绪之间的良性互动奠定一个良好的教学氛围。下面，主要以导入的三种常用方法为例，谈谈导入环节情绪调节的基本要求。

（一）情绪调节与温故知新

当本节课的教学内容与先行课程有密切的联系，特别是以前所学内容的扩展与延伸

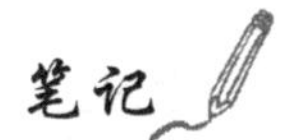

时，可以采用温故而知新的导入方法，使“复习”到“新授”的过渡自然、连贯，起到以“旧”引“新”的作用。采用温故知新法导入的基本形式是：首先组织学生复习旧知识，对旧知识中的那些与新知识有密切联系的问题加以概括，从新旧知识的紧密联系中抓住新旧知识的不同点，从而合乎逻辑地提出即将学习的新问题，使学生从已知领域自然、连贯地进入未知领域。这样，既可以使学生对“旧知”不生厌、“新知”不生畏，又可以使学生明确本节课学习的目的、任务和重点，还可以使学生对将要学习的新知识产生好奇心，从而积极、主动地参与教学过程。请看案例 12-1。

案例 12-1

写法上的三点不同

有位教师在讲授《西湖漫笔》时，采用了这样的导入：

“我们已学过朱自清的《绿》，全文重点写‘绿’，给人以美的享受。我们今天学习宗璞的散文《西湖漫笔》，全文也通过写‘绿’来抒情达意。

然而，同样写‘绿’，他们在写法上却有三点不同：

第一，朱自清只写‘点’，全文写了那么多‘绿’，但都是集中写梅雨潭的水；宗璞则不但写‘点’，而且还写‘面’，‘点’也不是只写一个。

第二，朱自清和宗璞都把不同的‘绿’作比较，但比较的内容和方法不同：朱自清以梅雨潭的‘绿’和外地的风景名胜的‘绿’作比较，贬抑其他地方的‘绿’，从而肯定梅雨潭的绿恰到好处；宗璞则把西湖内部几个地方的‘绿’放在一起，从不同角度作比，不仅意在写出西湖到处是‘绿’、无处不‘绿’的普遍性，而且意在写出西湖有各种各样的‘绿’，它们具有各不相同的个性。

第三，朱自清写梅雨潭的‘绿’，抒发了主观的强烈感情，表现了大胆而奇妙的想象；而宗璞写西湖的‘绿’，有抒情，有联想，把实景当作象征，但总的来说，是偏于客观的、细致的描写。

以下，让我们根据这三点……”

从建构主义教学观来看，学生的学习是在旧知识的基础上，对新知识进行同化和顺应的过程。因此，教学的导入要达到促成学生主动建构的目的，必须善于调动学生已有的知识“库存”，使其发挥铺垫和迁移作用，进而在其基础上形成“最近发展区”。这样，当学生在自己的知识仓库里找到适当的“库存”并运用来探求新的知识时，他们不仅会从新旧知识的彼此联系、相互融合的节点上，理解和掌握新知识，而且会从新旧知识的比较鉴别、融会贯通的建构中，实现对自己相应知识“库存”的系统改善。更为重要的是，在这样的过程中，学生的学习方法和学习能力会因对知识系统的所感、所悟，而得到锻炼和提高，并因“学会学习”“学会发展”而产生由衷的学习乐趣。

温故知新的导入，也是一个使学生明确教学目的的过程。“温故”不是“炒冷饭”，而是为了“知新”，即突出新知与旧知之间的联系与区别，进而使学生明确本节课教学的目的、任务和重点。上述案例的导入，从“温故”出发，以提纲挈领的方式选择了三个方面进行新旧两课的比较，而这三个方面的区别，正是本节课教学的目的、任务和重点，对学生学习新课具有明确的指导作用。

（二）情绪调节与故事吸引

“不爱学习的学生哪儿都有，不爱听故事的学生一个也找不到”。教师可以利用学生这一心理，利用故事吸引法导入新课，将学生的好奇心转化为学习兴趣。采用故事吸引法进行教学导入的基本形式是：根据教学内容选择一些动人的趣闻轶事，以讲故事的方式吸引

学生的注意力，激发学生的学习兴趣，使学生在轻松愉快的气氛中进入学习情境；然后，从故事发生的原因分析或故事本身给人的教益启迪中，转入本节授课的正题，如案例 12-2。

案例 12-2

"女儿国"与元素"铍"

在上元素"铍"这一课时，江西新余的龚正清老师并未像一般教师那样"开门见山"，而是先问了一个出乎学生意料的问题：

"大家都看过《西游记》吧？还记不记得里边的那个女儿国呢？"

"记得。"学生们在回答的同时普遍感到好奇：这个老师居然对"女儿国"感兴趣了？他想说明什么问题？这个故事和化学有什么关系？

"《西游记》里唐僧一行西去取经路过女儿国，那个国家只有女的没有男的，对吗？当然了，这只是一个神话故事。不过，现实中还确实有一种化学元素，会影响人们生儿育女。"

学生们一听更加奇怪，不会吧，居然能影响人们生儿育女？这是什么元素？

于是，台下的学生争先发问：

"真的？"

"是什么？"

"老师，快告诉我们吧！"

台上的龚老师笑着说：

"我先给大家讲一个故事。

曾经，在广东一个山区的村寨里，十数年连续出生的尽是女孩，人们急了，照这样下去，这个地区岂不会变成女儿国了吗？

于是村民们开始想办法，有的去求神拜佛，拜了这个观音、敬了那个佛爷，却不见一点效果。有的去寻医问药，也找不到能治疗这种怪病的药方。

有位风水先生便说：'很早以前不是有地质队来开采吗？他们在后龙山寻矿，把龙脉破坏了，这是坏了风水的报应啊！'

于是，迷信的村民，千方百计地找到了原来在他们山里探过矿的地质队，闹着要他们赔'风水'。

地质队队长一听，不可能的事啊？为了'洗脱罪名'，他带领队员们又回到了这个山寨，进行了深入的调查，终于找到了原因。

原来地质队在探矿的时候，钻机把地下含铍的泉水引了出来，扩散了铍的污染，使饮用水的铍含量大为提高，长时间饮用这种水，而导致生女而不生男。经过治理，情况得到了好转，在'女儿国'里又出生男孩了。"

正当学生们还在回味着这个有趣的故事时，龚老师话题一转：

"现在我们结合故事的原因分析，介绍铍的基本性质。"

于是，台下的学生满怀兴趣地开始了对铍的"声讨"。

学生在课堂上的学习，总是在一定的情绪状态下开始的。这种状态如何，直接影响学生的学习态度和学习行为。如果在一堂课开始，能恰到好处地运用讲故事的方式，使教学内容以生动活泼、引人入胜的面貌出现在学生面前，就会激发学生的愉悦体验、唤起学生的求知欲望，从而使学生对教材内容表现出明显的期待和探究倾向。在上述案例中，那些见多了千篇一律、平铺直叙的"开场白"的学生，面对龚老师的故事，自然惊喜不已：原来总是与反应过程、实验现象联系在一起的化学元素，背后还有如此鲜为人知的故事！在这样的情绪状态下，他们自然以跃跃欲试的追根究底心态对待隐含于故事之中的化学问题，他们

笔记

的认知活动也随之采用交替、网络式策略，能主动地从多方面、多角度去搜寻教学内容的提示线索和意义特征，因而对所学内容有较多的归纳和梳理、有较深的理解和记忆。

（三）情绪调节与巧设悬念

悬念是小说、戏曲、影视等文艺作品的一种常用表现技法，是激发读者、观众、听众兴趣的重要艺术手段。它通过对故事情节和人物命运进行悬而未决和结局难料的安排，引发读者、观众、听众关切故事情节和人物命运的发展变化的紧张心情，以及急欲知道结果的期待心理。与之相应，在教学的导入中，如果巧妙地设置一个悬念，为教学内容涂上一层悬而未决和结局难料的神奇色彩，并引导学生进行思索、想象、预测，就能激起学生欲罢不能的探究兴趣，使其主动而迅速地投入教学过程，请看案例 12-3。

案例 12-3

假使你能够按动一个魔钮

在教学《生命的进化》时，有位教师是这样导入的：

“假使你能够按动一个魔钮，使这个世界的时钟倒转六亿年，那么，展现在你面前的将是一个多么怪异的世界：你在这个世界里看不到一个有生命的东西。没有树木，没有花草，没有昆虫，没有人类，没有飞鸟——没有生命的声音，也没有任何生命的踪迹。你能想得出那只有你一人活着的情景吗？一切都是死的，甚至这个死亡很快降临到你的头上——那里没有食物来维持你的生命，即使食物问题能够解决，你想，你又怎么能够在这荒凉死寂的场所保持自己心智的健全呢？”

这样的导入，仿佛将学生置身于远古地球的荒凉死寂之中，使他们在思想上掀起急欲求知的波澜：后来怎么会有了生命的呢？科学家又是怎样得知生命是如何发生的呢？

导入的最终结果是将学生的思维引入一个新的知识情境，导向一系列特定的教学问题。好的导入是启发与定向的综合，它既能点燃学生思维的火花，启迪学生去思索、去设想，又能引导学生的思维沿着教师所指引的方向逐步深入，从而为其有效地理解和掌握本节课的教学内容奠定良好的心理基础。巧设悬念，仿佛将学生引领到一座未知通向已知的神秘城堡前，每个急欲探个究竟的学生都不免在兴奋、紧张的同时，产生强烈的求知欲望和振奋的学习情绪。这样的教学过程，如同阅读侦探小说一般，时空交错、扑朔迷离、揣测连绵，给学生以别具一格的情绪体验和艺术享受，也极大地锻炼了学生分析问题、解决问题的能力。

二、情绪调节与提问

学问、学问，要学习就离不开提问。在课堂教学中，“问”字更是必不可少。具体来说，提问是教师在课堂教学过程中通过与学生面对面的问答活动，检查学习、促进思维、巩固知识、运用知识、实现教学目标的教学方式。从情绪调节的角度来看，教学中的提问应特别注重促学性和启智性。

（一）情绪调节与提问的促学性

提问的首要作用是促进学生的学习，即在学生心理上激起“心愤”“口悱”的状态，从而促使其思维随着教学过程的深入不断向前发展。因此，当学生的思维还没有启动的时候，教师的提问应激起他们的悬疑，使其开动脑筋主动地去寻找答案；当学生的思维遇到障碍的时候，教师的提问又应激发他们开辟新的通路，接通新的联系，产生顿悟和突破；当学生要对思考过的问题进行整理的时候，教师的提问还应促使其思维有条理地收拢，得出圆满的结论。

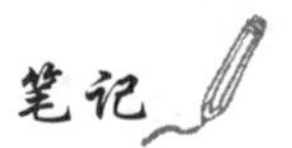

提问要达到促进学习的预期目的，教师必须把"'问'为'学'服务"作为提问的出发点，对所提的问题进行仔细推敲、总体设计。第一，所提问题既要切中教学内容的关键点或生长点，起到"一石激起千层浪""牵一发而动全身"的作用，又要使学生觉得有情趣、有"想头"，起到激发学习主动性和探究性的作用，进而使整个教学过程成为教师有步骤地启发学生生疑 - 质疑 - 解疑、再生疑 - 再质疑 - 再解疑的持续不断的过程。第二，所提问题应侧重于铺展学习的过程，要像层层剥茧一样，引发学生进行层层递进、步步深入的思考，将学生的认识循序引向求知的新高度，进而使反映教学重点的道理、关系或规律从学生的思想当中自然而然地"流淌"出来，并使学生从中感受学习的乐趣。第三，要考虑提问后学生的各种可能的反应及所应采取的对策，特别是不能只着眼于"标准"答案，而应充分考虑和估计学生可能出现的各种"非标准"答案甚至错误答案，以便针对不同情况做好应对准备。当学生回答不完全或有错误时，教师要根据情况及时提示，启迪思路，引导其得出正确的答案。同时，教师要特别注意激发和保护学生回答问题的积极性，创设集思广益的课堂气氛。

另外，现代教学理论强调，教与学是教师与学生在社会交往中形成的一种沟通与合作的交互主体性关系，教学方式应当从有利于"教"向有利于"学"转变——促成一种既有平等沟通又有自我表达，既有相互合作又有个人探索的教学互动关系，为学生表达思想和感情，进行创造活动留出空间，提供方便，使学生真正拥有对话的主动权，产生自主学习的愿望，敢于、乐于敞开心扉表达、交流自己的所思所想、所感所惑、所欲所求，并在交流中不断反思、探索，进而产生情感共鸣，形成思想共识。这种新的教学观念，对教师辩证处理教学中预设与生成的关系提出了新的要求。就提问的促学性而言，教师教学准备中的问题预设，必须着眼于如何使预设性问题向生成性问题转化这一关键，即如何营造一种认知与情绪良性互动的教学氛围，使预设性问题的出现就像是课堂教学中自然生成的问题，并使教师的"问"转化为学生的"问"。只有这样，学生的学习主体性才能得以充分体现，他们与教师之间才能真正形成"共同参与、平等对话、真诚沟通、教学相长"的学习共同体。

（二）情绪调节与提问的启智性

生活的智慧就在于凡事问个"为什么"。从正确把握教学与发展、知识掌握与能力培养关系的教学目标来看，提问既是"授之以鱼"的艺术，更是"授之以渔"的艺术。特别是针对当前课堂教学中普遍存在的学生"不会问""不善问"的现象，教师更有责任优化提问的角度与方式，以自己的提问艺术增强和完善学生发现问题、分析问题和解决问题的能力，进而使自己的课堂提问成为启迪学生智慧、促进学生发展的有效手段。其中，就情绪调节而言，有两个方面尤为突出。

第一，"于无声处"。要让学生增强问题意识、学会发现问题，教师不仅要在教学内容的重点、难点等显性之处设置提问，更要有意识地多在一些看似无关紧要、学生不觉得有问题的隐性之处设计提问。譬如，在语文教材的优秀作品中，一个标点、一个词语、人物的一个细小的动作、一句似乎无关紧要的话，常常蕴藏着深刻的含义，体现出作者的匠心。但是，学生读时往往一晃而过，不觉得有什么问题。教师如能抓住这些易为学生忽略而对表现主题有密切关系的细枝末节，设问质疑，启发学生见微知著，不仅能加深学生对作品的理解与感悟，而且能有效地提高学生发现问题的意识和能力。例如，《故乡》中"我"和"闰土"见面时的情景是这样写的："我那时很兴奋，但不知怎么说才好，只是说'啊！闰土哥，——你来了？……'，而闰土则分明叫道：'老爷！……'"有位教师据此提问学生：这段话中，作者用了"！""——""？""……"，这些标点在表达人物的思想感情上有何作用？学生们联系上下文，仔细推敲品味，体会到"我"的话中，四种标点交替使用，充分表现了"我"见到久已盼望的儿时密友的欣喜、激动，有许多话一时不知从何说起，同时表现了当发现儿时的小英雄竟然变成了木偶人时的惊异、悲凉等百感交集的心情。而"闰土"的话中，用了一个"！"和"……"，

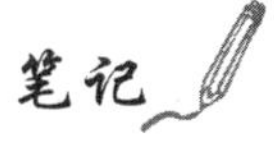

把他欲言又止、欲近不能，欢喜和悲凉、恭敬和隔膜的复杂情感，及麻木、呆滞的木偶人形象鲜明地表现出来了。

第二，“分进合击”。要增强学生分析问题和解决问题的能力，教师的提问可借鉴军队“分进合击”的作战方式，引导学生从不同方向进行思考、协同剖析问题的本质。例如，某教师在讲授“合成氨反应的适宜条件”时，设计了系列提问：为提高氨的产率——①是加压还是减压？为什么？②压强太大会出现什么问题？③是升温还是降温？为什么？④温度太低会出现什么问题？⑤如何改变反应物和生成物的浓度？⑥使用催化剂的目的是什么？再如，在讲授“电解质”的定义（在水溶液中或在熔融状态下能形成离子，因而能导电的化合物）时，有位教师设计了逐层提问：①如果将定义中的“或”字改成“和”字，可否？为什么？②“熔”“溶”二字能否互换？为什么？③能否将“化合物”改为“物质”？为什么？④氨气的水溶液能导电，氨气是不是电解质？为什么？⑤氯气是电解质、非电解质，还是都不是？这样的提问方式，或从窄到宽，或从宽到窄，既承前启后、逐步延伸，又相互勾连、多维渗透，不仅对帮助学生突破教学难点、自然得出结论尤为有效，而且对培养学生养成多维渗透式思考的学习品质和科研品质尤其重要。

三、情绪调节与讲解

一堂好课由多个教学环节构成，如引人入胜的导入、富于启发的提问、动情晓理的讲解、精心设计的板演、令人回味的结尾等。其中，讲解是“重头戏”，因为它不仅担负着串联各个教学环节的重要任务，而且影响着“教”与“学”能否形成一种沟通与合作的交互主体性关系。因此，能否有效地通过突出关键、分析成因、解释概念、揭示规律、推导结论等形式来说明和阐释一定道理，最能体现教师的综合素质。这里，主要从动情与晓理的角度，谈谈讲解的作用与要求。

（一）情绪调节与讲解的动情性

谈到教师的讲解，著名教育家夸美纽斯在《大教学论》里提出了一个精准的要求：“动听明晰”。“明晰”属于讲解的科学性范畴，这对于“术业有专攻”的教师来说并非难事；“动听”则属于讲解的艺术性范畴，它要求教师创设出一个认知与情绪良性互动的教学情境，让学生沉浸其中乐而忘返。要到达“动听”的要求，教师首先要能够“动情”。古希腊神话中，普罗米修斯之所以把火种偷到人间，使人间有了光明，是因为他心中渴望着光明。同样，一个教师之所以能产生讲解激情，是因为他能够在对教学内容深刻理解的基础上，率先产生了强烈的情绪体验，并期望通过自己的周密设计、动人讲授，把学生逐步引入教学内容所蕴含的情绪状态。只有这样，他才能在课堂上情绪饱满、感情充沛、绘声绘色、文采飞扬地进行讲解，以自己的讲解激情唤起学生的学习热情，使师生共同在碧波荡漾的知识海洋中，向着闪耀着理想光辉的彼岸悠然前行。

苏霍姆林斯基说过，教师的语言是一种什么也代替不了的影响学生心灵的工具。要充分地调动学生的参与性和积极性，要很好地帮助学生理解教学内容，要有效地使学生的学习成为认知与情绪的良性互动过程，就需要教师在教学内容的“动情点”进行富有感染力的讲解，把学生的情绪一步、一步地调动起来，又一个台阶、一个台阶地推向高潮，直至融入教学内容所规定的情境之中。当学生的情思与教学内容的情思交融在一起的时候，他们的学习投入才会是全身心的，他们的认知加工才会是高效率的，他们的理解感悟才会是最真切的。而这一切，首先有赖于教师自身的素养与追求。正如著名教育家赞科夫在《和教师的谈话》中指出的那样：“教师本身先要具备这种品质——能够领会和体验生活中和艺术中的美，才能在学生身上培养出这种品质”。

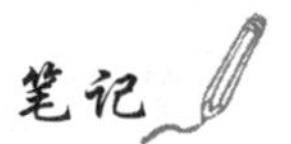

著名语文特级教师于漪对此深有体会。她说：“语文教材中有许多歌颂先烈、革命前辈、

英雄人物的好文章，每当我钻研这些教材时总是血往心头涌，他们的广阔胸襟、崇高品德和献身精神叩击着我的心灵，我有时激动得流下热泪，彻夜难眠”。“作为一个中学语文教师，能够有机会学习祖国丰富、优美的语言，那是非常幸福的。有时候，我备课备到李白的诗，屈原的辞赋，备着备着，人就进入了作品的境界，作品的思想、言辞拨动着自己的心弦。这不但是对祖国语言文字的学习理解，而且简直是美的享受，乐在其中！”因此，她讲《春》，仿佛春天来到了课堂；讲《雪》，雪野如同就在眼前；讲《孔乙己》，使人辛酸得直把眼泪往肚里咽；讲《周总理，你在哪里》时，课堂上哀思如潮，学生难以自控……这是因为，她“自己的教案就是用泪水写出来的”。

（二）情绪调节与讲解的晓理性

讲解不同于讲述，它主要通过突出关键、分析成因、解释概念、揭示规律、推导结论等形式来说明和阐释一定的道理。在课堂教学的过程中，要使“‘教材中的学生’和‘教室中的学生’形成一种‘我 - 你’之间的对话关系，共同探讨、解决学习中的问题和烦恼，并在这种对话中促使学生反思自己的生活经验，自主建构与教学主旨相吻合的知识体系、能力体系和价值观念”，教师的适当讲解是不可或缺的中介与“桥梁”。在教学互动过程中，由于知识经验的局限，学生对教学内容的某些概念、原理、字词等难免会产生思维疑惑、认识困难或意见分歧，需要教师通过适当的讲解帮助学生理清思路、明辨曲直、消除误区；同样，学生对教学内容的某些关键之点、精妙之处、蕴含之道也往往会认知不全、体悟不深或有所忽略，需要教师通过适当的讲解帮助学生梳理要点、把握本质、触类旁通。这样，学生通过“解其惑、通其心、正其道、善其行”感受到教学内容的学有所获、学有所用、学有所悟、学有所长的价值，自然会从积极地意义上评价教学内容对自己的主体意义，产生积极的情绪体验和学习心向，从而主动利用自己已有的知识经验与教学内容产生积极的相互作用。

为“晓之以理”而进行的适当讲解，既是教师的主导作用的体现，也是为“学”而“教”的要求。它在帮助学生化难为易、化繁为简的知识掌握上，在促进学生从具体到抽象、从感性到理性的认识发展上，在激发学生的主动参与、推动学生的自主建构的教学方式转变上，具有不可替代的重要作用。现在，有一种令人担忧的现象，即不少教师狭隘地从日常意义的“对话”角度来理解“教与学是教师与学生在社会交往中形成的一种沟通与合作的交互主体性关系”，以为教学方式的改变就是课堂中你来我往的互问互答，以致忽视或贬低讲解在课堂教学中的应有地位与作用。其实，为“晓之以理”而进行的适当讲解，不仅是使教学中的沟通与合作得以顺利进行的有效保证，也是使学生真正拥有主体地位及其对话主动权的必要条件。

本章小结

1. 与认知活动不同，情绪所反映的不是事物本身的客观意义，而是事物对人所具有的主观意义。因而，情绪在发生上经常处于心理活动的前沿，并对后继认知活动产生广泛的调节性影响。

2. 情绪影响注意的选择性、范围和灵活性。情绪不仅影响怎样在记忆中储存，而且影响怎样从记忆中提取。

3. 在学生的学习过程中，情绪充予的现象普遍存在。它不仅会使学生在再接触该学习内容时产生相应的情绪性联想，而且会动力定型般地激活与这种情绪活动相联系的认知评价、活动倾向和行动策略，并对学生的学习态度、动机倾向和认知方式产生较为恒定的影响。

4. 情绪追求作为一种先天的行为倾向，其本身就构成了人们心理活动的定向趋势或准备状态，并构成了人们认识外界事物与自身之间关系的价值参照系。在教学实践中，学生的学习动机和学习行为也在很大程度上受情绪追求的影响。

笔记
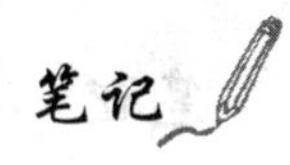

5. 情绪追求对学生的学习意愿、动机内化、意志努力、行为调节，具有直接的制约作用。

6. 从情绪调节的角度来探讨教学方法的适宜性或有效性，是情绪心理学和教育心理学研究的重要内容和现实课题。

7. 在课堂教学的开始，能恰到好处地运用温故知新、故事吸引、巧设悬念等导入方法，使教学内容以生动活泼、引人入胜的面貌出现在学生面前，就会激发学生的愉悦体验、唤起学生的求知欲望，从而为学生有效地理解和掌握本节课的教学内容奠定良好的心理基础。

8. 提问是教师在课堂教学过程中通过与学生面对面的问答活动，检查学习、促进思维、巩固知识、运用知识、实现教学目标的教学方式。从情绪调节的角度来看，教学中的提问应特别注重促学性和启智性。提问要达到促进学习的预期目的，教师必须把"'问'为'学'服务"作为提问的出发点，对所提的问题进行仔细推敲、总体设计。

9. 讲解要到达"动听"的效果，教师首先要能够"动情"，即能够在对教学内容深刻理解的基础上，率先产生强烈的情绪体验，并期望通过自己的周密设计、动人讲授，把学生逐步引入教学内容所蕴含的情绪状态。讲解要到达"晓理"的要求，需要教师通过"解其惑、通其心、正其道、善其行"，使学生感受到教学内容的学有所获、学有所用、学有所悟、学有所长的价值，从而产生积极的情绪体验和学习心向，并主动利用自己已有的知识经验与教学内容产生积极的相互作用。

复习思考题

1. 在反映内容上，情绪与认知的不同是什么？
2. 简述鲍尔的记忆"状态依存"理论。
3. 简述布兰尼关于记忆的"心境一致"见解。
4. 简述情绪充予及其对学习的影响。
5. 论述情绪追求及其对学生学习动机的制约作用。
6. 举例说明导入环节情绪调节的基本要求。
7. 从情绪调节的角度论述课堂提问的促学性与启智性。
8. 从情绪调节的角度论述讲解的动情性。

拓展学习

情绪需要教育

"情绪还需要教育？未免故弄玄虚了吧。情绪不就是自然而然的东西吗？"常有人这样想。

乍看来，情绪确实好像是自然而然的——需要未能满足，人就会生气，愿望一再受阻，人就会愤怒。可是，再往深处想想就会发现，发怒虽然容易，但是如何在适当的时候、为适当的理由并且以适当的方式发怒，那就不容易了，就需要"情绪教育"了。

生活有酸甜苦辣，生活有喜怒哀乐。在现实生活中，各种截然对立的事物总是相互交织、此起彼伏、连续不断的，它常使人们的情绪涨落波动，或跃上欢乐无比的峰峦，或坠入万念俱灰的深渊。在复杂多变的生活现实面前，如何驾驭自己的情绪而不为其所摆布，这就需要培养正确看待生活和情绪的态度，并掌握有效调节、控制情绪的方法。有人以"安静"为题，要求两个画家各画一张画。一个画了一个平静的湖面，好像一面镜子，此外还画了些远山和近草，让它们倒映在湖面，另一个则画了激流飞泻的瀑布，旁边有一棵小树，枝上有一个鸟巢，一只可爱的小鸟正在里面酣睡。相比之下，后一个画家是真正了解"安静"的真谛的。情绪教育何尝不是这样？其目的就是帮助我们学做那在瀑布声中亦能高卧酣睡的小鸟，在复杂多变的生活环境中，不因生活动荡而情绪失控，不为得失成败而冲动失节，始终保持身心的稳定与平衡，始终不改积极乐观的精神面貌。

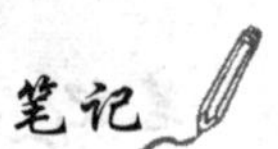

生活中常存在某些特殊的情绪刺激，如在参加高考和重大比赛等特定场合，在偶发事件和意外情况发生的特定时刻，容易使人或因心理应激而导致情绪紧张，或因缺乏应对准备而出现情绪紊乱。在这种时候，如何保持情绪稳定以应付裕如，如何控制消极情绪而不受其干扰，就需要掌握有效调节、控制情绪的方法。有位著名的足球运动员，球技精湛，攻击能力很强，经常威胁对方的球门。对方后卫们踩他、绊他、推他、拉他，在他身上施尽粗野动作，然而他一次也没有以牙还牙。当然，对手的粗野动作也曾经使他恼火，甚至愤怒，但是，他善于控制自己的情绪，认定对犯规举动最好的回敬是更多地把球踢进对方的球门。于是，他更积极地向前奔跑，更坚定地设法破门进球。因此，他也赢得了对手的敬重。

生活需要理解，人们需要尊重。但不幸的是，生活中误解、冒犯时有发生，常使人心情无法平静，交往难以深入，甚至反目为仇。如何正确地理解别人，如何真诚地尊重别人，这就需要提高自己的情绪修养。理解和尊重是以“情绪共鸣”为前提的，只有设身处地体会别人的内心世界，才有可能产生由衷的理解和尊重。一个富有情绪修养的人，往往容易懂得：不为琐事大动肝火对于人际关系至关重要；摆出好斗的架势最容易导致冲突；沉溺于说长道短最容易使自己名誉扫地；尊重别人必能受到别人的尊重；用肯定和赞许去振奋别人的精神，也是振奋自己心灵的最佳途径；“听”往往比“说”更重要，善于倾听的人总能结交更多的朋友；一个地方的人并不比另一个地方的人更难相处，相处和睦与否十之八九取决于自己的所作所为。

总之，情绪需要教育。

参考文献

[1] 蒋军，陈雪飞，陈安涛．积极情绪对视觉注意的调节及其机制．心理科学进展，2011，19（5）：701-711.

[2] Carlson JG，Hatfield E. Psychology of Emotion. Harcourt Brace Jovanovich College Publishers，1992：91-96.

[3] 乔建中，孙煜明，朱晓红．学习焦虑水平与成败归因倾向关系的研究．南京师大学报：社科版．1997（1）：77-80.

[4] 乔建中．教育心理学．北京：人民卫生出版社，2013.

[5] 乔建中．情绪研究：理论与方法．南京：南京师大出版社，2003.

[6] 乔建中．课堂教学心理学．南京：江苏人民出版社，1998.

[7] 乔建中．知情交融：教学模式新探．合肥：安徽人民出版社，2010.

[8] 陈小英，于漪．于漪与语文教育．北京：国际文化出版公司，2003.

[9] 钟启泉，崔允漷，张华．基础教育课程改革纲要（试行）解读．上海：华东师范大学出版社，2001.

[10] 乔建中．情绪需要教育．江苏教育研究．2007（5）.

推荐书目

[1] 乔建中．情绪研究：理论与方法．南京：南京师大出版社，2003.

[2] 乔建中．课堂教学心理学．南京：江苏人民出版社，1998.

研究生考试要点

情绪与认知的区别与联系

情绪对认知的影响

教师资格考试要点

情绪在教学中的作用

（乔建中）

笔记

第十三章　品 德 培 养

目的要求

1. 掌握　品德的涵义与结构；品德形成的理论。
2. 了解　学生优良品德的培养方法与不良品德的矫正方法。
3. 知晓　品德与道德的关系。

品德指个体依据一定的社会道德准则和规范行动时，对社会、对他人、对周围事物所表现出来的稳定的思想行为倾向。一个人的品德修养直接关系到他在别人心目中的形象。本章在论述品德的涵义、结构及其相关理论的基础上，重点论述了学生优良品德的培养和不良品德的矫正。

第一节　品德心理的概述

一、品德的涵义

品德是道德品质的简称，指个体在道德行为中所表现出来的比较稳定的心理特征或倾向。

品德具有两个基本特征：其一，品德体现在道德行为之中。品德是个体依据一定的社会道德准则和规范去行动时，所表现出来的"品行"或"德行"。判断或评价一个人的品德，不能仅看其说什么，关键要看其做什么以及怎么做。在日常生活中，口头上的道德家不少，他们谈起社会道德问题说得头头是道，评价起别人来也是满口道德文章，但是亲身实践时，特别面对有名有利的事情时，说的与做的往往两样。这样的口头道德家实际上是品德很成问题的人。其二，品德是比较稳定的心理特征或倾向。构成品德的心理特征或心理倾向是在人的道德行为中经常出现的、比较稳定的，亦即只有当一个人的某些道德行为特征或倾向经常出现并且比较稳定时，我们才能确定其具有某种品德。而且，正因为品德具有稳定性，我们才能把握一个人的真实道德自我，才能把一个人与另一个人在道德品质上区分开来，才能预测一个人在某种情境中会做出什么样的道德行为。当然，品德的稳定性并不是说品德一成不变。人的品德主要是在生活环境和社会实践的影响下逐渐形成的，随着生活环境和社会实践的变化，人的品德也会发生相应的变化和发展。

品德与道德是两个既有区别又有联系的概念。为了更好地理解品德的涵义，有必要解析品德与道德的区别和联系。

关于品德与道德的区别。第一，品德与道德所属的范畴不同——道德是一种社会现象，是调整人们相互关系的各种行为规范和准则，其产生、发展和变化服从于整个社会的发展规律，属于社会意识形态的范畴；品德是一种个体现象，是社会道德在个体头脑中的主观映像，其形成、发展和变化既受社会规律制约，又受个体的生理、心理活动规律制约，属于个

体意识形态范畴。第二，品德与道德所反映的内容不同——道德的内容是社会生活的总体要求，是调节人与人之间的社会关系、使群体和社会保持和谐有序状态的行为规范的完整体系；品德的内容只是社会道德规范的部分体现，是社会道德要求的局部反映。亦即，从反映内容上看，道德反映的内容比品德反映的内容广阔得多、概括得多。第三，品德与道德的形成、发展条件不同——道德的形成和发展来源于社会需要，受制于社会发展规律，不以个体的存在与品德的高低为转移；品德的形成和发展则来源于社会需要与个人需要的相互作用，既受制于社会发展规律，又受制于个人的心理发展规律。

关于品德与道德的联系。第一，品德是道德的具体化——品德是道德的组成部分，是一定的社会道德规范在个体头脑中的反映、在个体实践活动中的具体体现。因此，品德和道德是相辅相成的关系，一方面，离开了道德，就无所谓品德；另一方面，离开了品德，道德也就失去了应有的作用。第二，道德影响品德的形成与发展——品德不是与生俱来的，而是在个体社会化的过程中、在社会道德舆论的熏陶、家庭和学校道德教育的影响下，通过自己的实践活动逐步形成与发展起来的。因此，社会道德风气的发展、变化，会对个体品德面貌的形成与发展产生直接影响。第三，品德对道德有一定反作用——在特定条件下，个体的品德也会对社会道德风气产生一定的反作用，特别是某些公众性代表人物的品德，可以作为某种社会道德的典范，对社会道德风气产生深远的影响。

二、品德的心理结构

品德的心理结构是指品德这种个体心理现象的构成成分及其相互关系。由于品德的心理结构极其复杂，加之不同的研究者研究兴趣和研究角度的不同，关于品德心理结构还存在各种不同的观点。有学者提出品德是由道德认识和道德意向组成的二因素说，也有学者持品德是由道德认识、道德情感、道德行为组成的三因素说等。目前，我国心理学界一般认为品德是由道德认知、道德情感、道德意志和道德行为四种成分构成的有机整体。

（一）道德认知

道德认知是个体对道德行为准则及其意义的认识。它包括对一定道德知识（如道德概念和道德行为准则等）的掌握，也包括以这些知识作为自己的行动指南，将它们变为信念，并且以此来评价自己和他人的道德行为。道德认知的产物是个体的道德价值观念的发展。道德价值观念是对各种涉及他人利益的行为的价值的概括化，是一种标准观。个人按照自己的道德价值观念，判断自己或他人的行为的是非、善恶和好坏。俗话说："不知礼，无以立"，道德认知是立身处世的基本原则。在道德事件中，个人的道德认知往往非常重要。个体按社会道德规范行动，就必须熟悉这些道德规范，掌握一定的道德知识，并对什么是正确的或错误的行为作出道德判断和推理。道德认知是品德的基础。就某个个体而言，怎样的行为才称得上是"道德"的行为，这涉及道德的实质即行为的"意向"和"理由"，离开这个实质，便无从谈论道德。也就是说，如果一个人无意间做了好事，其行为称不上道德。无道德意识的行为不是道德行为。例如不好意思或倒霉才让座的行为，就不能认为是有道德的行为。

（二）道德情感

道德情感是在道德认知的基础上，对现实生活中的思想言行（包括他人和自己）是否符合道德标准和道德需要而产生的内心体验。通常，现实生活中的多种事件以及自己和他人的思想言行，凡是符合自己的道德认知或能满足自己的道德需要的，都会产生积极的、肯定的情感体验，否则就会产生消极的、否定的情感体验。就形式而言，道德情感大致有三种：①直觉的道德感——它是由对某种具体道德情境的直觉而引起的情绪体验，对道德行为具有迅速定向作用，但是对道德规范的意识还不是很清晰；②形象的道德感——它是由对某种具体道德情境的联想和想象而引起的情绪体验，因而对其中所涉及的道德规范具有切身

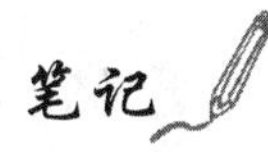

感受或共鸣性的意识；③伦理的道德感——它是在清晰地意识到道德规范和社会伦理的基础上，对某种具体道德情境与自身利害关系进行评价而引起的情绪体验，具有自觉性、概括性与深刻性，是道德情感的最高形式。由于道德情感的多样性及其特殊功能，它与道德认识相互结合，构成了人的道德动机的基础。

（三）道德意志

道德意志是指个体自觉地确定目标、排除内外障碍、将道德行为付诸实现的心理过程。道德意志实际上是道德认知的能动作用，是人利用自己的意识，通过理智的权衡作用去解决道德生活中的内心矛盾，是支配行为的力量。意志行动过程包括两个阶段：①采取决定阶段——意志行动的开始阶段，决定着意志行动的方向和途径，具体包括行动动机的斗争、行动目的的确立、行动方法的选择以及行动计划的制订等环节；②执行决定阶段——意志行动的完成阶段，即把预期目的和计划付诸实际行动以完成意志行动的阶段。执行决定是意志行动的最重要的阶段，这是因为，人在实现道德目的的过程中，通常都会遇到这样或那样的困难。这些困难有的来自主观方面，如经验的不足、思想的顾虑、信心的动摇、行为的惰性等等；有的来自客观方面，如条件的艰苦、他人的阻挠、时间的紧迫、支持的缺乏等等。这些困难需要人运用意志的力量加以克服。只有迎着困难而上并努力加以克服，才能实现预期的目的，才会显示出意志的作用。困难是与意志行为相关联的对立物，意志行为的特征与功能就突出地表现在与困难作斗争的过程中。没有困难，就无意志行为可言。

（四）道德行为

道德行为是在道德认知的指引下，在道德情感的激励下表现出来的具有道德意义的行为。道德行为是衡量品德的重要标志。没有道德行为，就无法判断和表现个体的品德。判断一个学生的品德，主要不是看他认识到什么，而是看他的行为，即看言行是否一致。一个欲望强烈而缺乏自制的人，在行为上可能与他的是非观念相矛盾，这在品德不良的个体中经常见到。所以道德行为是研究者们十分关注的品德成分，这不仅是因为道德行为是社会和教育者要求个体达到的目标，更因为道德体现了人类行为的高度复杂性。

品德结构中知、情、意、行这四种成分相互联系，协调发展，在人的道德生活中起着不同的作用。道德认知是道德情感产生的基础，道德情感又影响着道德认知的倾向和深度；道德认知和道德情感是道德意志的力量来源，道德意志又影响着道德认知和道德情感形成的速度和水平；道德行为是在道德认知的指导、道德情感的催化以及道德意志的调控下，通过一定的练习和锻炼形成起来的，道德行为又可以加深道德认知，丰富道德情感、促进道德意志的锻炼。

三、品德形成的理论

（一）皮亚杰儿童道德发展理论

皮亚杰是第一个系统地追踪研究儿童道德认知（确切地说是道德判断）的人。他认为儿童的道德发展是认知发展的一部分、儿童道德判断的发展与儿童认知发展的阶段相平行、儿童道德发展的进程可以在他们的认知发展中找到根据，因而，把儿童的道德判断能力与其逻辑思维能力看作是一种蕴涵关系。

皮亚杰的研究方法是间接故事法，即根据所要探究的道德现象，设计编拟一些包含道德价值内容的对偶故事，组成不同的结构形式，要求儿童辨认是非对错，从他们对特定行为情境的评价中去查明他们的道德观念。他在大量研究后指出，儿童道德发展具有一条总的规律，这条规律就是：从他律发展到自律。所谓他律，是指早期儿童的道德判断只注意行为的客观效果，不关心主观动机，是受自身以外的价值标准所支配的道德判断，具有客体性。这个阶段也叫道德现实主义（moral realism），或者强制的道德，他们是按照绝对的标准判别

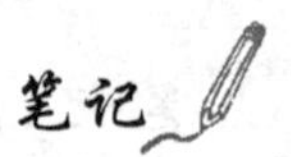

是非。所谓自律，则是指儿童自己的价值标准所支配的道德判断，具有主体性：这个阶段又称为道德相对主义或者合作性道德（morality of cooperation）。他律水平与自律水平是儿童道德判断的两级水平。儿童的道德判断从他律到自律的发展是贯穿在皮亚杰关于儿童道德发展理论中的一条思想主线。皮亚杰根据他的理论和大量临床研究的事实，进一步提出儿童道德发展的年龄阶段。

1. **自我中心阶段（2～5岁）** 大约从2岁起，儿童开始模仿别人接受规则，但出于跟成人或同伴之间还没有相互合作的关系，儿童总是按照自己的想象去接受规则。例如儿童在打弹子游戏中总是自己玩自己的，按照自己的想象去执行规则。这是因为儿童还不能把自己同外在环境区别开来，而是把外在环境看作是他自身的延伸。因此，5岁前是一个“无律期”，他们顾不上人我关系，而是以自我为中心来考虑问题，规则对他来说还不具有约束力，他还不能把规则当作一种义务来遵守。儿童的这种既模仿别人接受规则而又按个人的意愿去应用规则的二重性，皮亚杰称之为道德的自我中心主义。在道德要求上，这一阶段的儿童有时采取毫无异议的顺从态度，有时采取拒绝甚至反对的非顺从态度。正是儿童的这种道德的自我中心主义特征，使得他不能按照我们称之为道德的方式去行动。皮亚杰认为，促进儿童和同伴之间形成合作关系，是使儿童摆脱这种自我中心主义的唯一方法。

2. **权威阶段（6～8岁）** 这一阶段也称作他律期。该时期的儿童服从外部规则，把人们规定的准则看作是固定的、不可变更的，而且只根据行为后果来进行判断。例如，妈妈不在家，一个孩子为了帮助妈妈做事，打碎了一盘玻璃杯；另一个为了偷柜上的糖果吃，打碎了一个玻璃杯。让这时期的儿童作判断，他往往认为前者错误更大，因为他打碎更多的玻璃杯，而不会去考虑两个儿童的动机。该阶段儿童的道德生活是以服从权威为特征的，服从权威的力量是一种约束的道德判断和道德品质，它起源于幼儿期的道德的自我中心主义。在儿童看来，一定要绝对服从父母、老师等成人或年龄较大的、更为成熟的、更有力量的权威者。听他们的话就是好的，不听他们的话就是坏的。同时，在儿童的心目中，权威者规定的规则是固定的、不可改变的，必须绝对地服从并且不能违背。谁破坏了规则，谁就必须要受到惩罚。皮亚杰把儿童绝对驯服地服从规则要求的倾向称为道德实在论。同时，他指出，成人的约束和滥用权威对儿童的道德发展是极其有害的。

3. **可逆性阶段（8～10岁）** 这一阶段的儿童已不把准则看成是不可改变的，而把它看作是同伴间共同约定的。儿童一般都形成了这样的概念：如果所有的人都同意的话，规则是可以改变的。儿童已经意识到一种同伴间的社会关系，彼此之间应相互尊重。准则对于他们来说，已经具有一种保证他们相互行动、互惠的可逆性特征。同伴间的可逆关系的出现，标志着品德已由他律开始进入自律阶段。这一时期也称作自律期，也就是自主期。道德发展到这个时期，儿童的道德判断不再以服从权威为特征，而是以相互遵从规则为特征。当然，这个时期儿童的道德判断还是不成熟的，要到十一二岁后才能独立判断，有人称该时期为道德相对主义或合作的道德。由此可见，儿童的道德判断已经开始摆脱外界的约束，并具有自律道德水平的初步萌芽。

4. **公正阶段（11～12岁）** 这一阶段的公正观念是从可逆的道德认识脱胎而来的。在皮亚杰看来，从同伴之间的可逆关系转变到公正关系的主要原因是利他主义因素。当可逆的道德观念从利他主义角度去考虑时，就产生了关于公正的观念。公正观念不是一种判断是或非的单纯的规则关系，而是一种出于关心人与同情人的真正的道德关系。也就是说，儿童不再刻板地按固定的规则去判断，开始倾向于主持公正、平等，并且公正的奖惩不能是千篇一律的，应根据各个人的具体情况进行。他们已认识到在依据规则判断时，应先考虑到同伴的一些具体情况，从关心和同情出发去判断。皮亚杰认为公正观念是一种高级的平等关系，这种道德观念已经能够从内部对儿童的道德判断起决定性的作用。

皮亚杰认为，品德发展的阶段不是绝对孤立的，而是连续发展的；儿童品德的发展是一个连续的统一体，在应用时加以界说只是为了研究的方便，并不表明发展的连续统一体的中断。皮亚杰对儿童的道德判断进行的创造性研究，开创了现代道德认知发展学派的先河。无论是他采用的对偶故事法还是他提出的儿童道德发展水平和阶段理论，都对后继的研究产生了深远的影响。然而皮亚杰的理论在当时并没有引起人们的重视，对他的理论的认识、继承和发展是由美国心理学家科尔伯格完成的。

（二）科尔伯格道德发展理论

美国心理学家科尔伯格（J. Kohlberg，1927—1987）继承和发展了皮亚杰品德发展的认知观，把儿童的道德发展看成是整个认知发展的一部分，认为儿童的道德成熟过程就是道德认识的发展过程。与皮亚杰的看法相似，科尔伯格将儿童看作是道德哲学家，认为儿童有自己的关于价值观问题的思考方式，能自发形成他们的道德观念，这些道德观念又形成有组织的思维方式。按照科尔伯格的看法，道德认知是对是非、善恶行为准则及其执行意义的认识，都集中在道德判断上。道德判断是一个人根据道德原则对什么是正确的或错误的行为进行的判断，即道德评价。在科尔伯格看来，儿童的道德成熟首先是其道德判断上的成熟，然后是与道德判断相一致的道德行为上的成熟。

科尔伯格运用道德两难问题对儿童的道德判断进行了长达20多年的追踪研究和大量的跨文化研究，并证明了道德发展的“三水平六阶段”模型。他提出的六个道德阶段分为三种水平：前习俗水平（阶段1和阶段2）、习俗水平（阶段3和阶段4）和后习俗水平（阶段5和阶段6）。“习俗”一词是指社会或权威的规则和期望。处在前习俗水平的个体还没有真正地认识社会的规则和期望，规则是个体之外的东西，个体只是关心行为的实际后果（处罚、奖赏、工具的交换），从追求现实的利益和避免冒险的角度出发处理道德问题。处于习俗水平的个体之所以遵守和坚持“习俗”，是因为自我已经认同或内化了“习俗”代表的社会规则和期望，个体是从社会成员的角度处理道德问题。处在后习俗水平的个体能超越社会规定和法律来观察问题，个体的道德判断逐步固定在最普遍的公正原则上，这阶段的个体已将自我从规则和别人的期望中分化出来，并根据自我选择的原则界定它对道德的看法。

科尔伯格（1976）从三个方面界定了道德发展的“三水平六阶段”的特点：①什么是对的？②行为正确的理由（即为什么是对的）；③每个阶段的社会观点，即界定道德推理所依据的核心概念，其道德发展阶段模型的具体内容见表13-1。

表13-1　科尔伯格的道德发展阶段模型

水平	阶段	阶段内容		阶段的社会观点
		什么是对的	行为正确的理由	
前习俗水平	阶段1：他律阶段	避免破坏规则而受惩罚，完全服从，避免对人和物造成物理损害	避免惩罚和权威的强力	自我中心的观点。不考虑他人的利益或不认识他们与行为者的利益之间的区别，更不能把两种观点联系起来。依据物质后果而不是依据他人的心理兴趣裁判其行动。把自己的观点与权威的观点相混淆
	阶段2：个人主义、工具性的目的和交易	遵守会给人即时利益的规则。一切能满足自己利益和需要的行动就是对的，并且也允许别人这样做。对的也就是公平的，即一种平等的交换、交易和协定	在满足自己的需要或利益情况下，也要承认别人有自己的利益	具体的个人主义观点。意识到每个人都有自己追求的各种利益，并充满着冲突。所谓对是相对的（具体的个人主义意义上的）

笔记

续表

水平	阶段	阶段内容		阶段的社会观点
		什么是对的	行为正确的理由	
习俗水平	阶段3：相互性的人际期望、人际关系与人际协调	遵从亲人的期望或一般人对作为儿子、兄弟、朋友等角色的期望。“为善”是至关重要的，意指有良好的动机，表明关心别人；也意指维持相互关系，如信任、忠诚、尊重、感恩等	需要按自己和别人的标准为善，关心别人，相信“金科玉律”（类似“己所不欲，勿施于人”），愿意维护保持善行的规则和权威	与他人相联系的个人观点，意识到共享的情感、协议和期望高于其个人的利益。联系“具体的金科玉律”观点，设身处地地考虑问题，但仍不能考虑普遍化的制度观点
	阶段4：社会制度和良心	履行个人所承诺的义务，严格守法，除非它们是与其他规定的社会责任相冲突的极端情况。对的也是指对社会、团体或机构有所贡献	致力于使机构作为一个整体，避免破坏制度，或者迫使良心符合规定的责任	把社会观点与人际的协议、动机区分开来。采纳制度观点，并据以指定角色和规则。依据制度来考虑个人之间的关系
后习俗水平或原则水平	阶段5：社会契约或功利和个人权利	意识到人人都持有不同的价值和观点，而大多数价值和规则都相对于所属的团体，但这些相对的规则通常只有是公平时才应该遵守，因为他们是社会契约。有些非相对的价值和权利诸如生命和财产应该在任何社会中都必须遵守，而不管大众的意见如何	有义务遵守法律，因为个人缔结的这种社会契约的目的乃在于用法律来发展所有人的福利和保护所有人的权利。签订的承诺自由地进入家庭、友谊、信任和工作义务之中。关心法律和义务是基本整体的功利，即“绝大多数人的最大利益”	超越的社会观点。这是一种理性的个体意识价值和权利超过社会依附和契约的观点。通过正规的协商、契约、客观的公平的机制和正当的过程来整合各种观点。考虑到道德和法律观点，承认他们有时冲突，发现整合他们的困难
	阶段6：普遍的伦理原则	遵守自己选择的伦理法则。特定的法律和社会协议之所以通常是有效的，因为他们是建立在这种法则之上。当法律违背这些原则时，人们会按照原则行事，因为这些原则是普遍的公正原则；人权平等和尊重个人作为人类的尊严	作为一个理想的个体相信普遍的道德原则的有效性，并且立志为之献身	基于治理社会的道德依据的观点。这种观点使任何理性的个体都懂得道德的本质和人作为目的的这个事实

第二节　学生优良品德的培养

一、品德形成的过程

个体品德的形成是个体在社会化过程中受到社会舆论和教育等的影响，将道德规范内化的过程，是个体在社会生活中通过自己的实践，从被动到主动形成道德行为习惯的过程。其发展过程分为如下三个阶段。

第一，行为顺从。个体在社会群体的影响下，使自己的外显行为与社会的道德规范保持一致的阶段。这一阶段的特征是，道德行为缺乏理论原则作指导，缺乏情感因素和自觉性，完全由外部力量控制，当情境发生变化时，行为也随之改变。例如，学生遵守纪律努力学习，是按照父母师长的要求，或是为了避免惩罚。这是品德形成的初级阶段。

第二，心理认同。个体以一定的道德知识、行为方式为基础，采取积极肯定的态度，主

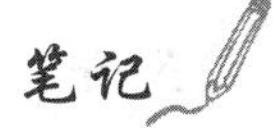

动遵守社会道德规范的阶段。这一阶段的特征是，行为摆脱了外界力量的控制，主动接受他人影响，在与社会要求保持一致的同时，还伴随着强烈的情感体验和对行为的评价。这是对某个个体或团体在情感上认同而进行自我控制的结果。例如，出于对某个人或团体的热爱、敬仰，主动参加团体提出的各项活动，维护社会秩序，帮助他人，遵守社会公德，并在行动中体验到满足与自豪。这是品德形成的中间阶段。

第三，准则内化。个体将已经认同的道德知识、行为情感和自己的信念、世界观、价值观结合起来，形成完整品德的阶段。其特征是，社会需求已内化为个体判断和评价别人行为和自己行为的主观标准，在这个标准指导下形成自觉、持久、巩固的品德行为，产生丰富强烈的道德情感。例如，遇到不符合道德规范的现象，不仅深知其错误，产生强烈的愤慨，而且能站在原则立场上揭穿违反社会规范的行为。这是品德形成的高级阶段。

二、学生品德培养的影响因素

影响个体品德形成的因素极其复杂，归纳起来有环境因素和自身因素两个方面。环境因素包括家庭、社会、班集体和同辈团体等；自身因素包括个体的智力、个性、学业水平等。下面仅就其中的一些重要因素作分析。

（一）家庭因素

家庭因素包括家庭教养方式、家庭人员构成，以及父母的价值观念、道德修养、文化经济背景等。这些对学生品德的形成和发展起着奠基的作用。首先，家庭教养方式会影响个体品德的发展。按照家长对子女的控制程度的不同，家庭教养方式可以分为溺爱型、民主型和专制型。佩克（R.F. Peck）和哈维格斯特（R.J. Havighurst，1960）对学生的品德与家庭教养方式之间的关系作了研究，发现信任、民主、宽容的作风与儿童的优良品德之间具有正相关，过分严厉、过分溺爱都不利于儿童良好品德的形成。其次，父母的道德观念会影响个体品德的发展。父母的道德观念会体现在他们待人接物的方式和态度中，而父母是儿童最早的认同和模仿的对象，儿童会以观察学习的方式受到父母的影响。另外，家庭人员构成也可能与个体品德的发展有一定的关系。孩子和父母两代人一起生活的家庭被称为核心家庭，孩子和父母以及爷爷、奶奶（或外公、外婆）三代人一起生活的家庭被称为主干家庭。我国目前实行独生子女政策，受“四、二、一综合征”的影响，儿童从祖辈那里得到太多的溺爱。理论界大多认为，核心家庭比主干家庭更有利于对孩子的品德培养。

（二）社会环境

首先，社会风气对个体品德的形成和发展具有重要影响。随着个体年龄的增长，他们与社会的接触也就越来越广泛。在儿童期，个体的好奇心强，喜欢模仿，对社会信息敏感，社会风气对他们品德的影响也就更大。社会风气有着广泛性、复杂性等特点，而学生的识别能力较差，他们往往自发地、偶然地、不知不觉地接受社会的影响。此时的个体既可能接受社会上积极因素的影响而形成良好的品德，也可能受其消极影响而变坏。由于消极的社会风气的影响，学校德育出现了“5＋2＝0”的怪圈，个体在学校受到了5天的正向影响，而在周末受到了2天来自社会的负向影响，这在一定程度上就可能就抵消或者抹杀学校德育的效果。其次，电视、书刊等构成的大众传媒对个体的成长正在产生着越来越深刻的影响。美国帕克（Parke）等人的研究表明，在其他社会条件相同的情况下，观看暴力电影的学生比其他学生表现出了更多的攻击性行为。彼得逊（Peterson）等人对美国7～11岁学生的调查表明，常看暴力电视节目的学生有更多的恐惧感，担心一个人在外面玩时会被人杀害，有的甚至对社会失去信心。

（三）班集体与同辈团体

良好的班集体对个体的品德发展具有很重要的意义。如果一个班级内师生关系融洽，

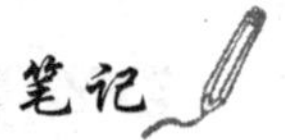

同学和睦相处，有凝聚力，有明确的纪律规范，那么这种班风就构成了一种无形的影响力，对那些品德不良的学生构成了一种压力，同时又提供了很好的榜样。另外，随着个体的成长，一些小伙伴会因为共同的兴趣爱好、共同的活动而形成相互交往、彼此接纳的同辈团体，这构成了在父母和老师之外对儿童青少年极具影响力的又一因素。小伙伴之间常常会相互模仿、相互感染，既可能使好的习惯和品德得以推广，也可能使不良的思想行为得以蔓延。教师应该对儿童青少年中的同辈团体加以积极引导，引导他们更多地进行积极向上的、有意义的活动，自觉抵制不良风气的影响。

（四）自身的智力水平

智力水平与品德之间的关系非常复杂。有人对 500 名有法庭记录的青少年犯的智商做了测量，发现他们的智商分布与随机抽样的儿童的智商分布很相似，但他们的平均智商低 8～10 分。而且，相对而言，在他们当中智商低的比较多，智商高的则较少。但是，在智商全距的各个水平上都有青少年犯，这就是说，他们中既有智力超常者、也有智力低下者。一个智力较高的人，并不见得就有积极的道德取向，而且，一旦他们形成了不良的品德，高智力反而会促进其恶性发作。

三、学生优良品德的培养方法

个体品德的形成和发展是在一定的社会道德现象和道德规范的影响下，个体在群体生活和社会交往中，通过自身的道德实践活动，品德心理结构各因素间的相互作用、协调发展的结果，所以培养学生的优良品德就要从“知、情、意、行”四个方面进行培养。

（一）提高学生的道德认识能力

在对学生进行品德教育时，通过说服，提高学生道德认识，是最常采用的策略。如何使说服这一使用频度最高的品德教育方法发挥最大的效果，心理学家与教育家提出了以下几种策略。

1. 价值澄清 价值澄清理论产生于 20 世纪 60 年代，是美国当代道德教育复兴运动中最富有争议、应用极为广泛的一种学校道德教育的改革尝试，与科尔伯格的道德教育的认知发展理论一起被人们称为“在美国过去四年的实践中最主要的两种道德教育方法”。1966 年由拉斯（I.Raths）、哈明（M.Harmin）和西蒙（S.Simon）合作的《价值与教学》是这一理论的奠基性文献。他们认为，价值观念是个体的一种内在价值，往往不能被清醒地意识到，因而难以指导人的行为。为了让这些潜在的价值观念发挥作用，就需要对他们进行一步步的澄清。在这个过程中，教师不能把价值直接说服灌输给学生，需要学生运用评价、分析和批判性思维等方法，辨认自己的价值观念，并建立适合本人的价值观体系。

价值澄清包括三个部分、七个子过程。第一个部分是选择：①自由地选择。如让学生思考“你认为你是从什么时候第一次产生这一想法的？”②从可选择的范围内选择。如让学生思考“在你产生这一想法之前，你常考虑其他什么事情？”③对每一可选择途径的后果加以充分考虑后的选择。如让学生考虑每一可选择途径（想法）的后果将会怎样。第二个部分是赞赏。④喜欢这一选择并感到满足。如让学生考虑“你为这一选择感到高兴吗？”⑤愿意公开承认这一选择。如让学生回答“你会把你知道的选择途径告诉你的同学吗？”。第三个部分是行动。⑥按这一选择行事。如教师对学生说“我知道你赞成什么了。现在你能为它做些什么吗？要我帮忙吗？”⑦作为一种生活方式加以重复。如教师问学生“你知道这一途径已经有一段时间了吗？”从价值澄清的七个环节来看，教师首先必须诱发学生的态度和价值陈述；其次，教师必须无批评地和无判断地接受学生的思想、情感、信念和观念；最后，教师必须向学生提出问题以帮助学生思考自己的价值观念。

总之，价值澄清采用诱导性的品德教育方式，反对呆板的说教和强硬的灌输式教育，教

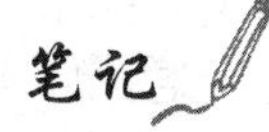

师易于掌握，学生乐于接受，有助于提高自我认识，直接导致道德行为发生积极的变化。但是对学生的价值观念不辨好坏，一概予以承认的态度不可取。

2. **恰当地运用单双面论据** 霍夫兰德(C.l. Hovland)有关态度转变的实验提示我们，教师说服低年级学生，主要应提供正面论据，而说服高年级学生，则可以考虑提供正反两方面的论据。另有研究表明，如果教师提出自己的观点之后，学生不产生相反的观点，则教师只提出正面的观点和材料将有助于学生形成肯定的态度。如果在这种情况下再提出反面的观点和材料，则会引起学生对反面材料的兴趣，进而怀疑正面观点和材料。如果学生本来就有反面的观点，就应主动提出正反两方面的观点和材料，并用充分的证据证明反面的观点和材料是错误的。这会使学生感到教师是公正的，学生也就容易改变态度，并增强对错误观点的免疫力。此外，是提供正面论据还是提供正反两方面的论据，还取决于说服的任务。若说服的任务是解决当务之急的问题，只提出正面的观点和材料比较有效。这时提出反面的观点和材料，会延长学生作出正确反应的时间。若说服的任务是培养学生长期稳定的态度，提出正反两方面的观点和材料比较有利。

3. **小组道德讨论** 小组道德讨论是科尔伯格的合作者布莱特(M.Blatt)于1973年设计并实施的道德教育模式。他们认为，儿童通过对假设性两难道德问题的讨论，能够理解和同化高于自己一个阶段的同伴的道德推理，拒斥低于自己道德阶段的同伴的推理。后来，科尔伯格又与劳顿(E.Renton)合作在20所中学中再次证实了“布莱特效应”。小组道德讨论涉及三个要素。第一是课程要素。道德讨论的内容必须由一些能引起学生认知冲突的道德两难故事构成。第二是班级要素。道德讨论的班组必须由处于不同阶段的学生混合而成，使学生有机会接触到高于他们推理水平的道德判断，触动其原有的道德经验结构，产生不满足感，以达到改变自己原有的道德经验的目的。第三是教师行为要素。教师应具备儿童道德发展的理论知识，并根据儿童道德发展的阶段特点，启发学生在小组讨论中积极思考，主动交流或辩论，作出判断，寻找自己认为是正确的答案。教师还要鼓励学生在讨论中考虑他人的观点或意见，协调与他人的分歧。所以，科尔伯格认为小组道德讨论是符合苏格拉底的助产术精神的，并称之为“新苏格拉底模式”。

4. **群体规定** 经集体成员共同讨论决定的公约、规定会有助于学生态度的改变。因为经成员讨论的规定，使成员承担了执行的责任，这样的规定对学生会产生约束力。这种约束力随学生觉察到群体内意见一致程度的提高而增强。一旦某个学生出现越轨行为，就会遇到群体的有形或无形的压力，迫使他们改变自己的态度。据裴宁同(M.P. Penigton)等人研究，如果群体讨论和群体决定在程序上结合，群体中的意见一致性最高，最有可能引起态度的改变。所以，如果教师期望有效地改变学生的态度，运用集体讨论后作出集体规定的办法，肯定是有益的。

（二）激发学生的道德情感体验

培养学生健康的道德情感，应从如下几方面着手进行。

1. **情感感染，以情育情** 引起情感共鸣有利于道德情感的培育，在进行道德教育时，教师应以满腔热情和真挚的情感来感染学生，热爱学生，善于调节和控制自己的情感，教师对学生爱得越深，其对学生的亲近感、期望感、信任感越可以使学生对教师产生依恋仰慕之情，从而使学生受到感染、感动和感化，即所谓“亲其师而信其道”。

2. **情境引发，以境育情** 道德情感具有情境性，一定的道德情境能激发相应的道德情感。因此，在道德情感的培养中，教师要注意教育情境潜移默化的作用，创造某些情境以帮助激发青少年的情感体验。例如组织班会、班集体活动，从会场布置到活动程序，从活动内容到会场气氛，都要考虑情感因素及其心理效果，努力做到在情景交融的道德情境中引发、培育学生的道德情感。

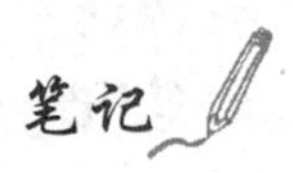

3. **引导理解，以知育情** 道德情感是以道德认识为基础的，并且随着道德认识的发展由直接性发展到形象性，再发展到理论性。因此，培育道德情感可采取在具体情境中阐明道德概念与观念，激发学生的直接情感，并引导他们的情感体验不断概括、不断深化。例如，教师在讲述道德范例和分析道德规则时，应使用赞扬或指责的词语，使他们在领会道德要求的同时，伴有积极的或消极的情感体验；反之，在讲那些损坏集体利益等不道德行为时，则应以严厉的态度、否定的语言进行解释，使青少年产生厌恶、愤慨等情绪体验，这些方法都有助于学生道德情感的发展。

4. **舆论强化，以群促情** 道德总是在一定的情境中发生的，而情境的各种因素对道德情感的产生具有综合性的作用。道德情境对青少年学生来说，关系最直接的是学校的道德风气和班级的道德氛围。例如，某个同学做了坏事，只有在大多数同学表示谴责的舆论情境下，他才会真正地感到羞愧与痛苦；反之，若大多数同学表示支持或者不反对，他就不仅不会感到羞愧，有时还很得意。因此，良好的舆论情境有利于健康道德情感的培养，而不良的道德情境则会将学生引入歧途。作为教师应注意组织健康的舆论并帮助青少年学生形成对舆论的正确态度。

（三）注重学生道德意志的锻炼

道德行为的实现，必须有道德意志参与。中小学生常常会有言行脱节的现象，这多半是由于缺乏意志力。因此，有意识地锤炼学生的道德意志具有重要意义。在锻炼道德意志的过程中，主要有以下五种教育策略：①明确锤炼道德意志的意义——通过多种渠道让学生了解道德意志锻炼的重要作用，并为学生提供良好的学习榜样，激发他们锻炼意志的愿望；②加强实践活动——坚强的意志是在实践活动中形成和发展的，教师应有意识地将教学、教育活动作为培养学生道德意志的实践活动，给他们创设克服困难的情景，引起学生自觉锻炼的意向，对学生在活动中作出的各种意志努力给予及时的强化；③进行抗拒诱惑训练——应为学生创设良好的环境，使学生与外界不良诱因脱钩，这在学生新的良好行为习惯还不够稳定，旧的不良行为仍有潜在力量的情况下，是非常必要的；④因材施教——根据学生意志类型，采取不同的锻炼措施，因人而异，进行针对性训练；⑤积极总结提高——引导学生及时总结锻炼意志过程中的成功经验和失败的教训，不断提高学生意志锻炼的信心和积极性。

（四）加强学生道德行为的训练

学生品德的形成必须体现在道德行为的实施之上，因此，应该注重引导学生形成道德行为习惯。道德行为的实现，必须有道德意志参与，青年学生常常有言行脱节的现象，多半是由于缺乏意志力；同时，道德行为的实现，也需要掌握一定的道德行为方式。因此，道德行为的形成，同时要注重道德意志的培养和道德行为方式的训练。主要应通过如下的步骤和方法。

1. **激发愿望** 青少年学生要做出一定的道德行为，首先就要有道德行动的愿望，换句话说，要有道德行为的动机并确定道德行动的目的，从而下定决心去干某事。由于激发道德动机的原因多种多样，而道德动机本身又种类繁多，所以在下定决心时常会导致动机斗争。教师在进行品德教育时，要善于进行正确引导，经常激励和鼓舞学生，帮助学生战胜非道德动机，促使低级形式的道德动机向高级形式转化，使动摇、软弱的道德动机转化为坚定的道德动机。

2. **组织训练** 坚强的意志是在实践活动中形成和发展的，教师应有意识地将教学、教育活动作为培养学生道德意志的实践活动，给他们创设克服困难的情境，引起青少年学生自觉锻炼的意向，例如，组织各种类型的比赛，利用学生的好胜心和集体荣誉感，引起学生强烈的“赢”的欲望，使他们在自身的努力中得到意志力的锻炼。

3. **自我强化** 自我强化是自我教育的一种表现，具体包括自我命令、自我检查、自我奖

励、自我惩罚等。教师不仅要充分信任学生，而且还要有明确的外部监督和检查措施，帮助学生能够逐步过渡到自我调节和自我监督。例如，要求学生自己制订行为目标，自己管理自己，自己奖励自己，自己惩罚自己，这些方法都有利于青少年道德意志的锻炼。自我教育是青年学生自觉地参与他们自身思想品德塑造的最高形式，也是进行教育的最有效的方法。这种教育效果最真实、最牢固，即使在无人监督的情况下，在结束学校生活后，学生也会朝着道德修养的目标不断前进。

4. **适当奖惩** 奖励是施之于行为之后以增加该行为再次出现可能性的事物，它包括外部奖励和内部奖励。当学生缺乏遵照社会道德规范行动的自觉性时，教师通过物质的或精神的外在手段（如奖品、荣誉）来促进他们形成良好的道德品质，这些外在的手段就等于外部奖励，也就是强化。如果学生在遵照社会道德规范行动后体验到满足感，从而进一步激励学生继续发生道德行为，则属于内部奖励。外部奖励和内部奖励都能够满足学生的某种需要，因而在以后类似的情境或刺激下，道德行为出现的概率就会升高。在运用奖励时，首先要注意奖励的应该是具体的道德行为，如尊老爱幼、拾金不昧、乐于助人等，而不是一般的概括性行为。其次，要正确选择奖励，减少物质奖励、外部奖励，多运用精神奖励、内部奖励。惩罚是指为了减少或消除某种不良行为再次出现的可能性而在此行为发生后所跟随的不愉快事件。一般来说，教师可运用的惩罚包括：制止、约束、说理批评、警告、冷淡、鼓励、暂时取消他的某些权力以及要求儿童用自己的行动来补偿过失造成的后果等。不过，主张运用惩罚，并不等于提倡体罚与变相体罚。运用惩罚应该注意以下原则：①避免不适当的惩罚，如对违反课堂纪律的行为施以体罚或罚款是不适当的；②惩罚应与学生的不良行为相对应，如批评学生在课堂随便讲话，不应同时又指责其过去曾在上课时吃东西；③至少需要有一种不相容的逃避反应，如学生在课堂里随便吐痰的不相容反应是擦掉痰迹；④惩罚应尽可能及时，若惩罚延迟，不良行为不容易消除；⑤在实行延迟惩罚时，应力求使受罚者想到原先的过失情境；⑥力戒惩罚后又立即出现奖励；⑦向学生指出合适的行为以代替被惩罚的行为。

5. **树立榜样，促成迁移** 我们常说“榜样的力量是无穷的”，所以应该给学生提供榜样行为，使学生通过模仿，进行迁移，促进道德行为方式的掌握与道德行为的形成。在通过榜样示范进行道德行为训练时，情境的安排应注意两方面：一是以各种变式来安排榜样示范行为的情境，即榜样示范的行为本身的本质方面保持不变，而情境的非本质的因素和条件应加以各种变化；二是注意安排从榜样示范的训练情境逐步地向学习者会仿效和加以操作的真实生活情境过渡。

总之，培养学生的优良品德是个极其细微而又复杂的工作，学校、教师、家长应根据学生的心理特点，充分利用各种心理机制，通过最优化的组合方式构成统一的合力，使学生的品德形成及培养始终处于一种动态的良性发展中。

第三节 学生不良品德的矫正

一、学生不良品德及其产生原因

学生不良品德，泛指学生具有的不善、不好的道德品质。在日常生活和学校生活中，这些不善、不好的道德品质经常会导致学生故意做出违反社会道德准则的过错、过失行为。

导致学生不良品德的成因，可以从客观和主观两个方面加以分析。

（一）客观原因

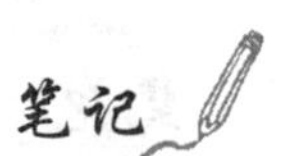

1. **不良的社会道德风气** 社会风气由社会舆论、大众媒介传播的信息、各种榜样的作

用等构成。对于处于社会化发展阶段的学生来说，整个社会都是一所大学校，处处都有他们的“老师”。作为社会的一个成员，学生不可能与社会隔绝，也无力控制、净化社会环境，再加上自身的选择、判断能力有限，因此，社会上的良好与不良的风气都有可能影响其道德信念与道德价值观的形成，这也使得德育工作难度加大。

2. **不当的家庭教育方式** 家庭是学生接受品德教育的启蒙学校，父母是子女的第一任教师，他们的一言一行潜移默化地影响着子女品德的形成。家庭成员的思想意识、生活习惯、道德水平、行为作风以及对学生的教育，都在随时随地塑造着学生的思想和道德品质。存在不良品德的学生，其家庭普遍存在以下特点：①养而不教或重养轻教——父母溺爱，养成子女自私、任性、懒惰等消极性格，以至发展为不良品德；②宽严失度，方法不当——有些家庭教育子女的方法出现种种偏向，或者管教不严，错把宽容当爱护，或者管教过严，错把粗暴当严教，有时这两种偏向还会交替出现；③要求不一致，互相抵消——家长在教育的方式方法上不一致，致使孩子无所适从；④家长缺乏表率作用，不注意自己的言行——家庭成员的恶习劣行如生活放荡、酗酒嗜赌甚至是盗窃行为，对子女的品德都会产生极坏的影响；⑤家庭结构的剧变——如父母离异，父母病故或遇难，使孩子在精神上受到打击，形成孤独、自卑、消极等性格缺陷，又得不到很好的疏导和发泄，导致不良品行。

3. **学校品德教育的缺陷** 品德行为是个人价值内化的结果。学生的道德认知和道德判断能力，无疑与教育密切相关。随着受教育程度的提高，道德认知能力和判断能力都有所提高。学校教育是培养学生具有良好心理品质和高尚道德情操，预防和纠正学生不良品德的主导力量，但在实际的学校教育中，部分教师在教育观点和教育方法上的不当，导致或助长学生不良品德的发展，如重视文化知识教学而忽视学生思想品德教育和心理疏导；教师对学生缺乏感情，或者工作不细致和盲目批评，造成师生关系紧张，以致失去了教育的关键时机；教师教育方法简单粗暴，引起学生对立情绪，或者对学生的问题不闻不问，不履行教育职责；教师看不到有不良品德的学生身上存在着积极因素的方面，对他们在克服和改正错误、过失的过程中出现的反复，缺乏耐心和信心等。除此之外，还存在学校教育与家庭教育脱节，互不配合，各行其是，削弱了教育力量，甚至互相抵消，直接给学生的品德教育产生了不良影响。

4. **同辈群体的不良影响** 同辈群体是个体社会化的重要因素。研究发现，在儿童社会化的过程中，随着年龄的增长，同辈群体的作用越来越大。美国学者哈里斯（J.R. Harris，1997）根据多年的研究，提出了群体社会化发展理论（group socialization theory of development），从实证研究的角度又证实了这一点。首先，同辈群体不良亚文化会影响学生的社会化。同辈群体在发展的过程中会形成独具特色的群体“亚文化”，这种文化在同辈群体中有着强大的“感染力和号召力”，但同辈群体的群体文化既有积极向上和符合主流文化价值的，也有反主流的，一旦群体文化朝向有悖于主流文化的方向发展，就会形成“不良亚文化”，外加学生社会经验的欠缺和思想认识不清，缺乏社会是非辨别能力，这种“不良亚文化”就会起到抵消或者颠覆学校教育成果的消极作用，不利于学生的健康成长。其次，同辈群体的不良价值观和行为倾向会影响学生的社会化。同辈群体是在志趣相投或者其他条件相似或相辅的基础上形成的，其性质有好有坏。我国学者陈正良（2004）在研究同辈群体环境对青少年发展的影响时，将同辈群体分为积极型和消极型。所谓消极型的同辈群体指的是同辈群体中形成了与主流社会价值文化观念相反的群体。消极型同辈群体其行为方式有悖于正常的学习行为，主要表现为吸烟、酗酒、打架、赌博、沉迷网络游戏等。由于学生认知能力和分辨是非的能力欠缺，这些消极的价值观念、行为规范很容易成为群体成员争相模仿的对象，这些行为一旦转变成群体所“认同”的行为方式，就会潜移默化地引导群体成员朝向不良的方向发展。

笔记

（二）主观原因

1. **失调的道德认知** 品德的形成与改变与个体头脑中已有的道德准则和规范的理解水平和掌握程度有关，即取决于已有的道德判断水平。根据皮亚杰和科尔伯格的研究，要改变或提高个体的道德水平，必须考虑其接受能力，遵循先他律而后自律、循序渐进的原则。比如，当学生的道德判断能力处于其发展的第三阶段时，最好向他们讲解第四阶段的道理，否则，一味向他们灌输第五或第六阶段的大道理，即使他们可以熟记这些大道理，也不能被他们的认知结构同化，自然也不能作为一种内在的道德信念来指导行为。实施道德教育时，不应只注意道德教育的形式，进行道德说教，而应结合学生的实际生活和切身体验，晓之以理。

2. **异常的情感表现** 具有不良品德的学生由于不良环境和错误观念的长期影响，造成了情感上的一些异常状态。他们爱憎不明，有时情感失去理智的控制，他们同教师、父母和其他一些关心他们的人情感对立，存有戒心，而与他们的"伙伴"却情感相投。他们中有些人性情暴躁，喜怒无常。这些情感的特点既是不良品德的一种结果，也是引起新的不良行为的重要原因。在某些特殊的情境下，他们可能激情冲动，暴跳如雷，甚至丧失理智，爆发出不良行为，造成严重的后果。

3. **薄弱的意志调控** 具有不良品德的学生往往由于缺乏坚强的道德意志，不能用正确的认识战胜不合理的欲望而发生不良行为。例如，有的学生明知打架、斗殴、扒窃等行为是错误的，但是由于意志薄弱，正确的认识不能见诸行动，所以"明知故犯"，常常不能克制自己这些行为。当教师对他进行教育，他刚刚表示"决心改正"，往往由于缺乏自制力，经不起"伙伴"的挑动和诱惑而重犯错误，有时在改正错误的过程中，时常出现反复和曲折。

4. **不良的行为习惯** 一种不良行为的发生，开始可能是偶然的。但是在他侥幸得逞之后，这种不良的行为方式就会与个人欲望的某种满足发生联系，经过多次重复，便养成了不良的行为习惯，不良的行为习惯一旦形成，就会使学生不知不觉地采取类似的不良行为，仿佛不那样做就感到不自然，甚至产生不愉快的情绪体验。于是不良的行为习惯就成了产生不良品德的内部因素。

专栏 13-1

儿童道德品质的培养依赖于自我教育

前苏联心理学家波利舍夫斯基通过研究证明，让儿童充当"规则体现者"，对改变7至8岁儿童下棋中违反规则的行为是有效的。我国心理学工作者陈会昌在"短期训练矫正儿童不公正行为的影响的实验研究"中得出结论：让原来曾表现出"不公正"行为的儿童充当正面的行为监督与评价者，训练一周后，可以改变儿童的"不公正"行为。用这种方法使5岁儿童摆脱"自我中心主义"的束缚，改变不公正行为是有效的。让儿童充当"规则体现者"，从儿童道德发展来看，儿童参加对别人的道德评价，就等于直接参加了一种积累道德经验的活动，而从儿童个性发展来看，让他们充当规则体现者，是对他们个性完善的期待，有助于个体的成熟，也就是说，儿童的自我的发展，自我调节能力的状况直接影响其道德品质的培养。

苏联教育家苏霍姆林斯基曾说过："自我教育需要有非常重要而强有力的促进因素——自尊心、自我尊重感、上进心。只有当一个人的心灵对良心、忠告、显示温存或者责备的目光这类极精细而纯人性的教育手段非常敏感的时候，他才能做到进行自我教育。实质上自我教育的前提是人对人的信任，是使个人的荣誉和尊严起作用。"在教育实践中，儿童由于受到教育者的尊重与信任而产生的使命感和责任心，是一种巨大的道德自我调节力量，能促进儿童的道德成熟。

二、学生不良品德矫正的理论依据

学生品德不良的矫正是指改变学生的不良行为，并促使其向良好的方向转化的过程。实践证明，由于学生的思想尚未定型，可塑性大，只要教师采用符合其心理活动规律和心理特点的教育措施，满怀热情地去关怀和引导他们，是完全可以矫正他们的品德不良行为的。

（一）教育出发点

莫斯（M.C. Morse）认为，品德不良学生教育的基本出发点包括：①减少心理冲突，保持心理平衡；②组织集体活动，利用同伴文化来发展儿童的情感和社会认知；③创造良好的环境，增加合作意识，避免孤独感；④经常开展有关学习问题的讨论，提高学习兴趣，掌握正确的学习方法；⑤提高课堂教育的质量，深入挖掘教材内容，增强教育感染力；⑥用以奖励为主的正强化方式来改变儿童的行为方式；⑦创造比较宽松、和谐的学习、教育环境，采用人本主义的教育方法，最大限度地发挥学生的潜能和积极性；⑧培养学生独立工作的能力，增强他们的行为控制力；⑨树立正确的集体导向，支持正确的舆论，抵制错误的思想。

（二）教育原则

1. **控制诱因原则** 学生不良品德的形成除内部心理因素外，往往还受直接或间接的外部因素影响，教师在矫正学生的不良品德时，控制好外部因素有时在学生转化过程中起着关键的作用。因此，应该为品德不良问题学生创设一个良好的小环境，使他们与外界不良诱因脱钩，这在学生新的良好行为习惯还不够稳定，旧的不良行为仍有潜在力量的情况下，是非常必要的。

2. **遵循身心发展原则** 由于学生生理发展和心理发展的不平衡性，学生的生理特点、兴趣、能力、气质、性格等存在着颇多差异，行为问题的表现多种多样，品德原因也各不相同。因此，矫正品德问题的“万能钥匙”是不存在的，教师的教育措施要有针对性和灵活性。

3. **循序渐进原则** 品德不良学生的转化过程非常复杂，学生品德问题的矫正是一个从量变到质变的渐进过程，它大体要经历醒悟、转变、自新三个阶段。教师应该根据学生不良品德转化过程的特点，循序渐进做好学生的转化工作，不可操之过急，否则欲速则不达。

4. **师生心理相容原则** 如果教师对品德不良问题学生抱有偏见，或者品德不良问题学生对外界的帮助心存戒心，抱有敌意，产生逆反心理，那么任何教育措施都难以奏效。因此，教师有责任主动协调好与品德问题学生的关系，沟通情感，变心理不相容为心理相容，做好转化工作。

（三）教育模式

对品德不良学生的教育，一般采取心理治疗、行为矫正和环境改变等干预方法。其中，心理治疗法多采用宣泄理论和心理动力学的方法，前者是让儿童通过宣泄来减轻感情的强度和侵犯的倾向；后者通过深入了解儿童的动机、需要与欲望，启发儿童用一种前进的力量去抵抗倒退的倾向，保持积极的能动的心理能量。行为矫正是通过正负强化来纠正不良行为模式，建立起新的良好的行为模式的方法。行为矫正对发展儿童的是非观念，树立信心和增加控制力都有一定的作用。环境改变的方法也称社会生态环境改变的方法，是通过对儿童生活、学习环境的改变，如家庭境况、学校或班级、周围环境的改变来影响儿童的情绪、行为方式的改变。

三、学生不良品德矫正的方法

对于学生品德不良的矫正教育，应采取学校教育、家庭教育、社会教育和自我教育相结合的方法，才能取得良好的效果。

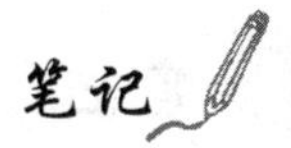

（一）创设良好环境，消除情绪障碍

品德不良的学生因常受到成人、教师的斥责、惩罚和同学的嘲笑和歧视，对教师和同学存有戒心和敌意，认为教师和同学轻视自己，厌恶自己，常以一种沉默、回避、怀疑或粗暴无理的态度对待老师和同学。即使他们有改正错误行为的愿望，也总会担心别人瞧不起自己，甚至会遭受别人的斥责、白眼而“心虚”“敏感”，对人怀有“戒心”“担心”“敌意”，因而降低了他们改正错误的“信心”“决心”“恒心”，最终还会使他们重新丧失“良心”。处理这种状态，教育是很难奏效的。对此，教师必须首先消除学生的对立情绪，采取情感沟通技术，既要“动之以情”，又要“晓之以理”，以情达理，入情入理，情理交融，情通理达。以教师自己的“耐心”“信心”和“爱心”去融化学生的“戒心”“担心”和“冰心”。此外，教师还应充分利用集体的气氛和力量，使品德不良学生感到集体的温暖和接纳，使他们在集体中享有一定的地位，体验到自己的价值和尊严。只有消除了情绪障碍，这些行为问题学生才敢袒露心迹，增强对他人的信任感，乐于接近老师、同学，乐于参与并接受集体活动并从中受到教益。

（二）提高道德认识，消除认知障碍

学生由于受认识水平所限，往往会按似是而非的理解来领会道德要求，但不一定立刻接受它们，甚至于拒绝这些道德要求。这就造成了认知意义的心理障碍。消除学生的认知障碍，可以通过启发、讨论使学生学会分辨是非、好坏、美丑，重新激起上进心。教师应使教育内容适合学生的实际，以正反两方面的事实对比来帮助学生消除歧义，利用行为的消极后果使他们认清不良行为的危害，教师可向他们进行说理教育，坚持正确的舆论导向，严格要求，开展批评与自我批评；坚持正面教育、启发讨论，以奖励表扬为主，做到奖惩分明。这些都是提高是非观念、增强辨别是非、提高道德认识的行之有效的办法。同时，结合开展批评与自我批评教育，提高学生的道德评价能力，对学生的不良行为疏而导之，逐渐培养学生的是非观念，提高他们辨别是非的能力，形成正确的是非感，增强自我教育的能力。在此基础上再逐步地向学生提出一些力所能及的要求和改正办法，一旦学生有了明显而稳定的进步，不但要充分肯定，还要帮助他们总结取得成绩的原因，引导他们“更上一层楼”。

（三）加强意志锻炼，消除习惯障碍

学生产生不良行为的一个重要原因是由于意志力薄弱造成的。因此，在矫正初期，加强管理、控制或切断不良诱因，如不良场所、书刊、影视、同伴等，是必需的。但避开诱因只是暂时的，而且是比较消极被动的，这仅仅是治标的办法。但要达到治本的目的，最终是要使这些学生在充满诱惑的环境下，具有抗拒诱惑、坚持正确的方向和行为的能力。为达到这个目的，必须培养他们自觉地与外部环境作斗争的能力。在转化过程中，几乎没有一个学生不出现反复。据研究，转化的起点如果以感情为主导，则反复多；如果感情与认识相结合，反复就要少些。由此可见，在帮助学生转化，培养新的良好的行为习惯时，必须注意由感情转化为理智，在实践中锻炼其与诱因作斗争的能力，加强对自己的约束力。此外，可以根据班杜拉的观察学习的原理，进行抗拒诱惑的训练。同时，也要重视学生不合理的欲望、嗜好等内部因素的消除，而且当他们初步形成良好的行为习惯后，可以为他们创设同诱因作斗争的条件，提供他们与不良诱因作斗争的机会，即在教师有所控制的存在不良诱因的实际情境中，进行“信任委托式”的监督性考验，锻炼他们与不良诱因作斗争的意志力，从而提高抗拒诱惑的能力，并以新的道德风貌感受到同学的信任，体验到“变好了”的快乐，促使良好行为得以巩固，纳入其道德体系中，成为稳定的个性特征。

（四）善于发现“闪光点”，消除个性障碍

善于利用学生的积极因素，帮助他们扬长避短，择善去恶，使其自身逐渐增强克服缺点或错误的内在的精神力量，这是最有效的教育措施。不良品德学生也有积极因素，只不过常被人们忽视而已。例如，他们向往美好的未来，渴望得到别人的尊重，希望得到表扬，

这些都是他们内心深处的"闪光点"，是教育者启发他们觉悟的内在心理依据。他们中有不少人精力旺盛，具有特殊才干，如心灵手巧、身强力壮、能歌善舞、擅长运动，或写得一手好字，或生就伶牙俐齿，等等。教师如能及时发现这些心理品质并不断培养、发展，使其在某一方面获得成功，就会重新点燃他们自尊心的火种，获得克服缺点、重新做人的信心，达到长善救失的目的。

（五）进行行为矫正，消除行为障碍

行为矫正法是利用条件反射的原理，通过强化学生良好的行为以取代或消除其不良行为的方法。常用的行为矫正法有强化法、代币奖励法、行为塑造法、示范法、消退法、处罚法、自我控制法、肯定性训练等。

1. **强化法** 根据学习原理，一个行为发生后，如果紧跟着一个强化刺激，这个行为就会再次发生。例如，一个学生不敢同老师说话，学习上遇到了疑难问题也没有勇气向老师求教，当他一旦敢于主动向老师请教，老师就给予表扬，并耐心解答问题，这个学生就能学会主动向老师请教的行为方式。

2. **代币奖励法** 代币是一种象征性强化物，筹码、小红星、盖章的卡片、特制的塑料币等都可作为代币。当学生做出我们所期待的良好行为后我们发给数量相当的代币作为强化物。学生用代币可以兑换有实际价值的奖励物或活动。代币奖励的优点是：可使奖励的数量与学生良好行为的数量、质量相适应，代币不会像原始强化物那样产生"饱"现象而使强化失效。

3. **行为塑造法** 通过不断强化逐渐趋近目标的反应，来形成某种较复杂的行为。有时候我们所期望的行为在某学生身上很少出现或很少完整地出现。此时我们可以依次强化那些渐趋目标的行为，直到合意行为的出现。

4. **示范法** 观察、模仿教师呈现的范例（榜样），是学生社会行为学习的重要方式。模仿学习的机制是替代强化，通过榜样受强化而使自己间接受到强化。

5. **惩罚法** 处罚的作用是消除不良行为。处罚有两种：一是在不良行为出现后，呈现一个厌恶刺激（如否定评价、给予处分），二是在不良行为出现后，撤销一个愉快刺激。

6. **自我控制法** 通过自我分析、自我监督、自我强化、自我惩罚，以改善自身行为。强调学生的个人责任感，增加了改善行为的练习时间。

7. **肯定性训练** 也叫自信训练、果敢训练，其目的是促进个人在人际关系中公开表达自己真实情感和观点，维护自己权益也尊重别人权益，发展人的自我肯定行为。

本章小结

1. 品德指个体在道德行为中所表现出来的比较稳定的心理特征或倾向。

2. 品德与道德是两个既有区别又有联系的概念。

3. 品德是由道德认知、道德情感、道德意志和道德行为四种成分构成的有机整体。

4. 皮亚杰的儿童道德发展理论将儿童道德判断的发展与儿童认知发展的阶段相平行，认为儿童道德发展的进程可以在他们的认知发展中找到根据，并提出了儿童道德发展的"四阶段"模型。

5. 科尔伯格道德发展理论把儿童的道德发展看成是整个认知发展的一部分，认为儿童的道德成熟过程就是道德认识的发展过程，并提出了儿童道德发展的"三水平六阶段"模型。

6. 个体品德的形成过程涉及行为顺从、心理认同、准则内化三个阶段。

7. 个体品德的形成和发展是在一定的社会道德现象和道德规范的影响下，个体在群体生活和社会交往中，通过自身的道德实践活动，品德心理结构各因素间的相互作用、协调发展的结果，所以培养学生的优良品德就要从"知、情、意、行"四个方面进行培养。

8. 对学生品德不良的矫正方法有：创设良好环境，消除情绪障碍；提高道德认识，消除认知障碍；加强意志锻炼，消除习惯障碍；善于发现“闪光点”，消除个性障碍；进行行为矫正，消除行为障碍。

复习思考题

1. 解释概念：品德，道德，道德认知，道德情感，道德行为，道德意志。
2. 品德的心理结构由哪几部分组成？
3. 简述皮亚杰的儿童道德发展理论和科尔伯格的道德发展理论。
4. 如何培养学生的优良品德？
5. 论述学生不良品德的矫正方法？

拓展学习

对偶故事举例

对偶故事一

A. 一个叫约翰的小男孩在他的房间里，家里人叫他去吃饭，他走进餐厅，但在门背后有一把椅子，椅子上有一个放着15只杯子的托盘。约翰并不知道门背后有这些东西，他推门进去，门撞到了托盘，结果15只杯子都撞碎了。

B. 一个叫亨利的小男孩，一天，他母亲外出了，他想从碗橱里拿出一些果酱，但是放果酱的地方太高，他的手臂够不着，他试图取果酱时，碰倒了一只杯子，结果杯子掉下来打碎了。

对偶故事二

A. 有一个小男孩名叫朱利安，他的父亲去世了，朱利安觉得他爸爸的墨水瓶很有意思，于是他拿着爸爸的钢笔玩。结果，他把桌布弄上了一小块墨水渍。

B. 一次，一个叫奥古斯塔的小男孩发现他父亲的墨水瓶空了，在他的父亲外出的那一天，他想帮爸爸把墨水瓶灌满，这样他父亲回来时就能用了，但在打开即将空了的墨水瓶时，奥古斯塔把桌布弄上了一大块墨水渍。

皮亚杰对每个对偶故事都提两个问题：

1. 这两个孩子的过失是否相同？
2. 这两个孩子中，哪一个更不好？为什么？

道德两难故事——“海因茨偷药”

科尔伯格把皮亚杰的“对偶故事法”改进为“道德两难故事法”。其中，“海因茨偷药”的故事是最经典的道德两难故事。

欧洲有一个妇女患了一种特殊的癌症，生命垂危。医生诊断后认为只有一种药物能救她的命，这就是本城药剂师最近发明的一种新药——镭。该药成本较贵（400美元），而药剂师的索价是成本的10倍（4000美元）。病妇的丈夫海因茨多方求援，只凑到药费的一半（2000美元）。海因茨把实情告诉药剂师，他的妻子快要死了，请求把药便宜一点卖给他，或者允许赊账。但药剂师说：“不行，我发明此药就是为了赚钱。”海因茨走投无路，竟铤而走险，晚上夜深人静时撬开了药剂师经营的药店店门，为妻子偷走了药物。

当主试讲完这个故事后，向儿童提出一系列问题，让儿童接着回答与故事有关的下述问题：

1. 海因茨该不该偷药？为什么？
2. 他偷药是对的还是错的？为什么？
3. 海因茨有责任或义务去偷药吗？为什么？

4. 人们竭尽所能去挽救另一个人的生命是否很重要？为什么？

5. 海因茨偷药是违法的，他偷药在道义上是否错误？为什么？

6. 仔细回想故事中的情境，你认为海因茨最负责任的行为应该是做什么？

参考文献

[1] 李晓东. 教育心理学. 北京：北京大学出版社，2008.

[2] 莫雷. 教育心理学. 广州：广东高等教育出版社，2002.

[3] (美)凯文•瑞安，卡伦•博林. 在学校中培养品德：将德育引入生活的实践策略. 苏静，译. 北京：教育科学出版社，2010.

[4] (美)劳伦斯•科尔伯格. 道德发展心理学：道德阶段的本质与确证. 郭本禹等. 译. 上海：华东师范大学出版社，2004.

[5] 宣兆凯. 道德社会学理论、方法和应用研究. 北京：北京师范大学出版社，1994.

[6] 陈琦，刘儒德. 当代教育心理学. 北京：北京师范大学出版社，2007.

[7] 李东斌，刘经兰. 教育心理学. 南昌：江西高校出版社，2011.

推荐书目

[1] (美)凯文•瑞安，卡伦•博林. 苏静，译. 在学校中培养品德：将德育引入生活的实践策略. 北京：教育科学出版社，2010.

[2] (美)劳伦斯•科尔伯格. 郭本禹，等. 译. 道德发展心理学：道德阶段的本质与确证. 上海：华东师范大学出版社，2004.

研究生考试要点

品德的心理结构

品德形成的理论

学生优良品德的培养办法

学生不良品德的矫正方法

教师资格考试要点

皮亚杰的儿童道德发展理论

科尔伯格的道德发展理论

学生品德培养的过程和影响因素

学生优良品德的培养办法

学生品德不良的矫正方法

（常　敏　杨盼盼）

笔记

第十四章　班级德育

目的要求

1. 掌握　班集体建设中的有效德育方法。
2. 了解　影响班级风气的主要问题及其德育方法。
3. 知晓　从方式、手段、细节上感悟德育智慧。

班级德育指班主任在班级中开展的思想道德教育工作。作为班级工作的组织者、班集体建设的指导者、学生健康成长的引领者，班主任自然也是学校思想道德教育的重要力量和骨干教师。本章从班集体建设、班级风气、德育智慧三个方面，论述班级德育的常见问题。

第一节　班级德育与班集体建设

班集体是按照班级授课制的培养目标和教育规范组织起来的，以共同学习活动和直接人际交往为特征、以集体主义价值为导向的社会心理共同体。良好的班集体不是自发产生或自然形成的，而是集体教育与自我教育的结果。因此，建设良好的班集体，既是班主任工作的中心环节，也是班级德育的重要任务。

一、主体意识与集体动力

建设班集体的重要性，每个班主任都知道。但是若问：班集体建设的动力来自何处？许多班主任未必能回答出来。其实，这是一个基本的问题，一群原本互不相识的学生走进一个叫做“班级”的特定空间，他们是怎样形成集体的呢？如果连这其中的道理都不甚了了，班集体建设肯定形式多于内容、空耗多于实效。

苏联心理学家彼得罗夫斯基在集体发展理论中指出，原本松散的群体之所以能发展成为集体，并非直接与群体中的个体的交互作用和人际关系相联系，而是建立在群体中的个体越来越多地参加共同活动过程的基础上；当群体活动本身的价值在更大程度上为每个个体所分担时，群体经由自己的各个发展阶段并最后成为集体。换句话说，共同活动是集体形成和发展的主要决定因素，正是在群体性的共同活动水平不断提高的基础上，群体才可能发展成为集体。

这个道理对班集体建设及班级德育极有借鉴价值。其一，集体形成和发展的主要决定因素是群体性的共同活动，说明集体形成和发展的动力来自内部；其二，共同活动的产生来自于活动本身的价值吸引，并为每个个体乐于承担，说明每个个体都是这种共同活动的主体，他们是在为自己活动的同时，形成了一种“人人为我，我为人人”的集体关系。这与哲学上讲的道理是一样的：事物发展是外因和内因相互作用的结果，其中外因是事物发展的条件，内因是事物发展的动力，外因通过内因而起作用。然而，在实际的班集体建设和班级德

育过程中，许多班主任常常忘记了这个中学时就学过的道理，从自己的角度考虑外因多，而从学生的角度考虑内因少；或者虽也考虑到了内因，但对外因如何通过内因才能起作用考虑不充分；更有甚者，经常倒置这种内外因的关系。请看案例 14-1。

案例 14-1

谁的“园地”

每个学期一开始，班级布置总是一件非做不可的事情，更何况我们新校舍的教室后面一块雪白的瓷砖墙取代了黑板报。

这是因为历年来的黑板报存在的一些弊端：首先，这块园地锻炼的是部分学生（书写漂亮，绘画有功底，习作优秀的）。其次，它内容局限（一块黑板报上无非只有三四篇文章）。再次，更换要两个星期一次。最关键的是久而久之，变成了为了检查才更换。失去了它应有的意义和功能。基于此，新校舍的教室后面取而代之的就是一面宽大的墙，希望以此给学生一片自由广阔的展示天空，每个人都有自己的“自留地”。习惯了黑板报的书写，偌大的一面墙的布置和设计确实给了师生一个很大的工作量和创造性的任务。给了一个星期的时间进行布置，让我们跟随镜头去看看：

A 类班级：时间已是放了晚学，教室里的墙上布置已经完毕，教室里也已经没有了老师，一切静悄悄的。

B 类班级：时间放晚学过后很久了，教室里仍旧灯火通明，老师还在努力地忙活着，这下子变成了专业设计师了。

C 类班级：时间已是晚上十二点，教室里还有老师一个人默默地在布置着。

看了这三组镜头，再来看看学生的表现。当我们走过一个个教室，发现：

A 类班级的学生兴奋异常，自豪万分，还滔滔不绝地给我们介绍布置和设计的过程、特色等。

B 和 C 类班级的学生同样高兴，可是并不激动，也没有同学想要介绍的欲望。

原因：A 类教室的布置，学生做了主角，从设计到策划到布置，全部是学生齐动手。B 和 C 类教室的布置，老师承担了“全部责任”，既很累又忙到很晚。

这究竟是“谁的‘园地’”？有人会说，当然是学生的。

如果从共同活动的角度再问：“这究竟是谁的‘园地’”？答案就不确定了。至少在 B 类和 C 类班级中这不像是学生的园地。

照惯常的思维，B 类和 C 类班级的班主任不应该表扬吗？你看他们工作多么负责，甚至一丝不苟，忙到晚上十二点还没走。然而，从共同活动及其与班集体建设的关系看，以及学生的反应看，问题就值得反思。

尽管班主任作为一分子，积极参与布置“园地”这一班集体的共同活动，从表面上看是与教育改革的要求相一致的，但是往深处分析，就有很多班主任自己都意想不到的问题：班主任的特殊身份，不可能使学生将之看作与他们完全一样的活动分子，许多事情需要征询他的意见，如怎么排版和装饰、选什么内容和材料、用什么字体和颜色，如果班主任不赞成、不表态，学生就拿不定主意；这样一来，布置“园地”就不再是学生乐于分担的共同活动，因为他们没有主动权，甚至没有主体意识。像 C 类班级，班主任之所以忙到晚上十二点，肯定是许多跟着班主任一起干的学生，早就不耐烦了，甚至找借口走人了——既然什么都要征询你班主任的意见、态度，那么干脆你自己干吧！

没有主动权，哪有主体意识？没有主体意识，哪有干劲？！

谈到主体意识与集体动力，还有一个中美教育观念比较的事例：美国的教师教学生画

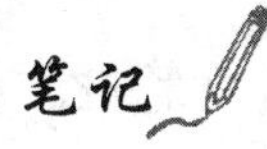

苹果时，提上一袋苹果，一人分一个，让学生看、摸、闻，甚至咬上几口，然后开始画苹果。结果大多数学生第一次画出来的像西瓜，第二次画出来的像梨子，第三、四次画出来的才像苹果。而中国的教师教学生画苹果时，只带一支粉笔，先对全班学生讲解画苹果的各种注意事项，然后在黑板上一笔一画地仔细示范，最后才让学生照着老师的样板画。结果，所有的学生第一次画出来的就像苹果。比较而言，美国学生虽然画得费劲且不太像苹果，但画出来的却是“生活中的苹果”“自己的苹果”，中国的学生虽然画得轻松且很像苹果，但画出来的却是“黑板上的苹果”“老师的苹果”！班集体建设和班级德育中，也存在同样的道理。

二、纪律自觉与德育主体

纪律问题一直是让班主任操心甚至头痛的问题。在很多领导和老师看来，纪律是组织和建设班集体的保证，是班主任德育工作水平的表征，一个班级如果没有形成良好的纪律，就谈不上班集体的形成。因此，一个班级是否纪律井然、令行禁止，常常影响这个班在科任教师心目中的形象，以及学校领导对班主任的评价。因此，每一个班主任都在抓纪律问题上动了大量心思、花了大量力气。

班集体的建设当然需要纪律的保障，这一点毋庸置疑。但是，问题在于是什么样的纪律，是自觉的纪律，还是被迫的纪律？所谓自觉纪律，就是指学生将外在的纪律要求转化为学生自我品格修养的内在要求和自觉行动，它具体表现为：当学生单独在某个地方的时候，或老师不在场的时候，也知道按既定的纪律要求约束自己。然而，在我们的班集体建设实践中，许多班主任往往只注重纪律的形式，而不太重视纪律的内容；或也知道养成自觉纪律的重要，但由于其养成过程费事、费神，反复、麻烦多多，以致常常用统一性的强迫要求代替自觉的纪律，甚至连安排座位都不例外。其结果，许多学生把班级纪律视为对其自由、人格的限制和束缚。当然，有些班主任会认为自己是出于种种好心——为了保障纪律，为了保障学习，为了帮助“差生”，为了提高学生的道德水平，等等。其实，我们可能更多地是为了方便自己，因为我们不放心学生的纪律自觉性。更为严肃的问题是，在这种方式和心态下进行的班集体建设和班级德育，可能与道德及其教育的本意相悖。

先从“学生 - 主体”来说。当前教育改革的一个重要特征，就是强调要将学生当作教育的主体，注重学生在班级教育活动尤其是班级德育活动中的主体参与，改变传统班级管理及道德教育中教师主宰、灌输、控制等弊端，通过优化教育途径和教育环境，强化学生的主体意识，弘扬主体精神。但是现实情况如何呢？班主任都知道学生应该是教育的主体，班集体建设和班级德育活动要注重学生的全员参与。然而，恰恰是为了这个“全员参与”的结果，一些班主任忽视了学生的主体性。因为，既然学生是主体，他们就有选择权，可以选择参与，也可以选择不参与。可是，我们一些班主任只承认学生有参与的权利，而不承认或不接受他们有不参与的权利。连选择权都没有，还算是主体吗？说到底，我们一些班主任尚未真正接受学生是教育的主体这一教育新观念。

再从学生主体问题回到自觉纪律的养成。如果我们真正承认学生是教育的主体，那么在对学生进行自觉纪律的养成教育之前，我们应该对纪律及其与班集体和班级德育的关系有个正确的认识。首先，我们要养成的是自觉的纪律，即不需监督的、真正的纪律，而不是被迫的纪律，即虚假的、做给别人看的纪律；一个班级如果没有形成自觉的纪律，就谈不上班集体的形成，更谈不上德育实效。其次，自觉的纪律是教育的结果，因为学生养成自觉纪律的过程，是在老师信任与激励下，主动地、不断地与自身的不良欲望和不良习惯作斗争的过程。第三，自觉的纪律的养成是一个自主性的自我教育过程，其中有反复、有退缩、有痛苦，也有麻烦，需要老师的鼓励和督促，但是如果没有自主性，自觉的纪律无从养成。

最后谈谈被迫纪律的危害。教育心理学研究表明，那些以强迫命令、刻板专横的权力

主义方式抓纪律问题的班主任，其对学生心理和道德发展会产生至少有三个方面的显著消极影响：一是恶化师生关系，被学生看作是个专制者；二是导致学生心理异常，学生在与这种班主任交往时，惧怕和焦虑自然使他们产生种种异常的防御反应，影响学生心理和个性的健康发展；三是导致学生道德发展水平的下滑，即学生在该班主任面前之所以规规矩矩、老老实实，主要是为了避免他的非难，以致他的班级中虚伪、假装、说谎等欺骗现象明显多于那些以民主方式行事的班级。而且，研究者的结论强调，欺骗是精神贫乏的象征，至少有一部分是由于以教师为中心的课堂特点所导致的。

三、教育时机与德育脉动

都说班级德育如厨师炒菜，讲究个时机与火候。的确，班集体建设和班级德育，都是作用于学生心理的事情，不仅是动态的，而且又是因当时的情景、条件、地点、时间的不同而变化的。善于抓住教育时机的班主任，常常会获得事半功倍的工作成绩。

话虽这么说，但是教育时机也不是那么容易把握的。有位班主任就为此苦恼：都说“校园无小事，事事皆育人；学校无空地，无处不育人”，只要我们时时处处都用心、细心地观察，教育的时机随时都会出现。我真想跟说这话的人急。作为班主任，上课我巡堂，自习课我去课堂，课间我远望走廊，中午、下午课外活动，我也时常转悠图书馆、阅览室和运动场，无非是想通过自己的眼睛捕捉教育的时机，可结果……

这恐怕是不少班主任时常会有的苦恼。问题在哪呢？

时机只有同人的“眼光”结合，才不会错过。优秀班主任任小艾以自己的经历为我们作了注解（案例 14-2）。

案例 14-2

教育时机与德育脉动

任小艾当年所在的北京 119 中学，曾经是有名的薄弱中学，号称“不出流氓出土匪”。而现在，北京 119 中学成了北京市文明单位。该校校长谈及这段经历，总要从任小艾那个班的一个女同学说起。

任小艾当年刚接一个初一新班才两周，一天，她在楼道碰到本班的一个女同学，该同学立正站好向她打了个队礼，“老师好”。她当时特激动，心想，在我们这样的学校，能对老师讲文明礼貌，这真是不多见，如果大家都能这样做该有多好啊？于是，她想了一个办法，到商店买了一个同学们最喜欢的文具，然后又到政教主任那里要了一张“文明礼貌标兵”奖状。

第二天早晨，任小艾一手拿奖状一手拿奖品，进了班级，对大家说：“同学们，我对大家不熟悉，才教了两个星期。但是昨天一个同学的表现给了我极其深刻的印象，她见了老师以后打队礼，还说了一声‘老师好’，这个同学多讲文明礼貌，多有修养。说明小学老师教育的好，说明家长教育的好，我要亲自给她的小学班主任和家长写一封感谢信，感谢他们教育了这么好的孩子。同时今天，我还要在这里给她颁奖，祝贺她成为我们班的一个文明礼貌标兵。她是谁呢？她就是我们班某某同学。请你到前面来领奖。”这个女孩子激动地走到前面，双手接奖，不仅说“谢谢老师！”，还对任小艾鞠了一个 90 度的躬。任小艾又抓住教育时机，夸奖说，看她接奖的姿势，真不愧是文明礼貌标兵呀。

后来科任老师纷纷反映，任小艾班的学生跟别的班的学生不一样，所有的同学进班个个都是打着队礼说“老师好”，连拿卷子都用双手拿。这话后来传到校长耳朵里了，说你哪一天下了课从任小艾他们班门口过一下，那教室两旁你过一下，感受一下，那叫热情，别提了。校长说是吗？那我去感受一下。

有一天，校长果然来了。那楼道两旁的同学们一看校长来了，都站好了热情招呼，“校

笔记
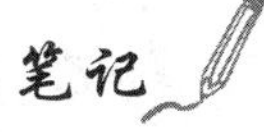

长好，校长好”，校长摸着孩子们的头说“孩子们你们好，你们好”，心里特高兴。可等校长转到另一个班，立刻就没人理了。不仅没人理，学生们一看校长来了，都跑到教室里躲了起来。校长想，我又不是老虎你们躲什么；这个班对我的热情似火那个班对我冷若冰霜，这不行，我也要抓住教育时机。于是在周末的校会上表扬了初一(2)班的小同学，号召全校高中初中的学生向他们学习，并且宣布本学期末将在全校评选文明班级。于是全校文明礼貌热潮就这样被掀起来了。

这就是抓住教育时机产生的事半功倍的效果。

看了任小艾老师的事例，很让人佩服。佩服之余，不禁要想，就班集体建设和班级德育而言，有哪些教育时机可抓呢？下面是一些班主任的集体智慧。

开学之初、每周之始。每个假期之后，学生的精神状态总是特别好。尤其是开学之初，绝大多数学生都满怀希望和决心，愿意在新学期里有一番好表现和新作为。如果面对新环境、新老师、新同学，甚或是新班级政策，其心理状态就更为活跃，敏感而积极，适应性特别好。这时来自班主任的任何激励与鼓动，都有可能会掀起班集体建设和班级德育活动的小高潮。每周之始的时机也是同样道理。

考试前后。考试之前特别是大考之前，是考试焦虑的高发期，学校中个人或集体离家(校)出走就大多发生在此时；考试之后则是心理干预的最佳时期，受困扰而无法自拔的学生最容易在此时发生极端的行为。除了极端事例之外，当以下情形出现时，班主任都值得关注：考前发呆，找借口拖延时间；没有信心，不安，考场上多余动作增加；反复检查作业，不能有效组织学习；胡乱答完卷子，早早离开考场；过分关注考试结果，神情非常紧张；不断与他人比较，特别在意别人的评价；老想着过去失败的经历；不由自主地想一些无关的事情……这时班主任的适时出现，有如普度众生的佛祖，用自信去感染人，用善良和慈悲超脱人。

集体活动或比赛之后。集体活动、各种比赛，都有一个宣传动员、发动组织、进行活动的过程，这三个环节，班主任一般都比较重视，而忽视的是对赛后活动后的总结。其实，活动后的总结在班级德育中，犹如画龙点睛，其实效就毕其功于此。比如参加大会，会后就应强调会议要点并适当补充发挥，同时及时总结纪律、注意力、卫生等方面的表现，及时肯定个人的文明修养，否定会场上班级内外的不良表现；如无总结，会议内容必然打折扣，今后的会议秩序也必将随波逐流。再如运动会的比赛，全班都参与了，这是一个很好的集体主义精神的教育时机，教师可以给运动员打气，组织女生拉拉队加油鼓劲，组织没有比赛任务的学生端茶送水，让他们也参与到集体活动中来。而比赛完了之后，学生们全在等着教师肯定自己的各种表现呢，教师怎能不及时鼓励和表彰？这时候教师一旦缺位，等于让学生看了一幕没有结局的电影，让学生演了一台没有观众掌声的戏剧，效果可想而知。

偶发事件之后。许多班主任最头疼班级中无法预知的偶发事件，所以一旦发生只能消极应付甚至绕着走，但正常情况还是硬着头皮处理。这里还有一个“正常情况”：偶发事件发生后，当事者惴惴不安等着教师处理，其他学生也在静观教师的态度——可能最好的学生也不例外。教师是否公正？教师是否智慧？是遇强更强还是欺软怕硬？所以处理偶发事件是教师建立威信、有效进行现场教育的最佳时机。

第二节 班级德育与班级风气

班级风气是由班级成员共同营造的一种集体氛围，反映了班级成员的整体精神风貌与个性特点，体现出班级的内在品格与外部形象，引领班级未来发展的方向，对于班级建设具有重要的导向作用。

一、班级舆论及其德育调控

班级是一个小社会。在班级成员的交往中，某些信息、观念和意见会得到大多数人的认同，从而得以在班级中广泛传播，形成班级舆论。班级舆论对学生的道德发展关系密切，因为它是班级中多数学生价值观的反映，具体体现了他们在认识某些事情上的真善美状况。也正是因为如此，班级舆论是一种无形但有力的教育力量，对学生的价值取向、人生态度和行为方式产生强大的影响，并且直接影响班级的凝聚力和风气。

然而，由于班级舆论常常是自发产生的，不免带有非理性的成分，特别是由于种种社会消极因素的影响，它在表达多数学生意志的同时，也往往集中了各种短见、偏见、虚假信息和消极价值观念，从而形成消极班级舆论，对班级建设和学生成长带来不利影响。而且，由于消极班级舆论具有很强的吸引力，它的消极影响会像滚雪球一样迅速扩大，如果任其发展，后果难以臆测。特别是在中学阶段，随着自我意识的迅速增强，学生往往会产生反叛心理，为消极班级舆论的传播提供了有利条件，常使得有些消极班级舆论成为班级的主导舆论。因此，班级舆论调控是班集体建设的重要德育内容。其通常可以从四个方面着手：

第一，营造宽松和谐的班级人际关系。班级舆论的消极与否，主要取决于两点：一是舆论事件的特征，二是舆论传播人的情绪状态。班级人际关系对这两点都有很大的影响。首先，紧张的人际关系一般都会导致不愉快的事件，而不愉快的事件则容易引发消极班级舆论；其次，紧张的人际关系往往会使人的情绪低落，充满悲观、失望和冷漠，这些消极情绪会直接导致消极班级舆论的产生。因此，改造班级人际关系，营造宽松和谐的班级氛围，是调控消极班级舆论的有效策略。其中，师生人际关系尤为重要。一般说来，教师所代表的成人文化与学生所代表的青少年文化之间存在着一定的裂隙和错位，而青少年又不同程度地存在着叛逆心理，极易导致师生之间产生隔阂，关系紧张。在大多数班级里，总有一些学生对班主任怀有冷漠、戒备和敌视心理，喜欢传播，甚至是编造一些关于班主任的负面消息，并嘲笑、孤立和班主任关系比较亲密的学生，譬如班干部、课代表等。当这种行为形成一定气候之后，消极班级舆论就产生了。因此，要营造宽松和谐的师生关系，教师要作出更多的努力，尽量以平等协商者的身份与学生对话，对学生的文化观念和行为方式多一些宽容和理解，不要高高在上俯视学生，不要滥用角色所赋予的权力来压制学生。

第二，保持畅通的信息沟通。曾经在某所学校发生过这样的事情，某班学生在随笔中不断提到学校为他们换教室的事情，由于是换到了一个条件较差的教室，且恰好该班平时的班级状态不是很好，绝大多数学生都认为这是学校在“整”他们，因此在随笔中或义愤填膺，或悲观失望，集体的消极情绪很快就汇集成了消极的班级舆论。而事实上，换教室的唯一原因是该班原来教室旁边有一间危房，学校要进行改造，怕对他们产生影响。但是，由于班主任没有把这一信息准确而有效地传达给学生，所以引起了学生的误解。可见，信息沟通渠道不畅、信息传递不及时是流言滋生、谣言散播的主要原因，容易使师生之间产生误解，从而产生消极的班级舆论。沟通是双向的，信息交流是对称的。在工作中，班主任既要留意学生的意见和想法，想方设法了解和收集“民意”，也要及时地把学校的信息、自己的观点传达给学生，以求得双方信息的通畅交流，观点的充分磨合。这里特别要提到一个问题：有些班主任喜欢通过各种渠道了解和打探关于学生的种种信息，以求对学生的充分、全面的了解。但是，或许是为了保持自己的信息优势地位，或许是信奉“民可使由之，不可使知之”，所以不轻易向学生透露信息，不愿意和学生沟通交流。时间一长，学生会觉得自己是处在单面玻璃屋中，班主任可以看到自己，而自己却看不到班主任，觉得班主任的行为类似于窥视，从而对班主任产生不信任，对这种单向的信息流动心存疑惧和反感。出于报复心理，也出于自我保护的本能，学生会想方设法将单面玻璃的另一面也遮起来，堵塞班主任了

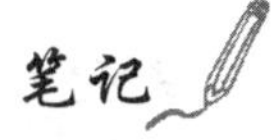

解自己的信息渠道。

第三，建立公正、透明的班务处理系统。班级事务是学生的公共事务，关系到学生的切身利益和班级的良性发展，是学生关注的焦点。如果在班务处理中存在暗箱操作和不公现象，会影响到学生对班级和班主任的情感、态度，影响到学生参与班级建设和管理的热情，严重的甚至会引发学生与学生之间、学生与班主任之间的对立情绪，造成班级的四分五裂，人心涣散，消极班级舆论也便会由此而生。因此，建立公正、透明的班级处理系统是化解消极班级舆论的必要途径。在目前的班级管理系统中，日常的班务处理主要是由班干部来完成的，因此，要建立公正、透明的班级处理系统，首先必须保证班干部是通过公正、透明的途径产生的，只有如此，班务的处理才能充分考虑最大多数学生的利益和班级的整体利益。但是，在实践中，班干部的产生却存在着不少弊端，有的班主任为保证自己的绝对权威，直接指定自己的亲信为班干部；有的班主任为“鼓励”学生，让成绩好的同学来担任班干部；有的班主任“抓大放小”，班长和团支书自己指派，其他干部由学生选举；更有甚者，有的班主任因为人情等原因，想方设法把某些需要“重点照顾”的对象照顾到班干部队伍中去。凡此种种，都有违公正、透明原则，都会引发学生的不满和抵触情绪，导致学生与班干部之间关系紧张，引发消极班级舆论，不利于班级的良性发展。

第四，关注消极舆论源、舆论人和舆论圈。在班级管理和德育工作中，班主任要密切关注消极舆论源、舆论人和舆论圈，以便及时发现消极舆论的产生，分析和把握它的发展趋势，并对其进行具有针对性的引导和调控。班级消极舆论主要来源于社会舆论、家庭舆论和学校舆论，获得舆论的途径主要是熟人群体、家庭成员、同学、朋友和大众传播媒介，真正原发于班级的舆论较少。因此，班主任在关注消极舆论源方面能做的事主要有两件：一是尽其所能控制源于班级的消极舆论源，二是进行积极的舆论引导、提高学生对源于班外的消极舆论的免疫力。舆论人是指那些能较早发现和抓住舆论热点、并积极发表和传播个人意见、在舆论的形成和传播中充当舆论主体的角色。消极班级舆论也有自己的舆论人。班级中的一些“刺儿头”，由于在学生中具有较高的影响力，经常充当着消极舆论领袖的角色。特别是在中学阶段，这些“刺儿头”与班主任唱反调、对着干的行为，恰恰迎合了学生的叛逆心理、更容易得到学生的支持和拥护。让班主任百思不得其解的是，这些“坏学生”为什么会成为班级的焦点人物，学生为什么会相信他们的那些“异端邪说”。其实、如果静下心来细细分析的话，我们会发现这些“刺儿头”之所以能成为舆论人，除了学生的辨别力较差和青春期叛逆之外、更多是得益于自身的共同优点，如头脑灵活、能言善辩、情商高、人缘好、具有亲和力和领袖气质。因此，在着力提高学生的辨别力，化解学生的叛逆心理的基础上，班主任要辩证认识消极舆论人的舆论导向功能；在教育转化的同时，弃其所短、用其所长，利用他们在班级中的号召力，引导他们在班级舆论建设发挥积极作用，在大多数情况下，我们会发现，“招安”一人、带动一片，转化消极班级舆论就能收到事半功倍的教育效果。舆论圈是指有相同舆论兴趣，持一致观点看法的人所自动形成的舆论传播和交流群体。在班级中，围绕着消极舆论人，往往会形成一个个消极舆论圈，如悲观者舆论圈，厌学者舆论圈，偏激者舆论圈，不良习惯舆论圈等等，和所有的舆论圈一样，消极班级舆论圈是具有扩散性的，如果对它不加关注和引导，那么，一方面，消极舆论会在不断地扩散中膨胀、像滚雪球一样迅速扩大其影响，另一方面，性质相近的消极舆论圈也会在扩散中交叉，融合、形成新的规模更大的消极舆论圈。以上两种情况都会给消极班级舆论的化解带来很大的难度。因此，对于消极班级舆论圈，班主任必须密切关注，深入分析，及早寻找合理的对策、或阻断舆论源、或转化舆论人、或分化舆论圈。需要特别说明的是，因为消极班级舆论圈是自发形成的，且是建立在共同的舆论认同基础之上的，所以，不论采取何种对策、都应遵循舆论引导、自发解散的原则，而不能肆意打压和强行拆解。后者不仅很难奏效，而且还有可能因为存

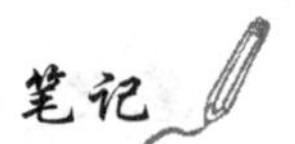

在外在压力和生存危机，消极班级舆论圈的凝聚力和向心力反而更加强大，从而导致目的与效果的背道而驰。

二、拜官现象及其德育对策

近来，时有媒体报道中小学生热衷于在校做官，觉得做官高人一等，是能力和关系等个人综合实力的反映。为让自己的孩子能在班级、年级或者学校谋个一官半职，一些家长也有意无意地卷入到了谋官的热潮中。每到选举班干部时，都会有家长积极活动，打电话、拉关系、递条子，弄得教师们左右为难。为了平衡来自各方面的关系，有些班主任绞尽脑汁，设置了一系列这个“委员”、那个“长”，弄得班里大部分人都有“官衔”。更有甚者，目前在某些学校还流行着一种不好的做法：学生能否当上班干部，关键在于学生家长对学校做了多大的“贡献”，比如对学校有无经济资助，或者帮助学校和老师解决了什么困难等。于是乎，一些父母为了让孩子当“官”，有权的打电话、递条子、“打招呼”，有钱的登门拜访，平民百姓则想方设法硬着头皮找老师“开后门”。如此的“趋官若骛”的心态，怎能不让学生心态失衡。

拜官现象发生在本应纯洁的校园里，已引起社会有识之士的关注与担忧，也成为班级德育和班风建设工作不可回避的问题。中小学生“拜官”现象及其行为是整个社会权力至上风气的缩影，是成人世界扭曲的人生观、价值观在青少年身上的“早熟”，它的存在有其复杂的原因。对此班主任须有清醒的认识。

有学者认为，解决中小学生“拜官”现象，可以从三个方面考虑：

第一，更新观念，体现“三主”。班干部是班级的骨干，是班主任搞好班级工作的得力助手。实践证明：一个班级管理的好坏，往往与班干部领导力量强弱、发挥作用的强弱有很大的关系，而这种力量的优势组合，并不全部源于学生成绩好坏和在同学中间的影响力。我们知道不同的班干部职位都是与具体的个人素质要求相联系的，比如体育委员，原则上就应该身体素质好、热心身体锻炼、具有组织学生活动等能力。所以我们应该首先在观念上来一个更新，抛弃旧有的唯“绩”是“举”的选评标准，在学生干部评选与运作上体现出“三主”性，即干部选择的民主性、工作开展的主动性和班级管理的主体性。让学生民主选择自己认可的班委成员，以最大限度地调动起全班同学参与班级管理的热情，发挥主人翁精神，让整个班级“活”起来。

第二，有选择地运用适宜的班级干部制度。班级干部制度是对本班级的职位设计和干部配备的具体选择。不同的班级干部制度具有不同的优缺点，我们在实际操作中应该针对具体的班级特点和要求加以选择。管理的灵活性必然带来模式的多样性，许多教育工作者结合自身的实际探索出了大量的很具“教育”意义的管理制度，比如临时干部制、指定组长制、竞争选举制、干部轮换制、值周班长制、班级顾问管理制等。对于这些制度，班主任可以因“班”制宜地运用。

第三，班主任的“导”“督”角色的发挥。班主任是班级的教育者和组织者。尊重学生管理的主体性，并不意味着班主任将班级管理工作全权下放给班委会而放手不管。事实上让学生参与班级管理，也仅在于学生日常自我管理的方面。教师（特别是班主任）在班级管理中应该发挥出应有的领导作用，而这种领导就体现在“导”字和“督”字上。所谓“导”，就是思想上的指导和管理行为上的引导。既然班干部是全班学生的意志和利益代表，那么班主任就应该在思想上让这些“民官”们知道：班干部作为同学们的利益代表，是为全体同学服务的，应抛弃干部等级观念，自觉抵制官本位意识。另外，由于中小学生的心智还不怎么成熟，行为控制能力较差，而且他们的管理行为也具有一定的模仿色彩，缺乏自主性认识，有时难免会出现一些偏差管理行为。因此作为班主任，就应该在放手让班干部处理问题的同时起到参谋的作用，参与到学生的班级活动策划中来，当好他们的顾问。“督”，就是监督，

笔记

意即在班级管理中，老师要加强对班干部的监督。诚如阿克顿所讲“权力导致腐败，绝对权力导致绝对腐败”，由于中小学生在处理自身与外部关系的时候，多采取“自我中心”取向，失控的权力运用会导致官欲的膨胀，以此出现一些我们不愿看到的现象（诸如文章前面列举的事例）。班主任的“督”体现于通过班级规则对个体行为的约束，通过营造健康的班风加强舆论引导。至于怎么监督，是采取设立学生班主任的做法或是老师自己监督，甚或其他的方法，具体依班级呈现出来的风格而定。

三、集体荣誉及其德育旮旯

集体荣誉感是一种热爱集体、关心集体兴衰成败的道德情感。在班集体建设中，集体荣誉感主要表现为将自己的言行与班集体的荣誉、利益联系起来，努力完成班集体交给的任务，希望为班集体作出贡献。集体荣誉感的形成，会转化为一种巨大的集体教育力量，使班级中的每个学生表现出主人翁的责任感，心往一处想、劲往一处使，自觉自愿地为争取和维护集体荣誉而努力，从而使班集体更具凝聚力和竞争力。因此，每个班主任都非常重视集体荣誉感的培养。

然而，在班集体建设和班风建设过程中我们也不难发现，学生的集体荣誉感时常掺杂狭隘的“本班主义”或“面子”心态，特别是在与其他班级竞争荣誉的时候，它常常会导致“只管结果、不择手段”，从而滋生出一些与道德及其教育相悖的现象；包括某些班主任，在自己班级的利益与其他班级发生矛盾冲突的时候，也时常会混淆“荣誉”与“面子”，甚至忘却自己的教师身份和德育责任，暗示或鼓动学生“以牙还牙”。由于这些现象都笼罩在“集体荣誉”的光环下，往往被班主任和学生所忽视，以致成为班级德育中容易“被遗忘的角落”，我们姑且称之为“德育旮旯”（案例 14-3）。

案例 14-3

如此“集体荣誉感”

学校运动会，一位女同学冒名顶替，在女子 1500 米比赛中获第一名，但由于被别班的同学告发，而使汗水付之东流。该女同学又气又累，哭了起来。本班男同学见状“义愤填膺”、怒不可遏，“勇敢”地去找那个“告密”的同学“算账”……

两个班的学生因拿劳动工具产生矛盾，引发了打架事件。原因是：A 班班主任，当学生告诉他班上的铁锹不见了，可能被其他班学生拿走而无法打扫积雪，劳动进度大受影响时，“怒从心起”：“别人拿你们的，你们为什么不能拿别人的？”学生心领神会，把别的班的工具占为己有。为此，两个班的学生发生争执，最后引发打架事件。

对于诸如此类的“德育旮旯”，班主任切莫大意。美国心理学家曾进行过一项有趣的试验：把两辆一模一样的汽车分别停放在两个不同的街区。其中一辆原封不动地停放在中产阶级社区；而另一辆则摘掉车牌、打开顶棚，停放在相对杂乱的贫民街区。结果，停放在中产街区的那一辆，过了一个星期还完好无损；而打开顶棚的那一辆，不到一天就被偷走了。于是，心理学家又把完好无损的那辆汽车敲碎一块玻璃，结果刚过了几小时，这辆汽车就不见了。以这项试验为基础，美国政治学家威尔逊和犯罪学家凯林提出了“破窗理论”。他们认为：如果有人打坏了一栋建筑上的一块玻璃，又没有及时修复，别人就可能受到某些暗示性的纵容，去打碎更多的玻璃。久而久之，这些破窗户就给人造成一种无序的感觉。结果在这种公众麻木不仁的氛围中，犯罪就会滋生、繁荣。

这种奇怪的“破窗现象”，在现实生活中也经常出现：干干净净的墙上，突然有人贴了一张广告，结果不出几天，这面墙上就会出现大大小小许多的广告；住宅区的草地上本来并没

有路，后来有人从上边抄近而走，于是时间不长，这片草地就有了一条不少人都走的路；大街上摆放了很多的鲜花，很好看，也没有人去动，可是有一天，不知是谁搬走了几盆，于是一个、两个、三个，仿佛大街上的花盆，谁都有权力把它搬走。这是因为，“破窗现象”的出现会助长四种消极心理：第一种是“颓丧心理”——坏了的东西没人修，公家的东西没人管，很多人对社会的信任度就会随之而降低；第二种是“弃旧心理”——既然已破废，既然没人管，那就随它去吧；第三种是“从众心理”——律是大家的律，法是大家的法，别人能够走，我就可以走，别人能够拿，我就可以拿；第四种是“投机心理”——“投机”是人的“劣根性”之一，尤其是看到有机可乘或者投机者占到“便宜”的时候。

任何一项大的破坏和犯罪，都是从“小奸小恶”开始。“小洞不补，大洞吃苦”，这已经成为屡试不爽的真理。如果把学校比作为一幢楼房，把每个师生比作为一扇“窗子”，那么每扇“窗子”随时都有可能发生一些“小奸小恶”的“破窗”，如果其中的一扇“窗子”损坏后不能及时修理，极有可能引发连锁反应导致更多的“破窗”出现。特别是对于集体荣誉感中的“德育旮旯”这种有可能影响深远的“破窗”，更应该“小题大做”，以“防微杜渐”。

第三节　班级德育与德育智慧

德育智慧是智慧与德育的结合，是教师在“以学生为本”的前提下，对学生心理的深入了解，对德育规律的科学把握，对德育环境的巧妙选择，对德育方法的灵活运用。

一、方式选择及其德育后效

班主任的德育工作通常是伴随班级管理进行的，而班级管理又常常是伴随着学生引发的各种问题或产生的错误展开的，这就使班主任经常处于学校与学生之间矛盾的“风口浪尖”上。碰到这种情形，不少班主任会觉得“气不打一处来”，很容易联想到学生以往的许多不良表现。带着这样的心情与学生谈话，难免出现态度上的急躁和语言上的刻薄。这往往就使本来还没有平静下来的学生出现情绪上的激动，导致与班主任的顶嘴、冲撞，造成双方的不愉快和教育的无效。因此，班主任在班级管理和对犯错误学生的教育中，讲究方式方法就显得尤为必要。唯有这样，学生所出现的问题、犯下的错误，才有可能成为他们道德成长的一种教育资源，成为他们自我提高的一种有利契机。

以处理学生打架事件为例。学生打架后一般有三种心理。第一是恐惧，他们担心会受到班主任的批评和学校的处分，有极强的防御心理。这种情况下，他们一般不会对班主任说真话、讲实情。第二是不服，学生之所以打架，一定有他们自己的“道理”；他们对被请到办公室感到“委屈”，会设法为自己“申辩”，希望班主任能听他们解释。第三是激动，无论学生在打架中是占了上风还是吃了亏，他们的情绪都会很“高昂”，因而对班主任的言语、表情十分敏感，很容易激动。这时，班主任首先要从关心“人”而不是关心“事”入手，以免与学生发生新的冲突，使谈话陷于僵局。例如，班主任可以先问打架的学生“伤着哪儿没有”，如果有受伤的赶紧帮着做些医疗处理。这样，原本心存“抵触”的学生，面对老师的关怀而非预想中的“训斥”，心里必然因巨大反差而涌起感动，从而缓解紧绷的防御心态。其次，倾听打架的学生诉说经过，让他们把“理由”、把“委屈”说出来。如果忽略了学生的内心想法和感受，只是“居高临下”地告诉学生应该怎样、不应该怎样，学生在情感上必定难以接受，尽管他们当面可能会点头认错，但是事后依旧“愤愤不平”甚至“我行我素”。再次，不对学生的打架行为本身进行简单的道德评价和说教，而是引导学生根据自己打架的“理由”去引申、去换位思考，并透过学生在认识上的片面性和解释中的矛盾性，引导学生认识处理人际纠纷与冲突的正确方式，进而认识自己的错误，产生改变的愿望。

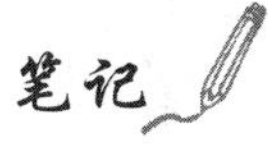

当然，教育方式的有效选择，有赖于班主任看待学生错误的正确心态。试想，由于自身弱点和外界影响等主客观原因，成人和老师也有时会有过失，更何况那些未成年的学生。就身心发展特点来看，学生正处于人生中易犯错误的阶段。人之所以逐渐成熟、聪慧起来，就是因为人生过程中有这样或那样的问题和错误在不断地“磨砺”自己。从德育的角度看，学生在偶发事件中引发的问题、犯下的错误，对他本人和其他学生而言都是一种教育资源，是一种自我提高的契机。作为班主任，不能让学生迷失在这些错误中，而应将之转化为具有教育意义与发展价值的德育机会。所以，班主任在处理学生的错误事件时，应始终坚持一个原则：不要把目光消极地局限在解决“这件事”上，而是把目光积极地定位在学生本身的发展和进步上，将之视为有益的教育资源，并使其发挥出应有的德育效益。

二、手段创新及其德育价值

提高德育的针对性和实效性，是班级德育工作的重点，也是难点。面对形形色色、可塑性很强的中小学生，班主任如何使自己的管理活动充满吸引力、表现力和感染力，进而使其中蕴含的德育思想真正“渗透”人心，是一项需要用智慧将科学的方法和艺术的手段相结合的创新性任务。下面的案例就是“抛砖引玉”(案例 14-4)。

案例 14-4

老师的掌声

预备铃响了，班主任已站到教室门口，几十个孩子像野马归巢似地奔进教室，有的满脸通红，有的气喘吁吁，有的还大声嚷嚷，似乎在争吵着什么……

正式上课铃响了，一些学生竟然不顾老师的存在，还在吵闹着，打小报告的声音此起彼伏：老师，他拿我笔……”；“老师，他骂我……”；“老师，他还在讲笑话”……

面对着此情此景，班主任真是火啊，但理智告诉她：别发火，发火是老师无能的表现。在片刻的冷静后，班主任决定抓住这一契机进行班风教育。怎么教育呢？班主任急切地搜索着对策。突然，她用力地鼓起掌来。学生们被这突如其来的掌声震住了，吵闹声瞬间停住了，学生们惊奇地看着老师。班主任停止了鼓掌，说：“你们说一说，老师的掌声表示什么意思？”有学生说：“老师的掌声是表扬刚才向老师报告情况的同学。”话音刚落，全班哄然，可老师却不动声色。又一学生说：“不对，是批评。我们刚学过‘反语’，老师的掌声是批评我们很吵！”班主任笑了一下。第三个学生说：“老师的掌声是表扬几个坐得端正又没吵的同学。”班主任又笑了。学生们发表完自己的看法后，面面相觑，等待班主任的裁决。这时班主任才说道：“老师发现你们很聪明，其实，老师的掌声包含两方面的意思：一方面是表扬，另一方面是批评。究竟表扬谁，批评谁，你们都很明白。如果感觉自己不对并有意改正的同学，下课后可找我谈一下。”

下课后，几个“小捣蛋”耷拉着脑袋来找班主任，班主任即以微笑迎之。在以后的时间里，再也没有发生类似的现象，班风面貌大有改观。

每个教师都有类似的经历，准备上课了，可教室里“吵”声依旧，学生全然不顾老师的存在。此时，大多数教师为了维护自己的尊严会大声训斥学生，但过不了几天，这样的情况照样发生。有没有想到利用这样的机会去进行一次教育呢？这位班主任做到了，而且做得十分巧妙、机智，其不失时机用一种特别的教育方式，既化解了矛盾，又达到了教育的目的。

这种用智慧将科学方法与艺术手段相结合的创新性德育，在中小学班级德育工作中尤为适用，因为中小学生就是喜欢接受“随风潜入夜，润物细无声”的教育方式。当然，这也对我们班主任提出了更高的要求。我们除了要具备高尚的思想道德修养、丰富的知识之外，

还需要聪明和机智，善于创新各种德育手段，善于化解各种突发事件。我们还需要敏锐的洞察力，善于发现学生的每一点进步。我们还需要正确的判断力，善于根据教育对象所面临的问题作出决策和选择。一句话，我们必须掌握实事求是的科学方法和巧妙灵活的德育艺术。

三、细节处理及其德育思考

班主任是班级学生的精神关怀者，班主任的教育劳动主要是以心育心、以德育德、以人格育人格的精神劳动。这种精神劳动，大部分是一些琐碎的、繁杂的、细小的事务的重复。因此，班主任要把班级管理和学生思想工作做到实处，必须从大处着眼，小处着手，关注细节。看不到细节，或者不把细节当回事的班主任，难以认真对待工作，也难以获得学生的尊重；而考虑到细节、注重细节的班主任，不仅认真对待工作，而且注重在细节中寻找机会，从而使自己走上成功之路。

以班主任找学生谈话的场所为例。通常来说，班主任找学生谈话的最常用场所是办公室。而在目前学校的办公条件下，除了校领导，大部分老师都没有单独的办公室，他们少则三五人，多则十几人，共用一个办公室。这样，办公室里常见的镜头是：有的老师对学生语重心长地谆谆教诲，有的老师严厉地让学生反省错误，有的老师则对学生声嘶力竭地大声训斥。更有甚者，还会出现几个老师同时找学生谈话的场面，那可热闹了，简直成了公审大会。再看学生，有的连声检讨，有的一言不发，承受能力差的则痛哭流涕……于是，每个班上都有几个办公室的"常客"，办公室里其他老师常会跟他们开玩笑："哟，你们又来了。"学生中也常常用这样的话来吓人："某某同学，老师叫你去办公室。"此言一出，保证让正兴高采烈的学生顿时傻眼。"去老师办公室"也因此成了交代问题或受训斥的代名词。

一些老师可能以为这很正常，办公室不就是处理工作的地方吗？为什么不能跟学生谈话？可是，我们必须想清楚，这样谈话的效果如何？能达到解决问题的目的吗？我以为办公室很不适合师生之间的谈话。一方面，在老师的办公室里会让很多学生感到紧张，一旦犯了错误，只想着赶紧坦白完了走人，很少会认真倾听老师的话。这样，尽管老师苦口婆心，却很难达到教育的效果。老师认为学生不可救药，学生认为老师不理解自己。另一方面，办公室里人多嘴杂，的确不是做学生思想工作的理想场所，学生不会向老师交心，也没法交心，因为怕心里话被更多人听到，怕被人嘲笑。

有人说，办公条件有限，我们有什么办法？可是，为什么不换一个更合适的环境谈话呢？比如，对爱好体育的学生，可以到操场的跑道上，到篮球架下；对多愁善感的女生，可以在草坪上，花坛边，或者放学的路上，师生边走边聊；甚至，花园的石凳上、小桥旁，都可以是和学生谈话的好地方。在这样的场合里谈话，往往会有意想不到的良好效果——学生注意力集中，老师态度和蔼，双方可以完全放松，像朋友一样畅所欲言。润物无声的教育就在这样平等的交流中进行。一个合适的谈话场所，不仅体现出对学生的尊重和爱护，而且也会让老师感受到和学生心灵碰撞的喜悦与幸福。

密斯•凡•德罗是20世纪世界四位最伟大的建筑师之一，在被要求用一句最概括的话来描述他成功的原因时，他只说了五个字"魔鬼在细节"。他反复强调的是，不管你的建筑设计方案如何恢弘大气，如果对细节的把握不到位，就不能称之为一件好作品。细节的准确、生动可以成就一件伟大的作品，细节的疏忽会毁坏一个宏伟的规划。班主任的工作何尝不是如此。更何况，班主任的工作对象是人，因而对细节的处理比对"物"要求更高。不能认为"我是为你好"，就可以"居高临下"，就可以"盛气凌人"，就可以不考虑方式、场所、语气、眼神等等细节。殊不知，不少班主任的这种不考虑细节的"我是为你好"的道德教育活动，常常是以"不道德"的形式进行的（这种"不道德"的道德教育在目前的学校中还"大行其

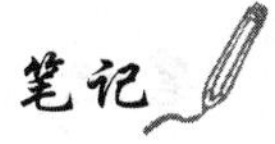

道”)。班级德育工作，是师生心灵之间的道德互动、人格之间的道德互动，其间，班主任的道德修养、人格魅力，多数蕴含、表现在若干细节之中。常常有这样的情形，许多原本带有逆反、防御心态的学生，由于被老师的互动细节所打动，从而与老师产生心灵上的沟通、情感上的共鸣。

班主任之间在德育实效性上的差别，往往就在一些细节上。别以为细节是平凡、简单的小事，把简单的事情做好就是“不简单”，把平凡的事情做好就是“不平凡”。细节体现修养，细节蕴含艺术，细节产生效益，细节带来成功。

本章小结

1. 班级德育指班主任在班级中开展的思想道德教育工作。其中，建设良好的班集体，既是班主任工作的中心环节，也是班级德育的重要任务。

2. 共同活动是集体形成和发展的主要决定因素，正是在群体性的共同活动水平不断提高的基础上，群体才可能发展成为集体。

3. 班集体的建设需要自觉的纪律，即学生能将外在的纪律要求转化为自我品格修养的内在要求和自觉行动，即便老师不在场的时候也知道按既定的纪律要求约束自己。

4. 班集体建设和班级德育，都是作用于学生心理的事情，不仅是动态的，而且又是因当时的情景、条件、地点、时间的不同而变化的。善于抓住教育时机的班主任，常常会获得事半功倍的工作成绩。

5. 在班级成员的交往中，某些信息、观念和意见会得到大多数人的认同，从而得以在班级中广泛传播，形成班级舆论。由于班级舆论常常是自发产生的，不免带有非理性的成分，特别是由于种种社会消极因素的影响，它在表达多数学生意志的同时，也往往集中了各种短见、偏见、虚假信息和消极价值观念，从而形成消极班级舆论，对班级建设和学生成长带来不利影响。如果任其发展，后果难以臆测。因此，班级舆论调控是班集体建设的重要德育内容。

6. 中小学生“拜官”现象及其行为是整个社会权力至上风气的缩影，是成人世界扭曲的人生观、价值观在青少年身上的“早熟”，它的存在有其复杂的原因。对此班主任须有清醒的认识。

7. 学生的集体荣誉感时常掺杂狭隘的“本班主义”或“面子”心态，特别是在与其他班级竞争荣誉的时候，它常常会导致“只管结果、不择手段”，从而滋生出一些与道德及其教育相悖的现象。由于这些现象都笼罩在“集体荣誉”的光环下，往往被班主任和学生所忽视，以致成为班级德育中容易“被遗忘的角落”。对此，班主任切莫大意，应该“小题大做”，以“防微杜渐”。

8. 德育智慧是智慧与德育的结合，是教师在“以学生为本”的前提下，对学生心理的深入了解，对德育规律的科学把握，对德育环境的巧妙选择，对德育方法的灵活运用。

复习思考题

1. 解释概念：班级德育，班集体，自觉纪律，班级风气，德育智慧，“破窗理论”。

2. 从班级德育的角度，谈谈你对班集体形成和发展的主要决定因素的认识。

3. 结合班级德育经验，谈谈“被迫的纪律”对学生的道德发展有哪些危害。

4. 班主任应如何调控班级舆论？

5. 为什么很多不道德的现象会发生在“集体荣誉感”的光环下？

6. 从班级德育角度来说，怎样正确处理学生引发的偶发事件及其“过错”？(可结合不同事例具体说明)

7. 如何使学生所出现的问题、犯下的错误，成为他们道德成长的一种教育资源，成为他们自我提高的一种有利契机？

拓展学习

我理想的班集体

理想的班集体应该是什么状态？班主任又该是什么角色呢？

班集体应该是一列轰鸣着、奋力前行的火车。班主任就该是那动力十足的火车头。

班集体应该是一片激情澎湃、千帆竞渡的海洋。班主任就是一名有胆有识的领航员。

班集体像一只展翅欲飞的风筝。爱心与责任感就是班主任手中的长线，而要想放飞这只风筝，班主任须有高超的艺术和技巧。

班主任的管理应该追求这样的境界——关注每一个人，让每一个人都感到自己重要，让每一个人都富有责任感，让每一个人都成为班集体的建设者和奉献者，而不让一个人感到自卑，不让一个人感到冷落，不让任何一个人成为另类或异己。

班集体的生活是学生一生的重要经历，这段生活的质量很可能影响他们的一生。一项富有创意的班级活动，一番震撼心灵的谈话，一次雪中送炭的爱心扶助，甚至一句真诚的鼓励、一张友好的笑脸、一个亲切的抚慰……都可能让学生终生难忘，成为一种永久的力量。当然，一次误会，一个冷眼，一句嘲讽，也可能成为学生难以抹去的心灵伤害。

班集体是铸造良好行为习惯的最好熔炉，是学生未来幸福生活和远大追求的诞生地。

班集体就是一个小社会。学生来自不同的家庭，家长的社会层次、文化素养、人生态度等，都直接影响着学生社会观念的形成，每个学生也都是独特的“社会人”。班集体的作用，就是通过包容和提炼，去除杂质，使学生形成积极、健康、乐观向上的社会生活观念，为未来社会塑造合格公民。一些有益的社会生活习惯，诸如遵纪守法的意识、适应环境的能力、与人交往相处的能力、团结互助的精神和在竞争中求发展的能力，等等，都是在班集体的生活中得到实践和培养的。

班主任是为未来的社会培养人，应该有社会学家的胸怀、眼光和学识。班主任是班集体的灵魂和旗帜，班主任应努力成为学生精神成长的楷模和榜样。强烈的人格魅力、出众的才华、广博的学识、高度的社会责任感和丰富的教育智慧，应该是每一个班主任拥有的素养。

班主任应该站在更高的视角来衡量自己工作的意义，从而树立崇高的事业观念，克服一切浮躁，心甘情愿地投入到育人工作中；要把每一个学生当成研究的课题，把学生的差异存在当成丰富教育艺术的源泉；要有和学生一同成长的意识，珍爱每一天的工作经历和生命历程，不断反思和探索，在充实的工作中寻求人生的幸福。

播种希望，培植幸福，放飞梦想，造就成功，这应该是每一位班主任的神圣使命与崇高理想。

参考文献

[1] 乔建中. 班级德育理论与操作. 南京：南京师大出版社，2007.
[2] 胡明根. 影响教师的100个经典案例. 北京：中国传媒大学出版社，2004.
[3] 王晓春. 今天怎样做教师. 上海：华东师大出版社，2005.
[4] 周玫. 德育与班级管理. 武汉：华中师范大学出版社，2011.
[5] 檀传宝. 德育与班组管理. 北京：高等教育出版社，2007.
[6] 张万祥. 全国知名青年班主任谈专业成长. 北京：中国轻工业出版社，2011.
[7] 张新平，蒋和勇. 中小学生拜官现象透视. 中小学管理，2003(2)：47-48.
[8] 杨孝如. 消极班级舆论简论. 当代教育理论，2005(11)：7-10.

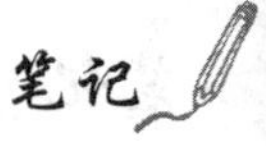

[9] 金哲民. 智慧德育是有效德育. 思想理论教育，2006（18）：57-58.
[10] 殷朝芹. 我理想的班集体. 人民教育，2005（7）：18-19.

推荐书目

[1] 乔建中. 班级德育理论与操作. 南京：南京师大出版社，2007.
[2] 胡明根. 影响教师的100个经典案例. 北京：中国传媒大学出版社，2004.
[3] 王晓春. 今天怎样做教师. 上海：华东师大出版社，2005.

（乔建中）

笔记

第十五章　创造力培养

目的要求

1. 掌握　创造力的本质、创造力培养的影响因素。
2. 了解　创造力的发展、创造力培养的理论。
3. 知晓　创造力培养的策略。

培养学生的创造力是社会发展对学校教育提出的现实要求，也是学校教育改革的主要任务之一。本章结合创造力本质的分析，从影响因素、理论学说、教学策略等方面，介绍了创造力培养的相关研究与实践。

第一节　创造力的概述

一、创造力的本质

创造力（creativity，也译作创造性）泛指产生新思想、新发现和创造新事物的能力。例如，斯滕伯格（R.J. Sternberg）认为创造力是创造新颖的、高质量的、恰当的事物的能力。新颖，是指原创、出乎意料的；恰当，是指符合有效的问题解决方案的条件。但是，在创造力研究领域，究竟什么是创造力仍然是一个尚存争议的问题。综观有关创造力研究的文献可以发现，由于研究者的研究重点、理论依据、研究方法以及判断标准不同，对创造力的认识也不同。难怪有些心理学家抱怨："文献中关于创造力的定义如此不一致，以至于给创造力下定义是一件具有挑战性的任务"。不过，尽管对创造力的认识存在着分歧，但研究者比较容易接受的研究框架至少包括以下四个方面：

第一，创造性个人。有关创造性个人的研究，主要是探讨高创造力者所具备的人格特质。例如，巴龙（F. Barron）和哈林顿（D. Harrington）的研究将其概括为：有较高的审美能力和广泛的兴趣，喜欢复杂的事物，精力旺盛，具有独立判断能力，自主性或独立性较强，有自觉力，自信，有能力处理或适应在自我概念中明显对立或相互冲突的个性特征，以及坚持自己的创造力。又如，斯滕伯格认为与创造力密切相关的人格特征包括：面对障碍时的坚韧性，乐于承担适度的风险，具有超越自我的愿望，能够容忍模棱状态，对新经验保持开放性，具有自信心和坚持个人信念的勇气。再如，奇凯岑特米哈伊（M.Csikszentmihalyi）对 91 位创造性人物进行深入访谈后，发现这些创造性人物有许多共同的人格特质，具体表现为 10 组明显正反相互对应的人格特质：精力充沛 - 沉静自如、聪明 - 天真、责任心 - 游戏心、幻想 - 现实、内向 - 外向、谦卑 - 自豪、阳刚 - 阴柔、叛逆 - 传统、热情主观 - 冷静客观、开放 - 敏锐。

第二，创造性过程。有关创造性过程的研究，主要是探讨创造力产生的过程，尤其是其

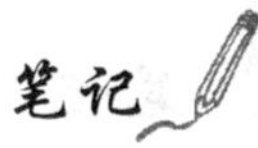

中的认知心理过程。早期的研究认为，创造性过程包括四个阶段：准备期、酝酿期、豁朗期和验证期。近来，许多研究者对"酝酿期"有诸多不同看法。例如，鲁巴特（T.I. Lubart）指出，"酝酿期"一词过于笼统，实际上其中还蕴含着许多认知的思考过程，需要对其"次级历程"的信息处理进行深入探究。

第三，创造性产品。创造性产品主要指创造性过程中产生的具有高创造性的成果或产品，其普遍内涵包括"新颖性"和"适宜性"。早在 1953 年，斯腾（M. I.Stein）就在创造力的定义中强调了产品的"新颖性"与"实用性"，他认为创造力是导致了某种新颖的结果，这个新的产品是有用的、立之有据的、或令人满意的。斯滕伯格也指出，创造力是一种创造产品的能力，这种产品既新颖（独创的、预想不到的）又适宜（不超出现有条件的限制，且是有用的）。

第四，创造性环境。有关创造性环境的研究，主要是探讨影响创造力的环境因素。阿瑞提（S.Arieti）认为，存在着某种更能促进创造性发展的文化环境，这种文化环境以及这种文化所赖以生存的时代可以被称为"创造基因"。斯滕伯格和鲁巴特指出，创造力的产生依赖于心理资源与环境因素的结合，如果缺乏环境的支持，创造力就不可能产生。奇凯岑特米哈伊认为，创造性并非是在人的头脑中产生，而是在人的思想和社会文化环境的相互作用中发生，它不是一种个体现象，而是一种全方位的社会文化现象。伦科（M.A.Runco）提出，环境本身就是创造力的一个必要组成部分，而促进创造力提高的重要的环境特征是宽容、有节制以及资源丰富。

从创造性人格、创造性过程、创造性产品和创造性环境四个方面来研究创造力，是对创造力本质的全面理解。创造力不仅仅是解决问题或创造新产品的能力，更是拥有这种能力的人在这一过程中与环境的互动。

二、创造力的发展

创造力是遗传与环境相互作用的产物，是个体在生理成熟的基础之上，通过后天的教育、实践活动逐渐形成和发展起来的，存在着年龄特征与性别差异。

（一）创造力发展的年龄特征

个体在婴幼儿时期就有了创造力的萌芽。新生儿的一些无条件反射如探究反射，就表明了其对新颖刺激的注意；婴儿时期则更多地表现为对新奇事物的好奇心，喜欢用手去抓、用嘴去咬、用舌头去舔；幼儿阶段，随着言语能力的不断提高，表现为爱提问，喜欢玩新游戏，开始了创造性想象。儿童和青少年时期，创造力有了进一步的发展，表现为创造性活动的意识性、目的性大大增加，这一时期也是创造力研究的一个很重要的领域。有研究发现：从幼儿期到小学三年级，儿童创造力发展最快，并且男孩超过女孩；三至四年级，即 8～10 岁，发展速度明显减慢；九至十一年级即 14～16 岁又表现出速度加快的趋势。还有研究发现，小学生在创造性思维领域存在着"四年级下降"（fourth-grade slump）现象，表现为动态性发展的特征，但是这种现象大约只占 50% 的比例，并不具有普遍性。一般认为，创造力发展的关键期是青少年阶段，而创造力发展的高峰期则在青壮年期，即 20～40 岁达到创造力发展的顶峰；40～60 岁保持相对稳定，之后随年龄增长而逐渐下降。

（二）创造力发展的性别差异

创造力的发展也存在着性别差异，在古今中外的创造史中，往往以男性人物居多。一般认为造成男女两性在创造力发展中差异的原因是多方面的。从生理方面的原因看，主要在于男女两性大脑半球的结构与功能存在差异，表现为男性右半球发达，空间能力强，而女性左半球发达，言语能力强。从心理方面的原因看，表现为男女两性在认知发展类型上的差异，男性更擅长于空间、数学能力和逻辑思维，而女性擅长于语言表达能力和形象思维。从社会文化环境方面的原因看，表现为来自于不同社会文化背景对于男女两性的性别角色

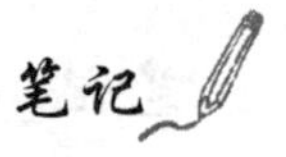

要求，从某种意义上束缚了女性的创造力的发展。另外，有研究发现，在解决问题时，具有“男女双性化”气质的个体拥有更强的选择性和灵活性。因此有研究者认为，具有“男女双性化”气质的个体比只具有男性气质或女性气质的个体更具创造力。

（三）创造性成果的年龄差异

莱曼（H.C. Lehman，1953）的研究常被当作此类研究的经典之一。他对不同学科领域中作出杰出贡献的科学家进行了数年的考察，对他们创造性成果的质量和年代进行综合评估，以探讨创造力与个体年龄之间的关系（图 15-1）。从图 15-1 可见，在高质量的创造性成果中，有 20% 是 20～29 岁的人作出的，近 40% 是 30～39 岁的人作出的，20% 多一点儿是 40～49 岁的人作出的，而只有约 20% 是 50 岁以上的人作出的。可见，30～39 岁是创造高质量科学成果的高峰年龄，40 岁后的下降幅度也极明显。莱曼在 1942 年对艺术家（画家等）和哲学家所创成果的分析中也得出了类似的年龄差异模式。

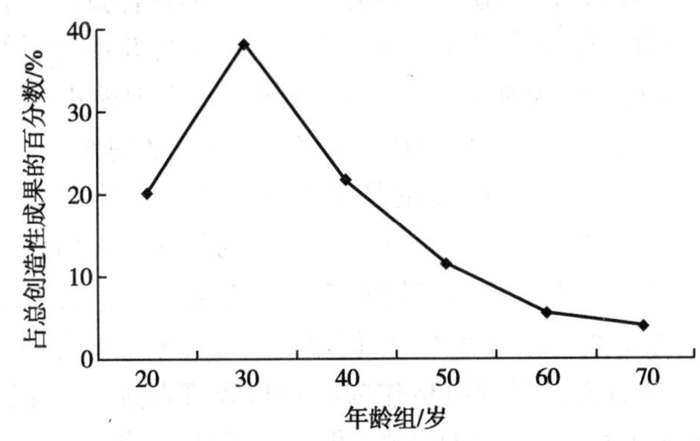

图 15-1　创造性成果的年龄差异

（源自：http://www.xinli110.com/xueke/jczs/fazhanxinli/201205/294212_4.html）

关于创造性成果的年龄差异的探讨，往往因角度（如创造性成果的数量还是质量）及领域（如是艺术还是科学）的不同而存在差异。其中，最主要的差异体现在：成年期什么年龄达到创造高峰？或从什么年龄开始创造力显著下降？西蒙顿（D.K. Simonton，1990）在对此类研究进行综合比较后指出，虽然在四十岁左右达到创造力高峰的结果相对较多，但是活动领域的差异性仍很明显。在某些如抒情诗歌、纯数学和理论物理领域，创造的高峰相对来得较早（在三十岁左右），且高峰后下降的幅度相对较大；在另一些领域，如小说、历史、哲学和一般学术成就，则创造力高峰来得较晚（四十多岁甚至五十多岁），高峰后下降的幅度也相对较小。值得注意的是，西蒙顿认为，对创造性成就影响最直接的是个体从事某项活动的职业年龄（career age），而非生理年龄。因为一个人在某领域中作出创造性成就总是有限的，并且往往要对该领域具有一定时间的熟悉之后才有可能。一旦转到另一个不同的领域中，其要表现出创造性又等于得从零开始。而人对某一活动领域的熟悉程度、表现出创造性的可能性主要与其在此领域的工作年限有关，与实际年龄的关系并不太密切。

三、创造力培养的影响因素

关于创造力及其培养的影响因素，学者们的观点多种多样。相比较而言，斯滕伯格与鲁巴特在创造力投资理论中的论述具有一定代表性。创造力投资理论认为，创造就是把自己的心理资源投入到那些新颖的、高质量的主意上去。正如在股票投资市场里，要想赚钱就必须“贱买贵卖”一样，创造作为观念世界里的“投资”行为，也必须遵循“贱买贵卖”的原则。“贱买”意味着专注于这样一些主意：它们虽然被大多数人视为不合时宜的、愚蠢的而不屑一顾，但却有极大的发展潜力；“贵卖”意味着必须努力向社会推销自己的主意，并且在

笔记

得到社会普遍认可后急流勇退，把填补细节的工作留给别人去做，及时转向新的研究领域。用于向创造力投资的心理资源包括智力、知识、思维风格、人格特征和动机，这五种心理资源与环境因素结合在一起，共同决定着创造力。下面分别叙述这些因素与创造力的关系。

第一，智力与创造力。创造力投资理论明确指出，智力在创造过程中所起的关键作用就是综合、分析与实践，并由此区分三种智力形式：①综合智力——构成创造行为的关键性因素，是一种顿悟性信息加工过程，其对创造力的作用就是再定义问题的能力和顿悟能力；②分析智力——构成问题解决的基础，它对综合智力所给出的新主意进行分析加工，如对新主意进行评估、筛选、转换，构思解题策略并合理分配心理资源，监控并评估问题解决过程等；③实践智力——主要作用是向社会"推销"自己的主意或产品，如"包装"自己的观点或产品的能力、处理反馈信息的能力等。在创造力投资理论看来，智力过程贯穿于创造过程的始终，从新主意的构思（综合智力）到较成熟产品的加工（分析智力），直到把创造产品推向社会并吸收反馈信息以完善创造产品（实践智力），都有智力过程的参与。

第二，知识与创造力。创造力投资理论认为，知识本身并不等于智力，它只是智力加工的材料，任何领域的创造行为都必须以知识为基础。它把知识区分为两种：①正式知识——如书本知识，往往与专业或领域创造力相关，但两者之间并非正比关系，而是呈现出一种倒 U 形相关。②非正式知识——指的是那些教科书上学不到的知识，如常识、意会知识等，具有较强的任务相关性；对于创造力而言，重要的是如何以别人意料不到的方式运用非正式知识，因为非正式知识对于解决启发式任务有着重要的意义。在创造力投资理论看来，正式知识和非正式知识两者虽截然不同，但对于创造力来说却是同等重要的。

第三，思维风格与创造力。思维风格作为心智自我管理方式，指个体在解题过程中运用智力能力与知识的倾向性。这种相对持久、稳定的风格，在很大程度上是社会化的结果；虽然人们的确在所有的任务上（或场合）都表现出同样的风格，但这种风格并非终生不变的；不同个体在思维风格上的差别，既有本质上的不同，又有程度上的差异；不同思维风格对于创造力的影响，会随着时间地点的不同而不同。

第四，人格与创造力。创造力投资理论强调，与创造力密切相关的人格特征有六个方面：①面对障碍时的坚韧性——创造是一种与众不同的行为方式，必然会遭到众人的非议，所以创造性个体必须保持坚韧、执著的个性，才能不被众人所同化；②乐于承担适度的风险——要选择并开发被别人所忽视的主意（"贱买"），当然要承担一定的风险；③具有超越自我的愿望——这是"贵卖"的先决条件；④能够容忍模棱状态——在创造性的思想刚提出还没有明确地受到人们的欢迎时，个体特别需要有忍受模糊状态的能力；⑤对新经验保持开放性；⑥具有自信心和坚持个人信念的勇气。

第五，动机与创造力。动机是引导个体行为的驱动力量或刺激因素，通常情况下可划分为外在动机和内在动机两种。创造力投资理论认为，内在动机与外在动机并非截然对立的，两者在个体的创造行为中可彼此互补，协同作用。内在动机无疑更有益于创造力的发挥，但外在动机在某些情况下也可变成有益因素，前提是个体必须不被外在动机所提供的诱惑迷住。影响创造力的关键性因素，不在于动机本身到底是内在的还是外在的，而在于动机以何种方式影响个体对任务的注意力。只要动机能引导个体把更多的精力投入到创造行为上，就有可能作出创造性的成绩。

第六，环境与创造力。在创造力与环境间的关系问题上，存在着两种截然相反的观点：一部分人认为创造力需要某种支持性的环境，在他们看来，创造力十分娇嫩、脆弱，需要精心的照料与呵护；另一部分人则认为，严苛的环境对于创造力来说是必需的，只有在与环境阻力的抗争中，才能培养出真正的创造力并使之充分发挥出来。大部分创造力研究者都持前一种论点，只有部分通过知名创造性人物的传记资料来研究创造力的人，持后一种环境

观。创造力投资理论认为，环境的鼓励与重视，对于创造力的发挥是必要的，但在创造力的发展上，毫无阻力、一帆风顺的环境，并不利于创造力的发展。创造力投资理论承认，创造行为是个体与环境相互作用的结果，受一系列环境变量影响，如工作环境、任务限制、评价、竞争、合作、家庭氛围、角色模式、学校与公司的气氛以及整体社会环境等。

第七，以上成分的汇聚方式。创造力投资理论认为，只有认知成分、人格 - 动机成分和环境成分协同出现时，才能产生创造力，但创造力绝非各种成分简单相加的结果。如果个体任一种成分的水平接近于零，其创造力水平无论如何也不会高；不同成分间的互补是可能的，但其薄弱成分必须满足某种可接受的最低标准。各种成分间有可能通过相互作用而增强创造力，如个体在两种成分（如智力与动机）上都达到了很高的水平，就有可能对创造力形成一种超乎寻常的推动力量。但其也承认，关于各种成分间的汇聚方式以及相互作用的机制，还有待于将来的研究作更为深入、细致的探讨。

第二节　创造力培养的理论

在早期的创造力研究中，研究者将创造力或当作一种个性特质，或当作一种一般能力，往往只强调创造力的某一个层面。现在，研究者已经认识到创造力是一种复杂的心理现象，很难仅依靠某种单一的概念框架获得解释，而应将创造力看作是一种认知、人格和社会层面多因素的整合体。具体到创造力培养上，下面三个理论学说有一定代表性。

一、三环天才理论

三环天才理论（the three-ring conception of giftedness）是美国心理学家兰祖利（J.S. Renzulli）提出的。其所谓天才，意指拔尖创新人才。其所谓三环，意指辨识拔尖创新人才有三个要素，它们犹如三个部分叠合交叉的圆环：①高于平均水平的能力，即由传统智力测验或标准化测验测得的能力水平高于平均水平；②对任务的执着精神，即对自己从事的工作（包括学习）具有高度的热情和责任感，锲而不舍；③创造力，即在探讨问题时表现出的独到的见解和解决问题的能力。其中，高于平均水平的能力具有相当的稳定性，可以由心理测量测得；执着精神和创造力更富有动态性、情境性、具体性，常常因时、因地而异，因而只能在活动过程中加以实地观察、判定、评定。

兰祖利一改传统的以一般智力为主要构成因素的“天才”定义，将人的内在动力（执着精神）和发现、解决问题的能力（创造力）引入天才理论。他特别反对以往那种用智力测验成绩或智商来取舍拔尖创新人才的看法和做法，认为那种用两三个小时的测试就决定谁是天才或谁不是天才不仅是不负责任的表现，而且是傲慢的，况且现今的心理学还远不具备预测天才的能力。在他看来，传统教育及其能力评价标准都偏向于发现和培养那些接受知识快、善于考试的学生，即注重学生的接受性才能，而对学生的创造性才能（消化知识、应用知识，乃至创造新知识的能力）则明显缺乏应有的重视。兰祖利还强调，创造性才能并非固定的与生俱来的资质，而是在实践经验中确立起来的知识、技能、态度、信念、特质、心理定势等的混合体，突出表现为学生以某种特殊的介入方式（艺术、科学、管理、政治等）对现实生活进行直接探究，并显示出这方面的独到见解或特长。

在学校教育以及创造力培养上，兰祖利认为，掌握知识本身并不是目的，掌握有效地处理现实问题的工具，包括掌握创造新知识的工具才是教育的目的。为此，他提出了丰富教学的三类活动：①丰富课外探索活动——给学生提供大量机会去接触普通常规课堂中不包含的学科、论题、职业、人员、场所和事件，激活学生的兴趣，引起深入探究的动机；②丰富课内培训活动——将促进思维发展和情感变化的材料和方法组织起来，给予学生创造思维

方法的训练、解决难题能力的训练、学习技能的训练、参考工具使用方法的训练以及人际交往技术的训练；③丰富实际研究活动——给学生提供机会，使他们把兴趣、知识、创造思想和执着精神运用到自己选择的问题或研究领域中去，学会在特殊学科领域、艺术表达方式和跨学科研究中的先进知识和方法，进而开发对创造力发展有直接影响的实际成果，同时增强其自学技能和执着精神。

二、三成分理论

创造力三成分理论是美国心理学家艾曼贝尔（T.M.Amabile）提出的，亦称创造力成分理论（componential model of creativity）。其基本观点是：不管在什么领域中，创造力的产生都是三个组成成分联合作用的结果。它们是领域技能（domain-relevant skills）、创造技能（creativity-relevant skills）和工作动机（task motivation）。这三个组成成分对于创造力的产生是充要条件，它们的共同作用，决定了创造力水平的高低。

所谓领域技能，是指个体在某一领域所具备的、有助于产生各种可能反应的技能，也可以说是指个体进行创造加工的“原材料”。它包括：①熟悉该领域有关的实际知识，如事实、原理、范例、问题解决的主要策略、审美标准等；②具有该领域的基本技能，如实验技能、写作技巧或雕刻技能；③具有该领域的特殊才能，如文学天赋、音乐天赋和数学天赋等等。领域技能所能达到的水平，一方面取决于先天的认知能力和感知运动能力，另一方面也取决于个体所接受的正规教育和非正规教育。

所谓创造技能，是指对创造水平具有最直接影响、对问题解决甚至是具有决定作用的技能。它包括：①有利于创造的认知风格；②启发产生新观念的知识，尤其是有关能降低探索难度的原理、手段的知识；③有助于创造产生的工作风格。创造技能除了取决于训练而外，还与创造个性有关。

所谓工作动机，是指激励个体达到创造性目标的主观原因。它包括：①个体对工作的基本态度；②个体对他从事该工作的理由的认知。在组成创造力的三个成分中，有关领域的技能和创造性的技能决定一个人“能做什么”，而工作动机将决定着这个人“将做什么”，因而，工作动机是创造力的最重要构成因素。

艾曼贝尔还结合创造过程的五个阶段（提出问题、酝酿准备、产生反应、验证反应和评价结果），分别说明各种成分在创造过程中的作用。工作动机负责发动和维持创造过程，并对产生反应的某些方面有影响作用（即直接影响一、三阶段）；领域技能则是用于该过程的全部材料，它决定了初始搜索的可能途径，并为所产生的可能反应提供评价标准（即直接影响二、四阶段）；创造技能则充当控制和执行部门，它对搜索方式起决定作用（即直接影响第三阶段）。

三、成功智力理论

成功智力说是斯滕伯格（R.J. Sternberg）在智力三元理论的基础上提出来的，强调智力不应仅仅涉及学业，更应指向真实世界的成功。在斯滕伯格看来，所谓成功智力，是用以达到人生中主要目标的智力，是对个体的现实生活真正起到举足轻重影响的智力，它能导致个体以目标为导向并采取相应的行动。而所谓成功，有两层含义：一是个体通过努力能够最终达到的人生理想目标的成功，二是每个正常的个体都可以发展的成功。智力不应仅仅同学校中的成功有关，而更应同生活里的成功紧密联系。生活里的成功是个体用创造和实践的能力去适应环境、选择环境和塑造环境，并最终获得的成功。

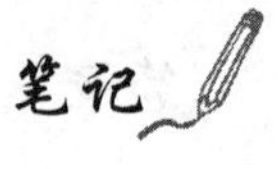

成功智力的结构，包括分析性智力、创造性智力和实践性智力三个关键方面。其中，分析性智力是进行分析、评价、判断或比较和对照的能力，也是传统智力测验测量的能力；创

造性智力是面对新任务、新情境产生新观念的能力；实践性智力是把经验应用于适应、塑造和选择环境的能力。他还强调，成功智力是一个有机的整体，只有在分析、创造和实践三方面智力的协调、平衡时才最为有效。斯滕伯格将这一理论运用于学生思维能力的培养，提出了如下具体策略和技巧。

第一，高级思维过程的七个思维技巧。包括：问题的确定、程序的选择、信息的表征、策略的形成、资源的分配、问题解决的监控、问题解决的评价。

第二，促进思维的三种教学策略。包括：照本宣科策略、以事实为基础的问题策略、以思维为基础的问题策略或者说是对话策略。

第三，促进学生提问与回答的技巧。斯滕伯格把父母和教师对学生所提问题的反应划分为七个级别，即：回绝问题、重复问题、承认自己无知或简单呈现信息、鼓励发问者寻找资料、提供可能的解答、鼓励儿童对可能的答案进行评估、鼓励儿童评估答案，最后一一验证。斯滕伯格认为，对学生问题的反应级别越高，学生也就越有可能发展其高级思维技巧。

第四，引导三种思维的方法。当教学和评价着重分析性能力时，要引导学生比较和对比、分析、评价、批评、问为什么、解释起因或者评价假设；当教学和评价强调创造性能力时，要引导学生创造、发明、想象、设计、展示、假设或预测；当教学和评价强调实用性能力时，要引导学生应用、使用工具，实践、运用、展示其在真实世界里的情形。

第五，真实生活中所面临问题的特征。斯滕伯格认为，真实生活中所面临的问题有10个特征：①在真实生活中，问题解决的第一步是确定问题的存在；②在日常的问题解决中，找出问题是什么比找出问题的解决办法更难；③日常问题的结构性比较差；④解决日常问题，需要哪些信息通常并不明确，通常也不清楚从何处可以搞到这些信息；⑤日常生活问题的解决既受问题背景的限制，又反过来影响问题的背景；⑥日常问题通常没有单一标准正确的答案，甚至究竟什么是正确答案的标准也不清楚；⑦解决日常生活问题，非正规知识和正规知识同样重要；⑧在日常生活中，重要问题的解决关系重大；⑨日常生活问题的解决经常发生在群体中；⑩日常生活问题可以是复杂的、混乱的和顽固的。

专栏 15-1

成功智力者的特征

斯滕伯格认为，成功智力者具有如下20个特征：

1. 能自我激励。
2. 学会了控制自己的冲动。
3. 知道什么时候应坚持。
4. 知道如何充分发挥自身的能力。
5. 能将思想转变为行动。
6. 以产品、成果为导向。
7. 完成任务并能坚持到底。
8. 都是带头者。
9. 不怕失败的风险。
10. 从不拖延。
11. 接受合理的批评和指责。
12. 拒绝自哀自怜。
13. 具有独立性。
14. 寻求克服个人困难的办法。
15. 能集中精力达到自己的目标。

16. 既不会对自己要求过高，也不会对自己要求过低。
17. 具有延迟满足的能力。
18. 既能看到树木，也能看到森林。
19. 具有合理组织的自信及完成其目标的信念。
20. 能均衡地进行分析性、创造性和实践性的思维。

第三节　创造力培养的策略

著名的创新研究专家伦科（M.A.Runco）指出，要培养学生的创造力，教师至少要做好三方面的工作：为学生提供练习创新思维的机会，示范创新行为，重视并赞赏学生为创新所付出的努力。根据此观点，创造力的培养的教学策略可以从条件、示范和奖励三个方面着手。

一、条件策略

创造力培养的前提，是学生拥有练习创新思维的机会，这需要教师在课堂教学过程中有目的、有意识地进行相关的教学设计，在教学内容方面以学习方法、研究方法和思维方法等方法的培养训练为主，多种具体知识的传授为辅。加强课堂讨论，强化学生的竞争意识和创造意识，培养学生提出问题和解决问题的能力。

条件策略一：引发学生自己探索问题的解决方法。研究表明，通过引导学生从事“想象”“假定”“改造”“设计”“假设”“推测”等生成任务，可以有效地激发他们的创新学习。这需要教师在课堂教学过程中打破常规的问题形式，设计并提出学生没有先行经验的非常规问题，引发学生超越现有的单一知识而生成新的解答方案。如，为某部名著改写结尾；假设自己穿越到古代与某位名人的对话等。

条件策略二：引导学生的竞争与合作学习。学生之间的竞争，可以利用社会比较的压力来激发学习的动力；学生之间的合作，不仅可以促进合作意识，也有利于知识嫁接和新的知识结构形成。竞争与合作学习过程中的观点冲突会引发讨论和争论，可以促发新问题和新观点的产生，引导学生超越给出的信息进行思考，这为学生发展创新思维提供了一个理想的平台。

专栏 15-2

头脑风暴法

奥斯本（A.F. Osborn）从心理功能的角度，将人的心理能力分为信息输入能力、记忆能力、思维能力、创造能力四种，并将思维分为判断思维和创造思维。他认为，经验是产生新思想的源泉，数量中包含质量，推迟判断能使人们产生更多的想法，并提出了一种创造技能——头脑风暴法（brainstorming）。这种方法既可以用于在特定的情景中产生创造性的想法，也可以用于创造性思维能力的培养。它是利用集体思维的方式，使思想互相激励，发生连锁反应，以引导创造性思维。

头脑风暴法通常以会议的形式进行。为使与会者畅所欲言，互相启发和激励，达到较高效率，必须严格遵守下列原则：

第一，禁止批评和评论，也不要自谦。对别人提出的任何想法都不能批判、不得阻拦。即使自己认为是幼稚的、错误的，甚至是荒诞离奇的设想，亦不得予以驳斥；同时也不允许自我批判，在心理上调动每一个与会者的积极性，彻底防止出现一些“扼杀性语句”和“自我扼杀语句”。诸如“这根本行不通”“你这想法太陈旧了”“这是不可能的”“这不符合某某定律”以及“我提一个不成熟的看法”“我有一个不一定行得通的想法”等语句，禁止在会议上出现。

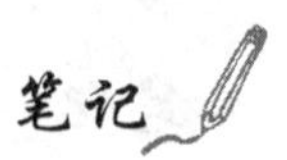

只有这样，与会者才可能在充分放松的心境下，在别人设想的激励下，集中全部精力开拓自己的思路。

第二，目标集中，追求设想数量，越多越好。在会上，只强制大家提设想，越多越好。会议以谋取设想的数量为目标。

第三，鼓励巧妙地利用和改善他人的设想。这是激励的关键所在。每个与会者都要从他人的设想中激励自己，从中得到启示，或补充他人的设想，或将他人的若干设想综合起来提出新的设想等。

第四，与会人员一律平等，各种设想全部记录下来。与会人员，不论是该方面的专家、员工，还是其他领域的学者，以及该领域的外行，一律平等；各种设想，不论大小，甚至是最荒诞的设想，记录人员也要求认真地将其完整地记录下来。

第五，主张独立思考，不允许私下交谈，以免干扰别人思维。

第六，提倡自由发言，畅所欲言，任意思考。会议提倡自由奔放、随便思考、任意想象、尽量发挥，主意越新、越怪越好，因为它能启发人推导出好的观念。

第七，不强调个人的成绩，应以小组的整体利益为重，注意和理解别人的贡献，人人创造民主环境，不以多数人的意见阻碍个人新的观点的产生，激发个人追求更多更好的主意。

奥斯本及其他研究者认为，头脑风暴法之所以能激发创新思维，主要源于以下四点：

其一，联想反应。联想是产生新观念的基本过程。在集体讨论问题的过程中，每提出一个新的观念，都能引发他人的联想。相继产生一连串的新观念，产生连锁反应，形成新观念堆，为创造性地解决问题提供了更多的可能性。

其二，热情感染。在不受任何限制的情况下，集体讨论问题能激发人的热情。人人自由发言、相互影响、相互感染，能形成热潮，突破固有观念的束缚，最大限度地发挥创造性思维能力。

其三，竞争意识。在有竞争意识情况下，人人争先恐后，竞相发言，不断地开动思维机器，力求有独到见解，新奇观念。心理学的原理告诉我们，人类有争强好胜心理，在有竞争意识的情况下，人的心理活动效率可增加50%或更多。

其四，个人欲望。在集体讨论解决问题过程中，个人的欲望自由，不受任何干扰和控制，是非常重要的。头脑风暴法有一条原则，不得批评仓促的发言，甚至不许有任何怀疑的表情、动作、神色。这就能使每个人畅所欲言，提出大量的新观念。

在进行头脑风暴法训练时要坚持两个原则：一是延迟评判，即在头脑风暴热烈进行期间，不急于反驳，不妄加评论，不能说出诸如“这想法不对”“这做法不行”之类的批评。二是尽量获取更多的信息，即参与者要广开思路，尽可能又多又快地提出所能想出的观点，以便获得新颖独特的见解。这些规则鼓励参与者去表达观点，不管他们的观点有多奇怪或多不切实际，并禁止在头脑风暴期间批评他人的观点。在此情景下假设，人们的想象力可以受到他人观点的激发，而且他们又将能够以一种相对不受抵制的方式来表达自己的观点。尽管在全部被激发的观点中只有一小部分值得反思，但这个过程仍然是有利的。同时，头脑风暴法的有效性得到了实验研究的证明，那些使用头脑风暴法的小组通常比不运用这种办法的控制组能想出更多更好的点子。

由于头脑风暴法的普遍应用与研究，它已经被融合为人们通常所指的创造性问题的一个多步骤过程中的要素。这个过程由三个部分组成。第一部分是理解问题，由发现混乱、寻找数据和找出问题三个阶段组成；第二部分是产生观点，只有一个阶段，即找出观点；第三部分是计划行为，由找出解决方法和寻求别人赞同两个阶段组成。每个阶段都包括一种头脑风暴式的活动，这种活动意在识别出许多可能性以供考虑，随后是更具评价性的阶段，旨在从所产生的各种可能性中挑选出那些值得进一步考虑的东西。

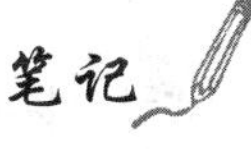

二、示范策略

培养创造力的目标实现，需要大量而合适的课堂教师。很难想象，如果一位老师自己对世界没有深深的好奇心，他怎么去教学生让他们对世界产生好奇心呢？如果老师自己的思想很闭塞，又怎么教学生接受新思想。因此榜样教学是创造力培养中的重要策略之一。

其一，创造技能示范。创造力培养教学不仅需要教师支持和鼓励观念生成，而且要求他们做好角色榜样，示范各种具体的创新策略。如任务补充策略（把没有完成或可以延续的认知任务进一步完善化）、拓展策略（把已有的知识经验迁移运用到新情境中）、概念组合策略（重组现有概念中的构成要素而生成新的知识结构）、抽象策略（从认知对象中发现其中的结构、规律、模式或组织的心理过程）、建构策略（综合运用头脑中多个领域的知识以产出具有新颖特征和功能的思维产品的过程）等。

其二，创造品质示范。帕金斯（A.M. Perkins，1990）分析了潜力（天生能力，才能）、计划（或思维模式）和价值等可能决定创造力的因素，并提出，有证据证明尽管潜力会使创造力成为可能，但计划，特别是价值更有可能促进创造力，“所有最清晰的证据都证明了创造性思维和广义解释的各种价值（个人承诺和志向）之间的联系”“创造是受个体价值观影响的一种有意图的努力，这点远远超出我们通常的假设”。而那些与价值观和态度相关的品质，如公平意识、接受证据、追求清晰、尊重他人意见、好奇和反思精神等，也属于思维习惯，被认为是培养创造力的教学目标之一。要传授这些对于发展和使用创造性潜能来说最关键的因素，教师必须成为具有这些创造品质的榜样。

三、奖励策略

创造性活动从本质上来讲是与众不同的，个体往往会担心其“异于常态”的想法与观念会受到批判与否认，正如罗杰斯提出，要想培养学生的创造力，必须要形成和发展学生的“心理安全”和“心理自由”，其中，“心理自由”是“心理安全”的结果。罗杰斯认为，心理自由的人表现为：①能够坦然承认自己的身份，而不怕被人笑话或奚落；②至少能象征性地表达自己的冲动和思想，而不必压抑、歪曲或隐瞒它们；③能幽默地以不同寻常的方式来处理印象、概念和词句，而不会感到内疚；④把未知的和神秘的东西或者视为挑战，或者视为儿戏。

奖励策略强调的是要重视并赞赏学生为创新所作出的努力，这会给个体带来心理上的“自由感”与“安全感”。按照行为主义的理论，这种奖励会强化学生的创新意识，鼓励学生的创新行为。斯滕伯格指出，要想鼓励学生的创新性学习，教师就应设立一个独立、清晰的等级分数来褒奖学生的创新过程和努力。“适于创新观点或设想环境，要求尽可能减少批评，你只需从学生角度看观点是否创新，而无需从当前科技发展的前沿角度来评判，例如，你可以让学生综合政治学理论的基本原则，并把它与自己的观点整合在一起，从而提出一个新理论。你可能不指望这一理论得以公开发表，但可以预期你的学生能从中锻炼创新思维”。评价对于学生的学习具有导向作用。因此，在创造力培养的过程中，教师需要明确地在作业评估中将创新度作为一个独立标准，考察是否提出新观点、新视角、新结论、新方法，让学生意识到好的作业分数不仅限于答案正确，还取决于思维的新颖性和独特性。

本章小结

1. 创造力是产生新思想、新发现和创造新事物的能力。创造力的本质要从个人、过程、产品和环境四个方面进行理解。创造力的发展存在年龄特征与性别差异。

2. 创造力的培养受到智力、知识、思维风格、人格、动机和环境等因素及其相互作用的影响。

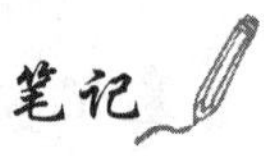

3. 创造力培养的相关理论，主要有三环天才理论、三成分理论和成功智力理论等。

4. 创新研究专家指出，要培养学生的创造力，教师至少要做好三方面的工作：为学生提供练习创新思维的机会，示范创新行为，重视并赞赏学生为创新所付出的努力。根据此观点，创造力的培养的教学策略可以从条件、示范和奖励三个方面着手。

复习思考题

1. 请根据自己的理解，试着给创造力下个定义。
2. 试述创造性成果的年龄差异。
3. 你认为大学生创造力培养主要受哪些因素影响？
4. 请与同学讨论，如何在学科教学过程中渗透创造力的培养？

拓展学习

创造力培养的教学示例

其一，树立创造力的楷模。①学龄前阶段：在公告牌、传单或计算机程序中随意使用各种“不现实”的颜色和图画。②小学阶段：演示所学的不同课程中的思想结合起来的方法。比如利用化学反应制造某种乐器。③初中阶段：提供不同学科中有创造性的人物例子。在办公桌和办公场所的设计上展示出你的创造力。公开认可那些在穿衣、吃饭、玩或工作上有创造性的学生。④高中阶段：鼓励学生的奇思妙想，与他们一起列出对给定的问题尽可能多的解决办法，以此来展示发散性思维。

其二，鼓励学生对假设提出质疑。①学龄前阶段：让学生想象，如果改变一些经典故事中的主人公的命运，会有什么结果；②小学阶段：要求学生阅读那些对常见观念提出质疑的“古怪的”儿童书籍，比如《阴天有时下肉丸》；③初中阶段：让学生对某些故事写出不同的结局或版本；④高中阶段：让学生对古典文学作滑稽的模仿或制作现代改编本。

其三，鼓励学生冒一些合理的风险。①学龄前阶段：为幼儿提供一个安全的环境来练习一些身体技巧；②小学阶段：在帮助学生区分合理的和危险的冒险行为的基础上，引导学生判断某个想法是否危险性太大，并可以与他们一起讨论“最糟糕的结果会是什么”；③初中阶段：鼓励学生提出一些有创造性的论文题目和课题，并帮助他们评价这些想法的风险是不是可以接受；④高中阶段：鼓励学生完成那些看起来比较困难的课程或课题。

其四，鼓励学生坚持不懈。①学龄前阶段：在你第一次的尝试失败以后，要向学生表现你的坚持不懈的精神；②小学阶段：如果学生给出了错误的答案，一定要鼓励他再试一次；③初中阶段：用各个领域中的创造性角色作为榜样，来说明坚持不懈的重要性，比如告诉学生，职业运动员要想让自己的动作变得优美需要非常艰苦的训练；④高中阶段：给学生的作业提供“第二次机会”——提供为获得更高分而改进作业的机会。

其五，允许犯错误。①学龄前阶段：鼓励幼儿尝试新活动，即使他们做得不好也没关系；②小学阶段：即使答案是错误的，也要表扬那些在课堂上试图回答问题或努力解决难题的学生；③初中阶段：避免对学生的冒险行为任意指责，制定一个得分规则，使得学生有机会将他们做得最糟的一次考试、一个课题或一项作业从总成绩中去掉；④高中阶段：帮助学生从错误中汲取教训，给他们提供具体的反馈，比如怎样才能成功地完成一篇文章，一份作业或任务。

其六，为创造性思考提供时间和机会。①学龄前阶段：只要有可能，就要鼓励孩子以新的方法来玩玩具或使用教室的资源，比如用冰棒棍和建筑用纸来做一个三维的形状或一个新的风筝玩具；②小学阶段：允许学生在空闲的时候使用教室资源来做实验，包括计算机制图程序或者绘画材料等；③初中阶段：在实验开始或才做作业之前要给学生时间来进行整

体规划；④高中阶段：鼓励学生对发展自己创造力的时间进行计划，并把这些时间安排融入学校日程安排中。

其七，奖励创造力。①学龄前阶段：表扬学生在艺术或其他作业，以及各种技能提高上所作出的各种努力；②小学阶段：尽可能展示那些有创造性的作品，并对学生具有创造性的成功公开表示认可；③初中阶段：在作业成绩中加入在创造性方面的得分；④高中阶段：让学生看到创造性的努力可以获得实在的回报。比如，鼓励学生向杂志或者报纸投递创造性的文章或诗歌。

参考文献

[1] (美)罗伯特•斯滕伯格. 创造力手册. 施建农，等. 译. 北京：北京理工大学出版社，2005.

[2] (美)安妮塔•伍尔福克. 教育心理学. 10版. 何先友，等. 译. 北京：中国轻工业出版社，2008.

[3] 许淑莲. 成人发展心理学. 北京：人民教育出版社，2011.

[4] (美)罗伯特•斯滕伯格，陶德•鲁巴特. 创意心理学：唤醒与生俱来的创造力潜能. 曾盼盼，译. 北京：中国人民大学出版社，2009.

[5] (美)约翰•桑切克. 教育心理学. 2版. 周冠英，王学成，译. 北京：世界图书出版公司，2007.

[6] (英)朱莉娅•贝里曼，戴维•哈格里夫，马丁•赫伯特，等. 发展心理学与你. 陈萍，王茜，译. 北京：北京大学出版社，2000.

[7] 田友谊. 西方创造力研究20年：回顾与展望. 国外社会科学，2009(2)：122-130.

[8] (美)罗伯特•斯滕伯格，温迪•威廉姆斯. 教育心理学. 张厚粲，译. 北京：中国轻工业出版社，2003.

推荐书目

[1] (美)罗伯特•斯滕伯格，陶德•鲁巴特. 创意心理学：唤醒与生俱来的创造力潜能. 曾盼盼，译. 北京：中国人民大学出版社，2009.

[2] (美)罗伯特•斯滕伯格. 创造力手册. 施建农，等. 译. 北京：北京理工大学出版社，2005.

考研要点

创造力的基本概念
创造力的基本结构
创造力的培养措施

（王 蓓）

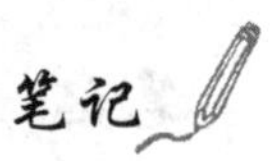

12检